어느 낙관론자의 일기

기 소르망 지음

조정훈 옮김

문학세계사

옮긴이 · 조정훈

이화여자대학교 불어불문학과 졸업. 프랑스 보르도3대학과 파리3대학에서 수학.
현재 전문 번역가로 활동. 2005~7년 《출판저널》에 프랑스 책 소개 연재.
번역서 『세잔과의 대화』, 『결혼의 적들』, 『르꼬르뷔지에의 동방기행』,
『경제는 거짓말을 하지 않는다』(공역), 『원더풀 월드』,
『오비디우스의 변신 이야기 16가지』 등이 있음.

어느 낙관론자의 일기
기 소르망 지음

초판 1쇄 발행일   2012년 9월 3일

옮긴이 · 조정훈
펴낸이 · 김종해
펴낸곳 · 문학세계사
주소 · 서울시 마포구 신수로 59-1 (121-110)
대표전화 · 702-1800 ㅣ 팩시밀리 · 702-0084
mail@msp21.co.kr ㅣ www.msp21.co.kr
트위터 : @munse_books
페이스북 : facebook.com/munsebooks
출판등록 · 제21-108호(1979.5.16)
값 15,000원
ISBN 978-89-7075-535-9   03320
ⓒ 문학세계사, 2012

JOURNAL D'UN OPTIMISTE

Guy Sorman

한국, 비밀스런 아름다움을 지닌 나라

이 책 『어느 낙관론자의 일기』를 통해서도 말한 바 있지만, 한국을 다니는 것은 공간과 시간을 함께 여행하는 것이다.

유럽 독자들은 필자가 한국의 위상을 높이 보는 데 놀라곤 한다. 한 국…… 왜 한국이지? 사실 아직까지도 서양인들의 눈에 한국은 잘 알려지지 않은, 어딘가 먼 곳에 있는 비밀스런 나라다. 겨우 아는 것이 한국산 제품들 정도지만, 안타깝게도 서양인들은 이 제품들이 '메이드 인 코리아' 라는 사실조차 모르는 경우가 많다. 그런데 정말 놀랍게도, 필자가 20년, 아니 30년 전부터 희망했던 대로, 한국은 지금 그들의 영화, 음악, 문학 등의 문화를 통해 유럽과 미국에 서서히 침투해 들어오고 있다. 그럼에도 한국은 아직 유럽과 미국인들의 눈에 중국이나 일본과 다른 '문명권' 으로 자리 잡지 못하고 있는 것 같다.

필자의 생각으로 한국이란 나라가 아직 장막에 가려져 있는 것처럼 보이는 것은 그들 스스로가 자초한 바가 크다. 아니, 어쩌면 이런 생각은 필자의 개인적인 경험에서 비롯된 것인지도 모르겠다. 필자가 25년 전부터 일 년에 몇 차례씩 한국을 방문하고 있는 것도 한국의

'문명'을 좀더 이해해 보려는 노력의 하나였지만 그것이 좀처럼 쉽지 않았다. 필자의 능력이 부족한 탓도 있겠지만, 나의 한국 친구들이 지나치게 신중하고 조심스러워서이기도 하다. 내 한국인 친구들은 늘 경우 바르고 예의를 갖추려 하지만 마치 '가문의 비밀'이라도 되는 듯 자기 경험이나 깊은 속마음을 나누길 꺼려한다. 수줍음이 많은 건지 아니면 자존심이 강해서인지(어떻게 해석해야 할지 모르겠다), 한국인들은 자신들의 오래고도 복잡한 역사와 특이한 문화를 서양인들과 공유하길 주저하거나 거부하는 것처럼 보인다.

20년 전부터 필자는 김대중, 노무현, 이명박으로 이어지는 여러 한국 대통령들을 만나 한국 '문명'을 세계에 알릴 수 있는 대대적인 캠페인을 제안하고 설득했지만 별 성과를 거두지 못했다. 한국 대통령들은 외국인들의 방문을 유도하기 위한 몇 가지의 산발적인 캠페인을 펼치긴 했지만 그것만으론 서양과 한국이 '가문의 비밀'을 공유하기에 역부족이었다. 아마 한국은 필자를 포함해 이 나라에 빠져 있는 사람들을 애태우게 하는(그래서 끝없이 찾도록 하는 '형벌'을 내리는) '신비로운 아름다움'을 간직한 아시아 국가로 계속 남아 있으려는 모양이다.

한국이 모범적인 경제성장을 이루었다는 사실 외에도 유럽인들과 미국인들이 제대로 파악하고 있지 못한 사실 중의 하나가 이들이 투명한 민주주의와 함께 매우 창의적인 예술성을 지닌 민족이라는 점이다.

서울에 위치한 웅장한 국립중앙박물관을 방문한 필자는 과거 예술품들(특히 달 모양의 도자기 화병) 앞에서 꼼짝 없이 매료되고 말았다. 하지만 아쉽게도 이 박물관에 전시된 작품들은 19세기 말의 역사에서 끝나고 있다. 오늘날 한국에는 현대적이면서도 한국 전통 예술의 맥을 잇는 많은 예술가들이 있기에 더욱 아쉽다. 필자는 이런 현대 예술가들의 작품들도 이곳 국립박물관에 함께 전시되어야 마땅하다고 생각한다.

필자가 한국이란 나라와 한국인들에 큰 관심을 가지게 된 이유는 이들이 자신들의 전통 문화를 그대로 이어가면서 경제, 정치, 교육, 사회 모든 분야에서 현대화를 이뤄낸 유일한 민족이기 때문이다. 거의 대부분의 나라들, 특히 아시아의 다른 나라들은 새로운 사회를 만들기 위해 자신들의 옛 문화와 질서를 모두 파괴해야 한다고 생각하는 것 같다. 특히 중국을 볼 때 그런 생각이 든다. 하지만 한국은 그렇지 않다. 한국에선 아무리 현대적인 것이라도 이 나라의 역사적 뿌리를 조금이나마 알지 못하면 이해가 힘들다. 이런 사실은 아마 이 나라 국민들의 저항정신에서 그 원인을 찾을 수 있을 것 같다. 한국인들은 과거 잦은 외침과 식민지배 그리고 외부 이데올로기에 시달려 왔으며 이 때문에 자신들의 문명에 단단한 '갑옷'을 입혀야 했다. 한국인들은 그들의 본질이자 보호막이기도 한 이 '갑옷'을 절대 벗는 일 없이 자기 문명을 발전시켜 왔다. 따라서 필자의 눈에 한국의 문화는 '유교문화' 같은 하나의 개념만 가지고는 설명할 수 없는 독특함을 지녔다. 필자는 오히려 한국의 문화를 다양한 문화와 종교 그리고 이들을 바탕으로 한 내부의 투쟁들이 복잡하게 얽혀 만들어진 '저항의 문화'로 보고 싶다.

알다시피 지금도 한국의 투쟁은 계속되고 있으며 두 개의 한국이 통일되는 문제가 남아 있다. 하지만 통일과 함께 곧 새로운 한국이 탄생하고 남북한이 합쳐져 매우 새토운 제3의 한국이 만들어질 것이라 믿어 의심치 않는다. 낙관주의자인 필자는 그래서 새로운 통일 한국이 내가 살아 있는 동안 민주주의와 문명이라는 '장신구'를 걸치고 화려하게 등장하리라 기대한다.

그 날을 기다리며 필자는 되풀이해 몇 번이고 다시 한국을 찾을 것
이다. 한국인들이 그들 '가문의 비밀'을 내게 알려줄 때까지. 아, 코
리아! 비밀스런 아름다움을 지닌 나라여.

2012년 8월 파리에서
기 소르망　　　

2011년

2012년

프롤로그

우리는 부모 세대보다 더 나은 삶을 살아가고 있을까? 필자는 중앙 난방이라든지, 전화, TV 또는 과학적 의료 혜택 등을 쉽게 접하지 못했던 시대와 가정에서 자라났다. 여행은 사치였고 국경을 넘는 일 자체가 모험인 시대였다. 당시 나의 유일한 구원군은 나를 프랑스인으로 키워낸 공화국 체제의 학교였다. 이런 시대를 살았던 필자는 무척이나 많은 생각을 거친 후 낙관주의를 받아들이게 되었다. 그것은 내 부모들이 꿈꾸었던 열렬한 희망의 여파이기도 했다. 나의 부모님은 볼셰비키 혁명과 나치즘 그리고 비시(Vichy) 정권 시기를 모두 거친 뒤 1945년 파리의 어느 교외에 가게를 열었는데 그 가게의 이름은 '발전(Au Progrès)' 이었다. 나는 아직도 노랑 바탕에 밤색 글씨로 새겨진 가게 간판을 생생히 기억한다. 그 간판은 부모들이 겪어 왔던 세상보다 더 나은 세상이 앞으로 펼쳐지리라는 확신과 의지의 표현이었다.

이후의 세월은 1945년 내 부모님이 가게 간판에 새겼던 그 낙관주의가 옳았음을 증명해주었다.

우리는 특히 베를린 장벽 붕괴 이후 이데올로기의 재앙이나 세계적인 전염병, 절대빈곤 등에서 벗어나 전반적으로 풍족한 삶을 살고 있다. 프랑스 국경 너머의 세상을 둘러보아도 대부분의 대륙들이 빈곤에서 벗어나고 있는 모습을 볼 수 있다. 전쟁, 가난, 영양실조 등이 완전히 사라진 것은 아니지만, 더 합법적인 세계질서와 더 효율적인 경제정책 그리고 인간의 기대수명을 늘리는 경이적인 과학의 성과 등에 힘입어 그 희생자의 수는 점점 줄어들 것이다. 프랑스만 해도 1945년 60세에서 2011년 80세까지 기대수명이 늘어났다. 확실히 오늘날의 70억 사람들은 내가 태어났던 시기의 30억 사람들보다 나은 삶을 살고 있다. 그것이 지구 온난화라는 재앙을 통해 이루어진 것이라 해도 나는 사람과 자연 사이에서 자연을 다스리는 인간 편에 설 것이며, 샘물이나 돌을 숭상하는 이교도 사상에 현혹되기보단 유대-기독교 전통 편에 설 것이다.

이런 '위기'의 시대에 스스로를 낙관론자라고 칭하는 것이 어쩌면 도발로 여겨질 수도 있다. 하지만 나의 입장은 다르다. 우리가 지난 몇 년 동안 경기 침체를 겪어온 것은 사실이다. 하지만 지금의 경기 침체는 건전한 자기반성과 혁신을 이끌어내기 위한 과정일 뿐이다. 모든 경제는 반동에 의해 발전하도록 되어 있다. 이런 위기의 시기에도 우리의 기대수명은 계속 높아지고(프랑스의 경우 매년 두 달씩 늘어나고 있다) 노화에 대한 두려움도 감소하는 걸 우리는 목격하고 있지 않은가? 따라서 지금 이 순간 우리가 발전(Au Progrès)의 간판을 내릴 이유는 전혀 없다.

이 책에서 살펴보게 될 지난 3년의 시기에도 엄청난 발전들이 이루어져 왔다. 모든 나라, 모든 문화권에서 번영과 자유를 구가하기 위한 노력이 이루어졌다. 중국의 류샤오보(劉曉波)가 노벨평화상을 품에 안았고 이를 통해 이제 중국의 미래에 기대를 품을 수 있게 되었다. 아직 완성되지 않았지만, '아랍의 봄'은 아랍 민중들이 독재체제에 만족하고 있다고 믿었던 유럽인들의 편견을 완전히 씻어주기에 충분했다.

아프리카에선 중산층이 생겨나고, 라틴아메리카에서는 민주적 정권교체가 법칙으로 자리 잡았다. 미국에서는 인종과 종교가 더 이상 성공의 걸림돌이 될 수 없게 되었으며, 유럽에선 크고 작은 소요에도 불구하고 그것이 예전과 같은 국수주의 광풍을 불러오지 못했다.

낙관론에 반대하는 사람들의 주된 문제점은 그들이 세상의 현실에 근거하지 않고 지적 사변에만 머무른다는 데 있다. 세상에 회의론자들이 낙관론자들보다 훨씬 많은 이유는 최악의 상황을 예견하거나 사소한 재난이 일어났을 때 그것 보라며 손가락질하는 게 더 편하고 전략적으로도 유리하기 때문이다. 낙관론자들이 더 험한 길을 갈 수밖에 없는 것은 더 넓게 세상을 봐야 하고, 사건 이면의 흐름까지도 간파해야 하며, "이 세상은 모든 가능한 세계 중 최선의 상태에 있다"는 주장으로 볼테르에게서 비웃음을 샀던 팡글로스(Pangloss)[1]처럼 취급될 위험을 감수해야 하기 때문이다. 또 낙관론자는 자신들의 원론에 부합하지 않은 예기치 못한 사건들을 애써 외면하려는(세상을 설명하는 단 하나의 이념에 감금된 죄수들 같은) 세력들로부터도 감시를 받아야 한다. 낙관론자는 순간마다 과연 낙관주의를 고수하는 것이 옳은지 자문해야 하는 운명에 있으며, 바로 지금 이 순간에도 그렇다……

낙관론자와 회의론자는 공존할 수 없다. 그런데, 세상과 시대를 반드시 하나의 이데올로기, 하나의 이론, 하나의 통찰을 통해서만 바라보아야 할까? 클로드 레비-스트로스(Claude Levi-Strauss) 같은 이는 세상을 설명하는 하나의 안경(말하자면 하나의 이론)을 통하지 않고서는 아무것도 볼 수 없고 아무것도 이해할 수 없다고 했다. 그리고 덧붙여 이 안경들 모두가 왜곡되어 있다고 말했다. 따라서 그의 이론

---

1) 볼테르의 소설 『캉디드』에 나오는 주인공.

을 따르자면 나는 내 안경을 통해 세상을 보지만 그 안경이 완벽하지 못하다는 것을 결코 잊어선 안 된다.

이 책은 2009년부터 2012년까지 이어진 나의 여행 일정을 따라 날짜순으로 작성되어 있으며 전작인 『원더풀 월드』에 이어지는 글들이다. 필자는 사후에 원고를 고쳐 쓰거나 앞으로 일어날 일을 예견하는 일을 스스로 금해 왔다. 실제 결과들이 분석에 의한 예측과 들어맞지 않는 경우를 너무 자주 보았기 때문이다. 하지만 스스로 정직했다면 후회할 일은 없다. 필자가 만일 이런 우를 거의 범하지 않았다면 그것은 예견이란 것을 하지 않았기 때문일 것이다. 이 '연대기'에는 낙관론과 자유주의적인 해석, 그리고 계몽주의 시대의 전통을 모두 담고 있을지언정 결코 예언의 메시지는 담지 않았다. 나는 낙관주의자, 발전주의자, 자유주의자이지, 도박이나 예언을 일삼는 허풍쟁이가 아니다!

미래에 대한 상상은 빼고 지난 몇 년을 요약해보라 한다면, 나는 '서구의 위기, 서구화의 위기'라고 말하겠다. 서구세계에 살고 있는 사람들은 현실 경제의 앞날이나 문화정체성의 문제, 민주주의의 쇠퇴 등에 당황하고 침울해하는 반면 다른 세상에 사는 사람들은 서구의 제도나 문화들에 새로이 주목하고 있음을 알아야 한다.

2011년 12월 베이징 인민대학 강연회에 초청을 받고 그 대학 학생, 교수들과 '서구세계의 위기'란 주제로 의견을 나눈 적이 있다. 나로선 꽤나 난처한 자리였다. 맨 처음 의견을 발표한 이는 리우주닌이라는 철학자였는데, 그는 서구세계의 자유가 함께한 위기라면 자기들은 기꺼이 그 위기를 받아들일 수 있다고 말해 큰 박수를 받았다. 서구세계에 사는 우리들에겐 위기일지 몰라도 밖에 있는 이들에겐 그것이 자유로 받아들여지고 있다.

위기와 자유는 뗄 수 없는 관계에 있다. 왜냐하면 서구세계는 근본적으로 비판과 자정능력을 가지고 있고 흔히 '창조적 파괴' [2]라 부르는 경제제도를 이끌어왔기 때문이다. 이 '창조적 파괴'라는 표현은 경제뿐 아니라 우리 사회의 모든 면에 적용될 수 있다. 독재정치에 억눌린 중국인 누군가에겐 이 '창조적 파괴'가 너무나 절실한 문제일 수 있는 것이다. 따라서 우리에게 남은 일은 서구와 이 시대를 사랑하는 일이다. 왜냐하면 다른 세계의 모든 사람들이 서구세계를 선망의 눈으로 바라보고 있기 때문이다.

---

2) 경제학자 조셉 슘페터가 제기한 개념. '기술혁신'으로 낡은 것을 파괴, 도태시키고 새로운 것을 창조하고 변혁을 일으키는 '창조적 파괴' 과정이 자본주의 기업경제의 원동력이라는 주장이다.

2009

뉴욕의 레비-스트로스

101살의 나이에 프랑스 파리에서 세상을 떠난 클로드 레비-스트로스(Claude Levi-Strauss)에게 쏟아지는 세계적 찬사에 무슨 말을 더 보탤 수 있겠는가? 하지만 레비-스트로스가 뉴욕이란 도시에 많은 신세를 졌다는 사실을 모르는 사람들이 많을 것이다. 그는 1941년 나치 점령기에 록펠러 재단의 장학금 덕분에 프랑스를 떠나 미국으로 망명할 수 있었다. 레비-스트로스는 1947년 파리로 되돌아오기 전까지 누벨 에콜(Nouvelle École)에서 사회과학 교수로 재직했으며 이후엔 주미 프랑스 대사관의 문화참사관으로 있었다.

나는 레비-스트로스와 파리의 마로니에 거리에 있는 그의 아파트에서 종종 차를 마셨는데, 그때마다 그는 내게 말했다. "뉴욕에 있으면 전 세계의 모든 일을 알 수 있다네."

열정적인 수집가였던 그는 뉴욕의 골동품상들을 샅샅이 뒤지고 다녔다. 덕분에 그는 다른 인류학자들처럼 땅을 파지 않고도 가게들을 돌아다니며 아메리카 인디언들의 물품과 풍습들을 찾아낼 수 있었고, 이를 통해 아메리카 인디언들과 그들의 토템에 대해 방대한 양의 저서들을 집필할 수 있었다.

뉴욕에 머물 때, 그는 망명한 유대인들의 모임에도 자주 참여했다. 이 모임은 그의 생각에 결정적인 영향을 미쳤다. 특히, 문화인류학의 선두주자였던 보아스(Boas) 그리고 야콥슨(Jakobson)과의 만남은 그의 세계관을 바꾸어 놓았다. 이렇게 그를 우리가 알고 있는 그 레비-스트로스로 만들어낸 곳이 바로 뉴욕이었다. 미국인들과의 교류가 없었다면 그는 그저 평범한 인류학자로 남았을지도 모른다.

프란츠 보아스(Franz Boas)는 독일에서 미국으로 망명한 인물로 그 시대 가장 영향력 있는 인류학자였다. 아리안 우월주의로 인해 독일에서 추방당한 그는 자신의 문화상대주의적 견해를 레비-스토로스에게 전수했다. 보아스 이전의 대부분의 서양 철학자들은 문화에도 진화 개념을 적용했다. 이를테면 진화의 사다리에서 서양문화는 가장 위에 위치하고 원시문화는 가장 아래의 초기상태에 머물러 있다는 식이었다.

하지만 보아스의 생각은 달랐다. 그의 견해에 따르면 모든 문화는 동등하다. 문화는 매우 복잡하게 발전되어 왔으며 문화들마다 각기 다른 특성을 가지고 있어 어떤 문화가 다른 문화보다 우월하다고 할 수 없는 것이다. 레비-스토로스는 보아스의 이론이 진행을 멈춘(보아스는 1942년 사망했다) 그 지점에서부터 논의를 진행했다. 연이은 집필을 통해 그는 원시문화와 그 구성원들도 우리 현대인들처럼 삶, 죽음, 결혼, 신 등의 본질적이고 존재론적인 문제에 대처하는 고유한 방식을 가졌다는 걸 밝혀냈다.

보아스학파를 드나들며 레비-스토로스는 문화와 인종이 별개라는 생각을 펼쳐 보여주었다. 레비-스토로스 이전엔 이 두 개념이 거의 일치한다고 보는 것이 일반적이었다. 문화와 인종이 전혀 별개의 개념이고, 어떤 문화도 다른 문화에 대해 우월하지 않다면 인종차별주의는 납득할 수 없는 것이 된다. 레비-스토로스의 세계적 명성 중 많은 부분은 바로 인종차별주의의 잘못을 논리적으로 파괴한 데 있었다. 하지만 이런 문화의 균등성에도 불구하고 레비-스트로스에 따르면,

인간의 본질에 대한 질문이나 변화의 문제 앞에서 한 문화는 다른 문화에 앞서기도 한다. 레비-스트로스는 모든 문화가 원시적이라 생각할 정도로 순진하지 않았으며 과학발전에 적대적이지도 않았다고 주장했다. 다만 그는 지구에 사는 60억 인류가 하나같이 20세기 문명에 적응할 수는 없다는 견해를 펼쳤을 뿐이다.

그에서 있어 두 번째의 결정적인 사건은 러시아 출신의 언어학자 로만 야콥슨(Roman Jakobson)과의 만남이었다. 야콥슨 또한 유대인으로 뉴욕에 망명해 있었다. 그는 모든 언어가 공통의 구조를 지니고 있다고 주장했다. 문화와 마찬가지로 개별 언어들은 모두 다르지만 모든 언어들은 의사소통이라는 공통의 목적을 가지고 있다. 레비-스토로스는 야콥슨으로부터 '불변의 구조'라는 개념을 가져와 문화에 적용했다. 이렇게 해서 레비-스트로스의 구조주의가 탄생했다. 구조주의에 따르면 모든 문화 속 모든 관습들은 하나의 같은 구조를 지녔다. 이런 이론 체계를 무기로 그는 이후 연구와 저술 활동을 신비주의, 수수께끼, 신화 등의 외양을 빌어 나타나는 관례나 관습들의 구조를 밝히는 데 바쳤다. 그가 굳이 먼 나라를 번거롭게 돌아다닐 필요가 없었던 것도 그 때문이었다.

레비-스트로스는 탐험가나 인류학자들을 따라 돌아다니기보다 자기 집에 머물며 민속학적 성과물들을 분석하는 걸 더 좋아했다.

그는 "그 사람들은 이국적인 나라에서 일 년을 보내는 게 좋을지 몰라도, 난 파리의 내 '작업실'에서 클래식 음악을 듣고 글을 쓰는 게 더 좋다네."라고 내게 말하곤 했다.

1960년대에 들어 레비-스트로스의 구조주의는 마르크시즘과 실존주의자들로부터 비난을 받게 된다. 사람들은 구조주의가 사회변화와 사회갈등을 외면한다고 비난했다. 레비-스트로스는 주변 사람들의 만류에도 불구하고 스스로 보수주의자임을 감추지 않았다. 그는 생애 마지막까지 때론 거친 표현까지 써가며 그의 옛 뉴욕 스승들과 구조주의를 옹호하곤 했다.

"미국의 신진 인류학자들(클리포드 기어츠(Clifford Geertz)가 이들의 정신적 지주였다)은 자신들을 마치 학자가 아닌 픽션 작가나 소설가로 착각하는 것 같더군. 그들은 이국 풍광의 나라들을 여행하며 자기들이 본 것들을 얘기하지만 과학적 엄밀성 같은 건 볼 수도 없고 그걸 제대로 이해도 못하는 것 같아."라고 그는 내게 말했다. 그리고 덧붙여 "구조주의는 돋보기와도 같다네. 그게 없으면 자넨 아무것도 정확하게 볼 수 없지. 돋보기가 있으면 자네가 볼 수 없던 많은 것들을 볼 수 있지. 하지만 자네의 돋보기가 완벽하지 못하다는 것을 결코 잊어선 안 되네."라고 말했다.

레비-스트로스는 소위 말해 전형적인 학자의 풍모를 지닌 인물은 아니었다. 이상하게도 그는 정치에 관심이 많아서 프랑스나 미국 선거에서 우파가 승리하면 어린아이처럼 기뻐하곤 했다.

21세기는 아시아의 시대가 될 수 있을까?

아시아 주요국들의 수도를 돌아다니다 보면 한결같이 승리에 도취한 분위기를 느낄 수 있다. 서울에서도, 도쿄에서도, 베이징에서도, 싱가포르에서도 사람들은 아시아가 새로운 세기엔 이전 세기의 미국과 같은 위치를 차지할 거라 확신하는 것 같다.

하지만 정말 그럴까? 먼저 아시아란 어디까지를 말하는 걸까? 사실 아시아의 경계는 서양의 경계처럼 분명하지 않다. 그렇다면 중국은 어떤 야심을 가지고 있을까? 그 또한 아무도 모른다. 누가 아시아의 평화를 걱정하는가? 미국을 빼면 아무도 없다. 아시아의 성장 동력은 무엇인가? 서양의 수요 그리고 중국의 재정적자 정도다. 아시아의 대학들과 연구소들은 어떤가? 우수한 인재들은 대부분 북미로 떠나 그곳에 정착한다. 아시아는 무엇을 창조해내는가? 아시아의 상품과 서비스, 나아가 그들의 가치관들(한국의 민주주의든 중국의 독재든)은 세계의 미래를 담보할 만한 것들인가? 만일 그렇다면 어떤 가치관이나 서비스, 어떤 상품들이 그럴까?

이런 질문들에 대답할 수 없다면 21세기는 아시아의 것이 될 수 없다. 하지만 동양과 서양 사이의 균형을 회복하고 더 소통하고 서로를 더 이해하게 된다면 동과 서 모두에게 행복한 일이 될 것이다.

2009년 11월 29일

미나레트[3]에 대한 과민반응

오늘 스위스에서 미나레트에 대한 금지 법안이 국민투표에 의해 가결되었다. 세계 여론의 빗발치는 분노와 비난이 예상된다. 만일 미나레트 금지를 프랑스인들에게 물었다면 어떤 결과가 나왔을까? 이슬람에 대한 적대감과 함께 더 큰 소동이 벌어졌을 것이다. 이번 스위스의 투표는 유럽인 전체의 의견을 묻는 대리투표 성격을 띠고 있었다.

이 법안을 발의했던 사람들은 이슬람 자체를 문제삼은 것이 아니고 일부 세력의 과격한 행태를 문제삼은 것이며, 투표 자체나 그 결과는 문제될 게 없다고 말한다. 하지만 그렇다면 애초에 이런 류의 의견을 묻지도, 답하지도 말았어야 했다.

이번 투표에 가장 충격을 많이 받은 건 누구였을까? 아마 종교적 차별에 맞서왔던 '진보주의자'들일 것이다. 그들은 인간의 본성과 대중의 톨레랑스(관용)에 대한 환상을 품고 있다. 그렇다면 무슬림들은 어떨까? 무슬림들도 어느 정도 이번 결과를 예상했을 것이다. 정도의 차이는 있지만 프랑스처럼 스위스에서도 무슬림들에 대한 사회적인 거부감이 크다는 걸 스스로 알고 있었을 테니 말이다.

그렇다면 이런 무관용의 책임을 누구에게 돌려야 할까? 먼저 다수

---

3) 회교사원의 첨탑.

를 차지하면서도 분명히 표현하고 행동하지 못했던 온건 무슬림들에게 책임이 있다. 신앙 공동체로부터 따돌림을 당하거나 보복당하는 게 두려워 이슬람 극단주의자들이 활개치도록 내버려둔 책임은 그들 스스로에게 있다. 이슬람 사회에서의 의사표현이 점점 더 공격적이 되는데도 온건 무슬림들은 침묵으로 일관함으로써 스스로를 공범으로 만들었다.

하지만 무슬림의 배후엔 늘 과격 테러리스트들이 있다고 생각하며 미나레트 금지법에 찬성을 한 사람들을 비난할 수도 없는 것이, 이슬람의 이름으로 자행된 테러나 과격행동에 대해 지금까지 온건 무슬림들이 자신들의 입장을 밝히며 빠르게 대응하지 못했기 때문이다.

이슬람이 본질적으로 폭력적인 종교이고 여성에 대해선 더 그렇지 않느냐고 따져 묻는 이들도 있을 것이다. 하지만 코란을 읽어보라! 성경이 그렇듯 코란은 여러 가지 경우들과 함께 그 반대의 경우도 얘기한다. 그러니까 오늘날의 이슬람을 만든 건 코란이 아니라 다양한 역사와 공간에서 그것을 읽어낸 무슬림들의 해석이었다.

예전에는 이성적이고 합리적인 사상가들(가장 먼저 리파(Rifaa)라는 이름이 떠오른다)을 많이 배출했던 이슬람 세계에 어떤 정신적 후퇴가 일어났기에 위대한 사상가는커녕 중세 코란의 언어를 완벽히 해석할 수 있는 학자조차 배출하지 못하게 된 걸까? 비무슬림들을 향해 톨레랑스를 외치는 것도 좋지만 그보다 무슬림들이 직접 이를 행하고 증명해 보이는 게 설득력 있지 않을까?

이 사건의 파장을 결코 가벼이 봐서는 안 된다. 스위스에서 벌어진 이번 국민투표는 한 지역의 결과를 넘어 서구세계에서 벌어질 비극을 알리는 서막이 될지도 모른다.

기원전 164년, 예루살렘에선…

오늘은 유대인들이 빛의 축제라 부르는 하누카(Hanukka)가 열리는 날이다. 하누카는 그리스 제국에 의해 더럽혀졌던 예루살렘 성전을 되찾고 동시에 유대교 신앙을 되찾은 날을 기념하는 축제다. 하지만 그 역사를 들여다보면 훨씬 복잡하다. 본래 그리스는 점령한 지역의 종교의식들에 매우 관대했지만 매사에 고분고분하지 못했던 팔레스타인 지역 유대인들에게는 강경책을 썼다. 그리스의 정복자들에 대한 항거(기원전 165년)를 주도한 것은 유대인 마카베오 가문이었다. 그들은 당시 유대주의가 '근대화', 즉 헬레니즘화되는 것을 극도로 혐오했다. 마카베오 사람들은 자신들의 전통에 그리스의 관습을 접목시키려 했던 당시의 '자유주의' 유대인들에 반대하며 모든 주민들에게 할례를 강요했다. 새로운 이스라엘을 이끌려는 이들에게 종교는 개인의 선택이 아닌 집단 모두가 복종해야 할 원칙이었다. 그렇다면 이 하누카는 그리스인들에 대항했던 유대인들의 승리를 기념하기 위한 것일까, 아니면 그리스에 동화되었던 자유주의 유대인들을 억압했던 유대 근본주의의 승리를 기념하기 위한 것일까?

마카베오 정권은 결국 부패로 멸망하고 말았다. 그리고 뒤를 이은 로마 제국주의는 그리스처럼 그들의 종교에 관대하지 않았다.

하누카를 설명하는 여러 다른 관점들이 있다.

위나니미슴(Unanimisme, 일체주의)[4]적 관점으로, 또는 민족주의적인 관점으로 이 축제를 해석할 수도 있고 인간적인 이 역사를 신의 뜻으로 해석할 수도 있다. 마찬가지로 현재의 중동 문제에 대한 해석에 접근하는 일은 금지되진 않았지만 위험한 일임에 틀림없다.

---

4) 1900년대 초 프랑스 소설가 J. 로맹이 제창한 문학운동에서 나왔으며, 집단은 개인을 초월한 독립된 생활과 영혼을 지니고 있다고 주장하고 집단공동체 생활을 권장하였다.

2009년 12월 12일

중국의 명예

일 년 전 오늘 중국 작가 류샤오보는 베이징의 자기 집에서 공안 경찰들에 의해 체포되었다. 그의 죄목은 무엇이었을까? 어느 웹사이트의, 중국에 민주주의 체제를 만들자는 청원서에 서명했다는 게 그 이유였다. 그 웹사이트는 중국 정부가 폐쇄하기 전까지 수만 명이 가입했다.

그런데 오늘 류샤오보가 국가안전을 위협했다는 이유로 고소되었다는 소식을 접했다. 류샤오보는 그의 친구 후지아(胡佳)처럼 적어도 5년 이상의 형을 선고받게 될 것이다.

류샤오보와 후지아야말로 진짜 중국의 영예이다.

코펜하겐의 전화위복

코펜하겐의 결정은 우리에게 행운이었다. 에너지를 규제하는 협약은 자칫 우리를 암흑 속에 빠뜨릴 뻔했다. 하지만 나락으로 떨어지기 직전, 상식이 지구 온난화 반대론자들의 이데올로기를 이겨냈다. 협약의 결렬은 대부분 참가국들의 입장을 잘 정리해 주었다. 서방 국가 정부들은 지구 온난화의 주범을 중국과 인도로 몰아가며 모든 책임에서 벗어날 수 있었다. 미국이나 유럽의 여러 지도자들은 협약의 결렬을 마음 속으로 기뻐했을 것이다. 모두 지구 온난화엔 관심조차 없을 뿐더러 에너지를 규제하는 협약은 서방 국가들에게 산업적 자살과 마찬가지이기 때문이다. 중국이나 인도도 이 협약이 결렬된 덕분에 현재의 자원 보유량에 맞춰 발전에 필요한 만큼 석탄을 소비할 수 있게 되었다. 석탄이 없었다면 우리 인간은 여전히 석기시대를 살고 있었을지 모른다는 사실을 잊어선 안 된다.

그렇다면 이번 코펜하겐에선 누가 패배자일까? 바로 지구 온난화 반대 이데올로기에 기생하다가 이번 일로 신뢰가 떨어진 거대 관료 조직들이다. 유엔처럼 잘나가는 국제 환경조직을 꿈꾸던 이들에겐 참으로 애석한 일이다.

그리고 이번 결과의 다른 희생자들이 있는데, 바로 환경주의자로 이름만 바꾼 반자본주의 이론가들과 행동가들이다. 전에 썼던 빨간

색 가면을 녹색으로 바꿔 쓴 이들의 쿠데타 시도는 결국 실패로 돌아갔다. 기회를 잃기는 기후 정의를 지킨다는 명분으로 재정적 보상을 요구하던 클렙토크라시(kleptocracy)[5] 지도자들도 마찬가지다. 반자본주의자들이 자연의 친구로 행세하듯이 제3세계주의자들도 코펜하겐에서 지구 온난화 반대주의로의 변신을 시도했다. 하지만 두 집단의 술책은 모두 실패로 돌아갔다.

그렇다면 코펜하겐의 기후협약이 실패한 이후 우리 인류의 어머니인 자연과 지구는 살아남을 수 있을까? 아니, 반대로 생각해 보자. 이번 국가 수뇌들이 협약에 찬성했다면 과연 우리의 지구가 구출될 수 있었을까? 이 협약이 인간의 광기에서 지구를 지켜낼 수 있는 마지막 기회는 아니었을까? 이제 우린 미래 세대에게 '불덩이'를 남겨주는 게 아닐까?

이 문제에 대해선 좀더 이성적이고 도덕적인 접근이 필요하다.

먼저 도덕적인 측면을 보자. 문명은 인간의 힘으로 자연을 다루는 데서 시작되었으며 그 반대가 아니다. 극단적인 지구 온난화 반대론자들의 이데올로기는 서구적 질서를 전복시키고 그리스-로마, 유대-그리스도교의 유산을 송두리째 부인하려 한다. 이 이교도적 이데올로기의 위대한 설교자들은 바로 환경주의자들이다. 그들의 설교를 듣다 보면 모두가 올바르고 정의로워 보이기 때문에 각국의 지도자들이 그들의 말을 앵무새처럼 되뇌이는 것도 이해할 만하다. 솔직히, 국가 지도자들도 뭔가 끊임없이 요구하는 국민들보다 말 없는 자연을 섬기는 일이 속편할 것이다. 그렇기에 이번 코펜하겐 협약의 실패는 민주주의를 위해서도 과학발전을 위해서도 너무나 다행한 일일

---

5) 절도(kleptomania)와 민주주의(democracy)의 합성어이며, 좁은 의미로 빈국의 독재 통치자들이나 정부의 부패한 체제를 말한다. 넓은 의미로는 고질적 부정부패와 정경유착을 일컫는 도당정치(盜黨政治)까지 끼워 넣을 수 있다.

수밖에 없다.

코펜하겐 회의 전까지만 해도 모두가 지구의 온난화 방지에 동의할 거라 믿었다. 하지만 중국과 인도가 빠진 상태에서 합의가 이루어지긴 어려웠다. 사실은 서방의 기후학자들도 매우 난처한 상황이었다. 코펜하겐 협의 직전 '기후게이트(Climategate)'가 터졌기 때문이다. 기후게이트는 웨스트앵글리아 대학 기후연구소의 학자들이 발송한 이메일이 해킹되면서, 지구 온난화 반대론자들이 데이터를 조작하고 반대파들의 연구 발표를 방해한 사실이 밝혀진 사건이다. 지구 온난화 반대 이데올로기를 표방하는 유엔 산하단체인 'GIEC(기후 변화에 관한 초정부 조사 단체)가 학계의 동의를 무시하고 의견을 관철시키기 위해 정치적으로 공모한 사실이 만천하에 드러난 것이다. 이 정치적 공모엔 가난한 나라의 정부들도 한몫을 했다. 오래 지속되어 온 서양에 대한 비뚤어진 인식을 이들 정부들이 이용해왔던 것이다. 그것은 과거 아프리카는 제국주의의 피해자였으며 지금은 지구 온난화의 피해자라는 주장이었다. 50년 전부터 줄곧 피해자로만 머물러 왔던 아프리카인들에겐 당연히 발전보다는 보상이 더욱 절실했을 것이다!

한바탕의 연극이 끝난 뒤(제발, 정말로 그러길!) 이제 현실의 원칙 문제로 돌아와 생각해볼 때다. 우리가 모르는 것과 아는 것을 명확히 구분하여 여기서 올바른, 즉 진짜 과학적이고 경제적으로 건전한 대처방법을 추론해내야 한다.

물론 오랜 역사 속에서 주기적으로 반복되긴 했지만, 지금 지구가 서서히 더워지고 있는 건 사실이다. 하지만 온난화의 주범이 정말 산업화와 이산화탄소인지는 정확히 알 수 없다. 온난화 반대론자들의 이론과 달리 이산화탄소 때문에 온난화가 진행된다는 가설은 명확한 사실적 근거를 가지지 못하며 그 이론만 존재할 뿐이다. 지구 온난화가 주기적인 현상이라 한다면 과거 역사에서 보듯 인간에게 유익함

(특히 농업부분에서)과 해로움(열대병이나 홍수 등)을 동시에 가져다 줄 것이다. 그러므로 당장 온난화를 억제하는 게 효율적인지 나중에 결과를 보고 대처하는 게 더 효율적인지는 생각해 볼 문제다. 더 구체적으로 말하자면, 불확실하고 먼 미래에 발생할지도 모를 위험 때문에 산업성장을 늦출 것인지 아니면 그때그때 온난화의 부작용을 막아내면서 성장을 이어갈 것인지를 고민하자는 것이다.

코펜하겐 회의가 있기 전에는 주로 극단적인 비관론자들의 목소리만 들을 수 있었다. 하지만 코펜하겐 회의 이후엔 이제 발전론자들의 대책과 토론들도 함께 들을 수 있게 되길 바란다. 발전론자들은 언제 닥칠지 모를 위험에 잘 대비하기 위해서라도 발전을 지속시켜야 한다고 주장한다. 발전론자들 사이에서도 우린 부정론자들과 회의론자들을 구분할 필요가 있다. 부정론자들은 전체적으로 지구 온난화 자체를 부정하는 사람들이나, 온난화가 확실해졌을 때 고민해도 늦지 않다고 생각하는 사람들이다. 회의론자들(필자도 이들 가운데 있다 할 수 있다)은 중도의 길을 걷는 신중론자들로, 이산화탄소가 혹시라도 지구 온난화에 영향을 줄 수 있으며 온난화로 인해 인간이 통제할 수 없는 세계적인 유행병이나 바이러스 같은 새로운 재앙이 나타날 수도 있다고 생각하는 사람들이다. 결과적으로, 발전의 이름으로 에너지 자원을 다양화하는 것이 가장 바람직한 결론이라 할 수 있다. 에너지 자원을 다양화하면 고갈 자원에 대한 의존도를 줄이는 전략적 효과도 볼 수 있기 때문이다.

에너지 자원의 다양화를 성공적으로 이루어내려면 탄소세에 대한 세계적 합의가 필요하다는 경제학자들의 의견도 있다. 하지만 탄소세는 너무 높아선 안 되고, 다른 제품에 매겨지는 세금에서 대체되어야 하며, 무엇보다 세계가 공통으로 부담할 수 있어야 한다. 하지만 탄소세가 악용될 위험성도 있는데, 일부 국가들이 탄소세를 부과하지 않는 나라의 수입품들을 금지하기 위한 명분이 될 수도 있다. 그러므로 정말 지구 온난화를 믿는다면, 누구에게나 이익을 가져다줄 수 있는 공평한 자유무역이 이루어져야 하고 모두가 에너지 자원 다각화의 수혜자가 될 수 있도록 하여야 한다. 또한 새로운 에너지 연구기금이 환경주의자들이 내세우는 풍차 수준의 전망 없는 연구에 낭비되는 일도 없어야 한다.

이런 객관적인 토대들만 갖추어진다면, 국가간의 대화도 가능해지고 실현 가능한 전략과 이에 대한 합의도 이끌어낼 수 있을 것이다. '지구를 구하자' 는 구호만큼 요란하진 않아도 이것이 인간의 환경을 개선할 수 있는 최선의 방법이 될 것이다.

서울 G20 정상회의, 세계 주도권의 변화?

2010년이면 미국과 유럽의 경제위기는 다소 진정되겠지만 완전한 회복은 기대하기 힘들 것 같다. 반면 떠오르는 아시아의 경제대국인 중국, 인도, 한국의 성장은 우리의 눈을 의심케 할 정도다. 이유는 간단하다. 이들 아시아국의 정부와 기업들은 경제위기를 잘 활용할 줄 알았던 반면 서방 국가들은 위기의 근본적 원인을 덮어버린 채 사회적 파장을 줄이는 데만 급급했기 때문이다. 왜냐하면 위기는 경제를 새롭게 정돈해주는 기회가 되기도 하기 때문이다.

미국에서 '부동산 버블'이 터지기 전에도, 자동차 등 몇몇 산업들은 더 이상 미국내에 기반을 둘 이유가 희박해졌다. 반면 금융 분야에서는 실물 없는 투기현상과 기관들의 몸집 부풀리기만 심화되고 있었다. 경제위기를 잘 헤쳐나가려면 미국 정부가 '대마불사(too big to fail)'의 자동차 산업과 금융 산업을 구조조정하거나, 그것도 아니면 자연적으로 '창조적 파괴'가 진행되도록 내버려두었어야 했다. 그랬으면 새로운 기업가들이 기존 기업들을 대체하였을 테고 자금을 확보하지 못해 사라져버린 기업들에 의해 혁신제품이 만들어졌을 것이다. 백악관이 개입하지 않으면 사회적 재앙이 닥칠 것처럼 믿는 국민들의 성원과 선거를 핑계로(자동차 노조들은 민주당을 지지한다) 오바마 정부는 경제위기를 자초한 기업들에 구제자금을 퍼주며 밑 빠진 독을 채우려 했다. 오바마의 말 한마디에 따라 외상으로 자금을 대주는 옛날식 '부양책'이 시행되었고 이는 고스란히 납세자들이 갚아야 할 빚으로 남았다. 2010년이 되면 세금은 오르고 기업들의 부채는 더 늘어나 공공부채의 폐해가 명확해질 것이다. 모든 서방 국가들이 추종해 마지않는 이 뉴케인스 정책이 2009년에 과연 어떤 도움을 주었을까? 하지만 모든 국가의 정부들은 앞다퉈 이 처방을 내놓았고 반대의 목소리는 찾아 볼 수 없었다. 예외라면 자유주의 폴란드 정부가 공공부양 없이 경제위기를 극복한 정도다. 이 정책이 주는 실익은 아직 확인된 바가 없는 반면 그 병폐는 뚜렷하다. 과도한 부채를 짊어진 모든 서구 나라들의 성장은 더뎌지고, 일자리는 제자리에 머물고, 주요한 혁신도 이루어지지 않을 것이다.

서구 국가들의 경제적 지체는, 그것이 단기간일지라도 아시아 국가들에겐 반사이익을 가져다준다. 서구 국가들에게 아시아는 공급자이며 동시에 소비자이다. 중국이나 인도 등 아시아 국가들은 평가절하된 자기들의 화폐를 가지고 '값싼 제품'을 생산할 것이고 유럽 소비자들은 이를 통해 싸고 편리한 구매의 이득을 누릴 수 있다. 의류에서부터 컴퓨터까지 아시아의 값싼 노동력이 없다면 서방세계의 소비재 가격은 천정부지로 치솟을 것이다. 이렇게 아시아산 수입품들의 수혜자들이면서도 서방 국가들은 2010년에도 여전히 보호주의를 내세우는 무지를 범할 것이 틀림없다. 버락 오바마가 미국의 어려움이 중국의 위안화 약세 때문이라고 공공연히 밝힌 것이나 한국과의 자유무역협정 비준을 거부한 일은 걱정스러운 일이 아닐 수 없다.

'오바마식 경제'가 개탄스러운 것은, 아시아의 신흥 중산층들이 아시아보다 우수한 서양의 첨단제품이나 사치품들의 큰 구매자가 될 수 있다는 생각을 하지 못하기 때문이다.

그러면 세계의 중심축이 이제 대서양에서 태평양 쪽으로 옮겨가고 있다고 보아야 할까? 이런 논의는 2010년에도 여전히 되풀이되겠지만, 해답은 여전히 피상적인 수준에 머물 수밖에 없다.

분명 아시아 국가들은 서방 국가들보다 위기를 잘 이겨냈다. 아시아의 어떤 나라도 상식 밖의 부채를 떠안지 않았고 '일자리 창출'을 위해, 빚을 통해 회생불능의 기업들을 구제하지도 않았다.

민주주의가 없는 중국 공산당이 국민의 여론을 쫓아가기 급급한 서구 정부들보다 훨씬 극단적인 자유주의 정책을 펼 수 있었으리라 생각할 수 있다. 하지만 아시아에서 가장 민주화된 대한민국의 이명박 정부도 경제 자유주의 원칙에 충실한 정책을 폈다. 이명박 정부도 경제위기로 실직하거나 극심한 어려움에 빠진 사람들을 한시적으로 구제하는 정책을 쓰긴 했지만 그렇다고 기업들에게 족쇄가 될 수 있는 복지국가 정책을 지향하진 않았다. 서울의 정부는 경제위기의 희생자들을 돕는 동시에 고용규제를 완화하고 대학의 연구기관에 많은 투자를 하면서 미래를 준비했다. 유연성과 혁신을 극대화한 이런 위기 극복의 예는 인도와 중국에게도 여러 면에서 좋은 선례가 되었다. 동양의 경제를 근육질에 비유한다면 서양 경제는 지방질 덩어리라 볼 수 있을 것이다.

하지만 현재 아시아 국가들의 경제상황만 보고 그들이 힘을 잃어가는 서방세계를 곧 따라잡을 거라 생각하면 너무 앞서가는 것이다.

서방 국가들, 특히 미국의 앞선 기술과 과학을 볼 때, 높은 성장률에도 불구하고 아시아 국가들은 여전히 서구 의존적일 수밖에 없다. 중국과 인도는 아직까지 하청국가 수준에 머무르고 있으며, 이들보다 훨씬 혁신적인 한국만 의존상태에서 벗어나려 하고 있을(삼성의 경우를 보라!) 뿐이다.

경제위기를 떠나서, 아시아가 Made in USA와 대등한 '가치'를 지닌 Made in China 또는 Made in India 제품과 서비스를 만들어내지 못한다면 21세기는 앞으로도 오랫동안 서양, 특히 미국에 주도권을 내어줄 수밖에 없을 것이다. 스마트폰이나 에이즈 치료제는 아시아에서 만들어지거나 조립되고, 아시아에서 많이 소비되고 있지만 이를 발명한 건 서양이었다. 적어도 2009년과 마찬가지로 2010년에도 (2030년도 그럴지는 알 수 없지만) 아시아엔 하버드나 취리히의 폴리테크니쿰, IBM연구소, 파리의 에콜 마테마티크 등에 견줄 대학이 존재하지 않는다. 최근 베이징과 서을, 도쿄, 방갈로르 같은 곳에선 이런 대학이나 연구소를 키우려는 시도가 이루어지고 있다. 서양으로 유학을 떠났던 학생들이 학업을 마치고 돌아와 유학했던 나라와 경쟁할 만한 대학과 연구소를 만들도록 장려하고 있는 것이다. 이런 시도는 매우 고무적이지만 그 효과가 나타나기까진 오랜 시일이 걸릴 것이다.

2010년 아시아는 두 가지 핸디캡을 극복하기 위해 힘써야 할 것이다. 두 가지 핸디캡이란 바로 아시아적 가치관과 분쟁의 문제다. 예로부터 서양의 장점은 가치관을 공유하고 있다는 것이다. 민주주의나 인권, 양성평등, 종교의 자유 같은 가치관들이 그것이다. 이런 보편적 가치는 권력이나 미디어의 선동 등에 의해 요구되고 강요된 것일까, 실재하는 것일까? 서양인들은 이런 가치규범들이 어느 문명이든 적용 가능한 것이라 믿어 의심치 않는다. 최근 아시아에서는 이런 문제에 대한 공개적인 토론이 벌어지고 있다. 1945년 서양의 가치관을 강제로 받아들여야 했던 일본에서도 새 정부가 들어선 이후 발전보다는 서양을 대신할 유교적 규범인 조화를 강조하는 모습이다. 중국 지도자들은 중국 고유의 가치규범을 자신들끼리만 적용하는 데 그치지 않고 다른 나라로까지 확산시키려는 시도를 하고 있다. 이들은 자신들의 투명한 독재와 국가 주도 자본주의를 미국식 '민주적 무질서'와 '정글 자본주의'에 대비시키며 우월성을 강조하려 한다. 보다 양면적인 한국과 인도는 아시아만의 독특한 민주주의를 표방하면서 문화적 고유성을 잃지 않으려 애쓰고 있다. 특히 한국은 G20 정상회의를 앞두고 '아시아적 가치'에 대해 깊이 있는 논의를 계속했지만 명쾌한 결론은 내리지 못한 것 같으며 그 보편성을 주장하기엔(특히 동양권에서 양성평등에 대한 일치된 결론을 이끌어내기 힘들기에) 많은 어려움이 있어 보인다.

아시아가 가진 또 하나의 약점은, 특히 일본과 중국, 한국을 포함한 동북아에서 국가들끼리 서로 경계하고 있다는 점이다. 중국은 다른 나라들에게 위협적인 존재로, 일본은 과거 제국주의 만행을 뉘우치지 않는 나라로 인식되고 있으며, 남한과 북한은 통일은커녕 화해의 길조차 멀게만 느껴지고, 타이완은 이스라엘처럼 사방에 포위된 채 고립되어 있다. 여기에 인도네시아와 필리핀, 인도 같은 나라들은 민족 간의 반목과 이슬람 테러 등으로 불안한 처지에 있다. 그나마 갈등과 싸움이 큰 전쟁으로 번지지 않는 것은 서방 국가들이 아시아에서 평화 유지의 보루 역할을 해주고 있기 때문이다.

NATO(북대서양 조약기구) 군이 아프가니스탄, 파키스탄에 주둔해 있는 것이나, 미 해군 7함대가 태평양에서부터 인도양까지 지키고 있는 것을 보면 알 수 있다.

2010년 아시아는 분명 그 힘을 만방에 보여줄 것이 틀림없지만 그 힘은 여전히 서방세계의 영향력 아래서만 발휘될 것이다. 그리고, 그 이후는…… 아무도 알 수 없다.

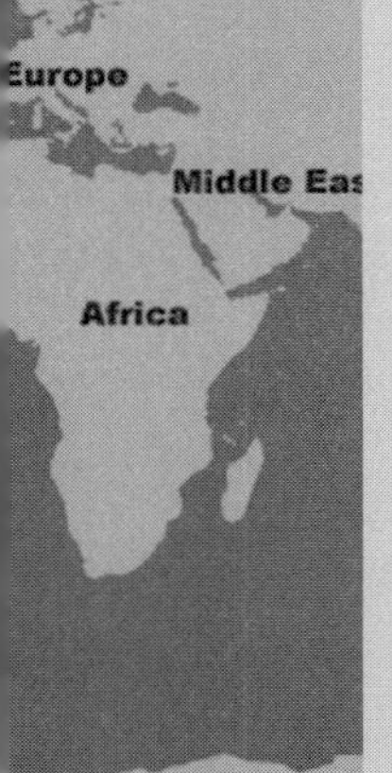

2010

구글, 조금은 안심된다

3년 전 블로그를 만들면서 내가 제일 먼저 올린 글의 제목은 〈구글이 걱정스럽다〉였다. 구글과 중국 공산당의 결탁을 보면서 사람들은 실리콘 밸리의 기업이 검열 요구에 굴복하려는 데 대해 분노했었다. 하지만 이제 구글은 당시 검열에 동의했던 것을 반성하고 중국에서 철수하려 하고 있다. 도덕적 이유에서이든 재정적 이유에서든, 이번 사태는 서구 자본주의와 중국 공산당의 관계에서 의미 있는 전환점이 될 것이다.

중국이 부강해져 서양과 중국 도두에게 이익이 되는 교역이 계속 이어지는 것에는 찬성한다. 하지만 그들은 늘 뛰어넘기 힘든 붉은 선을 그어놓고 있다. 이 선은 이제 중국 공산당의 지적소유권에 대한 침해의 정지선이 되어야 하고, 표현의 자유가 무너지는 것을 막는 정지선이 되어야 한다! 서방측도 이젠 자신들의 고유 가치를 지켜내야 한다. 자존심을 좀 찾는다고 해서 사업이 망하는 것은 아니다. 이제 중국 공산당이 서구의 가치를 헐값에 사들이는 일을 막아야 하며 서방측도 스스로를 교수대에 매달 밧줄을 팔아선 안 된다!

굿바이, 군사독재자들!

세바스티안 피네라(Sebastian Pinera)가 칠레 대통령 선거에서 승리함으로써 라틴아메리카는 이제 새로운 길로 접어들게 되었다. 민주적 정권교체와 시장경제가 바로 그 새로운 길이다.

혁명처럼 흥분되는 과정은 아니었지만, 국민의 평화와 번영이 혁명보다 더 값진 것임을 우리는 경험을 통해 잘 알고 있다. 이전의 좌파 정부들도 그 나라의 현실과 국민들에 의해 다듬어지면서 대부분 자유민주주의로 그 노선을 바꿔왔다. 브라질의 룰라가 그랬고, 페루의 알랜 가르시아, 우루과이의 타바레 바스케스가 그랬다.

칠레에서는 피노체트가 떠났지만 그의 경제정책에는 아무런 비난도 뒤따르지 않았기 때문에 뒤를 이은 좌파 정부에 의해 그대로 계승되었다. 그리고 이젠 다시 자유주의자에게 정권이 넘어와 칠레 경제는 세계화에 더 박차를 가하게 되었다.

반면, 에콰도르와 베네수엘라, 그리고 아르헨티나의 독재자들은 자신들의 '선거고객'들을 위해 여전히 국고를 탕진하고 있다. 카라카스에서는 화폐를 평가절하하고 부에노스아이레스에선 중앙은행 잔고를 빼오는 등의 방식으로.

이런 일들은 마르크시즘의 옷을 걸치고 변장한 코딜로(caudillo)[6]들의 마지막 몸부림이다. 이들 독재자들의 마지막 지지자들은 유럽에 많이 있다. 유럽의 좌파 지식인들이 라틴아메리카 사람들에게 혁명의 과업을 일임하고 있는 것이다. 라틴아메리카 사람들도 시큰둥한 이 혁명의 과업이 유럽에선 더 이상 씨알도 먹히지 않기 때문이다.

미디어의 요란한 몸부림도 간과할 수 없다. 내가 읽은 《르몽드》지의 칠레 대통령 선거에 대한 논평은 이랬다. "우파의 억만장자—그의 형은 피노체트 정부에서 장관을 지냈다— 대통령에 당선되다."

이것이 객관적인가? 그렇다면 《르몽드》는 '좌파' 민주기독당의 후보였던 에두아르도 프레이가 '상습범' 이었다는 사실도 상기시켜 주었어야 한다. 1994년부터 2000년까지 칠레 대통령을 지낸 에두아르도 프레이는 1973년 피노체트 장군에게 당시 대통령이던 아옌데와 그의 공산주의자 동지들을 몰아낼 것을 강력히 주장한 당원이었다. 반면 세바스티안 피녜라는 한 번도 군사독재자를 지지한 적이 없었다. 하지만 《르몽드》의 논평은 이런 사실은 안중에도 없는 것 같다……

---

6) 스페인과 남미의 군사독재자들을 일컫는 말.

부르카, 미국인들의 생각은 다르다

미국 언론들은 부르카 착용을 금지하려는 사르코지와 프랑스 의회에 대해 신랄한 비판을 가하고 있다. "개인의 자유를 침해하고 증오심을 부추기는 시도로 지역선거에서 여론을 자극하는 데 이를 이용하려 한다"고 《뉴욕타임스》지의 논설은 말하고 있다.

이번 시도를 바라보며 탈레반들은 이슬람이 희생양으로 비쳐지는 것을 즐기고 있을 것이며, 5백만 명으로 추산되는 프랑스 거주 무슬림 중 온몸을 덮는 부르카를 착용하는 여성은 2천 명도 안 된다는 사실도 덧붙이고 있다.

사실, 십자군 전쟁에 임하듯 부르카 반대에 열을 올리기보다는 지금 있는 법을 가지고 광신적 이슬람의 범법행위들을 징계하는 게 훨씬 더 효과적일 것이다. 나는 미국인도 아니고 선거에 출마한 후보도 아니다. 단지 관용을 옹호하는 세속인일 뿐이다.

지구의 온도는 그리 높아지지 않았다

기록상 2000년 이후의 기후 변화를 살펴보면 지구의 온도는 별 변화를 보이지 않는데도 사람들은 기온이 올라가고 있다고 상상한다! 오늘자로 발행된 《사이언스》지는 이러한 모순에 해답을 제시하고 있다. 지구를 둘러싼 수증기의 밀도가 높아지면 다시 온도는 내려가게 되어 있다는 것이다. 자연이 만들어주는 균형에 대한 이론은 환경주의 창시자 중 하나인 제임스 러브록(James Lovelock)이 1988년 제안했었다. 그의 〈가이아〉 가설에 따르면 기후는 살아 있는 유기체처럼 스스로 균형을 찾아간다는 것이다. 지구 온난화론자들은 이산화탄소 때문에 지구가 기후의 균형을 잃어가고 있다고 확신한다. 반면 이에 대한 회의론자들은 기후가 자기조정 기능을 갖고 있다고 믿기 때문에 온난화 문제를 심각하게 보지 않는다.

기후학자인 비외른 롬보르(Bjorn Lomborg)는 중간적인 입장을 취한다. 그는 가난한 나라들이 값싸고 풍부한 석탄 에너지를 사용하지 못하도록 만들어 발전을 가로막을 게 아니라 대체 에너지의 연구에 투자해야 한다고 말한다. 아마 미국의 생각과 입장도 같을 것이다. 이미 실리콘 밸리의 벤처기업들이 새로운 에너지 개발에 몰두하고 있는 마당에 오바마도 자신의 탄소배출 규제 계획을 포기할 수밖에 없을 것이다.

도덕적으로 완벽한 법관들

민주주의에서 사법기관은 독립기관으로 정의된다. 그런데 사법기관의 판사와 검사들이 과연 독립적일까? 사실상 그들의 상당수는 정치적 사건들에 관여하고 있으며, 집단 간의 상호 보복 같은 어떤 의도를 가지고 움직인다.

검사와 판사들의 정치화는 일본, 이탈리아, 프랑스, 스페인, 터키, 아르헨티나 등 많은 민주주의 국가들에서도 얼마든지 볼 수 있다. 이들 나라의 법관은 자기 자신이나 동료, 동업자의 이익을 위해 정부와 집권당을 부패혐의로 고소하길 망설이지 않는다.

얼마 전 일본 검찰이 민주당의 오자와 이치로 간사장을 고발한 떠들썩한 사건이 있었다. 최근 선거에서 패한 오자와 간사장이 자민당과의 선거전을 앞두고 불법 정치자금을 받았다는 이유였다. 자민당이 선거에서 승리한 지 몇 달 되지 않은 시점에 오자와와 그의 동료들의 혐의가 드러난 데 대해 일본 국민들은 놀라고 있다. 자민당이 집권할 당시도 많은 부패가 행해졌다고 알려졌지만 이런 식으로 시달림을 받진 않았기 때문이다.

사실 일본 자민당은 상당수 검찰 출신으로 구성된 일본 기득권 관료들과 밀착관계를 유지해 왔다. 하지만 민주당은 관료집단과 정치인 그리고 기업 사이의 유착을 끊으려 했다. 따라서 이번에 검찰이 오자와측을 고발한 것은 검찰측이 자신들의 지위를 유지하기 위한 방어였다고 볼 수 있다.

이탈리아에선 검사들이 실비오 베를루스코니 수상의 새로운 혐의에 대한 조사에 들어갔다. 이탈리아의 판사들은 수년 전부터 자신들의 고발 대상이었던 사업가 출신 베를루스코니의 선거 승리와 대중적 인기를 인정하지 않는 분위기였다. 베를루스코니가 이탈리아 사람들 중에서 도덕적으로 깨끗한 쪽에 속한 인물이라곤 결코 말 못할 것이다. 하지만 그를 기소했던 그 동안의 여러 재판들 중 혐의가 드러난 건 한 건도 없었다. 그런데도 법관들은 여전히 사법적 판단 외의 문제를 가지고 그를 끊임없이 법정에 세우려 한다.

프랑스에서도 몇 년 전부터 수사판사들은 자크 시라크 전 대통령을 부패혐의로 기소하려 했다. 자크 시라크가 현직 대통령이었을 때는 아무도 그를 건드리지 못했다. 하지만 이 '독립' 기관은 자크 시라크가 대통령직에서 물러나자마자 그를 경범재판에 회부했다. 이유는 20년 전 시라크가 파리 시장이었을 당시 시청 직원을 선거에 동원했다는 것이었다. 하지만 지금까지 어느 법관도 프랑수와 미테랑이 공금으로 자기 내연녀와 딸의 생활비를 대줬다고 고발한 적은 없다.

그 밖에도 예는 얼마든지 있다. 니콜라 사르코지 대통령을 음해했다는 이유로 기소된 도미니크 드 빌팽(Dominique de Villepin)[7]이 기소면제를 받은 지 얼마 되지도 않아 검사는 이 건에 대해 항소할 것이며 새로운 사건에 대한 기소도 준비하고 있다고 밝혔다. 이 검사는 절대 니콜라 사르코지의 압력을 받은 게 아니며 검사로서의 양심에 따르는 것뿐이라고 주장한다. 검사 한 사람의 손에 의해 프랑스의 정치가 깨끗해질 거라고 그는 믿는 걸까? 프랑스 혁명 당시 귀족들을 무

---

7) 2005-2007년까지 프랑스 국무총리를 지낸 인물.

자비하게 처형했던 푸키에 탱빌(Fouquier Tinville)[8]의 망령이 이들 검사들에게 들러붙어 있는 건 아닌지 의심스럽다.

아르헨티나에서는 크리스티나 페르난데스 대통령이 중앙은행장을 경질한 데 대해 대법원이 제재를 가하고 나서 사람들이 그 동기를 의아해하고 있다. 페르난데스 대통령도 의혹들에서 자유로울 수 없는 인물이지만, 그렇다고 연방판사에 의해 정부의 행정명령이 폐기되는 일은 정치의 근본질서를 깨뜨리는 것이다.

터키 역시 모든 것을 정치쟁점화하는 것이 문제다. 검사들과 판사들은 이슬람 집권당인 AKP(정의개발당)를 몰아내기 위해 소송을 계속하고 있는데, 명분은 세속헌법을 지킨다는 것이다. 2003년 AKP가 선거에서 승리하자 헌법재판소는 레제프 타이이프 에르도안(Recep Tayyip Erdogan)이 수상이 되는 것을 막기 위해 당을 해산시켰다. 이 때문에 AKP(정의개발당)는 당 이름을 바꿔야 했고 에르도안은 잠시 자리에서 물러나야 했다.

그리고 지난해 AKP는 다시금 터키 헌법에 명시된 엄격한 세속주의 원칙을 유린했다는 이유로 당 해산을 명령받는 사건에 휘말렸다. 2009년 말 터키 헌법재판소는 반역세력과 결탁했다며 쿠르드 정당인 DTP(민주사회당)도 해산시켜 버렸다. 이 부당한 결정으로 수백만 쿠르드인들은 합법적인 대표권을 강탈당했으며 AKP(정의개발당) 정부가 추진하던 쿠르드공동체와 터키공화국의 화해 시도도 중단되고 말았다.

스페인의 수사판사인 발타사르 가르손(Baltasar Garzon)은 스페인뿐 아니라 세계에서도 사법부의 영웅으로 평가받고 있다. 그러나 그의 수사 표적은 한결같이 정치적 우파를 겨냥하고 있다. 일반적으로

---

8) 프랑스의 혁명가로 공포정치 시대 혁명재판소 검사로서 사소한 죄에도 무자비하게 사형 선고를 내려 시민들로부터 두려움의 대상이 되었다.

유럽의 검사들은 정치적으로 좌파들에게 관대하고, 일본과 라틴아메리카 검사들은 우파들에게 관대한 것 같다.

완전히 이념적 명령에 따르는 건 아니지만 대부분의 법관들은 투철한 동업자의식을 가지고 행동한다. 설령 그들에게 당파적 지향성이 있다 해도 그들의 직업적 이해관계는 당파적인 이념 등의 모든 동기들에 앞선다.

앙시앙 레짐 시절 프랑스에선 법관들이 자치적 규율 속에 결속력 강한 사회계급을 형성했던 걸로 유명하다. 당시 프랑스 혁명과 보통선거권이란 선택은 귀족사회에 종말을 고함과 동시에 사법부의 이런 동업자주의를 타파하려는 목적도 있었다.

민주화의 진행에도 불구하고 판검사들은 스스로 국가 엘리트를 자처하며 사법독립의 신화 속에서 보호받길 원한다. 앞에 언급한 나라의 판사들의 경력을 살펴보면, 나라마다 법이 다름에도 불구하고 법조계 내부에서 서로 자리를 지명하는 관례만은 공통임을 알 수 있다. 판검사가 출세의 사다리를 타기 위해선 동료나 선배들의 성향을 따를 수밖에 없고 동업자들 끼리끼리의 세력을 확대하는 데 공헌해야만 하는 것이다.

한편으론 사람들이 법관이라는 직업을 얻으려 그토록 애쓰는 이유에 대해서도 생각해볼 필요가 있다. 대부분의 풋내기 법관들은 사회를 '깨끗하게 만들겠다' 는 열망을 품고 시작한다. 1980년대 이탈리아 판사들이 주도한 시실리아의 마피아 소탕 운동은 마니 풀레테(깨끗한 손) 작전의 시발점이 되며 정의사회에 대한 열망을 심어주었었다. 이 경우만 본다면 시기적절한 조치였다. 하지만 이러한 '사회정화' 의식이 이제 유권자들이 자기들 뜻대로 투표해주지 않았을 때 법관들이 정치적 향방을 바꿔버리는 수단으로 이용되고 있다는 게 문제다.

　모든 민주주의는 권력기관의 독립과 균형을 기반으로 한다고 알려져 있다. 하지만 이런 균형은 각 기관들이 서로를 견제하고 견제받을 때 가능하다. 나는 대통령이나 국회의원들보다 판검사들이 국민들로부터 더 신뢰받을 이유가 없다고 생각한다. 이제 제4의 권력인 미디어가 판검사들이 정치 당선자들을 수사했던 열성으로 그들의 행동과 동기를 조사해야 한다.

유로화 전쟁은 없다

그리스의 재정위기에도 불구하고 유로화는 타격을 받지 않았으며 달러와 스위스 프랑 다음으로 안전하고 가치 있는 화폐로 남아 있다. 투기 등으로 유로화의 시세가 영향을 받을 수 있을지는 몰라도 그 존재 자체가 문제되지는 않는다. 전문가 팀으로 구성된 유럽중앙은행이 투명한 일정으로 유로화를 관리하고 있는 한 유로화의 존재가치는 앞으로도 문제될 일이 없을 것이다. 프랑크푸르트에 있는 유럽중앙은행이 하이퍼인플레이션과 디플레이션의 위협 속에서 균형만 잘 이루어 나간다면 유로화는 계속 신뢰할 수 있는 화폐로 남을 것이다. 최근 몇 년간의 위기에서도 유럽중앙은행은 미국연방은행보다 잘 대처했다. 사실, 화폐는 얼마나 많이 이용하느냐가 아니라 얼마나 잘 관리되느냐에 따라 가치를 인정받는다. 그리스인들이 유로를 너무 많이 써서 재정위기가 왔다? 그건 그들의 문제일 뿐이다. 그들은 시장이 요구한 이자율대로 빚을 갚으면 된다. 유로존의 다른 나라들이 그리스의 부채에 연대책임을 지지 않는 한 그리스의 경제력 약화가 유로의 약화로 이어지진 않는다. 이론상, 적어도 화폐 경제적 특성상 아무도 이런 연대책임을 강요하지 못한다.

그럼에도 연대감이 만약 생긴다면, 그리스 사회가 폭발해 버릴까 하는 정치적인 우려 때문일 것이다. 그리스는 공공서비스가 발달해 있고 극좌적 성향이 사회를 지배하고 있다. 우려스러운 것은 이런 사회 분위기다. 그렇다고 그리스 사람도 아닌 유럽의 납세자들이 자기들 세금도 잘 안 내는 그리스인들의 빚을 갚아주어야 할까? 이는 마치 가난한 나라의 부자들을 돕기 위해 부자나라의 가난뱅이들이 세금을 바치는 것만큼이나 비도덕적이다. 그런데 유럽이 지금 그러고 있지 않은가? 결국 그리스와 유럽의 부채관계는 적절한 타협을 통해 청산되어야 한다. 그리스인들이 지불해야 할 것은 유럽인들이 아닌 그리스인들이 지불해야 한다.

이번 그리스 위기를 통해 각국은 유로화가 제각각으로 놀지 않도록 유럽 공통의 경제정책을 시행해야 한다. 이런 정책은 이미 존재하며 공공지출을 관리하는 마스트리히트 조약에 그 기준이 명시되어 있다. 하지만 2008년의 경기침체로 낡은 케인스주의 악몽이 되살아나면서 유럽의 어느 정부도 이 기준을 지키지 않았다.

오늘날 유로화가 위협당하고 경기회복이 늦어진 것은 유럽 통합정부가 없어서가 아니라 경제위기 때 국가재정을 잘못 관리했기 때문이다. 유럽이 아직도 안정적인 성장과 완전고용에 다가서지 못하는 이유는 공공부채의 늪에 빠져 허우적대고 있기 때문이다. 그런 의미에서 그리스의 경제위기 또한 게으름뱅이들이 벌이는 호들갑과 엄살에 불과하다.

(미국의 경제학자인 조셉 스티글리츠가 그리스 정부에게 공공지출을 줄이지 말라고 촉구한 사실을 주목하자. 꽤 괜찮은 생각이다. 모든 좋은 경제정책은 엉클 조가 권고하는 반대쪽으로만 가면 되니까……)

미국 보수의 귀환

　미국인들이 점점 대통령에 실망하고 있는 것일까? 버락 오바마는 이제 자기 나라 국민 절반의 지지도 얻지 못하고 있다. 미국 인터넷 설문 조사 업체인 Pew에 따르면 지지율이 50%도 안 된다. 분배에 중점을 둔 대통령의 비전 제시는 이제 다수 국민들에게 외면당하고 있다. 특히 의료보험 개혁 같은 일련의 개혁정책들은 교착상태에 빠져 있고, 그가 속한 민주당은 지방선거에서 매사추세츠와 뉴저지에서 패배를 거듭하며 올해 말이면 대부분 지역을 잃을 전망이다. 다른 미국을 실현하려 했던 오바마는 '믿을 수 있는 변화'를 표방하며 대통령에 당선되었다. 하지만 전체적으로 보수주의 신념에 뿌리를 두고 거기서 벗어나려 하지 않는 미국이란 나라에서 그의 위치는 불안하기만 하다. 다수의 반대세력들에게도 늘 협상의 문을 열어두었던 빌 클린턴과 달리 오바마는 완고한 태도를 고수하고 있다. 게다가 그의 연설을 들어보면 대학가의 좌파 성향 인물들이나 《뉴욕타임스》의 논설위원 외엔 미국에서 찾기 힘든 사회민주주의적 성향을 읽을 수 있다. 미국에서는 이를 '자유주의적(liberal)'이라 표현한다.

　우파 보수주의자들의 관점에서는 오바마를 미국인을 가장한 '유럽인'이라(《월스트리트 저널》의 시사평론가들도 그에 대해 이런 표현을 써왔다) 의심할 만하다. 미국에서 '유럽화' 된다는 얘기는 연방정부의 역할을 경제적·사회적 평등에 두는 것을 말한다. 오바마는 독립선언문에 기록된 '행복 추구'가 정부의 정의실현과 갈등조절 역할을 의미한다고 생각하는 것 같다. 자동차산업과 일부 은행, 보험회사 등을 국유화하려는 것도 국가에 대한 이런 유럽식의 개념에서 나온 것이다. 이런 '유럽주의'를 통해 우리는 공공지출을 통한 경기부양이나 환경주의 프로젝트, 의료보험 개혁 등을 미리 예상할 수 있었다. 퍼스트레이디인 미셸 오바마도 역할을 하나 맡았다. 그녀는 비만 퇴치를 위한 국가적 캠페인을 이끌고 있는데, 이로 인해 미국인들이 좋아하는 식품에 비만세를 부과할 수도 있게 되었다. 개인 사생활에 대한 국가 권위의 개입은 넓게는 합법적일 수 있겠지만 '미국의 근본정서'로는 받아들여지기 힘들 것이다.

국가수입 대비 국가공제세액은 오바마 정부 들어 25%에서 30%로 상승해 유럽의 수준까진 못미처도(유럽의 경우 50% 수준) 격차를 점점 줄여가고 있다. 제2차 세계대전 이후 전례 없는 공공지출 확대에 대해 걱정하는 건 보수주의자들뿐만이 아니다. 공공지출과 경제성장률이 반비례한다는 사실은 미국 경제학자들 사이에도 어느 정도 의견의 일치를 보고 있는 사항이다. 최근 애틀랜타에서 열린 미국 경제학자들의 연례회의에서도 이런 내용이 발표되었다.

인간의 '연대'에 바탕한 유럽 자본주의는 미국의 '정글' 자본주의보다 느리게 성장한다. 오바마의 미국도 계속 국영화와 평등을 강조하다 보면 필연적으로 유럽처럼 저성장과 만성적 실업에 직면하고 말 것이다. 고도성장이 사회문제와 환경문제를 동반한다 해도 이를 강력히 원하는 대다수 미국인들은 오바마식 미국을 결코 용인하지 않을 것이다.

물론 오바마의 뜻은 숭고한 것이었을 수 있다. 하지만 그의 당에서조차 거부감을 보이는 건 그의 뜻이 순수하지 못해서가 아니라 국가주의적 방식들과 그의 정치적 태생에 대한 의구심 때문이다. 이런 의구심은 사회주의와는 늘 대척점에 서길 원하는 미국적 가치에서 비롯된 것이다. 보수주의 우파의 관점에서 보면 오바마는 검은색이 아닌 분홍색이다. 그는 완전한 흑인이라고도 할 수 없는 혼혈이며 더구나 하버드 출신이다. 미국에서 '분홍색'은 참으로 난처한 색깔이다. 미국의 문화와는 맞지 않는 사회주의의 색이기 때문이다. 사회주의는 집단을 개인 위에 두며 국가를 자발성 위에 두고 애국심보다는 세계주의를, 종교보다는 무신론을 그 바탕 위에 둔다. 강력한 미디어권력 '폭스뉴스'의 지지를 받고 있는 보수주의자 사라 페일린(Sarah Palin)이 오바마를 계속 사회주의자로 몰아붙이는 것도 오바마를 '아메리칸 드림' 외곽으로 몰아내려는 의도로 보아야 할 것이다.

'유럽인'들은 반박할 것이다. 가난한 사람들, 실업자들, 의료보험 혜택조차 누리지 못하는 사람들은 실질적으로 이 아메리칸 드림을 꿈꿀 기회조차 없지 않느냐고. 그럴지도 모른다. 그럼에도 최빈층의 사람들과 매년 미국으로 들어오는 수백만의 이민자들을 포함해 대부분의 미국인들이 아메리칸 드림을 꿈꾼다. 미국인들에게서 이런 꿈을 빼앗는 것은 명백하게 정치적 실수이다. 더구나 이런 꿈을 국가가 대신 꿔 주겠다는 건 보수주의자들에게 일종의 범죄처럼 보일 수도 있다.

결국 오바마는 포기하거나 한 발 물러설 수밖에 없다. 지금으로선 오바마가 미국을 바꾸는 것이 불가능해 보인다. 미국의 자본주의는 그대로 정글 속에 있으며, 월가는 여전히 부도덕하며, 인간적 연대감은 미약해 개인 차원의 자선으로 사회체제의 상처를 붕대로 겨우 가려줄 뿐이다.

미국의 대외정책 변화는 굳이 거론할 필요도 없다. 미국이 영웅으로 묘사되고 정의를 대표하던 때는 지났다지만 여전히 그 명맥은 유지되고 있다. 그들의 강력한 군대가 버티고 있는 한 아메리카 제국은 확고하게 자리를 지킬 것이다. 이라크전과 아프가니스탄전을 지휘한 데이비드 페트레이아스 장군이 전쟁의 목적과 방법을 정하고 백악관이 동의하는 것만 봐도 알 수 있다. 미국에서는 새삼스러운 일이 아니다. 미국의 역사를 보면 군대가 대통령의 명령을 따르는 대신 대통령이 군대의 명령을 따르고, 국민들은 대통령보다도 군대에 더 환호를 보내는 걸 발견할 수 있다. 오바마의 미국은 조지 부시의 미국에 못지않게 호전적이다. 대다수의 미국인들이 평화주의와는 거리가 멀며 국제적 갈등을 다루는 데 전쟁만큼 좋은 방법이 없다고 생각한다. 그래서 관타나모 수용소도 폐쇄되지 않고 유지되는 것이다.

유럽인들은 오바마의 당선이 미국의 변신의 의미한다고 받아들였다. 사실 아메리칸 드림은 개인의 출신과 관계없이 더 쉽게 도달할 수 있게 되었다. 하지만 이 아메리칸 드림이 개인주의, 신앙심, 물질주의, 성공, 돈 그리고 약속의 땅으로서의 미국을 의미한다는 사실엔 변함이 없다. 미국을 지지하든 반대하든 세상 사람들은 최소한 다음의 사실에는 동의해야 할 것이다. 미국인들은 자신들을 세상의 다른 사람들과 다른 특별한 국민으로 생각하며 버락 오바마도 이런 생각을 바꿀 수 없다는 걸 말이다.

케인스에 대한 여러 다른 생각들

오바마 미 대통령이 《뉴욕타임스》와 CBS 등 자유주의 성향의 언론들에서 경기부양책을 통해 2백만 개의 일자리가 창출될 것이라고 장담했다. 나는 얼마 전 UN 산하 통계학자 모임 참석차 뉴욕에 들른 INSEE(프랑스경제통계청) 청장 장-필립 코티(Jean-Philippe Cotis)에게 프랑스에서 경기부양책으로 얼마나 많은 일자리가 창출되었느냐고(또는 창출될 것이냐고) 물었다. 그의 대답은 알 수 없다는 것이었다. 장-필립 코티의 답변은 정직했다. 알 방도가 없으니 알 수 없다고 대답할 수밖에…… 부양책이 아니었어도 저절로 만들어졌을 일자리와 공적자금 투여로 생긴 일자리를 구분하는 것은 불가능할 뿐더러 공공지출이 가계저축을 감소시킴으로써 창출되지 못한 일자리 수를 계산하는 것도 불가능하다.

그렇다 해도 니콜라 사르코지가 INSEE에 경기부양 효과에 대해 아무 질문도 하지 않은 건 이해가 가지 않는다. 미국인들은 이론의 여지가 있더라도 수량화된 결과를 꼭 요구하는 데 비해 프랑스인들은 그렇지 않다. 이런 의문에 대한 INSEE의 논리는 미국과 달리 프랑스에선 실업보험 같은 자동 안전장치가 있어 경제위기에도 어느 정도 수요와 일자리가 유지될 수 있다는 것이다. 따라서 프랑스의 경우, 케인스식 경기부양 효과를 알려면 자등 안전장치로 유지된 일자리에 경기부양이 창출하는 일자리를 더하면 된다는 것이다. 어쩌면 오늘날의 케인스주의 경제정책은 효과를 정확히 측정할 수 없기에 좋은 평가를 받고 있는지도 모른다.

하지만 확실한 건 당겨 쓴 빚도 언젠가 누군가는 갚아야 한다는 사실이다. 누가 갚아야 할까? 프랑스 출신의 경제학자이자 IMF의 수석인 올리비에 블랑샤르(Olivier Blanchard)는 얼마 전 정치적으론 부적절하고 경제적으론 효과가 의심스러운 밑그림을 내놓았다. 즉 인플레이션 정책이다. 과도한 빚에 시달리는 미국이 인플레이션이란 술수를 쓴다면 공공지출을 줄이는 것보다 쉽게 부채를 해결할 수 있다. 그리스에서 보듯 긴축재정은 그리 좋은 방법이 못 된다. 공무원들의 강력한 반발을 일으킬 뿐더러 경제가 성장기조로 돌아서는 데 제약이 될 수 있는 것이다. 하지만 인플레이션 역시 세금일 뿐이다. 이 세금은 샐러리맨들에게 부과되는 대신 퇴직연금의 가치를 떨어뜨리고 가난한 사람들의 구매력도 떨어뜨린다. 말하자면 인플레이션은 소리 없는 세금이라 할 수 있다. 물론 정부의 입장에선 그래서 더 매력적이기도 하지만 말이다.

이번 경제위기를 지난 30년간 자유주의적 무한경쟁의 후유증이라 볼 수 있을까? 이를 가지고 논쟁을 하자면 끝이 없을 것이다. 하지만 최근 2년간 케인스주의의 여파는 눈으로 보기에도 명백하다. 케인스주의 정책의 이득은 아무도 알 수 없지만 이 정책이 만들어낸 부채는 이웃나라에까지 짐이 되고 있다. 그리스의 경우 독일에게, 미국의 경우 중국에게, 그리고 중산층의 부채는 연금수령자들에게 등등……

오바마-사르코지-고든 브라운의 합작회사는 케인스식 경기부양이 없었다면 상황이 더 나빠졌을 거라 변명한다. 하지만 정말 그랬을지는 아무도 확인할 수 없다.

장-필립 코티 의장이 UN의 경제학자 조셉 스티글리츠와 장-폴 피투시의 보고서를 동료들에게 소개한 적이 있다. 이 보고서는 전통적 경제지표인 국내총생산 대신 그 나라의 행복지수로 국가를 평가해야 한다고 제안하고 있다. 행복지수로 따지자면 자신들이 결코 가난하지 않다고 자부하는 특히 모로코 같은 나라들에서는 그 보고서가 관심을 끌지는 모르겠다! 하지만 스티글리츠가 미국에서 그리 나쁜 평가를 받고 있지 않음에도 미국인들은 이런 프로젝트에 전혀 반응이 없었고, 이전에 이미 UN에서 행해졌던 삶의 질에 대한 지수측정에서도 경제적으로 부유한 나라의 국민들이 더 행복하고 오래 산다는 결과가 나온 것을 기억하고 있다.

국가의 거짓말

그리스의 지도자들에게 국가재정 상태를 감춰 왔다는 이유로 죄를 묻는다면 이 사실을 전부 보고받았던 유럽의 다른 지도자들도 공범이 되어야 할 것이다.

벨기에와 핀란드, 룩셈부르크 외의 유럽 어떤 나라도 유로존에서 정한 기본 의무사항을 지키지 않았다. 유로존에서 제시한 재정적자의 한계를 모두가 넘어선 것이다. 유로존이 사라질 것이라 확언할 필요까진 없지만, 유로존이 앞으로도 새 멤버국을 끌어들일 수 있을지엔 의구심이 든다. 또한 앞으로도 유로화는 모든 유럽 국가들의 화폐가 되기 힘들 것이다.

국민을 기만했던 유럽 국가들은—첫째로 그리스, 다음으로 이탈리아, 스페인, 포르투갈 등등—앞으로 자신들의 공공부채를 충당하기 위해 점점 큰 어려움에 봉착할 것이다. 예금자들이 더 높은 금리를 요구할 것이기 때문이다. 이렇게 되면 유로존 전체가 금리상승의 영향을 받게 될 것이다. 금리가 상승하면 개인과 기관 투자자들은 자금 조달이 어려워지고 결국 유럽은 1975년부터 1983년까지 그랬듯이 인플레이션과 스태그플레이션을 동시에 겪는 최악의 상황에 빠지게 될 것이다.

시장은 완전할 수 없다. 이건 어쩔 수 없는 사실이다. 그렇다고 국가를 시장보다 더 믿을 수 있을까? 2008년 경제위기 이후 금융시장의 규제완화가 가져온 폐해를 비난하는 게 유행처럼 돼버렸다. 물론 이런 논쟁은 필요하며 이런 비난이 잘못됐다는 것도 아니다. 하지만 지금 시점에선 공식적인 조정자들보다 차라리 개인 브로커들에게 더 믿음이 가는 건 사실이다. 경제는 결국 선택이다. 두 개의 나쁜 것 중에 덜 나쁜 걸 가려내는……

경제위기—진짜 이유와 가짜 발자취

"도대체 경제학자들은 왜 경제위기를 예측하지 못하는 겁니까? 그럼 그들이 무슨 필요가 있습니까?" 2008년 9월 15일, 영국 여왕이 장관들에게 던진 질문이다. 뉴욕에서 리먼 브라더스 투자은행이 파산한 사건은 모든 금융시장을 마비시키고 말았다. 사람들은 난생 처음 그야말로 세계적인 경제위기를 목격하게 되었다. 하지만 경제위기의 책임을 경제학자들에게 묻는 것은 모든 질병의 이유를 의사에게 따지는 것과 같다. 경제학자도 의사처럼 환자의 건강을 보장하기보다는 건강을 회복할 수 있는 방법을 처방할 뿐이다. 최상의 경우 꼭 그렇게 되리란 확신은 없이 병을 낫게 하거나 또는 위기를 단축시킬 수 있을 뿐이다. 과학자가 미래를 볼 수 없듯이 경제학자들도 그럴 능력은 없다. 지난 3월 29일 뉴욕 컬럼비아 대학에서 니콜라 사르코지 대통령이 언급했던 것처럼 '몇몇 특정 투기세력들'을 이번 위기의 유일한 책임자로 지목하는 것은 위기의 원인을 너무나 단순하게 생각하는 것이다. 이런 식으로 속죄양을 만들어 공격하는 행위는 1930년대 대공황 때 이백 개의 기업 패밀리를 지목하여 비난했던 일을 떠올리게 한다. 하지만 현실은 훨씬 복잡하며 경제위기의 원인에 대한 분석은 이제 시작되었을 뿐이다.

그렇다면 소위 정통 경제학자들도 학문적으로 동의할 만한 현 세계

경제위기의 진짜 원인으론 무엇을 들 수 있을까?

첫 번째 원인은 산업사회의 본질 자체에 있다. 산업사회의 성장은 과학, 기술, 시장 그리고 금융의 혁신으로 이루어진다. 이런 혁신들의 조합이 경제발전의 토대를 이루는 것이다. 그러므로 혁신이 없으면 경제발전도 있을 수 없다. 하지만 모든 혁신은 위험을 수반한다. 우리에게 전기와 스마트폰을 선사해준 토마스 에디슨이나 스티브 잡스도 얼마나 많은 실패를 했는지 생각해 보라! 이러한 실패가 시장을 결정해주는 것이다. 그러나 실패와 성공의 기로에 선 이 혁신이 우리 삶을 개선시켜줄 수 있을지 미리 판별하기는 불가능하다. 지난 20세기에 행해졌던 계획경제의 시도들이 모두 실패로 끝난 것도 이러한 이유에서이다. 경제성장이란 본디 예측이 불가능하며 기복도 심한 것이다.

금융시장 역시 이런 위기와 혁신 사이의 불안한 줄타기를 피해 가지 못한다. 이번 세계 경제위기의 중심에 있는 금융 '파생상품' 들은 (이것들의 실제 가치는 전혀 알 수 없다) 풍부한 자본과 좋은 시장 여건을 형성하며 2008년까지 20여 년 동안 경제성장에도 큰 힘을 주었다. 지금은 악마로 둔갑해버린 이 '파생상품' 이 없었다면 1983년부터 2008년까지의 전례 없던 세계적 경제성장을 경험하지 못했을 것이다. 그런데 이런 혁신을 지금 당장 금지하는 게 옳은 일일까? '파생상품' 은 권장량만 초과하지 않으면 좋은 효과를 볼 수 있는 강력한 치료제에 비유할 수 있을 것이다. 하지만 우리는 권장량을 초과했고 그래서 신용시장의 혼란을 초래했다. 그렇다면 잘못은 누구에게 있었을까? 약사들에게 그 잘못을 묻는 게 가장 편할 것이다. 은행가들이 금융에 대해 잘 모르는 고객들에게 '파생상품' 을 과잉 공급했기 때문에 문제가 발생했다는 것이다. 하지만 이런 비난은 여론의 뭇매를 막아줄 방패막이를 찾는 정치인들이나 분석가들에게나 유용하다.

경제학적 측면에서 볼 때 경제위기를 돈에 눈먼 은행가들의 음모라 단순화시키는 건 적절하지 못하다. 이런 해석은 혁신과 과도함을 혼동하는 데서 온다.

그렇다면 과잉은 어디서 시작되었을까?

대부분의 고전주의적 경제학자들은 세 가지의 실증적인 위기요인들을 꼽는다.

첫째는 미 연방은행이 세계 경제성장을 가속화하려는 과한 욕심으로 2003년부터 금리를 지나치게 인하했다는 점이다. 금리인하로 인해 달러가 쌓이고 여기에 중국의 달러화 보유가 더해져 부동산에 투자하는 투기성 거품이 발생한 것이다. 마침 모든 나라의 투자자들이 끝없는 성장세를 보이던 미국에 가진 판돈을 쏟아 붓는 열풍이 일었다. 그리고 이런 상황은 군중심리에 의해 더 과열됐다. 투자가들은 돈을 벌었고 거품을 경고한 사람들은 흥을 깨려는 자로 몰려 눈총을 받았다.

사람들은 별로 주목하지 않았지만, 경제위기의 두 번째 원인은 유가와 원자재 값의 폭등이었다. 2007년 중국과 인도, 브라질이라는 신흥 소비시장이 등장하면서 유가와 원자재 가격이 두 배로 폭등했다. 이 오일 쇼크는 결국 미국의 성장을 멈추게 했다. 유가 인상이 자동차 구매력을 떨어뜨렸고 동시에 시내 중심가에서 멀리 떨어진 집들에 대한 구매력도 떨어뜨려 부동산 붕괴로 이어진 것이다. 결국 2007년 미국에서 시작한 경기침체가 2008년 금융시장의 파괴를 불러온 것이지 결코 그 반대가 아니었다는 얘기다.

경제위기의 세 번째 원인 역시 미국이 제공했다. 조지 W. 부시 정부가 리먼 브라더스를 포기한 것이다. 다른 은행들은 파산에서 구제되었는데 왜 리먼 브라더스만 구제되지 못했을까? 그 때문에 미국 정부의 정책이 어디로 갈지 모른다는 공포가 확산되었고 세계 금융시장이 마비되기에 이르렀다. 미국을 따라하던 유럽의 다른 정부들도 마찬가지였다.

지금까지 본 세계 경제위기의 요인들을 종합해 보면, 그릇된 길로 빠져버린 혁신, 잘못된 통화 운용, 예측할 수 없게 된 국가정책 그리고 마지막으로 아시아의 도전 등으로 요약될 수 있다. 그렇다면 우리의 미래를 위해 어떤 교훈을 이끌어내야 할까?

각 나라들이 내놓는 '자본주의 제동장치' 같은 윤리적 처방은 별로 적절하지 않다. 정부가 시장보다 도덕적이지도 않고 효율적이지도 않기 때문이다. 그리스 사태가 이를 잘 말해주고 있다. 이미 통제받고 있는 시장에 통제를 더하는 것은, 사람들이 주장하는 바와 달리 이런 투기가 다시 출현하지 못하도록 막는 안전장치인 혁신을 가로막을 수 있다. 혁신은 스스로 계속되도록 내버려두되, 은행이 초래할 수 있는 위험은 철저히 통제해야 한다. 위험을 통제하는 방법에 대해선 그 사용설명서와 처방전이 명확히 고지되어야 한다. 유럽은행에서 시작해 각 나라의 중앙은행들도 고전주의 경제학자들이 권하는 합리적 규범을 준수해야 할 것이다. 통화를 조절할 때는 목표를 오직 가격 안정에 두어야 한다. 그래야만 투기가 아닌 투자를 이끌어낼 수 있다. 이런 합리적 규범들은 경제위기 때 쓸데없는 부양책으로 결국 부채를 짊어지고 타격받는 나라들을 위해 꼭 필요하다. 이제 우리는 케인스주의의 비극에서 벗어나야 한다. 케인스의 주장대로 재정적자로 일자리를 만든다고 하는 이론은 아직 입증된 바 없다.

마지막으로, 막대한 에너지와 원자재를 대량으로 소비하는 신흥세력들의 출현에 주목해야 한다. 이들과의 활발한 경쟁은 화석 에너지보다 덜 소모적인 미래의 생산적 에너지를 발견해내도록 유도할 것이다.

과연 이번의 경제위기는 자본주의와 세계화의 한계를 모두에게 보여준 것일까?

자본주의의 중심부에 갑자기 나타난 위기가 곧 자본주의 자체의 위기는 아니란 사실을 명심하자. 앞으로 아시아나 라틴아메리카의 G20 국가들은 자본주의 안정에도 큰 기여를 할 것이다. 부자나라들보다 가난에서 빠져나온 나라들이 세계화로부터 더 많은 수혜를 입고 있다. 세계화된 시장경제는 그 실패와 좌절의 경험에도 불구하고 세계적 발전과 경제성장의 유일한 동력임을 알아야 한다. 이 또한 인간의 본성만큼이나 불안정한 것들이지만 그래도 소위 유토피아라고 부르는 것들보다는 더 믿을 수 있기 때문이다.

이스라엘에서의 편지—흐름을 거슬러

유대인과 아랍인들이 이웃하며 살고 있는 도시들을 다녀보았다. 이들의 관계는 생각보다 평온하고 정돈되어 있었고 경제상태도 좋아 보였다. 이스라엘 시민권을 가진 팔레스타인인들은 표현과 독립된 언론, 정부에 반대하는 목소리를 내는 데 있어 아랍세계에서 가장 자유롭다고 할 수 있다. 더불어 생활수준도 같은 지역의 아랍인들보다 훨씬 높다. 예루살렘이나 아크레(Acre)[9] 같은 도시에 가보면 관광산업뿐 아니라 여러 산업 분야를 통해 높아진 경제수준을 바탕으로 팔레스타인 사람들이 상대적 번영을 누리는 걸 볼 수 있다. 이스라엘이 점령하고 있는 웨스트 뱅크의 성장률은 이스라엘과 비슷한 7%에 이른다. 10년 만에 이곳을 방문한 필자는 모든 팔레스타인 여성들이 전에는 보기 힘들던 독특한 히잡을 쓰고 다니는 걸 보았다. 이곳 여성들의 강한 개성을 느낄 수 있는 광경이었다.

하지만 벤자민 네타냐우(Benjamin Netanyahou) 수상의 말처럼 경제성장이 모든 갈등을 해소해주지는 못한다. 내가 만나본 팔레스타인 사람들은 현 정부가 상업과 기업이 성장할 수 있도록 장벽을 제거해준 데에는 만족하고 있었만 정치적 주권의 요구만큼은 포기하지

---

9) 이스라엘 북부의 항구도시.

않는 모습이었다.

두 나라가 공존하는 팔레스타인! 그 위험성은 명백하다. 팔레스타인 정부는 당연히 주권을 요구할 것이다. 하지만 이스라엘과 단절하는 순간 팔레스타인 경제는 몰락하거나 가자지구처럼 국제적 원조에나 겨우 의존하는 수준으로 전락할 것이다. 이렇게 되면 이곳은 자유로운 사회는커녕 몰락의 길로 접어들 수밖에 없을 것이다.

이스라엘 입장에서 볼 때, 융화되지 못하는 몇몇 지식인들을 빼면 지금의 상황에 모두 만족스러워하는 것 같다. 이스라엘은 전에 없는 평화 속에서 번영을 구가하고 있다. 그리고 상황이 발생하면 주변 아랍 정상들의 동의하에 이란을 폭격할 전투태세도 갖추고 있다.

하지만 근동의 정세는 언제나 불안정했다. 그래서 이제는 같은 땅에 두 개의 민족이 공존할 수 있는 가능한 해법을 모색해보아야 한다. 각각의 공동체가 권력을 나눠 갖는 스위스 연방이나 레바논처럼 이스라엘도 유대와 아랍 민족의 연방국이 되어야 한다. 유대인과 아랍인 양쪽의 과격파들은 당연히 이에 반대할 것이다. 연방국가의 공존과 번영이라는 명분 아래서 극단주의자들은 낄 자리가 없어지기 때문이다.

이곳에 도착하기 전까지도 필자는 두 개의 국가가 공생하는 형태가 맞다고 생각했었다. 하지만 지금은 생각이 바뀌어 하나의 나라로 가야 한다고 생각한다. 하나의 나라로 간다고 해서 유대인과 아랍인의 정체성을 해치지는 않는다. 히브리 정통주의자들 또한 이런 연방제의 해결책 앞에 다른 구실을 대기 힘들 것이다.

감히 예언컨대, 이런 연방제 안은 피할 수 없는 대세가 될 것이다.

꿈을 만들자

프랑스 대통령은 리비아에 억류된 불가리아 간호사들의 석방과 콜롬비아의 잉그리드 베탕쿠르의 석방에 일관된 의지를 보여주었듯이 이번 중국을 방문한 자리에서도 중국 자유사상의 대변자인 후지아와 류샤오보의 석방 약속을 받아냈다.

후지아는 중국 당국이 최소의 치료조치도 없이 해남 지방으로 쫓아버린 에이즈 환자들의 구명운동을 촉구하다가 투옥되었다. 1989년 천안문 민주화운동의 투사였던 류샤오보는 중국 민주화를 촉구하는 인터넷 탄원서에 서명했다는 이유로 형을 선고받았다.

발표에 따르면 중국 정상은 중국의 헌법에도 명시된 인권을 위한 투쟁에서 프랑스 역사가 보여주었던 역할을 높이 사 이번 프랑스의 요청을 받아들였다고 한다. 더불어 두 나라 정상들은 후진타오가 이번 가을 파리를 방문할 때 원자력발전소 건설에 대한 중요한 계약이 체결될 거란 사실을 확인했다.

니콜라 사르코지의 측근들은 대통령과 영부인 카를라 브루니가 3년 전 하마스 세력에 납치된 프랑스 군인 질라드 샬리트(Gilad Shalit)의 귀환을 위해 조만간 가자지구를 방문할 거란 사실도 언론에 흘리고 있다.

"인권은 결코 타협할 수 없다!"

베르나르 쿠슈네르(Bernard Kouchner)[10]가 한 말이다.

10) 프랑스의 정치가이자 외교관, 의사. ‘국경없는 의사회’를 창립했으며 프랑스 외교부장관을 지냈다.

자유주의는 무죄

하나만을 가지고 열을 설명할 수 없듯이, 이번 유로화 위기는 자유주의 경제학자들의 탓도 아니고 미국 자본가들의 탓도 아니다. 이번의 위기는 자유주의 정신(자유시장, 엄격한 통화정책, 균형예산 등)에 입각한 유럽공동체 건설이라는 비전과 과거 복지국가주의 유산 사이의 근본적인 괴리를 적나라하게 드러낸 사건이었다. 따라서 이 위기는 결국 이념적일 수밖에 없는 것이다. 경제성장이나 인구증가가 동반하지 않으면 유럽연합은 그 연합을 포기하거나 다시 작은 국가를 추구하는 자유주의적 경영방식으로 복귀해야만 할 것이다.

2010년 4월 30일

유럽의 자기파괴

멀리서 보면 유로화의 비극에서 그리스의 문제만 부각되어 보일 수 있으며 자칫 재정적인 문제로만 치부될 수도 있다. 하지만 이번 문제는 우리가 생각하는 것보다 심각하다. 비극의 여파는 모든 유럽연합 회원국들에게 미치고 모든 나라들에 피해를 입히며 끝날 수도 있다. 재정적자 문제를 일부 개선한다거나 그리스의 국가부도를 막도록 돕는다거나 스페인과 포르투갈의 채권자들을 안심시키는 등의 방법으로 문제를 해결하기엔 역부족이다. 재정적 눈가림만으론 모든 유럽연합 회원국들이 피해를 입는 것을 막을 수 없을 것이다. 왜냐하면 회원국들 모두가 같은 질병에 감염되었기 때문이다. 어떤 이들은 이 질병이 더 이상 확산되지 않기만을 기대하고 있다. IMF(국제통화기금)와 유럽 중앙은행 관리들은 말한다. 이것은 재정적·기술적 문제이기 때문에 어떤 조치를 취해야 할지 알고 있으며 그래서 위기는 곧 넘어갈 것이라고! 신용을 회복하고, 독일을 설득하고, 재정적자를 줄이면 충분히 해결할 수 있다는 것이다. 과연 그렇게만 하면 위기가 없었던 듯이 모든 게 제자리를 찾을 수 있을까? 이것은 망상이고 맹신이며 무엇보다 현실을 부정하는 것이다.

그렇다면 우리의 현실은 어떤가? 국가를 경영하는 방식에서부터 유럽연합 국가들은 각자 다른 원칙을 따르고 있다. 명확히 말하자면 본래 유럽연합은 정치사상이나 경제에서 자유주의 정신에 기반하고 있으며 유일한 국가 경영 방식도 자유주의 정신에 입각한 것이어야 한다. 하지만 지금은 우파 성향의 정부들까지도, 거의 모든 나라들이 하나같이 사회주의 정신에 입각한 거대 복지국가를 지향하고 있다.

유럽 공동체의 기원에 대해 다시 설명해 보자. 유럽연합은 제2차 세계대전 이후 유럽의 나라들은 단 한 번도 평화와 번영을 함께할 공동체를 만들지 못했으며 미래에도 그런 전망이 불투명하다는 인식 아래 기업가 장 모네(Jean Monnet)에 의해 주창되었다. 그는 외교 대신 경제라는 추진동력을 이용하려 했다. 자유무역과 기업가 정신이 '견고한 연대의식'을 만들어 유럽을 가난과 전쟁에서 해방시켜줄 것이라고 그는 생각했다. 자유주의에 기초한 장 모네의 이런 생각은 1950년 5월 9일 최초의 유럽 경제공동체를 설립한 인물들, 세 명의 기독민주주의자들인 콘라드 아데나워(Konrad Adenauer), 알치데 데 가스페리(Alcide de Gasperi), 로베르 슈만(Robert Schuman)에 의해 합의되었다. 세 사람 모두 국가주의가 곧 전체주의라는 정치, 경제관을 공유하고 있었다. 브뤼셀에 본부를 둔 유럽공동체와 이후 설립된 유럽중앙은행도 이런 정신을 이어받은 것이었다. 유럽공동체의 지속적인 후원 아래 자유무역은 보호무역주의와 국가독점권에 반하는 기업가 정신을 고양시킬 수 있었다. 그리고 이러한 환경 속에서 자유화폐론에 입각, 국가들이 균형예산을 세우도록 강제하는 유로화를 탄생시킬 수 있었다.

하지만 불행은 각국 정부들이 선거에선 사회주의 노선을 표방하면서도 유럽공동체의 자유주의적 이념으로부터 반사이익을 취하려는 태도에서 비롯되었다. 여기서 말하는 '사회주의'란 사회보장제도의 확대와 국가에 의한 일자리 창출 등을 통해 끊임없이 정부의 몸집을 키우는 복지국가 형태를 말한다. 정치인들의 수많은 선거공약들과 기득권이 합쳐져 만들어진 이런 사회주의는 경제성장이나 인구증가보다도 빠르게 유럽에 확산되어 왔다. 결국 이런 사회주의는 빚으로 그 재정을 유지할 수밖에 없는 것이다. 하지만 유로화가 '강세'를 유지하는 듯 보이면서 사람들은 이런 문제점을 자각할 수 없었다. 유로화의 강세에 이를 보유한 사람들은 열광했다. 빚을 통해 한정 없이 그것을 끌어모으려 했다. 하지만 그 결과로 대부분 유럽연합 국가들의 부채는 눈덩이처럼 불어났고 국가재정의 100%에 육박하게 되었다. 국가재정의 91%를 차지하는 독일에서 133%에 이르는 그리스까지 편차가 크지 않은 것도 모든 나라들이 같은 잘못을 범하고 있었다는 반증이 된다. 독일과 그리스, 스페인, 프랑스 등 나라의 재정상태에 차이가 나는 것은 부채나 국가경영의 방식보다 빚을 상환할 수 있는 능력의 차이에 있다고 보아야 한다. 이렇게 모든 나라들이 유럽연합이 표방한 자유주의 원칙과는 다른 방식으로 경영되어 왔다. 어떤 나라가 다른 나라보다 국가 위기에 대처하는 능력이 나을 수는 있지만 결국 모두 함께 잘못된 길을 걸어온 건 마찬가지다.

그렇다면 유럽연합 국가들은 어째서 이런 결정적인 실수를 범했을까? 유럽에서 자유주의는 대학가와 언론, 지식인들 사이에서 집요한 비판을 받고 있으며 유럽의 정신을 주도하는 것은 다름 아닌 사회주의 정신이다. 국가에 대항하는 시장을 지지하고 작은 정부를 주장하는 것이 유럽에서는 '미국적' 병폐로 간주되는 것이다. 이런 사회주의 이념 때문에 정치인은 모험을 피하고 공공의 연대감을 강조하여 당선을 보장받는 시스템을 선호하게 되었다. 그리고 이런 복지국가 이념이 재정적 부담을 심화시키는 대신 정치인들의 합법적인 책임회피 수단이 됨으로써 유럽의 경제성장이 마비되기에 이른 것이다. 이제 유럽은 강한 연대의식으로 함께 손잡고 몰락해가는 대륙이 되고 말았다.

사실 그리스 문제가 처음도 아니지만 이번 사태를 해결하기 위해 어떻게 해야 할까? 그냥 그리스 문제를 수수방관해버릴 수도 있다. 프랑스나 독일의 가난한 납세자들이 어째서 그리스의 부자들도 회피하는 세금을 대신 떠맡으며 그리스 노조나 군대에 들어갈 비용을 마련해주어야 한단 말인가? 하지만 지금 유럽의 재정은 너무나 복잡하게 얽혀 있다. 실제로 그리스가 돈을 갚아야 할 곳은 독일이나 프랑스의 은행들이다. 따라서 밖에서 누가 그리스를 구하려 들건 말건 간에 망하면 모두가 파산하게 되는 것이다. 우리는 각자 자기 나라 국민일 뿐이라 생각하지만 유럽인 모두가 채무자들이다. 만약 유럽인들이 그리스에 청구된 '계산서'를 해결하지 않으면 포르투갈과 스페인, 이탈리아에 대한 '계산서'들이 뒤를 이을 것이고 결국 국가부도 이전에 유로화의 가치가 심각한 위험에 빠질 것이다.

그렇다면 어떻게 이런 비극에서 벗어날까? 시간이 해결해주길 기다리며? 현실을 부정하면서? 자포자기하거나 진실을 얘기함으로써? 지금의 진행상황으로는 향후 사태가 어떻게 전개될지는 예상하기 힘들다. 유럽공동체의 구상 속에서 장 모네는 이미 진실을 말해주었으며 국가 지도자들도 이를 설명했고 국민들은 납득했다. 하지만 지금 설명해줘야 하는 건 그리스의 위기가 아니라 유럽이 어디로 가야 하는가이다. 그리고 유럽인들이 해결해야 할 것은 그리스나 스페인의 부채가 아니라 기울어가는 유럽연합을 구하기 위한 전략이다.

어쩌면 자신들의 실수로 유럽 사람들의 달콤한 낮잠을 깨게 해준 그리스인들에게 감사해야 할지도 모르겠다.

유럽의 진짜 위기

IMF(국제통화기금)가 예상한 2011년 국내총생산 증가율

　　미국 : +3%

　　유럽연합 : +1%

왜 이런 예상이 나왔을까?

이민자 선별정책―지금 캐나다에선

필자는 오타와에 머물며 캐나다가 문화와 직업적성 테스트를 통해 매년 약 25만 명의 이민자들을 '모집'하고 있다는 얘기를 들었다. 매년 인구의 0.9%에 해당하는 이민자들을 모집하는 것이다.

이민자 중 중국인들이 10%로 가장 많고 다음으로 인도와 필리핀 그리고 미국인, 영국인 순이다. 매년 프랑스인들도 5천 명씩 캐나다로 이민 오고 있다고 한다. 자연이 만들어준 국경선에다 남쪽엔 미국이 있어 국경을 몰래 넘는다는 게 현실적으로 불가능한 곳이 캐나다다. 이곳 이민자들은 순수하게 일자리를 찾아, 캐나다인이 되기 위해 캐나다로 넘어오는 것이다.

캐나다는 다양한 문화가 공존하는 사회가 될 것이며, 10년 안에 토론토와 밴쿠버는 아시아 출신의 국민들이 다수를 차지할 것이다. 이러한 다양화가 진행되는 가운데 캐나다는 더욱 자기 정체성을 찾게 될 것이다. 이전부터 존재하던 앵글로색슨계 주민들과 프랑스계 퀘벡 주민들의 갈등은 한층 복잡하고 다양한 문화 속에 용해되며 오히려 뚜렷하게 캐나다인으로서의 정체성을 만들어냈다(물론 퀘벡에는 여전히 분리 독립의 불씨가 남아 있다). 우리는 이런 모습을 밴쿠버 올림픽에서 확인할 수 있었다. 캐나다에선 아무도 자국 선수들의 출신지를 따지지 않는다.

캐나다인들은 이민이 캐나다 경제발전의 원동력이라는 사실에 한 치의 의심도 가지지 않는다.

캐나다인들은 신중해서 자신들만의 독특한 경험을 떠벌리길 좋아하지 않는다. 그래서 그 사람의 신상에 대해 알아보려면 직접 집을 방문하는 수밖에 없다.

또 하나 캐나다에서 배울 점은 국가가 쓴 공공지출의 내용이 인터넷에서 상세히 검색된다는 점이다. 예를 들어 국민들은 언제든 장관들이 드나드는 식당 이름까지 온라인상에서 확인할 수 있다.

물론 선별 이민과 국가재정의 투명성 같은 원칙들이 세계 어느 나라나 공통으로 적용될 수는 없다. 나라마다 맞는 것들이 따로 있기 때문이다. 하지만 캐나다에는 메이플 시럽이나 이제 곧 겨울잠을 마치고 나올 마르모트 외에도 찾아낼 장점이 많은 나라다.

서울에서 바라본 세계

정치적으로 독재에서 민주주의로 연착륙한 대한민국이 이뤄낸 경제적 성과와 문화적 역동성은 세계인의 주목을 받고 있지만 한편으론 이웃나라들을 긴장하게 만들고 있다. 최근 남북한 바다 분계선에서 발생한 해군함 공격 사건도 이런 맥락에서 살펴볼 수 있다. 필자의 견해로 이번 사건을 평양의 정권이 독자적으로 일으켰다고 보기에는 무리가 있다. 또한 단순한 어뢰조작 실수라고 보기에도 무리가 있다. 이번 공격은 보다 넓은 의미에서 북한의 전략적 의도가 들어 있는 사건이라 볼 수 있다. 이번 공격이 서울 정부와 그 국민들에게 던진 메시지는 단순한 군사도발 이상이다.

그렇다면 그 메시지란 무엇이고 누가 어디에서 보내온 것일까? 이번 도발을 감행한 적들은 G20 정상회의 개최지인 서울이 적대적인 이웃들에게 위협받는, 취약하고 위험하며 예측 불가능한 도시라는 경고를 보내고 싶었을 것이다. 하지만 그 위험하고 예측 불가능한 이웃이 북한만은 아니라는 것이 문제다.

먼저 그 이웃 중엔 일본이 있다. 물론 일본이 대한민국을 직접 위협하고 있다곤 생각하지 않는다. 하지만 일본의 쇠퇴와 함께 대한민국이 새로운 세력으로 떠오르면서 일본의 일부 지도자들이나 국민들은 불안감을 느끼고 있다. 표면상으로 일본 정부는 남북한의 통일을 지지하고 있지만 마음 속으론 남북한의 통일을 원치 않는다. 남북한이 통일되지 못하고 갈라진 채로 있어야 한반도가 경제적·군사적으로 일본에 큰 위협을 주지 못할 거라는 계산 때문이다. 서로를 이해하고 협력할 수도 있는 능력을 가진 한국과 일본에게 이런 애매한 관계는 매우 애석한 일이다. 그래서 언젠가 두 나라가 1960년대 프랑스와 독일이 그랬듯이 서로의 화해협력 조약에 서명하게 되길 바랄 뿐이다.

남북한이 통일되고 남한이 국제무대에서 당당함을 유지하는 데 가장 큰 걸림돌은 물론 북한이다. 하지만 정말 북한이 남한에게 실제적 위협을 줄 만한 존재일까?

필자의 견해로 북한은 '베이징에 조종당하는 꼭두각시' 일 뿐이다. 평양의 정권은 중국 공산당의 승인 없이는 사소한 결정조차 할 수 없을 것이다. 중국 공산당은 때로 평양측의 도발에 놀라거나 화를 내는 척하지만 모두 연극일 뿐이다. 북한이 중국으로부터 식량과 에너지를 공급받지 못한다거나 나아가 중국과의 교역마저 끊어진다면 북한은 순식간에 암흑의 세상이 될 수도 있다.

사실상 북한은 중국의 보호령이나 다름없다. 실제로 중국의 지도자들은 북한에 대한 역사적 종주권을 주장하고 있다. 중국이 남북한의 통일을 원치 않는 것은 통일로 강력해진 한국과 국경을 맞대고 대치하길 원치 않기 때문이다. 또한 중국은 북한의 위협을 이용해 자신들의 이익에 맞게 동북아를 불안정한 상태에 두길 원한다. 북한이라는 '장기판의 말' 은 중국이 서방에 대해 지속적으로 역사적 보상외교를 펼치도록 만들어주었다. 미국의 외교관들은 한국의 상황을 논의하기 위해 베이징을 방문해야 했고 이를 통해 중국 정상들은 외교무대에서 중심 자리를 차지하는 영예를 누렸다.

북한이 중국의 '장기 말' 이라는 건 다시 말하면 서울과 평양간의 직접협상만 가지곤 남북한 관계가 결코 개선될 수 없다는 뜻이다. 남한의 햇볕정책이나 인도적 원조가 가난한 북한 국민들의 삶을 조금 개선시킬 수는 있겠지만(이 또한 확신할 수 없다) 이것만으로 평양의 체제를 완화시키거나 평화적 통일을 바라는 것은 무리다. 모든 상황을 조정하고 결정 내릴 권한은 베이징에 있기 때문이다.

그렇다면 중국이 사실상의 식민지정책을 포기하고 북한이 베이징의 입김에서 벗어나게 하려면 어떻게 해야 할까? 일단 외부에서는 어떤 결정적 영향도 미치기 힘들다. 러시아나 동유럽의 공산주의 붕괴를 보더라도 내부로부터 체제붕괴가 시작돼 순식간에 모든 것이 이루어졌다. 중국이 보다 문화적이고 민주적인 태도를 취할 때만 이런 변화가 가능하다. 그러면 언제 그런 시기가 올까? 아무도 예견할 수는 없다. 체르노빌 원자력발전소의 폭발로 러시아의 기술적 후진성이 만방에 드러나고 거기서 페레스트로이카로의 길이 열릴 줄 누가 상상이나 했었던가?

베를린 장벽이 붕괴될 때도 아무도 이를 예상하지 못했다. 스스로 체제의 모순을 깨달을 만한 내부 충격이 중국과 북한에서 일어나길 바라며 남한과 서방 정부는 신중하고 끈기있게 지켜볼 수밖에 없다. 하지만 이런 신중함에도 커다란 정치적 용기가 필요하다. 지금으로선 남한 정부가 그런 용기를 보여주어야 할 때다.

그리스의 역사

경제학자이자 하버드대 교수인 케네스 로고프(Kenneth Rogoff)는 『국가 부도의 역사』라는 책에서 그리스를 시작으로 스페인, 포르투갈까지 유럽연합 내에서 전례 없는 부도가 이어질 것이라고 경고했다. 그리스의 경우 19세기에만도 이미 네 번의 디폴트를 선언한 적이 있다. 이미 오래 전 일이지만 그 흔적을 통해 우리는 국가재정이란 무엇인가 하는 것과 그것을 어떻게 다루어야 할지 생각해 볼 수 있다.

로고프가 발견한 또 하나의 중요한 사실은 디폴트 위기에 처한 어떤 나라도 자국의 수출로 얻는 이익만으론 국가재정을 되돌리지 못한다는 점이다. 즉 경제성장만으론 부채의 덫에서 빠져나올 수 없고 (단 한 번의 예외가 1980년대 스와질랜드의 경우였다) 반드시 국가부채에 대한 재협상의 과정을 거쳐야 한다는 것이다.

역사가 우리를 더 쉬운 길로 안내해준다고 볼 때 이미 디폴트를 경험했던 그리스는 그만큼 시간을 번 셈이다. 어쨌든 그리스는 조만간 재협상을 하거나 지불을 정지하거나 양단간 결정을 내려야 한다. 어느 경우든 그리스를 위해 희생해야 하는 쪽은 그리스가 진 빚의 채권자들이 될 것이다.

유로화는 여전히 건재하다

오바마 대통령의 경제자문을 맡고 있는 폴 보커(Paul Volcker)는 유로화의 죽음을 선언했다. 유로화의 죽음은 분명 미 행정부가 바라는 바일 것이다. 유로화가 사라지면 달러화가 세계시장에서 유일한 주력 화폐의 자리를 되찾을 것이고 상대적으로 가장 안전한 보유화폐가 될 것이기 때문이다. 또, 유로화가 사라지면 투자자들의 어마어마한 양의 공채가 보다 유리한 이율로 미국 국고를 채워주게 될 것이다. 따라서 위기의 유로화는 재정적자의 늪에 빠진 워싱턴 행정부에게 최상의 돌파구인 셈이다. 폴 보커는 객관적인 분석을 핑계대면서 유로화가 더 힘을 잃게끔 시장에 실제로 압력을 가하고 있다. 경제적인 측면에서 보면 탓할 문제가 못 되지만 현실적으로 이런 압력은 군사 행동에 다름없다.

하지만 오바마 대통령은 곧 실망하고 말 것이다. 유로화는 '사라질 수 없고' 결국 사라지지 않을 것이기 때문이다. 유로화가 사라졌을 경우를 상상해 보자. 어떤 일이 벌어질까? 유럽연합 국가들은 현재로선 불가능한 평가절하의 압력을 받고 유로화보다 상대적으로 가치가 낮은 국가화폐를 다시 발행하게 될 것이다. 그 결과 유로화로 빚을 졌던 유럽 국가들은 더 높은 이율로 빚을 갚아야 한다. 더 간단히 말하면 그리스의 빚은 2배, 스페인의 빚은 1.5배, 프랑스는 1.2배, 독일은

1.1배로 늘어나는 것이다. 엄격한 통제하의 프랑크푸르트 소재 유럽 중앙은행을 여전히 신뢰하는 투자자들은 ‘마드리드은행’ 이나 ‘아테네은행’, ‘파리은행’ 이란 이름에 불신을 나타낼 것이다.

역설적이지만, 유로화는 유럽 나라들의 부채 때문에라도 사라질 수 없다. 하지만 침몰까지는 아니더라도 유로화의 가치가 떨어질 것은 분명하다. 이것은 심각한 일일까? 유로화의 가치하락은 유럽의 수출에 활기를 불어넣을 수 있고 그래서 프랑스나 독일, 이탈리아 같은 수출국들과 그리스, 스페인 등 관광국들에게 더 큰 이익을 가져다줄 수 있다.

유로화에 대한 폴 보커의 비판에는 경제원리가 빠져 있다. 그렇다고 비판에 정치적인 근거가 있는 것도 아니다. 유럽인들은 유럽연합과 유로화를 비판하지만 그렇다고 이것들을 부정하진 않는다. 이것들이 유럽인들에게 주는 혜택을 모두 알고 있기 때문이다. 이를테면 평화라든지 그 밖의 여러 가지 것들에 대해서 말이다. 자크 시라크 전 프랑스 대통령은 위기 속에서도 유럽은 전진하고 있으며 결코 후퇴하지 않을 것이라고 정확히 내다봤다. 그리고 그의 명언은 진실이 될 것이다.

그런데 이 논쟁에서 빠졌거나 유럽연합의 지도자들이 일부러 회피하려 했던 또 하나의 중요한 사실이 있다. 유럽의 국가들이 하나같이 잘못 경영되고 있으며 유럽의 경제성장이 폴란드만 제외하고 모두 멈춰 있다는 것이다. 이런 상태에서 유로화는 아무 의미가 없다. 성장률 제로는 한계를 넘어선 사회보장 시스템이 낳은 산술적 결과다. 정도를 지키지 못했기에 빚을 진 것이다. 그리고 이렇게 빚이 늘어나면서 사람들은 충분한 부와 일자리를 만들어내지 못하는 기업들을 더 압박한다. 이렇게 유럽의 경제위기는 잘못된 현실을 회피하는 데서 오는 증상일 뿐이다.

경제성장과 유로화의 안정을 되찾는 것은 가능하다. 국가복지의 규모를 줄이고 학생에서 사회 고위층에 이르기까지 좀더 열심히 오래 일하면 된다. 간단히 말해 이제 유럽의 시에스타 타임은 종말을 고한 것이다.

중국이 무너지는 날

마오유시는 베이징에서 유일하게 신뢰할 만한 경제학자이다. 왜냐하면 그는 중국 경찰의 감시를 받고 있기 때문이다. 중국의 투기성 부동산 거품이 터지는 것은 시간문제라고 한 그의 말에는 필자도 공감한다. 그는 관광객들의 눈을 휘둥그렇게 만드는 베이징과 상하이의 고층건물 내 사무실들 중에서 3분의 1은 비어 있을 거라고 추정한다. 주거용 부동산의 경우 그 정도는 아니지만 부동산 구매력이 있는 인구, 즉 중국의 신흥 중산층의 수에 비해 지나치게 많이 지어진 게 사실이다. 더구나 사무실과 주거지의 임대료도 투자 자본에 비해 턱없이 낮은 수준이다. 이러한 중국의 부동산 '거품'을 어떻게 설명할 수 있을까?

약 2억 명으로 추산되는 중국의 신흥 중산층은 자기들 수입의 40%에 해당하는 엄청난 돈을 저축에 쏟아 붓는다. 이렇게 많은 저축을 하는 건 아이를 교육시키고 질병과 다른 위험에 대비하기 위해서다. 그 이유는 국가가 사회보장 기능을 전혀 담당하지 않기 때문이다. 중국인들은 전통적으로 검소한 편이 아님에도, 서방에서 세금으로 지출되는 사회서비스에 해당하는 비용을 자발적으로 감당한다. 프랑스의 국가공제액이 수입의 50%에 이르는 데 비해 중국인들의 자발적 저축은 수입의 40%에 이른다.

그렇다면 중국인들은 수입의 40%에 해당하는 돈을 어디에 쌓아두는 걸까? 중국인들에겐 다른 선택의 여지가 없다. 상하이 증권거래소는 신뢰를 주는 데 실패하여 믿고 맡긴 고객들을 실망시켰다. 중국 국가화폐인 위안화는 전환 가능한 화폐가 아니기에 홍콩을 포함한 외국에 돈을 맡기는 게 불가능하다. 국민들은 한정된 수입을 물가상승률보다도 낮은 1%대 이자를 주는 국책은행에 맡긴다. 이렇게 모인 돈은 국가가 곧바로 꾸어가 눈에 보이는 공항이나 고속도로, 올림픽경기장 같은 어마어마한 인프라 시설 건설에 쏟아 붓는다.

수입이 좀더 많은 사람들이거나 은행이나 국가에 돈을 빌려주길 좋아하지 않는 사람들은 부동산에 투자한다. 부동산 투자는 사실상 중국에서 유일한 개인투자 수단이다. 여기서 과잉건설 붐과 인플레이션이 시작된다.

마오유시에 따르면 이러한 부동산 투기 거품은 붕괴 외에는 다른 길이 없다. 투기성 거품은 중산층들을 파멸시키고 그렇게 되면 이들은 독재정치에 등을 돌릴 것이다. 일자리 붕괴 효과는 더더욱 참담할 것이다. 지금 중국에서 건설과 부동산 공급에 관여하는 부동산 관련 일을 하는 사람들의 수는 1억 명에 육박하기 때문이다. 하지만 서방국가들의 경우와 달리 중국의 은행들은 이에 별로 영향을 받지 않는다. 부동산에 들어간 자금 중 개인의 저축은 60%에 이르고 나머지는 모두 신용으로 이루어지기 때문이다. 이렇게 되면 은행들은 폭락하여 싸구려가 된 부동산들을 다시 회수할 수 있게 될 것이다.

중국 사회의 가장 근본적인 위험요소가 무언지 묻는 질문에 마오유시는 두 가지를 강조했다. 부동산 거품과 고학력 청년실업이다. 매년 6백만 명의 대졸자들이 사회로 진출하지만 그 중 절반은 3년 넘도록 일자리를 얻지 못한다. '세계의 공장'이라는 중국 경제가 이러한 인재들을 뽑을 만한 질 높은 일자리를 만들어내지 못하기 때문이다.

50년 경력의 베테랑 경제전문가 마오유시의 판단이 잘못되진 않았을 것이다. 중국이 뒤늦게 문제를 깨닫더라도 잘못을 되돌리긴 매우 어려울 것으로 보인다.

서울의 굴욕

　지금 필자가 머물고 있는 서울의 한국인 친구들은 분노하고 있다. 1년 전 남한의 전함이 북한의 해적들에게 공격당해 48명의 해군들이 목숨을 잃었지만 국제적 여론이 이에 대해 아무런 반응도 보여주지 않기 때문이다. 왜 팔레스타인 사람들에겐 그토록 동정을 보내면서 대한민국엔 무관심한 것일까? 아무도 북한 대사관을 공격하지 않는다. 특별대우와 국제공조를 선언하는 일은 이스라엘에게만 한정된 일이다. 정말 공정하지 못하다! 유엔 사무총장이 한국 사람인데도 불구하고 잇따른 북한의 공격에 대해 어떠한 조사도 요구하지 않았다. 정말 공정하지 못하다!

천안문 광장 학살 21주년을 맞아

중국 공산당을 고발한다

안드레이 사하로프, 넬슨 만델라, 바츨라프 하벨, 레흐 바웬사…
1980년대, 우리에게 너무도 익숙했던 이름들이다. 그들은 자신들이
살고 있던 곳의 폭압적인 독재에 대항했던 상징적인 인물들이자 행
동가 그리고 최후의 승리자들이었다. 서방세계의 지식인들과 정치인
들이 이들에게 많은 지지와 신뢰를 보냈었다. 이렇듯 서방의 연대감
은 문화상대주의자들이 도저히 민주주의를 받아들일 수 없는 곳이라
믿던 대륙과 문명권 구석구석으로까지 이어져 수억의 사람들이 자유
를 얻도록 도와주었다. 민주주의가 없었더라면 동양이나 지구 남쪽
의 나라들뿐만 아니라 서양 또한 알 수 없는 운명에 의해 전제군주 아
니면 그보다 조금 더 깨우친 지도자들로부터 지배를 받고 있었을지
모른다.

오늘 우리는 웨이징성, 후지아, 류샤오보라는 이름을 기억해야 한
다. 이들은 중국의 새로운 하벨이고 사하로프며 만델라이다. 이들은
우리 인류의 형제이자 자매이기도 한 10억 중국인들이 우리가 지금
누리는 권리를 함께 누리길 희망하는 이들이며 아직은 중국인들의
큰 지지를 얻지 못하고 있지만 앞으로 존경받게 될 인물들이다.

중국의 인민들 또한 자신들에게 부자가 될 수 있는 권리는 주었지만 정치나 도덕 같은 정신적 열망들을 철저하게 무시하고 '선의'라는 이름 아래 자신들을 감시, 통제하는 공산당 정부에 언제까지나 만족하며 살아갈 수 있을까? 역사적 무지와 오랜 모화사상을 바탕으로 공산정권 탄압의 명분이 된 경제성장이라는 대의는 이제 중국뿐만 아니라 서양에서도 통념이 되고 말았다. 자발적인 노예상태에 빠진 중국인들이 처해 있는 이런 민주적 권리 박탈상태는 중국 비자를 받으려 줄을 서는 중국 숭배자들이나, 한탕주의에 빠진 투기꾼들, 베이징으로 달려가 아첨하기 바쁜 얼빠진(아예 정신을 놓아버린) 정치인들에겐 무척 만족스러울지 모르겠다. 그렇다면 민주주의를 주장하는 '반동분자'인 웨이징성(魏京生), 류샤오보(劉曉波), 후지아(胡佳)는 별종의 인간들일까? 공산당이 강력히 밀어붙이는 '위대한 중국의 부활'이란 구호를 이들만 이해하지 못해서 저항하는 것일까? 사실 이것이 거짓선전일 뿐이란 건 중국 정부 스스로가 서양 사람들보다 더 잘 알고 있다.

웨이징성은 어떤 인물인가? 그는 〈제5대 현대화—민주주의〉라는 글을 발표해 15년 동안 옥살이를 한 끝에 미국으로 망명했다. 후지아는 어떤가? 그는 베이징의 감옥에서 치료도 받지 못하고 병마에 시달려야 했고 잡범들과 함께 수감되어야 했다. 그의 죄목은? 중국 당국이 에이즈 환자들을 중국의 해남이라는 지역으로 추방하고 국제단체가 중국에 기부한 치료약을 당 간부들이 빼돌린 사실을 비난했다는 것이다. 류샤오보의 경우는 어떤가? 11년형을 선고받아 베이징 임시 감호소에 갇혀 말하는 것은 물론 글 쓰는 것도 금지되었고 아내인 류샤나 변호사와의 연락도 차단되었다. 그의 죄목은? 중국의 법치국가 확립을 주장하는 〈08헌정〉을 웹사이트에 게재했다는 것이다.

이들 세 사람들은 중국문화만큼이나 오랜 정치적·도덕적 자존심에 대한 중국사회의 열망을 적나라하게 보여주었다. 웨이징성의 운명은 우리에게 1911년 쑨원이라는 인물을 떠올리게 만든다. 그는 영국으로 망명했다가 돌아와 왕정에 반대하고 공화제를 주장했으며, 유럽의 많은 군주들이 아직 공화국으로 바뀌기 훨씬 전 대통령으로 당선되었다. 류샤오보는 2세기 전부터 중국 지성인들에게 익숙한 계몽주의 사상뿐만 아니라 중국 전통사상에도 정통한 인물이다. 후지아는 열렬한 불교신자로 자비와 덕이 중국문화에 꾸준히 이어져 왔던 주요 사상임을 일깨워주었다. 이들 세 사람과 중국인들은 25세기 전 노자가 설파했던 다음 시구를 잘 알고 있을 것이다.

"조용하고 검소한 생활에 만족하는 사람들만이 백성의 존경을 받을 자격이 있다."

하지만 돈과 권력을 자기들끼리 나누어 먹는 옛 왕조의 우두머리들이나 지금의 공산당 간부들에게 이런 검소함은 찾아 볼 수 없다. 이들 중국의 신흥 엘리트 집단은 가난한 다수 농민들의 노동력을 마르크스주의자들의 표현 그대로 착취하고 있다. 경제적으로 가난하고 배우지도 못한 국민들은 교육이나 의료혜택도 제대로 받을 수 없다. 또한 공산당이 감시하는 예배장소가 아닌 곳에선 종교 활동의 자유도 보장받지 못한다. 그렇다고 해서 중국 인민들이 이러한 자신들의 운명에 만족한다거나 현재를 '황금시대' 라 외쳐대는 중국 공산당의 선전에 세뇌되었다고 생각하면 오산이다. 국민들은 인터넷과 휴대전화를 통해 '슈퍼 부자' 들이나 지방 당 간부들의 비리나 권력 남용에 대해 비판과 감시를 늦추지 않고 있다. 2008년 쓰촨성 지진 당시 날림으로 지은 학교 건물 잔해에 깔려 수천 명의 어린이들이 죽거나 다쳤을 때도 재건비용에 써야 할 돈을 당 간부들이 착복하여 비싼 차를 모는 등 호화생활을 누리고 있는 걸 폭로하고 감시한 것도 그들이다.

웨이징성? 베이징 정부는 필자에게 그에 대해 '전혀 주목할 만한 인물이 아님'이라는 공식 입장을 표명했다. 그러면 중국 공산당은 어째서 그가 '미국의 소리'란 라디오 방송에 출연하는 걸 방해했을까? 또한 베이징의 공식 논평처럼 '단순히 외래사상에 물든 인물'이라면 24시간 만에 만 명의 사람들이 류샤오보의 〈08헌정〉에 인터넷으로 서명했고 류샤오보 자신은 투옥당한 사실을 뭐라 설명해야 할까? 중국 정부는 에이즈 피해에 대해 우려를 표명하는 제스처를 취했다. 하지만 그들이 진짜 걱정하고 있다던 이 병의 심각성을 알린 후지아를 왜 '국가안보 위협'이란 죄목으로 가두었을까?

우리를 베이징 올림픽과 상하이 엑스포로 유혹하고 매수하는 신흥 중국의 감춰진 장막 뒤에는 두 개의 세상이 있다. 공산당 비호세력들과 그에 반대하고 있는 중국 국민들이다. 국민들은 모든 내막을 알고 있으며 저항을 모색하고 있다. 농민들은 봉기로 지방 세력가들을 몰아냈고 노동자들은 정당한 임금을 요구하고 있다. 이주 노동자들은 자신들이 살던 마을로 강제 송환되기를 거부하고 언론인들은 부패한 당직자들을 성토하고 있다. 도교, 불교, 기독교 신도들은 자체적으로 모임을 만들어 함께 기도하거나 자비를 실천하고 있다. 대학가에선 민주주의를 주장하거나 적어도 지도자들의 도덕성과 사회적 공정성을 요구하고 있다. 신흥계급인 중산층들은 두 계급 사이에서 흔들리고 있다. 이들 중산층은 인플레이션과 부동산 거품의 혜택을 누렸지만 이로 인해 한꺼번에 파멸해버릴 처지에 놓였다.

이러한 시민사회의 자각에도 불구하고 공산당 간부들은 자신들의 독점적 이득을 유지하는 데만 집착하고 있다. 권력자들은 드러내놓고 권력을 남용하고 부동산과 기업에 투자하여 가족들의 배를 불리고 있다. 가장 최악은 공산당이 더 강경해지고 권력을 잡은 자들이 점점 교만해지고 있다는 것이다. 2008년 베이징 올림픽 이전까지 후지아와 류샤오보는 감옥에 있지 않았다. 하지만 올림픽에 대한 보이콧

이 무산되고 인권에 대한 서방 언론의 관심이 시들해지자 올림픽이 끝나는 것과 함께 투옥되었다. 비근한 예로 중국은 2001년 국제무역 기구(WTO)에 가입한 이후로 점점 국제규범을 준수하지 않고 외국기업 간부들을 투옥하거나 국제법의 기준을 무시하는 행위, 산업재산권 침해, 보호무역, 국제입찰경쟁 외면 등을 계속하고 있다. 또한 중국이 세계무대에 강대국으로 부상하면서(그들은 이를 아주 당연한 것으로 여긴다) 세계와의 화합이나 협력에 응하지 않고 북한 같은 나라를 꼭두각시로 조종하며 아시아의 안정을 뒤흔들고 있다. 서방 사람들은 중국을 여전히 공산주의로 보아야 하는지에 대해 의문을 품는다. 어떤 사람들은 중국을 자본주의 국가라고 여기기도 한다. 공산주의와 자본주의의 공존, 정말 이상한 모순이 아닐 수 없다. 중국 체제 안에 살고 있는 류샤는 중국 체제가 파시즘에 가깝다고 생각한다. 일당제와 문화 말살, 국가와 자본의 결탁 등등…… 그녀는 이렇게 설명한다. "민주주의를 추구하는 우리들은 나치 독일 치하의 유대인들과 같아요. 서방세계의 무관심 속에 우리는 멸종해가고 있어요. 우리가 다 사라지고 난 뒤에야 사람들은 그걸 깨닫게 될 겁니다."

우리는 류샤의 말을 깊이 새겨보아야 한다. 그리고 무엇보다 중국 체제를 대하는 데 있어 과거 소련을 대했던 것처럼 행동해야 한다. 당시 서방세계는 러시아 국민들과 소련 공산당을 혼동하지 않았다. 우리가 소련과 무역을 계속했던 것은 이것이 그들 국민들에게 좋은 일이었기 때문이다. 또한 소비에트 체제의 반대세력들이 러시아의 정신과 미래를 담보하고 있기에 그들을 늘 지지했었다. 같은 논리로 중국 국민과 중국 공산당을 혼동해선 안 된다. 그렇기에 우리는 중국 시민사회의 미래를 밝혀줄 무역을 계속해 나가야 한다. 또한 우리는 류샤오보나 후지아, 웨이징성과 같은 인물들이 중국의 명예와 존엄을 상징하는 인물임을 알아야 한다. 시간이 지나면 이들도 아마 이런 평가를 받게 될 것이다.

우리는 겸손하게 중국인들을 바라보아야 한다. 중국은 역사적으로 강압에 굴복한 적이 없으며 서방의 어떤 요구에도 굴하지 않았다. 중국은 우리에겐 이상해 보이는 법에 따라 자신들만의 흐름으로 진화를 계속해 나갈 것이다. 그러나 투옥되진 않았지만 체제의 감시를 받고 있는 반체제 인사이자 중국의 저명한 경제학자인 마오유시는 필자에게 1949년 혁명부터 1979년 개혁개방에 이르기까지의 시기에 중국에서 무려 5천만 명이 희생되었다고 고백한다. 문화혁명과 여러 가지 이유로 벌어진 처형 그리고 계획적인 기아 등에 의한 희생이었다. 그리고 마오유시는 개혁개방 원년인 1979년 이후 30년 동안 체제의 희생자 수가 20만 명에 이를 것으로 추정한다. 주로 사형과 탄압 그리고 감옥에서의 사망 등에 의한 것이다. 권력을 잃은 지도자는 이제 은퇴할 뿐 죽임을 당하지 않는다. 경제가 성장하여 기대수명이 늘어나는 명백한 혜택 앞에서 중국인들은 더 이상을 요구하지 않는다. 그러므로 마오유시의 말처럼 그 동안의 희생자가 얼마가 되었든 중국은 '발전'을 계속할 것이다.

그렇다면 이방인인 우리가 대신하여 진실을 말해줘야 하지 않을까? 그것이 우리의 의무가 아닐까? 류샤는 우리가 그래주길 바란다. 후지아의 아내 쩡진옌이나 마오유시도 마찬가지다. 마오유시는 서방 세계의 요구가 중국의 '발전'에 중요한 영향을 미칠 거라고 말한다. 그들 자신이 이런 요구를 하는 순간 우리에게 침묵할 권리는 사라진다. 그래서 류샤오보와 후지아를 감시하는 자들을 비난하는 건 우리의 의무가 된다.

사르코지 대통령 전장에 나서다

오늘 프랑스의 국방비 지출이 세계 3위라는 소식을 접하게 되었다. 1위는 지구방위대 미국으로 6천6백10억 달러에 이르고 지역 패권의 야심에 들뜬 중국이 2위로 천억 달러(추정치)이며 다음이 프랑스로 국방비 수치가 6백40억 달러에 이른다. 대체 누가 프랑스를 위협하고 무슨 전략을 세운다고 이런 예산을 쏟아붓는 것일까? 이 예산은 우리와 비슷한 상황에 있는 영국과 러시아, 일본 그리고 사우디아라비아를 앞선다.

세계는 정말 위험에 처해 있는 것일까? 아니면 반대로 나라들이 위험을 만들어내고 있는 것일까? 세계적으로 볼 때 군비는 2008년 대비 6%, 2000년 대비로는 무려 49%가 상승했다. 중국은 2000년 이후 군사비가 217%나 늘어났고 지구방위대 미국은 지구 전체 국방비의 43%에 이르는 국방비를 지출하고 있지만 이는 자기 나라 GDP 비율로 보면 4% 정도에 그친다.

이런 군사비 지출의 긍정적인 면을 굳이 따지자면 정말 필요할 때 재정적자를 줄일 수 있는 여지가 있다는 정도일까?

케인스 이론의 미스터리

"경기부양을 위한 공적자금 투입이 일자리를 만들어낼 수 있는 가?"라는 질문에 60%의 미국인들은 '노'라고 대답했다. 하지만 프랑스에서는 이런 질문 자체를 던지는 사람이 없다.

폴 크루그먼(Paul Krugman)처럼 공적자금 투입을 지지하는 학자들은 미 연방정부가 아직 충분한 자금을 투입하지 않았다고 단정한다. 오바마도 이런 학자들과 입장을 같이한다. 아마 G20 세계 정상회의에 가서도 그는 균형예산을 위해 노력하는 대신 또 다른 경기부양책을 쓰라고 유럽연합에 요구할 것이다. 하지만 유럽연합 국가들은 미국만큼 큰 규모의 빚을 질 수단이 없기에 그의 권유를 받아들이기 어려울 것이다.

이러한 문제에 대해 경제학자들은 어떤 생각을 가지고 있을까? 대부분의 경제학자들은 경기부양책으로 만들어진 일자리와 그렇지 않은 일자리 수를 구분할 수 없다고 말한다. 하지만 몇몇 통계학자들, 특히 스탠포드의 존 테일러(John Taylor)나 하버드의 에드워드 글레이저(Edward Glaeser) 같은 학자들은 이를 규명해 보려는 도전을 시도했다. 하지만 결과는 역시 아무 결론도 내릴 수 없다는 것이었다.

프랑스에서는 경기부양 효과에 대한 어떤 연구도 진행된 적이 없다. 이 무슨 요행을 바라는 주술적 사고인가? 빚은 확실히 졌는데 빚을 지면서까지 추진한 일이 효과가 있는지에 대해선 알지 못한다? 유럽이 방향을 틀어 사용설명이 더 명확한 자유주의적 방법, 즉 가능한 한 개인투자를 더 끌어내기 위해 '작은 국가'를 지향하게 된 것도 이런 이유에서였다.

나의 경제학 스승이었던 레몽 바르(Raymond Barre)의 말이 떠오른다. 그는 "잘못되었어도 오래 가는 정책이, 옳지만 일회로 끝나는 정책보다 훨씬 효과적"이라고 했다. 기업가들의 입장에선 게임의 법칙이 예측 가능하다면 이 법칙에 곧 적응할 수 있기 때문이다. 그런데 경제성장에 필수적인 이런 '지속성'을 정치인들에게선 찾아볼 수가 없다.

뉴델리, 가난과의 전쟁

인도는 연 8%의 경제성장률을 기록하며 중국을 바싹 뒤쫓고 있다. 하지만 이러한 성과에도 인도의 정치지도자들이나 대학가 사람들은 1991년 인도가 자유주의 노선으로 전환하기 전까지 인도 경제를 성장 제로로 이끌었던 사회주의 노선에 대한 향수를 잊지 못하고 있는 것 같다. 인도의 발전이 누구도 부인할 수 없을 정도임에도(인도의 신흥 중산층은 약 2억 명으로 추산된다) 인도의 구 좌파들은 하루 1달러 미만으로 살아가는 인도인의 수를 과대하게 부풀리는 데만 열중하고 있다.

인도국민회의의 당 원로인 아르준 센굽타(Arjun Sengupta)는 인도 인구 중 극빈층이 전체 인구의 77%에 이른다고(『인도의 보통 사람들, 이들은 누구이며 이들의 수는 얼마나 되며, 이들은 어떻게 살아가는가?』) 말한다. 하지만 인도의 기획재정부 장관인 몬텍 싱 알루왈리아(Montek Singh Ahluwalia)는 절대 빈곤층을 25%로 추산하고 있다.

경제기획위원회 의장이자 경제학자인 나렌드라 자다브(Narendra Jadhav)는 그 중간 정도일 거라 보고 있다. 봄베이 빈민가 출신인 그는 아마 인도 사회의 실질적인 변화를 온몸으로 느끼고 있을 것이다.

통계숫자를 두고 벌이는 이런 논쟁들의 내막엔 권력 싸움이 개입돼 있다. 총리인 만모한 싱(Manmohan Singh)이나 나렌드라 자다브 같은 자유주의 노선의 인물들은 인도의 경제성장률이 더 높아지면 연 10%에서 11%도 가능하며, 이렇게 되면 낙후된 농업에 매달리는 인도의 극빈층들을 산업과 서비스 분야로 이끌어낼 수 있으리라 기대하고 있다.

경제성장을 가속화하는 데 방해가 되는 요소로 이들은 관료주의, 규제, 부정부패, 과도한 공공서비스 그리고 특히 금융과 보험에서 경쟁의 부재를 꼽는다. 인도의 국가사회주의 전통 역시 인도 최초 '녹색 혁명' 의 아버지라 불리는 M.S. 스와미나탄(Swaminathan)이 도입한 염분 섞인 물에서도 자라나는 유전자 변형 쌀 같은 녹색 혁명을 통한 인도의 농업혁신에 제동을 걸고 있다. 옛 좌파들과 관료들은 자유시장경제가 사회 불평등을 초래하며 빈곤층에게 충분한 혜택이 돌아가지 못하게 한다며 더 이상의 자유주의 확대를 반대하고 대신 극빈자들을 직접 도울 수 있는 시스템을 마련해야 한다고 주장한다.

정치적이며 또한 경제적인 이 논쟁의 중심엔 소위 '트리클 다운 이펙트(trickle down effect)' 11)에 대한 논란이 자리잡고 있다. 경제발전의 결과가 얼마나 빠르게 아래로 확산될 수 있을까 하는 것이다. 그를 예측하는 건 참으로 어려운 일이다. 개개인의 소득 정도를 산정하는 것만으론 충분한 측정 근거가 되지 못하기 때문이다. M.S. 스와미나탄 박사가 말했던 예를 한번 들어보자. 어느 마을에 휴대폰 한 대가 있어 시장유통에 사용된다면 마을에선 중간상을 뛰어넘어 생선이나 채소를 거래할 수 있게 된다. 정보 자체가 마을의 운명을 바꾸는 셈이다. 이렇게 정보화를 갖춘다고 해서 경제적으로 매우 빈곤한 공동체가 갑자기 중간 단계의 상태로 이행하진 못할 것이다. 하지만 이런 공

---

11) 적하효과라고도 하며, 정부가 투자 증대를 통해 대기업과 부유층의 부를 먼저 늘려주면 궁극적으로 그 혜택이 중소기업과 소비자에게 돌아간다는 이론이다.

동체는 경제 사회적 입지에 있어 역동적이고 긍정적인 변화 속으로 진입하게 되는 것이다.

반대로 관료주의의 비효율성과 부정부패를 생각할 때 강제성을 띤 경제 프로그램은 비능률을 드러낼 수밖에 없다는 것이 스와미나탄 박사가 내린 신중한 결론이다. 극빈자들을 영원한 의존상태로 몰아넣으면서 그들을 자기들 '표밭'으로 이용하려 한다는 것이다.

인도에서 빈곤 해결의 열쇠는 바로 교육에 있다. 인도의 유명한 작가이자 강경한 자유주의자인 구르차란 다스(Gurcharan Das)는 "병든 건 시장이 아니라 국가"라고 말한다. 그의 표현에 따르면 인도는 관료들이 잠든 밤에만 발전을 계속한다. 마을에 초등학교와 교사가 없어도 사립학교와 기술학교가 운영되면 이런 학교들과 PPP(민간협력단체)라 불리는 교육 바우처 제도를 이용해 가난 탈출의 길이 열릴 수 있다는 게 그의 견해다.

나는 나렌드라 자다브와 함께 인도와 중국을 비교해 보았다. 코끼리 인도와 호랑이 중국은 '토끼와 거북이'의 대결 구도로 볼 수 있다. 그로서는 당연한 믿음이겠지만, 자다브는 중국보다는 인도가 더 많은 이점을 지녔다고 말한다. 인도의 민주주의는 긴 기간 추진될 경제 정책의 안전성을 보장해주며, 인도의 대학들이 표현의 자유를 가지고 있고, 기술혁신에서도 인도가 중국을 앞서고 있기 때문이다.

오랜 기간 인도는 발전에 필요한 사회 인프라를 스스로 건설할 만한 능력을 갖추지 못했다는 비난을 받아왔다. 하지만 7월 3일 개장할 뉴델리 공항은 베이징 공항에 버금가는 수준이고, 공항 운영 또한 민간에 맡겨질 예정이다. 독재는 발전에 아무런 도움도 주지 못한다. 더구나 베이징에선 어떠한 논쟁도 벌어지지 않지만, 뉴델리에서는 청중들과 함께 이 모든 것에 대해 토론할 수 있으니 이 얼마나 행복한 일인가?

유럽은 왜 침묵하는가?

지금 서유럽—전 미 국방장관인 도널드 럼스펠드의 표현대로 '늙은 유럽'—에선 대부분의 정부들이 수세에 몰려 있다. 영국의 새 연립정부가 그나마 지금은 예외라면 예외라 할 수 있을 것이다. 유럽연합 주요 국가의 지도자들인 니콜라 사르코지, 실비오 베를루스코니, 앙겔라 메르켈, 호세 루이스 로드리게스 자파테로의 지지도는 최고로 높아야 25% 정도밖에 안 된다. 사르코지 같은 보수주의자이든, 메르켈 같은 기독-민주주의자든, 베를루스코니 같은 우파 포퓰리스트든, 자파테로 같은 사회주의자든 정치적 소속과 상관이 없다.

왜 이런 결과가 나온 걸까? 아마 경제위기가 가장 명확한 원인인 것 같지만, 그것만이라고 단정하기에도 조금은 무리가 있다.

위에 언급한 정치 지도자들은 불과 2년 전 미국발 부동산 거품 붕괴가 유럽에 영향을 미쳤을 때만 해도 단호한 태도를 보였다. 그때 이들의 인기는 순식간에 치솟았다. 그런데 역설적이게도, 재정위기의 초기 때는 경제를 다시 일으키는 데 있어 보수주의자나 자유주의자들의 논리가 더 먹히는 양상이었다.

하지만 2년이 지난 지금의 상황은 달라졌다. 유럽 전역에서 사회주의가 다시 순풍을 타고 있는 것이다. 적어도 여론조사를 보면 그렇다. 물론 프랑스와 벨기에, 네덜란드의 선거에서 우파가 보여준 힘은 간과할 수 없는 것이었다. 하지만 경기침체의 끝은 보이지 않고 일자리는 턱없이 모자라며 유럽 대륙의 미래는 암울하기만 하다. 더구나 단일화폐 유로는 신뢰를 잃어버렸으며 일부에선 원래의 국가화폐로 되돌아가야 한다는 주장까지 일고 있다. 하지만 유럽 국가들의 부채가 이미 유로화로 계산되어 있는 한 이런 조치는 어두운 상황을 더 어둡게 만들 뿐이다. 설사 유로존에서 뛰쳐나온다 해도 국가의 부채는 더 무거워질 것이다.

지금의 정세를 더욱 암울하게 만드는 것은 국민들에게 지금 무슨 일이 일어났으며 앞으로 어떻게 될 것인지 제대로 설명조차 못하는 국가 지도자들의 놀라운 무능력이다. 여론조사에서 지도자들의 지지도가 추락하는 데는 반드시 그만한 이유가 있다. 지도자들이 앞날에 대한 비전을 가지지 못하고 그것을 국민들과 공유할 길도 없으니 스스로 궁지에 몰리고 만 것이다.

유로화를 한번 보자. 지금까지 유럽의 어느 지도자나 정부도 단일화폐를 둘러싼 위기감에 대처하기 위해 단호한 방어책을 펼치는 걸 보지 못했다. 지금은 모든 유럽의 지도자들이 공공비용을 줄이려 애쓰고 있지만 스스로 엄격하다고 자처하는 앙겔라 메르켈 총리조차 2년 전만 해도 '케인스주의'가 경제위기의 유일한 탈출 수단이라 확신하고 있었다.

그렇다면 이들은 왜 2년 만에 돌연 태도를 바꿨을까? 이제야 사람들은 경제위기 탈출을 위한 2008년~2009년까지의 경기부양책이 이미 예견되었듯이 일자리보다는 빚만 양산해냈다는 사실을 깨닫기 시작했다. 이런 상황에서 지난 과오를 인정하길 싫어하는 정치인들은 공공지출에 반대하는 새로운 여론 앞에서 궁지에 몰린 것이다.

지도자들은 재정적자의 축소 같은 개별적인 '개혁'과 일관성 있게 끌고 갈 장기적인 경제정책을 제대로 구분하지 못함으로써 상황을 더욱 나쁘게 만들었다. 그 좋은 예로 니콜라 사르코지 대통령이 내놓은, 정년을 60세에서 62세로 연장하자는 제안을 들 수 있다.[12] 노동조합은 거세게 반발했다. 그것이 그들의 역할이니 어쩔 수 없었다 치더라도, 문제는 일반 국민들 모두 노동기간 연장과 경제위기의 관계를 제대로 이해하지 못하고 있었다는 데 있다.

현재로선 데이비드 캐머런의 영국 정부만 제외하고 대부분의 정치인들이 받아들이지 못하고 있는 진실이 하나 있다. 그것은 서유럽이 처해 있는 어려움이 미국발 경기침체와는 완전히 별개라는 사실이다. 늙은 유럽은 이미 복지국가 정책으로 인해 심각한 위기에 처해 있으며 이 위기는 세계 경제 불황으로 인해 촉발된 것이 아니라 단지 증세가 드러났던 것뿐이다.

과도한 퇴직연금, 실업수당, 건강보험을 비롯해 모든 사회적 프로그램들이 유럽을 살기 좋은 곳으로 만든 건 사실이다. 하지만 이러한 제도들은 유럽의 경제와 인구가 함께 급팽창하던 시기에 만들어진 것들이다. 그러나 경제 면에서나 인구 면에서 침체의 한 세대를 거치고 난 지금 복지국가는 추가적인 빚 없이는 더 이상 비용 충당이 불가능해졌다. 세계적 경제위기로 흔들리고 있는 지금의 금융시장은 현재의 상황을 더 이상 떠받칠 힘을 잃었으며, 빚을 통한 사회제도적 원조로 겉치레만 겨우 유지하는 '포템킨 빌리지'[13]의 상황에 이르렀다.

---

12) 사르코지 정부는 2010년 퇴직 연령을 60세에서 62세로 연장하려는 입법안을 내놓았다. 노동자들이 원래 퇴직 연령보다 2년 더 일하는 대신 2년 동안 국가에서 퇴직 연금을 지급하지 않음으로써 국가재정을 보완하려는 시도였다. 하지만 정년을 2년 연장하면 퇴직자의 경우 2년간의 퇴직연금을 상실하게 되고, 퇴직인구가 2년 더 근무함으로써 미취업 청년들의 경우 취업이 2년간 미루어지기 때문에 국민들의 격렬한 저항에 부딪쳐 좌절되었다.

13) 실제의 추한 모습과는 딴판으로 아름다운 장면을 연출해 조작하는 것. 현실을 호도함을 비유한 표현.

이런 상황에서 좋은 통치자는 '처칠식 웅변'을 필요로 한다. 그래서 유로화가 왜 사회병폐 중 아주 위험한 인플레이션을 방어하기 위해 가장 적합한지, 왜 정부의 경기부양책이 지속적인 성장을 이끌어낼 수 없는지, 어째서 공공부채보다는 개인투자를 통해 사회보장과 경제적 역동성 사이에서 새로운 균형을 맞춰야 하는지를 설명해주어야 한다.

분명하고 명확한 어조로 설명하는 연설은 이해하기도 쉽고 받아들이기도 쉽다. 또 이런 연설은 정치적 행동에 일관성을 부여해준다. 마찬가지로 새로운 균형을 위협하는 쪽에서도(주로 마르크스주의자들과 포퓰리스트들) 그들이 가지고 있는 비전을 명확히 제시하고 평가받아야 한다.

이런 명백한 비전이 유럽의 지도자들의 인기를 보장해주지 않을까? 적어도, 큰 인기는 얻지 못하더라도 적대자들을 포함한 국민들로부터 정통성만은 인정받을 수 있을 것이다.

스트라우스 칸의 무능함

IMF 총재 스트라우스 칸은 유능한 경영자로 통한다. 하지만 이런 평가는 실제 그의 '주주'들 의견이 아니다. 최근 스트라우스 칸은 IMF 회원국들에게 2천5백억 달러의 추가 자금을 내놓으라고 요구했다. 회원국들은 이미 경제위기에 빠진 나라들에게 7천5백억 달러의 기금을 전달했었다. IMF의 주요 출자국인 미국과 유럽 국가들은 이 요청을 거부할 것이다. 왜냐하면 그동안 스트라우스 칸의 실적이 너무 저조했기 때문이다. 공식적인 자리에선 유능하다 평가받는 에이스가 남의 돈을 관리하는 데선 무능함을 드러낸 것이다. 이런 면에서 그는 진정한 사회주의자의 면모를 지니고 있다.

IMF 총재로서 그가 성공한 케이스는 라트비아밖에 없다. IMF로부터 돈을 빌리면서 라트비아는 그들의 가혹한 요구를 그대로 따라야 했다. 하지만 덕분에 라트비아는 자신들의 통화가치를 지킬 수 있었고 산업생산도 연간 10%씩 성장할 수 있었다. 하지만 우크라이나의 경우는 달랐다. IMF는 자유주의적이고 친서방적인 율리아 티모첸코(Ioulia Timochenko)의 우크라이나 정부에 '악의적'으로 접근했고 결국 그가 실각하는 데 한몫했다. 그리고 뒤이어 국가주의적이고 친러시아 성향의 빅토르 이아누코비치(Viktor Ianoukovitch) 정권이 들어섰다. IMF는 이들을 위해 기금을 물처럼 쏟아부었지만 결국은 공공분야의 밑 빠진 금고 속으로 모두 사라지고 말았다.

　헝가리에서 IMF 기금은 무능하기 짝이 없는 사회주의 정부의 정치 생명을 연장하는 데 쓰였고 결국 지난 4월 그 무능함 때문에 권좌에서 물러나고 말았다. 이어 권력을 물려받은 자유주의적 성향의 빅토르 오르반(Viktor Orban)의 정권은 IMF로부터 지원을 거절당했다. 이전의 정부와는 달리 가혹하게 적용된 IMF의 요구기준에 오르반 총리가 반발했기 때문이다.

　스트라우스 칸 체제하에서 IMF 지원금은 극도의 정치성을 드러냈을 뿐더러 그 원칙에서도 일관성이 없었다. 이제부터라도 그 이유를 파헤쳐봐야 할 것이다.

공산주의자들의 뉘른베르크

만오천 명의 희생자에 비해 35년형은 너무 가벼운 형량으로 보이지만 그래도 이는 역사적인 사건임에 틀림없다. 2010년 7월 26일 캄보디아 프놈펜에서 두치(Duch)라 불린 인물(본명 카잉 구엑 에아브)이 35년형을 선고받았다. 1975년에서 1979년 사이 고문소를 운영하며 만오천 명을 희생시켰다는 죄목이었다. 두치는 크메르 루주 정권 당시 민간인 대량학살을 자행한 기구의 한 요원이었다. 1945년 나치 정권의 주요 인사들에 대한 재판이 열린 뉘른베르크 법정과 달리 프놈펜 법정은 승자의 힘에 장악되지 못했다. 캄보디아 한가운데서 열린 법정에 현지 대중들의 여론이 작용했지만 UN의 재정지원을 받는 형편 때문이었다.

이번 재판의 적법성이나 객관성에 의문을 제기할 생각은 없다. 하지만 모르긴 몰라도 캄보디아인들은 이번 판결이 두치가 저지른 범행에 비해 너무 가볍다고 생각할 것이다. 물론 두치는 상관들의 명령에 따를 수밖에 없었다고 변명할 것이다. 뉘른베르크에서 나치 장교들도 그랬고, 1961년 예루살렘에서 아돌프 아이히만도[14] 그렇게 변명

---

14) 독일 나치의 친위대 장교. 제2차 세계대전 때 독일과 독일 점령지에 있는 유대인의 체포와 강제이주를 계획하고 지휘했다. 독일이 패망한 뒤 아르헨티나로 도망쳤다가 붙잡혀 이스라엘에서 사형당했다.

했다.

그런데 크메르 루주 정권에서도 계급이 높지 않았던 두치를 빼고 프놈펜에서 재판을 받은 사람이 있던가? 각국 정부(특히 캄보디아와 중국 정부)의 공식 입장이나 동서양의 언론들을 보면 두치와 그의 상관들이 저지른 범죄에 대해 그때는 상황이 그럴 수밖에 없었다는 식의 태도를 자주 발견할 수 있다. 대체 어디서부터 시작됐는지도 알 수 없는, 1975년 크메르 루주라는 이름으로 캄보디아에 닥친 이 엄청난 반인류의 범죄는 나라 전체를 황폐화시켰고 천오백만 명의 국민들을 죽음으로 내몰았다. 캄보디아 법정이 이를 크메르인에 대한 또 다른 크메르인들의 학살일 뿐이라 규정짓는 것을 보면서 우리는 학살의 원인을 어디에, 누구의 탓으로 돌려야 할까? 미국의 잘못은 아니었을까? 당시 미국은 캄보디아에 자신들의 입맛에 맞는 정권을 심어놓음으로써 민족주의자들의 큰 저항을 불러일으켰다. 아니면 대량학살을 크메르의 문화나 습성이 본래 그랬기 때문이라고 탓해야 할까? 하지만 고고학자들도 크메르의 역사 속에서 대량학살에 대한 기록은 전혀 발견할 수 없었다. 따라서 진짜 원인이 무엇이었는지는 학살을 저지른 크메르 루주 스스로의 말과 행동 속에서 찾을 수밖에 없다. 히틀러가 미리 자신의 범죄를 예고하는 말을 남겼듯이 폴 포트도 국민들을 새사람으로 만들기 위해 학살이 필요하다고 미리 선언했었다. 폴 포트는 스스로 공산주의자를 자처했다. 1960년대 파리 유학 시절 폴 포트는 공산주의자가 되었다. 스스로 그렇게 여기고 그런 정부를 세우려 했던 만큼(그가 세운 정권에선 옛 캄보디아 왕조의 어떤 자취도 찾아볼 수 없다) 그와 그의 정권은 진짜 공산주의였다고 볼 수 있다.

크메르 루주는 캄보디아에 말 그대로의 현실 공산주의를 실현하려 했다. 개념적으로 보나 구체적 플랜으로 보나 크메르 루주의 체제는 스탈린과 마오, 카스트로 그리고 북한의 체제와 근본적으로 다르지 않았다. 하긴 모든 공산주의 체제는 지역이나 전통에 따른 차이를 빼면 신기하리만큼 비슷한 길을 밟는다. 모든 경우 공산주의는 과거의 역사를 백지화시키고 '신인류'를 창조하려 한다. 그러기 위해 '부자들'과 인텔리겐치아, 회색분자들은 청소되어야 한다. 크메르 루주 역시 국민들을 도시계급과 농촌계급으로 분류하여 러시아의 콜호즈나 중국의 인민공사 같은 집단농장을 만들었다. 이러한 집단농장의 이념적 명분은 모두 같았으며 같은 결과를 초래했다. 그것은 바로 굶주림이었다. 또한 어느 곳이든 막론하고 모든 현실 공산주의는 피를 불러왔다. 러시아 쿨락[15)]의 학살이나 중국의 문화혁명, 쿠바의 불량 지식인 학살 등이 그렇다. 학살과 고문, 굴라그나 라오가이 같은 집단수용소가 없는 현실 공산주의는 존재하지 않았다. 폭력 없이 존재할 수 없다는 것, 그건 달리 말해 대중이 현실 공산주의를 원치 않기에 그들에 대한 폭력 없이는 공산주의가 유지될 수 없었다는 얘기다. 캄보디아, 우크라이나, 쿠바에서도 이러한 사실이 확인된다. 그러므로 어떤 나라든 공산주의 체제는 극단적인 폭력을 수반할 수밖에 없는 것이다.

두치의 재판을 필두로 지금 감옥에 있는 크메르 루주의 주요 인사들에 대한 재판도 곧 열릴 것이다. 그리고 공식적·현실적인 마르크스주의, 레닌주의, 마오주의 체제하에서 실권을 행사했던 공산당 간부들에 대한 재판도 이어질 것이다. 나치즘에 대한 재판은 1945년 뉘른베르크에서 열렸고 일본 파시즘에 대한 재판은 1946년에 열렸다. 하지만 공산주의자들은? 현실 공산주의는 나치즘이나 파시즘의 희생자를 합한 것보다 더 많은 사람들의 죽음을 불러왔음에도 공산주의에 대한 재판이 한 번도 열리지 않은 데는 두 가지 이유가 있다. 하나

---

15) 러시아의 부농.

는 공산주의가 문명의 진화를 내세움으로써 일종의 이데올로기적 '면책특권'을 적용받기 때문이며 또 하나는 베이징과 평양, 하노이, 아바나에서 아직도 공산주의자들이 권력을 쥐고 있기 때문이다. 만약 이들 도시에서 공산주의자들이 권력을 잃게 된다 하더라도 옛 소비에트 연방국가의 경우에서 보듯 이들은 사회주의적 민주주의자나 사업가, 민족지도자로 변신하여 이전의 방식대로 면책특권을 만들어갈 것이다.

공산주의자들에 대한 실질적이고 효과적인 재판은 오직 캄보디아에서만 열렸다. 하지만 오해하지 말아야 할 것은, 프놈펜에서 열린 이번 재판이 캄보디아인이 다른 캄보디아인을 심판한 것이 아니라 그 희생자들이 현실 공산주의자들에게 내린 심판이란 것이다. 그것이 이루어질지 알 수 없지만, 한반도의 희생자들이 내리게 될 평양의 공산주의에 대한 심판이나 중국의 희생자들이 내리게 될 베이징의 공산주의에 대한 심판도 상상해 본다. 언젠가 베이징, 평양, 모스크바, 키예프에서 이러한 심판들이 이루어진다면 아마 이들의 범죄 유형과 그 변명까지 너무나 닮아 있는 것에 새삼 놀라게 될 것이다. 비겁한 피고인들은 분명 자신도 희생자일 뿐이며 상황에 따라 얼굴도 본 적 없는 상관의 명령에 어쩔 수 없이 따랐을 뿐이라 변명할 것이다.

프놈펜 법정에서 드러난 이상한 특징은 공산정권의 몰락 후 고위간부를 지낸 자들조차 자신들이 공산주의자라고 아무도 말하지 않는다는 점이다. 프놈펜에서의 재판은 마르크스주의가 권력을 주장하고 획득하고 그 절대 권력을 휘두르는 데 얼마나 유용한지를 보여주었다. 하지만 이상주의로서의 마르크시즘은 어느 누구도, 심지어 옛 공산 지도자들조차 원하지 않았다. 크메르 루주는 마르크스와 레닌, 그리고 마오의 이름으로 살인을 저질렀지만 그들은 스스로가 그 명분을 배신했거나 살아남기 위해 도망가는 쪽을 택했다. 크메르 루주는 그들의 비겁함을 통해 법정 앞에서 마르크스주의의 실체를 낱낱이 보여주었다. 즉, 마르크시즘은 실재했을 뿐 진실은 아니라는 것이다. 왜냐하면 아무도 그걸 믿지 않았기 때문이다.

맨해튼의 이슬람 사원

뉴욕의 그라운드 제로[16] 바로 옆에 회교사원이라? 유대인인 뉴욕 시장과 기독교인인 오바마 대통령은 이 계획에 호의적이다. 종교가 민간시설이라는 전제하에 종교의 자유를 존중하는 미국의 전통과 법에 따른 것으로 보인다. 문제의 회교사원은 코르도바 센터라고 이름 지었으며 민간시설로 만들어질 계획이다.

필자의 생각에 2001년 9·11 테러로 미국인의 새로운 성지가 된 장소 바로 앞에 이슬람 성전이 등장한다는 사실에 대한 논란은 간단치 않을 것 같다. 그러면 이곳에 어떤 이슬람이 등장할까? 그에 대해선 아직 아무도 모르고 있으며 일부 밝혀진 것들도 확실한 게 아니다. 처음 이 회교사원을 짓자고 주장한 이들이 누구인지 알 수 없으며 사원 건립자금의 출처도 미스터리다. 언론들이 회교사원 건립 계획을 맡은 이맘 페이살 압둘 라우프(Feisal Abdul Rauf)와 만나려 시도했지만 실패했다. 현재 말레이시아에 있을 것으로 추정되는데 그곳에서 그는 자금이라도 모집하려는 것일까? 어쨌든 그는 아무 답변도 주지 않고 있다. 현재 뉴델리에 거주하고 있는 영국 작가 윌리엄 달림플(William Dalrymple) 같은 라우프의 지지자들에 따르면 그는 수피교

---

16) 2001년 9·11 테러로 파괴된 무역센터가 있었던 자리.

도의 광신적 전통 속에서 활동하지만 비교적 온건한 인물로 평가받고 있다. 하지만 많지 않은 라우프의 공식 발언들을 찾아보면 이런 평가와 사뭇 다른 모습을 발견할 수 있다. 2001년 당시 그는 9 · 11 테러가 일어난 데는 미국에도 부분적으로 책임이 있다고 주장했다. 2010년 6월 한 라디오 프로그램에 나와서는 하마스에 대한 질문에 대답을 거부하기도 했다.

이번 논란의 핵심은 어디서나 같다. 만약 '코르도바 센터'가 미국 내의 평범한 이슬람 신도들에 의해 건립되고 자금 출처도 분명하다면 오바마 대통령 쪽의 입장이 힘을 받을 것이다. 하지만 반대로 이 사원이 화합이 아닌 반미와 반서구를 상징하는 선전탑이 된다면? 그 위협은 만만치 않을 것이다.

이에 대해 프랑스나 다른 나라들은 똑같은 질문을 던진다. 대체, 대중적 이슬람과 정치적 이슬람을 어떻게 구분할 것인가? 물론 어떤 종교계나 정치계의 권위자도 이를 결정할 수 없다. 그렇다면 좀더 단순한 기준들을 적용해 보아야 한다. 그 하나는 자금의 출처에 대한 것이고 이맘의 과거 행적에 관한 것이다.

이번 논란은 이슬람의 또 다른 면모를 우리에게 확인시켜주었다. 그것은 이슬람이 무척이나 다양한 모습을 가지고 있다는 것이다. 혁신적인 기독교인이나 유대인들도 이번 회교사원 건립에 매우 우호적이다. 하지만 그들도 뉴욕에 사는 무슬림들을 파악하는 데는 게으른 것 같다. 뉴욕에 사는 무슬림들의 수는 대략 60만 명 정도로 추정된다. 미국에서 민족 구성원의 수를 조사하는 건 합법이지만 종교단체에 가입된 수를 조사하는 것은 금지되어 있다. 따라서 이 숫자는 추정치일 뿐이다. 미국의 무슬림 공동체는 그 수가 많은 만큼 뚜렷한 특색이 없다. 뉴욕의 무슬림은 자신을 규정할 때 가장 먼저 출신지의 문화와 나라별로 구분하며 이후 이슬람이라는 종교로 정체성을 판별한다. 뉴욕의 무슬림들은 우선 각자 자기 방식대로 기도하고 아직 문화적 특성이 정립되지 않은 사원을 세우며 그곳을 자기들의 문화적 공간으로 꾸민다. 파키스탄인은 파키스탄 사원으로, 방글라데시인은 방글라데시 사원으로, 아랍인은 아랍의 사원으로, 말리인은 그들의 사원으로 만들어가는 식이다. 특히나 사람들은 '블랙 무슬림'에 대해 별로 아는 게 없다. 블랙 무슬림들은 1960년대 말콤 X가 인기를 끌면서 미국 흑인들이 이슬람으로 개종해 생겨난 종파다. 이들은 타국에서 온 무슬림들이나 최근에 넘어와 아직 미국 국적을 가지지 못한 무슬림보다 자신들이 신분적 우위에 있다고 생각한다. 그런데 이렇게 다양한 미국의 무슬림들 중 그라운드 제로 옆에 세워질 사원에는 과연 어떤 무슬림들이 드나들까?

인도네시아 출신으로 뉴욕 시장이 종종 무슬림의 대변자로 추켜세우기도 하는 이맘 샴시 알리(Shamsi Ali)는, 한 세대 후 뉴욕의 무슬림들은 자신들을 미국 무슬림으로 자처할 것이라고 말한다. 하지만 아직까지 뉴욕 무슬림은 있어도 미국 무슬림은 없다. 서양인들은 이슬람이 가톨릭처럼 위계와 통일성을 가진 종교로 오해한다. 하지만 무슬림들은 자신을 지역이나 문화적 특성에 따라 인식하며, 코란을 매개로 한 개인의 신앙이나 신과의 관계 외에는 어떤 다른 권위에도 복종하려 하지 않는다. 이것이 뉴욕 무슬림들의 모습이며 다른 보통의 무슬림들 또한 이와 다르지 않을 것이다.

자선 장사

자연재해는 많은 피해자들을 만들어내고 그들에 대한 많은 이야기를 만들어내지만 그 '수혜자들'에 대해서는 아무도 이야기하는 이가 없다.

자연재해가 일어나면 온갖 인도주의 단체들이 갖은 마케팅을 동원해 지원을 호소한다. 태국의 쓰나미와 아이티의 지진 그리고 오늘 일어난 파키스탄의 홍수까지 우리는 피해자를 돕기 위한 모금에 차례로 초대된다. 하지만 불행하게도 이 모금액이 본래의 수신자들에게 그대로 전달되는 일은 극히 드물다.

국제적십자는 아직 이재민들을 위한 집조차 제대로 재건하지 못한 아이티에 전달된 금액이 모인 성금의 10%밖에 되지 않는다고 발표했다. '마땅한 지원 방법이 없다'는 게 그 이유였다. 그 방법을 찾는 동안 아이티 사람들을 위해 모아진 성금들은 적십자 직원들의 급여로 쓰이거나 다시 적십자로 되돌아올 것이다. (필자도 기아대책본부장을 맡아봤기 때문에 사정을 잘 안다. 하지만 필자는 연말에 사용내역을 언론에 모두 공개했다.)

쓰나미가 인도양 해변을 폐허로 만들었을 때도 희생자들을 위해 모금된 돈 중 그 흔적을 찾을 수 있었던 것은 50% 정도밖에 되지 않았다. 현장으로 간 성금 중에서 비정부단체 직원들의 급료로 돌아가고

지역 관료들이 착복한 돈은 또 얼마나 많겠는가? 이런 식의 자금운영
은 어제 오늘의 일이 아니다.

지난 2005년 파키스탄에 지진이 났을 때 모인 인도주의 기금도 거
의가 정치인들과 지역 공무원들의 호주머니로 들어간 것으로 파악된
다. 그래서인지 이번 파키스탄 홍수에 대한 국제사회의 공조는 전혀
찾아볼 수 없었다. 사람들은 이전의 경험에 미루어, 이 기금이 파키스
탄 북부의 산악지방까지 닿을 수 있을지 의심하는 것이다. 사실 파키
스탄 군대가 이 문제를 해결하기 가장 좋은 위치에 있다. 군대가 구호
작업에 필요한 장비들을 모두 갖추고 있기 때문이다. 파키스탄 국내
에도 돈이 부족한 건 아니다. 파키스탄의 땅부자들이나 사업가들은
엄청난 재산을 소유하고 있다. 그런데 왜 이들은 자기 나라에서 벌어
진 불행에 대해 공감대를 전혀 보여주지 않는 걸까? 사실, 파키스탄
의 부자들은 주로 펀잡족이나 신드족들인 반면 희생자 대부분이 다
른 민족 사람들이다. 국가의 요직에 있는 사람들도 대부분 펀잡족들
이다. 한마디로 파키스탄은 국민들 사이에 연대의식을 보여주기 힘
든 연방국가인 것이다.

이에 대해 서방세계는 어떤 태도를 보여야 할까? 정확히 전달될 수
만 있다면 국가 차원에서 도움을 주는 것이 좋을 것이다. 군사적 평화
유지와 파키스탄에 대한 국가 원조를 구분짓기 힘든 미국 같은 경우
엔 인도주의뿐 아니라 전략적 차원에서라도 개입할 수밖에 없다. 그
렇다면 비정부기구들은 어떻게 해야 할까? '국경없는 의사회' 처럼
직접 구조작업에 투입되는 인원 외에는 아무도 현장에 접근하려 하
지 않을 것이다. 수혜지가 명확하게 밝혀지지 않는 한 비정부단체들
이 그 기금을 보낼 명분을 찾을 수 없기 때문이다.

여기서 우리는 보편적인 교훈을 얻을 수 있다. 자연재해는 홍수가
자주 나는 계곡이나 강가의 상습 침수지역, 벌목지, 지진대 등 사람들

이 몰려 살아선 안 되는 지역에서 더 큰 피해를 입힌다. 최근 일어난 중국 간수성 홍수는 시멘트보다 모래를 많이 섞어 지은 댐이 무너져 일어났던 것으로 밝혀졌다. 2008년의 쓰촨성 지진 때도 그랬듯이 지방 관료들의 부정부패가 자연재해의 실제 원인이었던 것이다. 이런 자연재해들은 부분적으로만 자연에 의한 것이었을 뿐 대부분은 인간의 위험한 행동이 불러일으킨 인간재해였던 것이다.

비정부단체나 인도주의 단체들이 쓰는 원조기금은 어떤가? 이 기금을 투명하게 관리하려면 어떻게 해야 할까? 필자도 이런 단체에서 일을 했었지만 별다른 대책을 찾기 힘들었다. 유럽에선 주로 유럽의 회가 비정부단체들을 지원하는데 이 기금을 어떻게 사용할지에 대한 결정이 늦어지거나 사용처에 대한 통제가 미흡한 경우가 많다. 그렇다면 자금의 사용 결과를 정확히 공개하고 기금 사기꾼들에 대한 대중적인 감시체제라도 만들어야 하는 게 아닐까? 이 또한 하나의 해결책이 될 수 있다. 더불어 언론인들도 이 문제에 좀더 관심을 기울여야 한다. 왜냐하면 기삿거리를 제공해주는 비정부단체들에 대해 언론들이 너무 꼼짝 못하는 모습을 자주 보기 때문이다.

경제를 다르게 생각하기

2008년 시작된 금융 위기의 여파가 아직까지도 가라앉지 않고 있다. 서방의 일부 나라와 일본을 포함해 세계경제는 탈출구가 보이지 않는 침체에 빠져 버렸다. 그나마 미미한 성장률로 회복의 조짐을 보이는 나라에서도 고용이 따라주지 못한다. 일단 선진국이 되고 나면 기존의 부를 유지하고 미미한 성장은 이끌어가지만 추가적 일자리를 만들어내지 못하는 게 공식처럼 되고 있다. 사실 2008년 주식시장의 붕괴와 신용질서의 교란이 위기를 만들었다기보다는 이에 따른 새로운 세계경제 질서를 제시하지 못했기 때문에 위기가 온 것이라 볼 수 있다. 이제부터는 미래를 다르게 생각해 볼 필요가 있는 것이다.

이제부터 두 가지의 의미 있는 균열들에 대해 생각해 보려 한다. 둘 모두가 세계화의 결과로 생겨난 것이다.

첫 번째는, 이제 더 이상 국부와 일자리 사이에 뚜렷한 상관관계가 존재하지 않는다는 것이다. 미국, 캐나다, 유럽, 일본은 상품기획이나 새로운 서비스 창출에서 우위를 보이고 있지만 베이징 정부가 십억이 넘는 노동자들을 세계시장에 풀어놓은 이후 이것들을 상품으로 만드는 공장은 대부분 중국이나 그 인접국으로 옮겨가고 있다. 한마디로 여기서는 개발만 하고 제품은 저쪽에서 만들어내는 식이다. 상품에서 얻는 수익은 대부분 상품개발자에게 돌아가지만 일자리는 중국인들에게 돌아간다. 원칙적으로 이런 분업은 서로서로에게 이익이 된다. 예를 들어 우리는 중국인들 덕분에 스마트 폰을 싼 값에 살 수 있어 좋고 중국인들은 그것을 만드는 일에 종사함으로써 가난에서 벗어날 수 있어 좋은 것이다. 다만 이러한 균형의 축이 변동하고 있으며 이번 경제위기가 이를 보여준 것이다.

중국의 생산자들은 갈수록 정교화된다. 그들은 이미 서구에 견주어도 손색이 없을 만한 국영기업들을(에너지, 공공 토목, 교통 분야에서) 가지고 있다. 이들 중국 기업들은 야금야금 서구 기업들의 일을 빼앗고 그럼으로써 때로 상대에 대한 배려 없이 무자비하게 일자리와 이윤을 모두 챙겨갈지도 모른다. 경제분석가들이 미국의 회생이 더디고 실업은 증가할 것이라고 말하는 것도 이 때문이다. 이렇게 되면 결국 오마바 대통령이 모든 책임을 짊어질 것이며, 그로서는 참 운이 없다고 말할 수밖에 없다. 그가 대통령으로 당선될 당시에 서방세계에선 이미 오래 지속되던 균형이 무너지고 있었기 때문이다.

2008년 금융위기와 함께 드러난 또 하나의 균열 역시 국가경제 차원의 문제다. 모든 경제가 통합되면서 제품과 서비스는 더 이상 명확한 원산지가 없어졌고 경제를 국가 단위로 측정하는 것도 의미가 없어졌다. 정치는 여전히 국가를 단위로 하고 사회보장 역시 그렇지만 경제는 더 이상 아니다. 따라서 새로운 세계를 제대로 이해하려면 모든 것을 국가 단위가 아닌 지역, 마을, 산업영역별로 따져보는 자세가 필요하다.

한데 정치마저 경제처럼 국가가 아닌 시스템 중심으로 흘러가고 일자리와 경제성장이 완전히 별개가 된다면 단위로서의 국가 외에 무엇이 남게 될까? 이미 그런 결정적인 징후들이 나타나고 있으며 이는 생각만 해도 행복한 일이다. 이제 지구상의 모든 사람들이 전엔 결코 경험할 수 없었던, 생산자이자 동시에 소비자가 되는 진화의 과정을 밟게 될 것이다. 물론 여기서도 경쟁은 공정하게 유지되어야 하는데, 중국 때문에 모든 것이 틀어지고 말았다. 권리가 보장되지 않는 중국 노동자들에 대한 비인간적인 착취가 서방세계의 일자리마저도 빼앗고 있기 때문이다. 자유무역은 무엇과도 바꿀 수 없는 가치이고 임금 격차도 성장의 한 동력이 될 수 있지만 인권에 대한 무시가 상대적 이점으로 작용해선 곤란하다. 새로운 세계질서에서 기업 내의 공급자인 개개인에 대한 권리를 존중하며 이익을 제대로 분배하지 않는다면 서방세계 또한 그 정당성을 인정받지 못할 것이다. 몇몇 일자리들이 중국 또는 다른 나라로 옮겨가는 것은 경제적으로 정당한 일이지만 중국인들(또는 다른 나라 노동자들)의 권리에 대해 모른 척하는 건 정치적 스캔들이다.

세계화라는 이름으로 모든 것이 용인될 수는 없다. 위기가 모든 것을 바꾸어 버릴 때 도덕 또한 바뀔 위험성이 있다.

일본, 제로성장을 발명하다

언제나 활기찬 분위기에 완벽함을 갖춘 도시 도쿄는 필자의 눈에 가장 바람직한 수도로 보인다. 차들이 꼬리를 무는 대로변 뒤에는 전통 가게들과 수없이 많은 식당들이 있고 그 주변으로 가옥들이 들어서 있다. 도쿄 시민들은 늘 예의바르고, 얼룩 하나 없이 깨끗한 지하철 안에서 젊은이들은 노인들을 위해 자리를 양보한다. 도쿄에는 가난뱅이들이 없다. 아니 정확히 말하자면 가난해 보이는 사람을 찾아볼 수 없다. 하지만 냉혹한 현실 속에서 일본의 계층간 소득 격차는 프랑스보다 훨씬 크다. 그래도 여전히 일본 사회는 문화적 일체감이 형성되어 있고 근본적으로 평등을 지향한다. 또한 이민문제를 제외한다면(이 문제에 대해선 지나칠 정도로 철저하다) 외국인에게 친절한 것으로 알려져 있다. 이렇게 겉보기엔 아무 문제가 없어 보여도 20년 전부터 일본의 경제성장엔 적신호가 켜져 있다. 2000년에서 2009년 사이 연간 GNP의 연평균 상승률은 0.48%에 그쳤고(특히 2009년에는 -5.2%를 기록했다) 최근 20년 동안 평균 GNP 상승률을 계산해도 1.1%에 불과하다. 그렇지만 2005년부터 전체 인구가 감소세로 돌아섬으로써 삶의 수준이 낮아지지는 않았다. 이런 추세라면 2050년경에 이르면 일본 전체 인구가 9천만 명으로 감소할 것이라고 한다. 열도의 많은 사람들은 이 정도도 충분하다고 생각하지만 말이다.

일본에선 경기침체에 대한 집단적 저항 같은 건 거의 찾아볼 수 없다. 경기침체가 국민들의 극심한 틴곤으로 이어지지는 않기 때문이다. 실업자들이 있긴 하지만 눈에 잘 띄지 않는 이유는 단순 서비스업이나 임시직 일자리를 쉽게 구할 수 있기 때문이다. 취업인구의 34%가 임시직이다. 일본인들은 이렇게 평생직장의 통념으로부터 점차 벗어나고 있다. 어쨌든 대기업들은 급여를 적게 주더라도 잉여인력이나 나이든 사원들을 계속 고용하면서 정원을 유지하려고 애쓰며 해고보다는 상여급 등을 덜 주는 쪽을 택한다. 반면 젊은이들이 일자리를 찾아 이른바 '샐러리맨'으로 전환할 때까지의 노동 허비 기간은 대략 30세까지로 늘어났다. 이와 함께 젊은 여성들이 결혼 후 다시 직장으로 복귀하는 일도 드물어졌다.

하지만 좋은 유산을 물려받은 덕택에 일본은 아직까지 잘살고 있다. 일단 그들에겐 해외투자가 있다. 일본은 해외투자로 안정적인 수익을 얻는, 이른바 '지주국가'이다. 또한 일본의 기업들은 첨단 분야에서 세계적 독점권들을 많이 보유하고 있다. 예를 들어 초기 생산된 아이폰의 40%가 'Made in Japan'이었고 그 부품들도 모두 일본산이었다. 그뿐 아니라 컴퓨터 하드디스크 엔진의 100%가 일본에서 생산된다. 에어버스와 보잉사의 새로운 기술들도 일본에서 개발해낸 탄소섬유 덕분에 가능했다. 제조기술 면에서 볼 때 보잉은 미국산이라기보다 일본산에 가깝다. 요즈음엔 자전거 변속장치도 일본산 외에는 찾아볼 수 없으며 평면화면의 보호필름도 마찬가지다. 전자, 자동차, 특수 철강 분야 등 일본의 독점적 지위를 나열하자면 끝이 없을 정도다.

지금도 일본은 수입의 일정한 부분을 기술혁신에 계속적으로 재투자하고 있다. GNP 대비 연구개발비 투자에서 일본이 항상 세계 1위를 기록한다. 하지만 지금 누리고 있는 이득은 미국이나 유럽, 한국,

중국에게 하루아침에 빼앗길 수도 있는 것들이다. 이렇게 되면 일본은 제로성장과도 작별하고 마이너스성장으로 돌아서게 될지 모른다!

제로성장에 대해 일본 내에서는 두 가지 상반된 목소리들이 들려온다. 하나는 다시 재도약할 것을 호소하는 목소리이고 다른 하나는 이런 경기 침체를 오히려 이상적인 것으로 여기는 목소리다.

재건을 주장하는 쪽 대표는 1990년대 미스터 엔으로 불리던 저명한 경제학자 사카키바라 에이스케이다. 사카키바라는 1990년대에 일본 재무관을 역임했으며 그가 눈썹을 한번 찌푸리면 일본 엔화가 치솟거나 곤두박질친다는 말이 있었을 정도로 영향력이 있던 인물이다. 당시는 '저팬, 넘버원' 의 시절이었다. 사카키바라는 현재 일본의 경기침체에 대해 다들 지나치게 호들갑을 떤다고 생각한다. 그는 "우리는 아시아 경제의 한 부분일 뿐" 이라고 말한다. 그에게 국가 경제성장률 개념은 별 의미가 없다. 그는 일본을 아시아 경제 전체 중 한 구역으로만 바라보라고 요구한다. 일본이 총생산액에서 중국에게 추월당하는 데 의미를 둘 필요가 없으며 일본의 자체 성장률만 주목하라고 그는 말한다. 즉, 경제 전체가 중요하다는 것이다.

사카키바라도 인정하듯이 현재의 일본인들은 전과 같지 않고 뭔가 위축된 모습이다. 일본의 학생들은 중국이나 한국 학생들처럼 더 이상 미국 대학에서 공부하려 하지 않는다. 게다가 사카키바라의 말처럼 "더 이상 영어를 배우려 하지도 않는다." 일본의 대다수 기업들은 넓고 전망 있고 경쟁이 덜한 국내시장에만 만족하고 있다. 어떤 의미론 일본은 지금 '탈세계화' 를 향해 가고 있는 것이다.

요즈음 사카키바라가 제시하는 '롤 모델' 은 바로 한국이다. "한국인들을 본받아야 한다. 그들은 야심차고 에너지 넘치며, 50년 전의 우리가 그랬듯이 세계시장을 정복하고 싶어한다." 예전에 한국을 식민지배했던 일본과 오랜 동안 일본인들에게 멸시받던 한국의 처지는 이제 묘하게 역전되었다. 사카키바라는 한국뿐만 아니라 원자력 산업에서 국가와 기업이 보조를 맞춰 시장을 개척해 나가는 프랑스와 같은 나라도 부러워한다. 프랑스의 또 다른 상대적 강점을 출산율에서 찾는다. 그는 일본 사람들이 프랑스 사람들만큼만 아이를 낳았으면 좋겠다고 말한다. 그는 프랑스의 출산율 증가 원인을 가족수당이나 산후휴가 등의 제도에서 찾고 있다. 하지만 프랑스의 이민정책 또한 출산율에 영향을 주지 않았을까? 사카키바라는 일본의 이민 허용정책에 반감을 갖지 않은 드문 지식인 중 하나다. 물론 이민에 대한 엄격한 '통제'를 전제로 한 것이지만 말이다.

하지만 활기 있는 일본과 '세계화된' 일본을 주장하는 목소리는 사실 일본의 주류 목소리가 아니다. 현재 일본에서 가장 환영받는 주장은 제로성장을 이상적인 것으로 보고 '조화로움'을 강조하는 목소리이다.

이런 주장의 대표 인물이 이노세 나오키이다. 작가이며 역사가이기도 한 그는 대중적으로도 많은 인기를 얻고 있는 지식인으로 도쿄도 부지사에 오르기도 했다.

이노세는 일본의 성장시대(1868년~1990년)는 이미 끝이 났다고 본다. 서구 제국주의 열강들 사이에서 살아남기 위해 1868년 일본은 문호를 개방했고 서양문물을 받아들임으로써 근대화가 주는 안락함에 동참할 수 있었다. 하지만 이로써 족하다. 지금은 새로운 시대가 시작되었다. 더 이상 서양을 흉내내지 않아도 되는 '조화'의 시대가 온 것이다. 다가오는 새 시대의 모델은 다름 아닌 일본의 과거 속에서 찾을 수 있다. 일본은 이미 1600년대에서 1868년까지 사회적 조화로움 속에서 상대적인 번영과 찬란한 문화를 일구어낸 적이 있다. 그것은 진보적인 서구문물을 받아들인 메이지 유신 이전의 에도(도쿄의 옛 이름) 시대다. 필자에게 이노세 나오키는 일본에 이제 새로운 에도 시대가 열리고 있다고 말한다. 이런 시대에 일본인들은 사회적 조화로움을 통해 예술적 소양을 다듬으며 살아갈 것이라고 그는 말한다.

필자는 이노세에게 과거 에도 시대가 미국 전함(일본에서 흑선(黑船)이라 불림)들이 서양 문물을 받아들이도록 강제로 일본 항구를 개방하게 만들면서 끝났듯이, 새로운 에도 시대의 '흑선'들이 중국이 될 수도 있지 않느냐는 의견을 제시했다. 이노세도 이 점에 대해 인정했다. 그 또한 새로운 에도 시대의 꿈을 위해선 강한 군사력이 필요하다고 주장한다. "우리의 군대는 실전 경험이 없으며 너무나 관료적입니다. 구 소련 시절부터 러시아의 위협에 대비하던 홋카이도 북부 섬뿐만 아니라 현재 중국의 위협 아래 있는 큐슈 지방에도 탱크를 재배치해야 합니다." 그리고 이노세는 마지막으로 덧붙여 말했다. "일본인들은 미국의 보호 아래 나라를 디즈니랜드로 꾸미려 하는 덩치 큰 어린아이 같습니다." 그는 자기 나라 사람들의 의식을 깨우기 위해 모든 힘을 바칠 것이라고 말한다. 하지만 일본인들이 정말 디즈니랜드에서 '에도 시대'로 변화하길 바랄까? 비디오게임을 하던 그들이 다시 노(일본의 고유 가면극)와 가부키의 문화 속으로 돌아갈 수 있을까? 과연 일본은 미국 7함대와 미군 없이도 건재할 수 있을까?

또 하나, '제로성장'으로는 절대 새로운 문명, 새로운 '에도'로 나아갈 수 없다는 것이다. 과거 에도 시대의 일본은 자급자족 사회였다. 하지만 지금의 일본은 중국에 대한 수출에 의존해야 하고 중국 또한 재가공 수출을 위해서는 일본의 기술력에 의존해야 한다. '제로성장'과 '에도 시대'로의 회귀라는 유토피아가 과연 가능할지 의문이다. 하지만 언젠가 일본은 그들의 전통주 '쇼추'의 숙취에서 깨어나듯 낯선 세상에서 깨어나 자신들의 미래를 다시 보게 될지도 모른다.

자본주의와 '빅브라더'

세계 각국의 인터넷 사용자들은 사이버 공간에 대해 환상을 품고 있다. 웹서핑을 하는 대부분의 네티즌들에게 인터넷은 가상의 자유와 권력 그리고 익명성을 보장해 준다. 가끔은 개인의 사생활까지 꿰뚫고 있는 듯 원치 않는 메시지나 광고가 끼어들기도 하지만 말이다. 이런 메시지나 광고는 인터넷 사용자들로 하여금 자신이 가상공간 속에서 지속적으로 감시받고 있음을 깨닫게 해준다. 스팸메일이나 광고처럼 단지 상업적 목적으로만 우리를 감시한다면 가벼운 사생활 침해 정도로 넘어갈 수 있을 것이다. 하지만 중국과 러시아에서는 인터넷이 단지 성가신 상품 판매자들에 의해서가 아니라 경찰에 의해 감시받고 있다.

러시아의 인권운동가들과 '바이칼 환경 파도(Baikal Environmental Wave)'라는 환경단체는 이달 초 경찰관들(사이버 경찰이 아니다)이 찾아와 자신들의 컴퓨터와 거기 저장된 문서들을 압수해 가져가는 걸 망연자실 지켜보아야 했다. 과거 소련의 KGB였다면 반 푸틴 세력들을 아예 정신이상자로 몰아버렸을 것이다. 하지만 다행히 '새 러시아'에 살고 있는 이들 사이버 반동세력들은 지적재산권 침해라는 그럴듯한 혐의를 뒤집어쓸 수 있었다. 마이크로소프트의 컴퓨터 운영체제를 사용했던 이들은 조사를 통해 이 소프트웨어가 해적판이 아니라는 걸 입증해내지 못했다. 컴퓨터를 뒤지면서 러시아 경찰은 정말 이들 과격분자들이 합법적인 마이크로소프트의 소프트웨어를 사용했는지 조사했는지도 모른다.

얼핏 보면 마이크로소프트와 블라디미르 푸틴 수상은 우스꽝스런 경찰 파트너 같다. 정말 그런 걸까? 시애틀에 본사를 둔 마이크로소프트의 공식 책임자들은 자신들은 경찰의 행동에 반대할 명분이 없으며 러시아의 법을 따를 뿐이라는 입장을 밝혔다. 이런 입장 표명은 러시아 경찰에 대한 적극적 지원이나 소극적 공모로밖에 받아들일 수 없다. 전에 비정부단체를 조사할 때도 마이크로소프트사는 러시아 경찰에 협력한 적이 있다. 좀더 개방된 사회를 만들려 애쓰는 러시아의 인권운동가들은 이제 더 이상 마이크로소프트를 자신들의 동지로 생각하지 않을 것이다.

기업의 모호한 정책은 이제 공식처럼 되었다. 독재국가와 거대 인터넷 기업들이 모종의 밀약을 맺고 있는 것이다. 이미 야후가 인터넷 기업과 압제정치 간 협력관계의 첫 모범사례를 보여준 바 있다. 2005년 야후는 중국의 반체제 언론인 시타오(師濤)에 대한 신원 정보를 중국 공안당국에 넘겨줬다. 시타오가 민주주의를 지지하는 이메일을 보낸 걸 중국 검열관이 발견한 것이다. 야후가 시타오의 신원에 대한 정보를 넘겨줌으로써 컴퓨터 위치가 추적되었고 결국 그는 경찰에 체포되었다. 아직까지 시타오는 감옥에 있다. 당시 야후 책임자들은 마이크로소프트가 그랬듯이 자신들이 중국 법을 존중할 수밖에 없는 입장이라고 변명했다. 중국이 공산당 아닌 법에 의해 통치되고 있다는 걸 감옥에 있는 시타오도 알았다면 얼마나 기뻐했을까? 법이 공산당보다 위에 서는 것이야말로 시타오가 쟁취하려 했던 진정한 민주주의였으니까 말이다.

중국에 진출한 구글은 아주 잠시 동안 '불이익을 주지 않는다' 는 사업 윤리를 지키는 듯했다. 그리고 이 실리콘 밸리 기업은 검열을 이겨내기 위해 2009년 중국 지사를 자유가 보장되는 홍콩으로 옮겼다. 이때부터 중국의 인터넷 이용자들은 홍콩에 둥지를 튼 검색엔진을 통해 타이완에 대한 정보나 1989년의 천안문 사태, 달라이 라마 등에 대한 정보를 얻을 수 있었다. 구글 차이나에선 검색금지 항목으로 등록되어 이런 정보들을 찾아볼 수 없었다. 사무실 이전을 통해 구글은 자신들의 자유주의 철학과 기업윤리를 지켜나가는 듯 보였다. 하지만 이는 오래 가지 않았다. 그것은 그리 놀랄 만한 일이 아니다. 이미 2006년 사업을 시작하면서 구글은 중국시장에서의 연착륙을 위해 검열 요구를 받아들인 바 있었다.

홍콩으로 옮긴 지 6개월 만에 구글은 중국 대륙에서의 서비스를 개시해 수익을 보장받는 대신 이전의 검열 수준으로 되돌아가기로 합의했다. 결국 고개를 숙인 건 구글이었다.

야후, 구글, 마이크로소프트 3사는 모두 같은 길을 걷고 있다. 돈벌이가 되는 시장에 진출하는 것이 윤리적 명령보다 앞선 것이다. 사실 이 기업들이 제공하는 서비스는 정치적 중립이다. 하지만 반체제 인사들은 이 수단들을 민주주의적 목적에 쓰려고 하고 경찰은 이를 통해 반체제 인사들을 추적하고 색출하는 데 쓰려 한다. 마이크로소프트, 야후, 구글 모두 이를 통해 돈을 벌어들이고 있다. 이는 1930년대 나치 정부에 계산기를 팔았던 IBM의 경우와도 비슷하다. 당시 계산기는 나치 정부가 희생자들의 몰살 작업을 시스템화하고 관리하는 데 쓰였다.

인터넷 기업들이 도덕보다 돈벌이에 더 열중한다는 것이 쇼킹한 일인가? 히틀러 시대의 IBM과 마찬가지로 이들도 본래 상업적 기업이 아니었던가? 인터넷 기업들도 속마음이 어떻든 민주주의라는 슬로건을 제품 선전에 적당히 이용하는 장사꾼들 아닌가? 광고에서 단어의 선택을 결정짓는 것은 경영자의 철학이 아니라 소비자의 욕구다. 빌 게이츠를 보라. 마이크로소프트 회장 자리에서 물러난 뒤에야 그는 윤리적 순수성을 되찾았다. 물론 회장으로 있을 때도 그의 이미지 관리는 탁월했지만 말이다.

자본주의에서는 타협이 중요하다. 상업적 기업들이 윤리적 본분을 조금 저버리더라도 완전히 배척할 필요는 없다. 왜냐하면 우리에게 꼭 필요한 수단들을 제공해주기 때문이다. 이런 수단들은 이란 민중들이 독재에 항거하는 데 사용될 수도 있고 티베트의 사람들이 자신들의 고유문화를 지키는 데 사용될 수도 있다. 이 도구들은 학살된 유대인들의 목록을 찾아보는 데 사용될 수도 있지만 중국의 반체제인사를 체포하거나 러시아 인권단체를 탄압하는 데 사용될 수도 있다.

러시아의 마이크로소프트와 중국의 구글은 자본주의가 그 자체로 도덕이 될 수는 없다는 걸 보여주었다. 자본주의는 단지 효율적일 뿐이며 기업가들은 본질적으로 이익을 추구하게 되어 있다. 그렇지 않으면 파산할 수밖에 없기 때문이다. 자유로운 사회가 결코 도덕적인 경영자들에 의해 세워지고 지켜질 수는 없다. 자유가 정치 공학으로 만들어지는 제품은 아니기 때문이다. 자유는 늘 깨어 먼 곳에서 감시하는 개인들의 노력에 의해 획득되고 지켜지는 것이다.

복지국가의 예고된 몰락

　보통 어떤 역사적 사건의 시작을 간파해내는 것이 그 사건의 종말을 예견하는 것보다는 훨씬 쉽다. 그럼에도 나는 종말을 예견해 보려한다. 1945년 제2차 세계대전이 끝난 뒤 영국에서 생겨난 복지국가의 개념은 이번 주로 그 생명을 다할 것으로 보인다. 영국의 재무장관 조지 오스본(George Osborne)이 가난한 자들뿐 아니라 모든 사람들이 사회보장의 혜택을 누려야 한다는 '보편적 복지수당'의 개념을 폐기했기 때문이다.

　복지국가 개념을 처음 고안한 윌리엄 베버리지(William Beveridge)는 모든 국민이 '요람에서 무덤까지' 보호받을 수 있는 사회체제라고 복지국가를 정의했다. 이 체제는 지역적 특성이나 정치적 상황에 따라 다양하게 적용되며 전체 서유럽 국가로 퍼져나갔다. 마침내 1960년대에 이르러 모든 서유럽 국가들은 자유주의 시장경제와 보편적인 사회보장이 결합된 사회민주주의 국가가 되었다.

　이런 유럽식 모델은 예상 밖의 성공을 거두었고, 수십 년 동안 미국식 정글 자본주의나 소비에트의 사회주의가 누리지 못한 부러움을 샀다. 사회민주주의는 자본주의와 사회주의의 장점인 경제효율성과 사회정의를 모두 갖춘 사회제도로 여겨졌다.

　하지만 유럽이 사실상 세계화로 접어들던 1980년대부터 유럽의 복지국가에 대해 몇 가지의 의문들이 제기되었다. 복지국가가 안고 있는 재정적 부담과 사회민주주의가 안고 있는 심리상·금전상의 근로의욕 감퇴 문제가 걸림돌이 되면서 유럽의 경제는 둔화되기 시작했다. 최근의 경제위기와 관계없이 이미 그때부터 유럽의 일인당 국민소득은 정체상태에 빠지고 실업률도 증가하고 있었다.

하지만 시장 자유주의를 주장하는 이들조차 이런 복지국가 이념에 제대로 문제를 제기하지 않았다. 마가렛 대처 수상조차 영국의 국민건강서비스(NHS)에는 손을 댈 수 없었다. 그녀가 할 수 있었던 건 스웨덴이나 덴마크를 따라 복지정책을 확장시키지 않는 게 전부였다.

반대세력과 경기침체라는 이중의 어려움 속에서도 현실 복지국가가 겨우 지탱할 수 있었던 것은 중산층을 자기편으로 끌어들일 수 있었기 때문이다. 복지주의자들의 정치적 계산은 복지국가를 통해 빈민들보다는 중산층에 더 많은 혜택을 마련해줄 수 있다는 것이었다.

건강보험을 예로 들어 보자. 다수의 연구들이 밝혀낸 바에 의하면 프랑스의 하위 20% 계층보다 중산층이 지출하는 일인당 의료비가 훨씬 더 많다. 결과적으로 국가가 지출하는 사회보장의 혜택은 온전히 중산층들의 몫으로 돌아가는 것이다.

복지국가 시스템이 약한 미국에서 정부보조금의 대부분을 차지하는 것은 근로소득세제(EITC)[17]이다. 그런데 이조차도 빈곤층보다 중산층에서 더 많은 혜택을 받는다. 2천4백만에 이르는 미국 중산층 가구들은 매년 국세청(IRS)으로부터 세금을 환급받는다. 반면 돈으로 환급받을 수 없는 빈곤층은 물품으로 지급을 받는다. 미국식 복지제도는 중산층에겐 돈을 지급하고 빈곤층에겐 사회적 프로그램으로 혜택을 주는 것이라고 할 수 있다. 이러한 차별적 적용은 서유럽에서도

---

17) 일정한 소득 이하의 근로소득자를 대상으로 소득에 비례한 세액 공제액이 소득 세액보다 많을 경우 그 차액을 환급해 주는 제도.

다양한 방식으로 행해진다.

오스본이 영국식 복지제도에서 가장 먼저 지적한 것은 수입과 상관없이 아이가 있는 모든 가정에 적용되는 보편적 가족수당이었다. 사실상 모든 서유럽 국가들이 시행하고 있는 가족수당은 제2차 세계대전 이후 출산 장려를 위해 시작한 제도였다.

영국에서 가족에 지원하는 보조금 중 42%는 부유층이나 중산층이 받아가고 있다. 프랑스도 같은 수준이다. 오스본의 주장은 부유층 수입의 일부로 편입되는 이런 보조금이 없어져야 한다는 것이다. 중산층과 부유층에게 돌아가는 보조금을 줄여 사회보장제도에 대한 전반적인 변화를 이끌어내기 위한 첫발을 뗀 셈이다. 오스본의 제안을 통해 절약될 수 있는 국가재정은 약 160억 파운드 정도다. 이 금액은 전체 3,100억 파운드에 이르는 연간 사회보험 예산에 비하면 극히 일부에 불과하다. 하지만 데이비드 캐머런 정부는 부유층이나 중산층에게 돌아가는 보조금을 문제 삼아 현 복지국가 체제의 불합리함을 영국 국민들에게 이해시키려는 것이다.

다른 유럽 정부들도 이를 따라야 한다. 사회보장제도 내부의 취약점을 부각시키는 일은 사람들에게 사회보장제도를 이해시키는 일종의 학습이 될 것이다. 프랑스 정부가 은퇴 연령을 60세에서 62세로 연장하여 공공분야에서 어마어마한 규모를 차지하는 은퇴연금 개혁을 시도한 것도 이런 맥락에서였다.

우리는 부유한 가정에까지 지급되는 가족수당이나 60세 은퇴가 왜 불합리한지를 먼저 알아야 한다. 하지만 표면상 정당하지 못해 보이는 보조금의 중단 또는 삭감에 대한 국민들의 저항은 예상보다 거세다. 중산층들은 이런 조치가 한 시대의 종말을 의미한다는 걸 직감적으로 알아차리고 있는 것이다.

캐머런 정부와 그 뒤를 따를 유럽 정부들은 중산층의 분노 앞에 결국 굴복하게 될 것인가? 하지만 정부들로서도 중산층에게 돌아가는 보조금을 어느 정도 삭감하지 않으면 다른 탈출구를 찾기 힘들다. 2008년의 경제위기는 실효성 없는 케인스식 공적자금 투입으로 인해 심각해졌고 유럽 나라들은 파산 직전까지 몰려 있기 때문이다.

미국은 세계에서 유일하게 무제한으로 돈을 찍어낼 수 있는 나라이다. 하지만 이런 식으로 가다간 미국의 부채는 눈덩이처럼 불어나 감당할 수 없게 될 것이다.

유럽 국가들은 더 이상 선택의 여지가 없다. 재정을 긴축하고 유럽 공공재정 지출의 평균 절반을 차지하는 사회보장 부담을 손질해야 한다. 이것이 공공지출에 따른 재정적자를 줄일 수 있는 가장 직접적인 방법이다.

복지국가가 유럽에서 당장 사라지지는 않을 것이다. 그러나 혜택이 정말 필요한 사람들에게만 돌아가도록 최소한으로 줄여야 한다. 실업문제만 놓고 본다면 유럽의 복지정책이 중산층의 사회안전망 역할을 충분히 해냈음을 인정할 수 있지만 하위 10% 계층을 사회보조에만 의지하도록 족쇄를 채운 것도 사실이다. 베버리지 경이 요람에서 무덤까지 국가가 국민들의 손을 잡아주길 촉구한 지 65년이 지난 지금, 캐머런과 오스본은 국민들이 어쨌든 자신의 두 발로 땅을 딛고 일어서길 촉구하고 있는 것이다.

나를 두렵게 하라!

빈 라덴의 솜씨가 한물 갔거나 아니면 오바마가 선거에서 작은 지원군이 필요했던 모양이다.

프린터 카트리지로 위장한 폭발물이 예멘의 수도 사나로부터 도저히 배달되리라 믿어지지 않는 시카고의 유대인 예배당으로, 그것도 미국의 택배회사 UPS를 통해 보내졌다!

UPS의 발송 담당자는 배달지 주소를 기입하면서 전혀 이상하단 생각을 못했던 걸까?

그것을 받을 랍비는 아, 내 프린터에 딱 맞는 카트리지가 왔군! 어쩜 이런 기특한 생각을 했을까? 더구나 예멘에서 보내 왔다니 어서 선물을 풀어 봐야겠군! 이라고 생각했을까?

사우디아라비아의 첩보활동은 자신들이 미국에 얼마나 협조적인가를 보여주기 위한 것들이다. 그런데 예멘에서 보낸 폭발물을 발견하고 신고한 게 왜 사우디아라비아였을까? 오바마는 자기가 세계자유를 수호하기 위해 얼마나 애쓰고 있는지를 알려주기 위해 선거캠프에서 즉각 기자회견을 가졌다.

이 얼마나 가슴 든든한 일인가!

P.S. : 믿을 만한 정보에 따르면 이번 폭발물은 미국의 대도시 상공

에서 비행기를 폭파시키기 위한 사전작업으로 비행기 운송화물의 이동경로를 시험해 보기 위한 것이라고 한다. 또 같은 정보원에 따르면 미국 정부의 주된 고민은 생화학무기나 핵폭발물 등을 이용한, 9·11 테러 같은 예측 불가능한 공격을 어떻게 막을까 하는 것이라고 한다. 그래서 미국에서는 파키스탄 내 이슬람주의자들의 거점을 공격하고 이어 예멘의 이슬람 거점을 공격하는 연구가 진행되고 있다고 한다.

오바마 대통령은 미국이나 다른 곳에서는 한 번도 이를 언급한 적이 없지만 여차하면 언제든지 살상공격을 감행할 준비가 되어 있다.

G20은 존재 자체로 의미가 있다

G20은 범세계적 정부기구도 아니고 세계 경제문제를 해결할 수도 없다. 하지만 G20은 그 존재 자체로 의미가 있다. 주요 경제대국의 리더들이 모여서 협의하는 것 자체가 의미 있다는 말이다. 해마다 열리는 이 회의의 개최국 납세자들에겐 그 비용만도 만만치 않아 보일 수 있다. 하지만 이 회의는 각 나라들이 물리적으로 서로에게 얼가나 의존하고 있는지를 알리는 기회가 된다. 모임에 참석한다는 것 자체가 현실경제라는 공통언어를 사용하고 시장의 어휘들을 숙지해야 한다는 의미를 가지는 것이다. G20의 정상들에겐 자기들의 이념이나 사회적 이상주의를 펼쳐 보일 기회가 주어지지 않는다. 이번 회의가 열리는 서울에서도 중국 공산당 지도부나 아르헨티나의 대통령이 국내에서나 먹히는 마르크시즘이나 포퓰리즘 구호를 외치게 될 일은 없을 것이다.

G20 회의는 경제학을 한 단계 발전시키고 세계화에 매우 긍정적인 영향을 주었다. 소위 신흥대국이라 불리는 나라들의 참여는 최상위 부유국들로 하여금 인간 이하의 생활로 굶주리는 30억 내지 40억 인류 형제들을 돌아보게 해줄 것이다. 이번 G20에 참석하는 브라질과 중국, 인도 같은 나라는 새로운 대안이 나올 때까지 세계무역만이 인간을 존엄한 생활수준에 이르게 해주는 유일한 방법임을 증언해줄

것이다. 전에는 세계에서 가장 가난한 나라에 속했던 개최국 한국을 보며 훌륭한 교육과 확고한 자본주의 정책이야말로 가장 효과적인 길임을 확인하게 될 것이다. 서울 회의장을 빠져나오는 정상들은 엄청난 속도로 발전하는 한국을 보며 어떻게 하면 고도성장 속에서도 자기 고유문화를 간직한 채 빠르게 현대화될 수 있을까 깊이 고민하게 될 것이다.

이런 존재로서의 가치 외에 우리는 G20에서 어떤 것을 기대할 수 있을까?

2008년 경제위기 이후 G20 정상회의는 세계적 위기에 대한 공동대응 체제나 대응 조직을 만들어내는 데 성공했다. 공통의 이해관계가 만들어준 공감대 덕분에 G20 정상회의는 실질적으로 대처할 해결방법이 전혀 없었던 1930년대 세계대공황 때의 공포에서 벗어날 수 있었다. G20은 하나의 정부는 아니지만 집단의 힘을 무기로 1930년 대공황 때처럼 국경 폐쇄나 제멋대로의 화폐 절하 같은 집단적 재앙을 불러일으킬 조치들을 차단할 수 있었다.

그러나 내부를 좀더 자세히 들여다보면 G20의 분위기는 조금씩 달라지고 있다. 2008년과 2009년 G20 정상회의 때 미국 정부는 다른 회원국들에게 공적자금을 투입하는 '경기부양책'의 필요성을 역설했었다. 과학적이라기보다 차라리 이념에 가까웠던 소위 오바노믹스(obanomics)[18] 정책이었다. 2년 뒤, '경기부양'에 소극적이었던 나라들(한국, 중국 등)은 현명하게 경기침체를 극복해냈지만 아낌없이 돈을 쏟아 부은 미국, 일본, 프랑스, 스페인 등은 더 큰 빚더미를 짊어지

---

18) 오바마 대통령이 펼쳤던 경제정책으로 적극적인 정부주도형 경제회복 정책을 말한다. 막대한 재정적자에도 불구하고 수천억 달러의 경기부양책을 쓰거나, 정부가 강력한 금융규제정책을 추진한다. 미국의 경제 이익을 위해서는 국제무역에 보수적인 입장을 취한다.

고 성장은 오히려 둔화되었다. 만약 G20이 실질적 정부기능을 가지고 사회주의에 더 가까운 케인지언 독트린을 밀어붙였다면 오늘날 세계경제는 더 나빠졌을 것이다. 열 명의 현자들이 만장일치로 택한 결정은 실패할 수밖에 없다. 왜냐하면 열 명의 현자들의 의견을 하나로 모으는 것이 불가능하기 때문이다, 라고 탈무드는 말한다. 하물며 20명의 정상들이 서로를 견제하지 않고 한 곳에 모일 수 있다는 것만 해도 어디인가?

이번 서울 G20 정상회의는 또 다른 모습을 보일 것이다. 세계적 경제위기에 대처하는 것보다 더 시급한 문제가 걸려 있기 때문이다. 침체에 빠진 나라들의 압박을 이기지 못하고 '화폐전쟁'을 시작하려 하는 것이다. 미국과 유럽 정부들 그리고 산업 각 분야의 압력단체들은 화폐의 상대적 가치가 유통의 흐름을 결정한다고 생각한다. 가치가 낮은 중국 위안화로 인해 중국이 미국에서 큰 이익을 얻을 수 있고 상대적으로 비싼 유로화는 무기나 핵 기술을 파는 프랑스에게 엄청난 손실을 가져온다는 것이다. 니콜라 사르코지 대통령은 화폐의 상대적 가치와 원자재 가격의 유동성이 유럽 경제침체의 원인이라 생각한다. 따라서 G20 서울 회의에서 미국은 중국이 자국 화폐를 평가절상하거나 대미 수출을 자발적으로 제한해줄 것을 요구할 것이다. 사르코지 대통령 또한 화폐와 원자재 가격을 안정시키기 위한 기금을 만들려는 개인적 야심을 드러낼 것이다. 각국의 국가원수들은 예의바르게 또는 기꺼이 동의해 주겠지만 실제로는 이에 대한 아무런 구체적인 방안도 뒤따르지 않을 게 뻔하다. 다행히 이런 실천력 없는 결정에 대해 후회할 일도 없을 것이다. 화폐와 원자재에 대한 떠들썩한 논란은 사실 경기 침체의 원인과 결과를 혼동한 데서 비롯된 것이기 때문이다.

미국 달러의 움직임을 살펴볼 때 책임을 떠맡아야 할 곳은 미국 정부와 중앙은행이다. 미국의 엄청난 부채로 인해 시장엔 달러가 넘쳐나게 되었고(최근엔 더 심각해졌다) 이로 인해 시장은 투기에 민감하게 반응하게 되었다. 또한 미 연방은행의 일관성 없는 발표로 달러 공포와 달러 열기가 번갈아 나타나는 현상이 벌어졌다. 미국인들은 중국인들이 자신들의 화폐를 좌지우지한다고 비난할지 모른다. 하지만 중국 위안화가 급등하지 않는 가운데 달러의 급락을 가져오도록 만든 것은 바로 미국인들 자신이 아닌가! 과연 우리가 니콜라 사르코지와 중국인들이 바라는 대로 달러화 없이 살 수 있을까? 달러화 대신 다른 화폐를 대체한다면 그 화폐는 누가 통제할 것인가? 유럽연합은 물론 다른 어떤 나라도 자기의 화폐주권을 포기하면서까지 누구에 의해 어떤 기준으로 움직이는지도 모르는 화폐의 흐름을 따르려 하진 않을 것이다. 나아가 중국이 위안화를 평가절상하면 곧바로 중국의 수출 감소로 이어져 미국과 유럽의 기업들에 이득이 될 수 있을 거라는 주장도 의심해볼 필요가 있다. 그렇게 된다 해도 중국이 생산하던 저가 제품들을 서방의 국가에서 생산하는 일은 없을 것이다. 중국에서 문을 닫는 공장이 베트남이나 인도의 공장으로 대체될 수는 있어도 유럽에서 가동되는 건 불가능하기 때문이다.

그러므로 시장이 스스로 결정하도록 내버려 두어야 한다. 결국 화폐의 가치는 실제 경제적 가치와 함께 각 나라 경제정책의 공과를 반영하도록 되어 있기 때문이다. 원자재 문제도 그렇다. 원자재 가격의 불안정은 투기성 구매 때문일 수도 있다. 하지만 긴 시간을 두고 가격이 오르는 건 신흥국가들의 경쟁력이 자연스레 반영되는 것이다. 오히려 에너지나 원자재 가격의 상승은 이런 한정 자원들을 덜 파괴하면서 알뜰히 사용할 수 있게 함과 동시에 소비량을 줄일 수 있는 좋은 방법들을 이끌어낼 수도 있다.

무엇보다 G20 정상회의는 다가올 세계를 미리 바라볼 수 있는 유리창 역할을 한다. 참여국들은 이제부터라도 세계화에 동참함은 물론 자신들만의 경쟁력을 개발하는 데 힘쓰게 될 것이다. 중국은 대량 생산의 좋은 여건을 가지고 있고 서유럽 국가들이나 미국은 기술혁신과 우수한 교육, 새로운 제품과 서비스의 창조 등에서 경쟁적 우위를 가지고 있다.

G20 정상회의를 통해 우리는 보이는 것과 보이지 않는 것, 두 개의 차원을 발견할 수 있을 것이다. 소란하면서 눈에 드러나는 사안들에서는 달러화와 중국이 그 원흉으로 지목될 것이다. 이에 따라 양국의 중재와 개입, 상호보상을 위한 기금조성 등의 필요성을 역설하는 감상적이고 실행 불가능한 선언문들이 낭독될 것으로 보인다. 그런 가운데 각국 정상들은 무대의 뒤에서 변화하고 있는 세계를 다시 한 번 확인할 것이다. 그리고 경제대국들의 수가 점점 늘어나고 있음을 확인하며 어떤 나라가 다른 나라에 비해 잘 경영되고 있는지를 평가하게 될 것이다. 영국이 강력한 모범을 보여주고 있듯이, 이번 G20 국가들은 지난번과 달리 고전적 자유주의 경제로 회귀하는 모습을 보여줄 것이다. 이번 회의를 계기로 데이비드 캐머런 수상이 오바가와 사르코지가 유지했던 주인공의 자리를 빼앗게 될지도 모르겠다. 겉으론 이야기되지 않아도 개최지 서울의 모습은 서방 정부들에게 겸손의 미덕을 가르쳐줄 것이다. 정상들은 세계에 독불장군은 없으며 앞서 가려면 더 머리를 쓰고 더 많이 일해야 한다는 사실을 새삼 깨닫게 될 것이다.

한국이 세계에 전하는 웅변적인 메시지에 누구나 동의할 수밖에 없을 것이다. 즉, 국가적 빈곤을 해결하는 것만큼 시급한 일은 없으며 훌륭한 경제정책만 동반된다면 한국이 그랬듯이 누구나 그 목표를 이뤄낼 수 있다는 사실을 말이다!

파타고니아의 펭귄 걸음

30년 전부터 줄곧 칠레는 라틴아메리카의 모범이 되는 경제 모델이었다. 군 장성 출신 아우구스토 피노체트(Augusto Pinochet), 기독 민주주의자 아일윈(Aylwin), 사회주의자 라고스(Lagos)와 바첼렛(Bachelet), 그리고 스스로 현대적 우파라 말하는 지금의 세바스티안 피네라 대통령까지 칠레는 여러 대통령을 거치면서도 정책적 일관성을 잃지 않았고 꾸준한 경제성장을 이루어 왔다. 공공연한 자본주의 표방과 수출 우선 정책 그리고 최소의 사회안전망 등이 놀랄 만한 흥행수입을 기록하면서 같은 대륙에서만도 브라질의 룰라, 페루의 가르시아, 콜롬비아의 우리베 대통령 등에 영향을 주었다.

그러나 자연은 칠레에게 그리 너그럽지 못한 듯하다. 올해만도 칠레는 대규모 지진과 더불어 세계인들이 지켜보는 가운데 구리광산에 갇힌 광부들의 구출 드라마를 연출해야 했다. 하지만 칠레의 자연환경은 이보다 더 심각한 문제를 안고 있다. 그것은 바로 펭귄들이다. 피네라 대통령은 환경운동가들의 압력 때문에 칠레 북부에 있는 바랑콘의 발전소 건립 계획을 포기해야 했다. 발전소 건립으로 종의 다양성 보존을 위한 법규로부터 보호받고 있는 희귀종 펭귄인 훔볼트 펭귄이 위협받을 수도 있다는 이유에서였다. 우파 성향의 자본주의 사업가 출신 대통령인 그로선 자신에게 적대적일 수밖에 없는 환경주의자들에게 잘 보여야 한다는 생각도 있었을 것이다.

하지만 이는 잘못된 계산이었다. 첫 번째 목표를 성공시킨 환경주의자들은 더욱 비중 있는 개발계획을 타깃 삼아 집중 공격했다. 이번엔 남쪽 파타고니아에 있는 아이젠 수력발전 복합단지(2,750메가와트 규모)가 타깃이었다. 이 수력발전 댐은 칠레 경제에 필요불가결한 시설이다. 석유도 천연가스도 석탄도 나지 않는 이 나라에서 지열발전소를 가동시키려면 모든 것을 수입에 의존해야 한다. 원자력발전소를 짓자는 사람들도 있지만 지진대에 속한 이 지역에선 망설일 수밖에 없다. 환경주의자들은 그 대안으로 풍력발전소나 물줄기를 이용한 초소형 댐, 태양열 등의 사용을 권장하고 있다. 하지만 이들을 다 합해 봐야 용량은 미미한 수준에 불과하며 그렇게 되면 북아메리카보다 두 배 이상 비싼 전기료가 더 비싸지게 될 것이다. 앞으로 십년 안에 칠레의 에너지 생산 능력을 지금의 두 배로 늘리지 않으면 매년 6%의 경제성장을 이루겠다는 목표는 유지하기 어렵다. 결국 피해는 칠레의 극빈층에게 돌아갈 것이며 중산층이 감소하는 불균형 사회가 될 것이다. 하지만 환경주의자들에겐 이런 결과가 아무런 문제가 되지 않는 모양이다. 이들에겐 파타고니아의 펭귄들이 무엇보다도 중요하며 '태초의 상태를 보존한' 자연과 지역 주민들의 고유한 관습이 더 중요한 것이다. 하지만 이런 자연주의는 신화일 뿐이다. 파타고니아는 유럽의 개척자들에 의해 문명화되어 왔으며 댐과 관련된 주민도 45가구나 살고 있으며 무엇보다 여기 주민들에겐 전혀 '원주민'의 특색을 발견할 수 없다. 게다가 펭귄들은 여기서 수천 킬로미터나 떨어진 남쪽에 살고 있다. 댐으로 생긴 호수의 면적이 6천 헥타르에 이르는데 이는 파타고니아 전체 면적의 0.5%를 차지한다. 쉽게 말하자면 이 지역의 규모에 비하면 수력발전소가 차지하는 비중은 물 한 방울의 수준밖에 되지 않는 것이다. 환경주의자들의 두 번째 반대 논리는 칠레 주민들과 산업은 북쪽에 몰려 있는데 왜 2천 킬로미터 이상 떨어진 남쪽에 전력 공급 시설을 지으려 하느냐는 것이다. 이렇게 되면 고압선이 필요하고 그 고압선이 안데스 산맥을 '훼손'한다는 것이다. '돌이킬 수 없는 상처' ―산티아고의 비정부단체와 환경주의자들의 피켓에서 읽은 문구다.

캐나다의 퀘벡 같은 곳에서도 비슷한 주장들을 찾아볼 수 있는데, 우리는 먼저 이 문제의 당사자들에 대해 살펴볼 필요가 있다. 환경주의자들에게 아이젠 수력발전 회사는 가장 이상적인 타깃이 될 수 있을 것이다. 이 회사는 철저히 자본주의적 이윤을 따르는 민영회사로 칠레에선 이미 독보적인 위치를 차지하고 있으며 스페인과 이탈리아 등의 여러 외국 자본들과도 손을 잡고 있다. 자신들의 계획이 기술적으로 완벽하다고 여기는지 이 기업의 경영진은 대중에게 사업의 필요성을 알리려는 노력을 전혀 하지 않고 있다. 지역의 환경영향평가 조사를 의무화한 현행의 법령만 지키면 아무 문제도 없다고 판단하는 것 같다. 그래서 수력발전 회사인 아이젠은 지금까지 언론이나 여론에 호소할 생각을 전혀 하지 않고 있다.

하지만 칠레에서 활동하는 비정부단체들은 더 의혹투성이다. 이 단체의 행동가들 중엔 미국이나 이탈리아 출신이 많다. 단체의 주요 재원도 미국의 사업가(더글라스 톰킨스(Douglas Tompkins)라는 인물로 친환경적 의류 메이커라고도 할 수 있는 '에스프리'와 '노스페이스'의 창업주이기도 하다)로부터 나오고 있는데 큰돈을 번 그는 은퇴하여 노후를 보낼 곳으로 파타고니아를 택했다. 이미 그는 이곳에 수십만 헥타르의 땅을 사 두었다. 톰킨스는 자신이 사람보다 펭귄을 더 좋아한다는 걸 숨기지 않으면서 지구는 인구과잉 상태라는 주장을 펼치고 있다. 6헥타르가 아닌 10억 헥타르가 그에겐 '지속 가능한 발전'을 위해 가장 적합한 규모인 모양이다.

칠레의 세바스티안 피네라 대통령이나 발전사업 관계자들도 자신들이 펭귄들이나 원주민들과 관련된 반대에 부딪혔다기보다 함정에 빠졌을 뿐이란 걸 아직 잘 이해 못하는 것 같다. 이들 비정부단체들은 붉은색에서 녹색으로 색깔만 바꾼 반자본주의 세력들이 필요에 의해서 다시 모인 집단이다. 사회주의의 인기가 사라지자 자연을 숭배하는 신자들로 탈바꿈한 것이다. 그때나 지금이나 이들과는 합리적 논쟁이 불가능하다.

피네라 대통령은 얼마 전 환경부를 만들었다. 필자는 장관으로 마리아 이그나시아 베니테스(Maria Ignacia Benitez)를 추천했다. 베니테스는 생명의 다양성에 큰 관심을 가지고 있으며 위협받는 생명들 중엔 펭귄뿐 아니라 인간도 포함된다고 믿는 인물이다. 또한 나는 대통령에게 내가 가장 존경하는 '경제학자' 마하트마 간디가 만들어낸 원칙에 귀를 기울이라고 충고했다. 마하트마 간디는 누군가 자신에게 개발계획을 제안하면 그 개발이 무엇을 개선하기 위한 것인지와 함께 그것이 인도에서 가장 가난한 여성들을 구제할 수 있을 것인지를 먼저 물었다고 한다. 피네라 대통령도 칠레의 가장 가난한 여성들을 먼저 생각하겠다고 나에게 답해주었다. 틀림없이 칠레 국민들도 댐 건설로 생존의 위협을 받을지 모른다고 여겨지는 펭귄이나 '검은 백조'의 미래보다는 자기 아이들의 미래를 먼저 생각할 것이다.

은행 개혁이 위기를 심화시켰다

"은행들을 규제하기 위한 조치들이 유럽의 경제상황을 더 악화시킬 위험이 있다." 뉴욕 시의 콜롬비아 대학에 들른 자크 드 라로지에르(Jacques de Larosière)가 한 말이다. 전 프랑스 은행 총재이자 전 IMF 총재였던 그는 경험과 자유주의 정신을 함께 갖춘 인물이다.

2008년의 금융위기의 원인에 대해 그는 모두가 공감할 만한 분석들을 내놓았다. 그에 의하면 미국으로 달러화가 대량 유입된(중국 무역 흑차의 영향으로) 데다 너무 낮은 금리(그린스펀의 미친 짓 때문에)가 더해져 신용대출이 남발되면서 통제 불능의 위험한 상황에 이르게 되었다는 것이다. 자크 드 라로지에르도 인정했듯이 사람들은 시장의 자기조정 능력을 과대평가했다. 금융 관계자들은 자신들의 투자가 아무 가치도 없음을 뒤늦게야 깨닫게 되었고 이는 곧 유동성 위기와 주식 폭락으로 이어졌다.

하지만 1980년대에 발효되어 현 정부들로부터 규탄을 받고 있는 금융시장의 '규제완화'는 금융위기의 진짜 원인이 아니었을까? 라로지에르는 그 책임이 금융시장 자체에 있는 게 아니라 시장 통제자의 무능이나 부재에 있었다고 본다. 이들은 새로운 금융상품을 전혀 이해하지 못했고 통제할 힘도 없었다. 라로지에르는 "감시 없는 자유주의 시장은 존재하지 않는다"고 말한다. 그 근거로 스페인에서처럼 잘 통제된 은행들은 경영상 큰 과오를 범하지 않았고 심각한 위기나 큰 사고 없이 경제위기를 무사히 넘어갈 수 있었다는 것이다. 반면 규제와 감시가 소홀했던 스위스나 미국, 아일랜드의 은행들은 엄청난 손실을 감수할 수밖에 없었다.

여기서 우리가 얻을 수 있는 교훈은 금융시장 경험이 있는 금융감독기관의 설립이 꼭 필요하다는 것이다. 라로지에르는 이런 기관이 없으면 정부들은 누가 감시할지에 대한 고민도 없이 새로운 규제만 마구잡이로 만들어낼 것이라고 말한다. 가장 나쁜 것은 새로운 규제들(정부는 자기들이 좋아하지 않는 은행가들을 골탕먹일 규제들을 만들어내는 걸 매우 좋아한다)로 인해 은행들이 중소기업에 자금을 빌려주길 꺼리게 된다는 것이다. 바젤의정서(은행들의 세계적 규약)가 새로이 강제한 자기자본비율 기준을 따르자면 모든 은행은 더 이상 어떠한 위험도 감내할 수 없으며 안전한 기업 아니면 돈을 빌려주어서도 안 된다. 이렇게 되면 새로운 사업을 벌이거나 상품을 개발하는 것이 거의 불가능해진다. 자크 드 라로지에르는 이러한 신용 동결이 미국보다는 유럽에 더 큰 타격을 줄 거라고 말한다. 미국의 기업들이 자금의 3/4은 금융시장에서 직접 조달하고 나머지 1/4만 은행에 의존하는 반면 유럽은 정반대다. 그렇기 때문에 유럽에선 은행의 역할이 미국에서보다 중요할 수밖에 없다.

세계는 이제 금융규제 완화의 이데올로기에서 규제의 이데올로기 쪽으로 넘어왔다. 하지만 두 경우 모두 우리는 시장을 지키는 경찰의 역할을 잊고 있었다. 지나친 신뢰나 지나친 불신, 어느 쪽이든 은행에 대한 '집착'은 실물경제에 대한 망각을 불러온다.

자크 드 라로지에르의 이런 분석은 그리 낙관적이지 못하지만 그렇다고 반박하기도 힘들다.

마닐라, 상하이, 베이징 그리고 서울

아시아는 '미친' 속도로 도시화되고 있다. 아시아의 거대도시로 매년 수백만의 사람들이 몰려든다. 하지만 이렇게 팽창하는 도시의 건물들은 그 나라의 정치적 위상처럼 그 지역의 문화적 특성을 담아내지 못하고 있다.

그 좋은 예가 마닐라다. 인구가 늘어나면서 하루가 다르게 판잣집들이 빽빽이 들어서고 있는 마닐라는 아마 아시아에서 가장 복잡한 도시에 속할 것이다. 스페인 양식의 구 도심은 무능과 부정부패에 찌든 정부를 대변하듯 빈민촌으로 변해버렸다. 누가 당선되어도 지역의 역사적 유물을 지키려고 하지 않고, 필요한 인프라를 건설하려고도 하지 않는다. 정말 마닐라에선 모든 것을 각자가 알아서 해결해야 한다. 정치인들이나 부유한 엘리트들은 마닐라 구 도심보단 국제공항에서 가까운 마카티라는 치안이 안전한 지역에 모여 살고 있다.

한국의 수도인 서울과 중국의 대도시들을 비교해 보면 정치가 신흥 거대도시들에 미치는 영향을 확연히 알 수 있다. 얼핏 보면 한국과 중국의 문화는 비슷해 보인다. 두 문화 모두 유교적 전통 위에 세워졌으며, 둘 다 불교의 영향을 받았다. 하지만 서울은 민주주의적이고 자유로운 사회 분위기 속에서 정치적 토론이 발전을 이끌고 있는 반면 중국의 도시들은 관료주의와 공산당의 부정부패를 그대로 반영한다.

중국에서 가장 큰 도시인 상하이를 보자. 천구백만 명의 인구가 살고 있는 상하이는 원래는 유럽인들을 위해 만든 도시였다. 상하이에는 과거 국제도시의 면모를 보여주는 풍경들이 아직 남아 있으며 역동적인 분위기와 이국적인 정취로 외국인 관광객들의 발길을 끌어 모으는 곳이다. 하지만 중국 정부는 너무나 뻔한 속셈으로 상하이를 중국 성장을 보여주는 화려한 쇼윈도로 바꿔 놓았다. 홍콩에서 거리가 먼 외국 은행들과 투자자들을 끌어 모으려는 의도가 작용했는지도 모른다. 하지만 상하이는 이런 기대에 한참 미치지 못한다. 홍콩이 상하이보다 훨씬 매력적인 이유는 홍콩의 웅장한 건물들 때문이 아니다. 건물들의 높이나 건축의 아름다움에 있어선 상하이도 홍콩 못지않다. 주된 이유는 홍콩이 여전히 법치국가로 남아 있어 정치권력과 법이 혼동되지 않기 때문이다.

상하이 시장의 재무보좌관은 상하이가 '유지비가 많이 드는 쇼윈도'라고 털어놓는다. 이 도시의 대부분의 재원은 전통적 제조방식을 고집하는 공장들로부터 나온다. 이들 정부 소유의 공장들에선 철과 자동차, 섬유 등이 생산된다. 그런데 이런 산업시설들은 도심 서쪽에 위치해 쇼윈도 뒤에 숨어 있다. 그곳으론 외국인 관광객들이 거의 접근할 수 없다. 휘황찬란한 상하이의 모습을 유지하기 위해 정부는 시민들을 감시 통제하고 있다. 관료들은 상하이에서 최하층의 노동을 담당하고 있는 농촌 출신의 노동자들을 도시를 더럽히는 오물 취급한다. 지도부는 농촌에서 온 노동자들이 상하이 시내에 거주하거나 자녀들을 도시의 학교로 보내는 걸 막고 있다. 상하이에서 영주권을 얻으려면 여기서 태어나는 수밖에 없다. 시민권 획득은 모계를 따르는데, 이런 시스템은 중국 전역에서 공통적이다. 특별한 공적을 인정받으면(이곳 대학을 졸업하면 더욱 좋고) 예외 적용을 받을 수 있으며 때론 가짜 신분증을 발급받기도 한다. 이런 경우를 제외하고 상하이의 모든 이주 노동자들은 밤이 되면 화려한 국제도시의 중심에서 멀리 떨어진 외곽의 판잣집이나 노동자 기숙사로 돌아가야 한다.

공산주의 체제하의 수도도 상황은 마찬가지다. 베이징을 방문할 때, 옛 제국의 수도로서의 흔적을 기대하면 실망할 뿐이다. 공산혁명이 성공하면서 곧바로 옛 수도의 파괴가 진행되었다. 왕국의 상징인 궁전으로 이어지는 천안문 앞에서 '해방'을 선언했던 마오쩌둥은 연설을 통해 탑과 사원이 있던 자리에 공장의 굴뚝을 세우자고 주장했다. 몇 세기 전에 지어진 오랜 유물들을 포함해 대략 천여 개의 종교 건축물들이 헐리고 대신 연기를 내뿜는 공장들이 들어섰다. 1960년대 초 베이징은 유럽의 여행자들이 '성스러운 도시'라 부를 정도로 황국 수도의 면모를 자랑했지만 그 모습은 이제 온데 간데 없고 마치 19세기 중반 영국의 버밍엄 같은 모습만 남았다. 마오쩌둥은 여러 석학들의 충고를 외면한 채 17세기에 지었던 성벽들을 모두 허물어버렸다. 그가 내세운 명분은 교통을 원활하게 한다는 거였지만 당시는 베이징에 자동차가 거의 없던 때였다.

1979년 중국 공산당은 중국을 세계화 경제체제로 진입시킨 개혁개방의 시대를 열었다. 덩샤오핑과 그 일파들은 당시 베이징의 공장들이 현대화에 한참 뒤처졌다고 생각했다. 그래서 공산당은 이 공장들을 폐쇄하거나 도시 외곽으로 몰아냈다. 개혁파들은 마오가 만들어 놓은 낡은 베이징을 허무는 일을 계속했다. 이전의 베이징은 단층집들이 사각형의 마당을 둘러싸고 서 있거나 '후퉁'이라 불리는 좁은 길을 사이에 두고 늘어서 있는 미로 구조였다. 이런 전통 지역들은 그대로 유지되거나 새로 고쳐 현대화할 수도 있었지만 덩샤오핑의 개혁파들은 위생문제(공식적인 이유)와 부동산 개발 문제(실제적 이유)를 들어 도시 전체를 밀어 없앴다. 그리고 그 자리엔 어마어마한 빌딩들이 들어섰다. '후퉁'에 살던 사람들은 베이징 외곽에 있는 시 소유의 낡고 좁은 집으로 쫓겨나야 했다. 시 소유라 집세는 비싸지 않았지만 엘리베이터라든지 현대식 난방 같은 건 꿈도 꿀 수 없었다. 아이러니하게도 지금 중국 정부는 베이징의 옛 정취를 느끼고 싶어 하는 관광객들을 위해 원래의 '후퉁'을 복원하고 있다고 한다.

베이징의 국제적 면모를 보여주는 오피스 빌딩들은 부동산 소유자들을 부자로 만들어 주었다. 이들 부동산 소유자의 대부분이 당 간부나 군 엘리트들이다. 이들은 아무런 미적 고뇌도 없이 급하게 건물을 지음으로써 베이징을 천박한 도시로 만들어 버렸다. 건물에서 역사적인 배려라곤 거의 찾아볼 수 없다. 새 건물 중엔 층마다 전통 처마의 곡선을 살려 옛 느낌이 나는 것들도 있긴 하지만 이런 타협의 시도마저 일관성이 없어 보인다.

도시의 화려한 고층 건물들은 사실 눈속임에 지나지 않는다. 이들 건물에 들어 있는 사무실 중 1/3은 비어 있는데 부동산의 투기성 공급이 시장의 수요를 훨씬 넘어선 때문이다.

2008년 베이징 올림픽이 열리기 전 베이징의 시 간부들은 기품을 잃어버린 도시가 개선되길 바라는 마음으로 세계적으로 유명한 건축가들에게 도움을 청했다. 네덜란드의 렘 쿨하스(Rem Koolhaas)는 중국 중앙방송국의 새 사옥을 디자인했고 스위스의 건축회사 헤르조그 & 드 뫼롱(Herzog & de Meuron)은 새들의 둥지라는 이름이 붙은 올림픽 스타디움을 지었다. 프랑스인 폴 앙드뢰(Paul Andreu)는 '국가대극원'이란 오페라 극장을 설계했다. 어디에 세워지든 이런 건물들은 지은 사람의 미학이 반영되기 마련이다. 때문에 이러한 건축물들은 중국의 문화와 전통과는 아무런 상관이 없다(앙드뢰는 만일 중국인들이 티타늄으로 만든 달걀 모양의 오페라 하우스를 원치 않는다면 그것을 캐나다에 팔겠다고 선언하기도 했다). 오피스 타워들뿐만 아니라 이 '기념물'들도 한심할 정도로 활용성이 떨어진다. 베이징의 오페라 하우스는 아직 프로그램조차 제대로 편성하지 못하고 있으며 올림픽 스타디움도 올림픽이 끝난 뒤론 제대로 사용되지 못하고 있다.

베이징을 둘러싼 성곽 바깥으로 고속도로들이 도시를 포위하고 있다. 도시 외곽순환도로가 생긴 후 인구가 늘어날 때마다 도로가 하나씩 더 생겨나면서 지금은 여섯 개의 외곽순환도로가 천만 인구의 도시에 동심원을 그리며 둘러싸고 있다. 베이징 시민들에게 지금 어디에 살고 있느냐고 물어보면 이렇게 대답할 것이다. "제5 순환도로와 제 6 순환도로 사이에 살고 있어요." 또 그들은 말할 것이다. "베이징은 파리보다 더 현대적인 도시지요. 당신네는 외곽순환도로가 하나밖에 없지만 우리는 6개나 있답니다." 그런데 이들 도로들은 두터운 매연 속에서 끔찍한 교통체증으로(이제 베이징에선 더 이상 자동차가 귀하지 않다) 꽉꽉 막히고 있다.

베이징은 친절한 도시가 못 된다. 산책할 장소도 드물고 공원도 거의 없다. 무조건 시멘트 기둥으로 높게 쌓아올린 공간으로만 채워져 있을 뿐이다. 단독 상가 건물도 드문데 이런 단독 건물은 공간을 너무 많이 차지하기 때문이다. 도시엔 단일 건물의 상점들 대신 상업센터가 들어서 있다. 그런데 이곳에선 경찰들을 찾아보기가 힘들다. 중국에선 각종 위반에 어마어마한 벌금을 물어야 하기 때문에 사람들은 벌금으로부터 안전한 외곽으로 빠져나가고 있다.

상하이와 마찬가지 이유로 베이징 또한 농촌에서 유입되는 노동자들이 베이징의 부유층 지역에 접근하는 걸 막고 있다. 지난해 4월, 시 당국은 이주자들이 너무 많은 시간을 도심에서 보내는 것을 막는 추가적인 제재조치를 발효했다. 대부분이 농촌 이주민인 베이징 남부 외곽의 제16구에선 저녁이 되면 철책 문이 닫히는데, 밤일을 위해서 특별허가증을 소지한 사람들 외엔 주민들이 갇혀 버리는 형국이 된다. 하지만 시 당국자들은 80%의 주민들이 이런 안전 강화 조치에 찬성하고 있다고(정말 그런지 의심스럽다) 큰소리친다.

이곳의 신흥 특권층들은 가난한 사람들에 대한 불신으로 자신들의 거주 지역을 미국 부자들의 사유지처럼 꾸미고 있다. 그리고 이런 '폐쇄 공동체'는 주로 공항이나 골프장 근처에 형성된다.

베이징에서 20시간을 지내다 보면 부유층과 지도층 자제들이 드나드는 나이트클럽이 있는 몇 개 지역을 빼곤 마치 죽은 도시 같다는 느낌을 받는다. 이들 유복한 젊은이들은 자신들의 부유함을 애써 숨기지 않는다. 베이징 시내는 명품 가게와 이탈리아산 자동차의 독점 매장들이 점령하고 있다. 이런 가게의 주 고객들은 사회 지도층의 자녀들로 이루어진 20대 젊은이들이다.

옛 베이징의 유산으로 남아 있는 것 중 하나가 자금성이라는 왕궁이다. 필자는 1960년대에 베이징을 방문할 흔치 않은 기회를 얻었었다. 이때만 해도 자금성은 베이징 시를 굽어보고 있었지만 지금은 오피스들이 들어선 높은 빌딩들에 막혀 도시의 구석에 처박혀 있는 듯한 모습이다. 사실 지금의 자금성도 완벽한 상태가 아닌 데다 복원작업마저 형편없이 이루어져 목재 대신 요란한 붉은색을 칠한 시멘트가 발라져 있다.

베이징에서 비행기로 2시간이면 도착하는 서울도 1910년 일본에 점령당하기 전까진 왕궁의 도시였다. 지금 옛 서울을 보여줄 만한 것들은 많이 남아 있지 않다. 혁명이 아닌 전쟁으로 폐허가 되었기 때문이다. 1950년에서 1953년 사이 서울의 주인은 세 번이나 바뀌었다. 하지만 그런 중에서도 옛 왕궁과 왕궁의 멋진 정원은 살아남았고 1920년대 일제시대 양식의 시청과 기차역도 남아 있다. 하지만 그 외에는 손대지 않은 것들이 거의 없을 정도다.

옛 서울은 한강 북쪽에 세워졌지만 현대적 도시 서울은 강남 쪽으

로 확장 이전되었다. 서울을 감싸고 있는 산들로 인해 서울의 확장은
제한적이지만 그 때문에 거대한 인구의 유입이 방해받진 않는다. 한
국전쟁 이후 수백만의 한국인들이 농촌을 떠나 도시로 왔다. 1960년
대와 1970년대의 독재정부는 계속되는 경제성장으로 일자리를 찾으
러 온 농촌 사람들의 대이동을 기꺼이 반겼다. 당시 농촌 이주민들은
고된 노동을 감당하는 노동자들이었지만 지금은 '재벌'이라 불리는,
이 나라의 경제성공을 이끈 대기업에서 좋은 대우를 받으며 일하고
있다.

　30년의 눈부신 성장 이후(해마다 약 10%씩의 성장률을 보였다) 군
사정권의 억압하에서 한국인들은 보다 풍요롭고 자유로운 삶을 갈망
했다. 그리고 1987년의 대규모 시위는 군사독재를 물러가게 했다. 지
금 서울 시민들은 자신들의 시장과 시의원들 그리고 25명의 구청장
들을 직접선거로 뽑는다. 모든 진정한 민주주의 사회가 그렇듯, 서울
에서도 반대파들과의 '동거내각'이 이루어지기도 한다. 2010년 6월
선거에서 당선된 오세훈 시장은 보수주의자이지만 시의회는 좌파들
이 대부분을 차지하고 있다.

　서울을 아주 짧은 시간에 정말 매력적인 도시로 바꿔 놓은 원동력
은 바로 민주주의였다. 민주주의가 뿌리내리기 전에 독재자들은 오
로지 성장만을 목표로 삼았다. 부동산업자들은 이렇다 할 제재도 없
이 마구잡이로 투기를 부추겼다. 자동차는 도로의 수용능력을 벗어
나게 빠르게 늘어났지만 대중교통은 낙후된 채 방치되어 있었고 공
공을 위한 공간은 거의 존재하지 않았다. 2000년대 서울 시장이 된 현
대건설 사장 출신의 이명박은 서울 시민들이 도심과 광장, 공원 등에
서 여가와 쇼핑을 즐길 수 있는 장소를 원한다는 걸 간파하고, 과거
유산들을 그대로 보존한 채 서울에 현대도시의 면모를 불어넣는 큰
변화를 시도했다.

'불도저'는 그에게 정말 어울리는 별명이었다. 이때까지만 해도 한강변은 주차공간과 도로가 전부였지만 그는 이 강변을 걸어다닐 수 있고 시민들이 여가활동을 할 수 있도록 만들었다. 또한 서울 도심을 관통하던 옛 하천 '청계천'은 한때 복개되어 그 위로 고가도로가 세워졌지만 이명박 시장은 낡은 고가도로를 없애고 이 하천을 다시 복원하며 도심에 숨결을 불어넣었다. 그리고 아무렇게나 방치되어 있던 공단들을 신도시의 외곽지역으로 옮겼는데, 뉴욕의 '미트패킹 디스트릭트(Meatpacking District)'의 한국 버전이라 할 만하다. 이런 변혁은 대중의 인기를 가져와 결국 2007년 12월 이명박을 한국의 대통령으로 당선시켜 주었다.

대부분의 한국 젊은이들은 좋은 일자리와 좋은 학교, 즐길 곳이 많은 서울에서 살고 싶어 한다. 지방과 서울을 잇는 새로운 고속철도는 도시의 팽창을 더욱 가속화시키고 있다. 젊은 부부들은 서울에 살면서도 주말이면 지방에 있는 부모님을 만나러 갈 수 있다. 오세훈 시장에 의하면, 국제공항이 있는 인천 등 도시를 포함해 수도권의 인구는 대략 2천5백만 명으로 추산된다. 이는 나라 전체 인구의 절반에 해당하는 숫자다. 앞으로 10년 안에 적어도 천만 명이 더 늘어날 것이라고 그는 예상한다. 이는 중국이 아니기 때문에 가능한 숫자다. 한국인들은 자신이 원하는 곳 어디든 살 수 있고 자유롭게 집을 구할 수 있기 때문이다.

서울의 밤은 젊음을 만끽하는 젊은이들로 넘쳐난다. 서울의 곳곳에는 카페와 극장 등 각종 문화시설들이 빽빽이 들어서 있다. 서울의 도심은 좁은 길과 낮은 집들 그리고 미로 같은 골목을 따라 늘어선 식당과 미술관으로 관광객들을 즐겁게 한다. 한국의 여성들은 중국의 부유층들처럼 요란스럽지 않지만, 파리지엥들의 고풍스런 스타일이나 한국 전통의상의 소재를 현대적으로 소화한 스타일을 선호한다.

아시아의 여러 도시 중 서울은 그 예술적 생동감과 현란하고 모던한 창의성이 특징적으로 살아 있다. 서울의 대중음악은 대륙으로 수출되고(시트콤과 음악 그룹은 중국과 일본에서 수백만의 팬들을 가지고 있다) 서울의 아티스트들과 드라마, 영화 감독들, 요리사, 디자이너들은 자신들의 전통문화와 앞선 기술을 조합하는 능력을 발휘한다. 유명한 비디오 아티스트 백남준은 1970년대 불교의 만다라를 연상케 하는 설치미술로 명성을 얻었다. 당시 그의 작품은 삼성의 텔레비전 수상기를 이용한 것이었다. 뉴욕이나 베를린처럼 서울에서는 민주사회의 에너지를 느낄 수 있는데 이는 마치 옛 식민 지배자였던 일본이나 이웃의 거인 중국에 보내는 국가적 자신감의 메시지로 보인다.

하지만 이런 열광 뒤에는 서울에서 불과 70여 킬로미터밖에 떨어져 있지 않은 북한의 그늘이 드리워져 있다. 그럼에도 서울 사람들은 북한이 가까이 있다는 것 때문에 일상에 방해를 받지 않는다. 이삼십 년 전만 해도 분위기가 지금과는 전혀 달랐던 것으로 기억한다. 당시 북한이 인접해 있다는 사실은 지금보다 훨씬 위협적이었다. 서울의 많은 반정부 성향의 학생들은 북한을 옹호하며 남한의 군사정권에 대항하기도 했다. 서울 시민들 중에는 북한에 가족이 있는 경우가 많았지만 세월이 지나면서 이러한 혈연관계도 점점 흐려지고 있다. 지금은 향수에 젖어 평양을 그리워하는 좌파 지식인들은 거의 찾아볼 수 없다. 대부분의 남한 사람들에게 북한은 달나라만큼이나 먼 곳이다. 북한은 그저 티브이에서나 볼 수 있는 나라이며 자신들을 괴롭히는 위험한 이웃이나 먼 친척 같은 존재일 뿐이다.

외국 관광객들은 한국에 오면 '군사분계선' 또는 'DMZ'라는 이름으로 잘 알려진 남북한의 국경지역을 방문하곤 한다. 관광객들은 '판문점'이라는 마을에 있는 이 군사분계선에 가서 미군과 한국군들로부터 불과 몇 미터 떨어진 곳에 북한군이 열을 지어 행진하는 모습을 본다. 서울 사람들도 가끔씩 자동차로 DMZ를 방문하는데 대부분은 피크닉 삼아 가는 것이다. DMZ는 과거 한 사건 때문에 지금은 철새들만 접근할 수 있는 구역이 돼 버렸다.

북한 체제가 무너졌을 때 서울 사람들은 베를린 장벽이 무너진 뒤 서독으로 몰려든 동독 사람들과 같은 피난행렬을 원하지 않는다. 한국 사람들은 이 문제에 대해 말하길 주저하지만 대부분은 남북한 경제가 조화를 이룰 때까지 북한 사람들과 따로 살길 바라는 것 같다. 닫힌 국경 너머로 당분간 서로의 차이를 유지하는, 중국의 홍콩 병합과 비슷한 방식을 생각하는 것이다.

서울의 인구는 자꾸 늘어 가는데 지형적 조건 때문에 인구팽창에 제약을 받는다면 대체 어떻게 그 인구를 다 수용할까? 오세훈 서울 시장이 내놓은 해결책은 고층 빌딩이다. 오늘날 세계 도처에 마천루 빌딩들이 있다. 세계에서 가장 높은 건물은 두바이의 부르즈 칼리파로 높이가 828미터에 이른다. 그런데 오세훈 시장이 서울을 위해 내놓은 구상은 획기적이다. 그의 구상은 여러 개의 고층 건물들이 수직의 마을을 이루는 것이다. 그가 구상한 타워 중 세 개는 이미 현실화되고 있는데 그 중 하나가 '서울 라이트 타워'로 이미 건설 중에 있다. 서울 라이트 타워는 높이 600미터에 이르는 133층 건물로 지어진다. 이 빌딩엔 주거용 아파트와 고급 호텔, 사무실, 상업센터, 콘서트홀, 학교, 병원 등 거의 모든 시설들이 들어선다. 대략 2만여 명의 인구가 거주하고 5만여 명이 낮에 업무를 보게 될 것이다. 그런데 서울 사람들은 이런 백 층 이상의 고층 건물에서 살려고 할까? 충분히 그럴 것 같다. 이런 고층 타워는 서울 시장이 그리는 유토피아가 아닌 재벌기업들의 작품이다. 서울 라이트 타워는 대우가 구상했고 한강 남쪽에 들어서게 될 또 다른 타워는 롯데가 제안했다. 삼성도 미국 건축가 다니엘 리베스킨트(Daniel Libeskind)를 건축 책임자로 내세워 종합빌딩 타워를 만들려 한다.

서울 라이트 타워를 제안한 사람들은 이곳 아파트들이 가장 비싼 가격에 팔려나갈 거라 확신한다. 서울 시장은 이 빌딩이 국제공항에 도착하면 처음 눈에 들어오는 서울의 랜드마크가 될 것이라고 말한다. 서울 라이트 타워엔 환경친화적 방식이 적용될 것이라고 한다. 중앙의 빈 공간은 에너지 사용을 줄이면서 공기의 흐름을 원활하게 해 줄 것이다. 서울은 극심한 대기오염에 시달리진 않지만 한국 사람들은 지속적인 발전을 원하면서도 환경을 유망한 사업 분야로 보고 있다. 서울 라이트 타워는 도심의 교통문제로부터도 자유로울 수 있다. 서울 시장은 말한다. "이곳의 주민들은 잦은 이동을 하지 않아도 됩니다. 모든 서비스 시설들이 살고 있는 건물 안에 다 있으니까요." 시는 타워들끼리, 타워에서 도심으로, 그리고 타워에서 공항으로 연결되는 고가철도를 만들 계획도 세우고 있다.

타워들을 연결하며 공중에 매달린 철도를 언제쯤 볼 수 있을까? 이러한 재벌들의 구상에 대한 좌파 시의원들의 반대도 그리 격렬하지 않다. 하지만 이곳은 중국도 북한도 아니기에 오세훈 시장의 말처럼 "결국 시장(市場)이 결정할 일이다." 서울시가 이러한 고층 타워들을 갖게 된다면 서울은 신흥 국가들 사이에서 팽창하는 거대도시들의 모델이 될 것이다. 서울의 고층 빌딩을 계획한 부동산 개발업자들은 자신들의 꿈을 세계 각지에서 실현시킬 수 있을 것이다. 상파울로나 자카르타의 시민들도 현대에서 나온 자동차를 운전하고 삼성의 태블릿 PC를 이용하고 롯데가 지은 수직 건물의 집으로 퇴근하게 될 것이다. 이러한 모습이 바로 한국 기업들이 꿈꾸는 야망이다.

근시안의 유럽

마치 소방관이 방화를 저지르듯 유럽의 지도자들은 자신들이 불을 낸 사실조차 잊고 여기저기 불을 끄기 바쁘다. 유로존의 재정적 어려움은 공공부문 경영의 실수로 빚어진 결과다. 재정적으로 여유롭던 시절 유럽의 정부들은 미래의 성장으로 그 빚을 메울 수 있을 것이라는 계산 아래 적자예산을 편성해 왔다. 하지만 막상 경제위기가 닥치자 시장 자유주의가 원인인 양 비난의 대상이 되어버렸다. 그리고 소위 케인스주의에 입각한 경기부양책으로 재정적자는 더욱 심각해졌다. 경제번영기의 재정적자에 아무 실효 없는 경기부양의 재정적자가 더해진 것이다.

금융시장은, 다시 말해 예금자들은 지금 불안해하고 있다. 자신들이 떠안은 위험만큼 이자를 더 받아야겠다는 게 그들의 이유 있는 항변이다. 하지만 여기저기 들리는 이야기와 달리 예금자들이 걱정하는 것은 유로화가 아니다. 그들의 걱정은 일부 국가들이 빚을 갚을 만큼 충분하게 경제성장을 이루느냐 마느냐에 있다. 독일의 유로화는 잘 유지되고 있는 반면 그리스의 유로화는 그렇지 못한 게 그 증거다. 같은 유로화지만 성장 전망은 각기 다른 것이다. 지금 시름시름 앓고 있는 유로존 국가들은 음모의 희생양이 아니라 잘못된 국가경영과 짧은 생각의 희생양일 뿐이다.

재정문제를 해결함으로써 이번 위기를 벗어날 수 있으리라 생각하면 오산이다. 지금 유럽은 당장의 미봉책만으론 헤쳐나올 수 없는 수렁에 빠져 있다. 우선 복지국가를 유지하는 건 더 이상 힘들어 보인다. 복지국가라는 것이 본래 젊은층이 노년층에 수익을 재분배하는 구조로 만들어졌기 때문이다. 하지만 젊은층의 수는 노년층보다 적어지고 있으며 더 부유하지도 못하다. 복지국가가 주는 당장의 이익에 현혹되어 그 상태를 유지한다면 얼마간은 만족할지 모른다. 하지만 복지국가는 이미 인기를 잃었으며 그 미래도 알 수 없다. 복지의 근본적인 시스템부터 재고되어야 하며 미래를 위해 이젠 개인저축을 기본으로 한 혁신적인 방법이 필요하다. 예를 들어 국민 모두에게 '네거티브 소득세'(밀턴 프리드먼 제안)를 적용하여 사회보장 프로그램을 대체할 수도 있는 것이다.

또 이번 위기를 벗어나기 위해선 유럽의 상대적 장점을 되살려야 한다. 신흥 경제대국들은 계속 성장해갈 것이며 유럽이 생산하던 상품들을 더 싼 가격에 공급할 것이다. 이런 세계화의 경쟁 속에선 혁신을 도모하고 스스로를 특화시키는 쪽이 미래를 보장받을 수 있다. 스위스나 독일 같은 나라들은 이미 혁신과 특성화를 도모하고 있으며 반대로 따스한 햇살 외엔 별 장점이 없는 스페인 같은 나라는 몰락의 위협에 빠지게 된 것이다.

기업가 정신을 되살리는 일은 아일랜드의 은행들이나 적자에 허덕이는 그리스를 구하는 것보다 훨씬 많은 시간이 걸리겠지만 불가능한 얘기는 아니다. 1980년대 영국과 1990년대 독일, 그리고 지금의 폴란드는 정확한 미래 예측으로 알맞은 입법과 재정, 통화정책을 펼쳐 세계시장에서 자신들만의 장점을 특화시켰다.

지금 유럽의 위기는 심각한 수준이다. 안일한 상황 분석과 짧은 안목의 미래 예측이 낳은 결과다. 지금 위협받고 있는 건 유로화가 아니

다. 경제 지식과 정치적 결단 부족으로 우리는 지금의 위기를 겪고 있
는 것이다.

2010년 12월 17일

신화의 황혼

사실은 허구보다 매력적이지 못하다. 어제 저녁 FR3의 라디오 프로그램 〈오늘 저녁이 아니면 영원히〉에서 이를 확인할 수 있었다.

노암 촘스키(Noam Chomsky)와 비슷한 유의 인물인 벨기에 논객장 브릭몽(Jean Bricmont)은 미국 시오니스트의 거대한 음모가 이루어낸 현대사를 우리들에게 요약해 주었다. 그리고 〈서양의 몰락〉이 그 음모에 종지부를 찍어주었다며 즐거워했다. 하지만 브릭몽이라는 서양인에게 모욕당한 미국에서 서양을 대신할 세력이 무엇이 될지에 대해선 밝히지 않았다. 미테랑 정부 시절 사회주의 거물로 외무부 장관을 지낸 롤랑 뒤마스(Roland Dumas)도 이러한 음모론자들 중 하나다. 특히 9·11 테러를 반이스라엘 강박관념에 이용하는 것은 이들 부르주아 좌파들의 특징이다. 뒤마스는 음모론자들의 이야기에 또 하나의 에피소드를 덧붙인다. 올해 남한에서 일어난 공격사건(군함이 침몰하고 한 섬마을이 포격당한 사건)도 북한의 행위가 아닐 수 있다는 얘기였다(그에 의하면 '확인할 순 없지만'). 여기에서도 누구 짓인지는 이야기하지 않았다. 9·11 테러의 배후일지도 모른다는 CIA의 소행일까? "9·11 테러가 알 카에다의 소행이라는 건 전혀 밝혀지지 않았다."고 롤랑 뒤마스는 여전히 주장한다.

사실 '음모론자들'과는 논쟁이 불가능하다. 종교적 교리를 숭배하는 사람들은 어떤 논거도 받아들이지 않기 때문이다. 이들은 스스로 특별한 명령을 전수받았거나 영적 깨달음을 얻었다고 생각한다. 아무리 명백한 사실도 현실 너머의 세상을 보는 이들의 마음을 흔들 수 없다.

〈서양의 몰락〉이라는 떠들썩하지만 막연한 토론은 소위 〈제3세계 이론〉을 주장했던 프랑스계 튀니지 역사학자인 소피 베시(Sophie Bessis)를 열광케 했다. 그녀의 세계 해석에 따르면 기존 '북-남'의 지배관계를 대체해 이제 '남-남'의 연합관계가 이루어져야 한다. 이것이 또 다른 허구만 아니라면 환영할 만한 일이다. 하지만 튀니지간 보더라도 그들의 경제발전은 리비아나 알제리 같은 이웃나라들과의 교역이 아닌 유럽과의 무역 덕분에 이루어지고 있음을 알 수 있다. 소피 베시는 서양이 언제나 표면에 내세운 원칙을 배반한다고 비난한다. 하지만 그녀에게 확인시켜주고 싶은 것은(물론 소용없겠지만) 식민지화가 서구의 작품이 틀림없듯이 탈식민지화 또한 서구의 작품이라는 것이다. 식민지화에 대한 성토는 1750년경 드니 디드로(Denis Diderot)부터 시작해 20세기 중반 알베르 멤미(Albert Memmi), 클로드 레비-스트로스, 장 폴 사르트르 등으로까지 이어졌다. 소피 베시가 주장하듯 탈식민지화가 민중 혁명으로 이루어졌다고 말하는 것은 정치적으론 합당할지 몰라도 역사적 현실로 볼 땐 자기위안일 뿐이다.

그런데 이런 허구에 지식인들이 배경음악을 깔아주면 그럴 듯하게 들린다. 물론 이런 사람들은 지식인이라기보다 결코 그렇지 못하면서 지식인인 체하는 사람들일 뿐이지만 말이다.

방송 진행자인 프레데릭 타데이(Frederic Taddei)가 인도 문제로 토론의 주제를 바꾸자 이들 허구 제작자들과 역사 음모론자들은 이상할 정도로 조용해졌다. 특별한 혁명 없이도 1991년 사회주의를 포기한 뒤로 경제성장을 이루며 민주주의를 유지하고 있는 인도로부터는 어떤 음모도 발견할 수 없었나 보다. 힘겨운 노력 끝에 롤랑 뒤마스와 브릭몽은 중국을 견제하기 위한 미국과 인도 '제국주의 연합'의 검은 담합에 대해 비난할 수 있었다. 소설가 링시는 중국이 인간의 가치를 경시하고 기술적 성과와 물질적 성공만 추구하고 있다는 논지의 비판을 펼쳤다. 그녀에 의하면 중국은 한마디로 '고도기술관료집단'이다. 감탄할 만큼 훌륭한 그녀의 프랑스어 실력에 나는 라블레의 다음과 같은 경구를 덧붙여주고 싶었다. "양식 없는 과학은 영혼을 황폐하게 할 뿐이다."

요란한 논쟁 끝에 필자는 '서양의 몰락'이라는 개념이 서양의 역사만큼이나 오래되었으며 끊이지 않고 제기되어 왔다는 사실에서 위안을 얻기로 했다. 서양은 다른 문화권에서는 찾기 어려운 자기비판의 능력을 가지고 있다. 그래서 반복해 몰락의 길을 걸으면서도 실제 몰락하지 않고 다시 일어섰다. 더 이상의 논쟁이 필요 없도록 필자는 다음과 같은 사실을 세상 사람들에게 큰 소리로 확인시켜주고 싶다. 옳든 그르든 서양은 민주주의나 양성평등, 인권 같은 보편적 원칙들을 지켜 왔으며 새로운 대안이 나타날 때까지 이런 가치를 계속 지키고 확산시켜 나갈 것이라고 말이다. 예를 들어 우리는 중국이 '인민 민주주의'니 '영도적 자본주의' 같은 서양 원칙의 흉내가 아닌 진짜를 보여주길 기대한다.

경제가 한쪽이 흥하면 다른 쪽이 망하게 되는 제로섬 게임이 아니란 걸 대중들이 느끼기엔 이 세상은 너무 넓은 모양이다. 경제학자가 아닌 물리학자 브릭몽도 이런 사실을 받아들이지 못하고 서양이 식민지 국민들을 착취함으로써 부유해질 수 있었다는 레닌주의적 해석을 되풀이하고 있다. 모두 함께 잘사는 것은 부인할 수 없는 모두의 바람이지만 제국주의 음모론자들은 이를 부정하는 것 같다. 하지만 브릭몽이 이번 희생양은 유럽이 될 것이라고 한 끔찍한 예언은 현재

부상하고 있는 신흥 경제대국들을 제대로 이해하지 못하면 정달 맞아뗼어질 수도 있다. 인도와 중국은 쇠퇴하지 않고 계속 우리가 만들던 상품들을 생산할 수 있는 능력을 갖춰갈 것이다. 그렇기에 이제부터 유럽인들은 더 창조적이고 더 열심히 일해야 한다.

방송이 끝나고 프레데릭 타데이는 내게 음모론을 믿는 청취자들이 사실을 믿는 청취자들보다 훨씬 많은 것 같다고 얘기해줬다. 저녁 내내 나의 마음은 무척 착잡했다. 타데이는 서구사회가 아닌 다른 곳에선 이런 현상이 더 심각할 것이라며 안타까워했다. 그의 말이 맞다. 지금도 수많은 무슬림들은 자신들이 서구 제국주의의 희생양이라 생각하며 살고 있다. 하지만 이는 그들의 지배자들이 책임을 전가하고 여론을 무마하기 위해 부리는 술수가 아닌가?

영국의 철학자 이사야 벌린(Isaiah Berlin)은 "모두가 진실을 찾는 척하지만 정작 진실을 발견하면 흥미를 잃고 만다"고 말했다. 허구는 언제나 사실보다 매력적이다. 하지만 그로 인해 치러야 할 대가는 클 수도 있다. 허구가 현실을 움켜쥐는 순간 반드시 손이 더럽혀지고 피가 묻기 때문이다.

2011년, 미국은 살아날까?

* 《렙도(L' Hebdo)》[19]에서는 예년처럼 내게 다음 해를
전망하는 글을 부탁했다.

픽션 글은 쓰기 쉽지만 위험하기도 하다. 특히 인터넷 웹사이트에
게재되어 오랫동안 남아 있는 경우엔 더 그렇다. 하지만 오늘 나는 마
음먹고 시도해 보련다!

학자처럼 근엄한 목소리로 2011년에도 중국과 인도 그리고 브라질
이 계속 승승장구할 거라고 해버리면 간단해질 것이다. 하지만 2011
년엔 '신흥' 국가들이 계속 떠오를 거라 박식한 척 선언하는 건 '파
스칼의 내기'[20]만도 못한 사기일 뿐이다. 밑바닥부터 시작해 저임금
의 풍부한 노동력을 바탕으로 서양의 기술력을 따라잡고 세계시장에
진출한 브라질과 인도, 중국은 인플레이션과 취약한 은행, 부동산 거
품 등 중국의 몇 가지 문제들이 걱정스럽지만 계속 상승세를 이어갈
것이 분명하다. 전체적으로 봐서 매우 기뻐할 일이다. 아직도 극심한

---

19) 스위스에서 발행하는 프랑스어 시사 주간지.

20) 파스칼이 주장한 신앙에 대한 변증론. 신이 있는지 없는지 모르는 상태에서
　　신을 믿는다면 그 사람은 천국에 갈 것이고 신이 없더라도 손해를 볼 일은 없
　　으므로 신을 믿는 것이 합당하다는 주장이다.

가난에 놓여 있는 이들이 더 나은 환경으로 나아갈 수 있다는 희망을 가질 수 있기 때문이다. 하지만 각 나라 정부들이 극빈자들을 가난의 구렁텅이에서 건져내는 정책만을 펼친다면 근본적인 아무 변화도 이끌어내지 못할 것이다. 기업경영의 자율성, 사유재산의 존중, 안정적인 화폐, 개방된 국경 같은 보다 포괄적인 정책들이 뒤따르지 않으면 안 된다. 지금까지 그 결과를 눈으로 확인할 수 있었기에 이런 자유주의 원칙에 대한 신념은 쉽게 흔들리지 않을 것이다. 세계시장의 무대에서 발을 딛고 부상하려면 세계경제의 피라미드 꼭대기에선 혁신을, 소비자들은 소비를 계속해야 하기 때문이다.

감히 예견하건대 2011년에도 미국은 여전히 세계경제의 맨 꼭대기를 유지할 것으로 보인다.

반대의 상황이 벌어져 미국이 이중의 재앙을 맞는다고 상상해 보자. 미국의 주부들이 더 이상 월마트에 가지 않고 연구소들은 더 이상 창의적인 발명을 하지 못하게 된다고 말이다. 이렇게 해서 거대한 미국의 소비시장을 주름잡고 있는 '메이드 인 차이나' 제품들이 덜 팔리거나 외면당한다면 다음날 바로 중국 광둥 지역의 수천 개 공장들이 문을 닫아야 할 것이다. 첨단 제품들도 마찬가지다. 애플사가 아이폰이나 아이패드를 발명하지 않았으면 아시아의 전자산업도 지금처럼 호황을 누리지 못했을 것이다. 미국이 경제위기를 겪던 2009년 미국에서 출시된 아이패드가 캘리포니아의 개발자에서 최종 구매자까지 이르려면 일본, 타이완, 한국 그리고 중국의 기술자와 노동자들의 손을 거쳐야 한다. 결국 세계경제는 미국 경제의 발전과 함께 성장했으며 미국 경제가 다소 침체하더라도 정도만 심하지 않다면 계속 발전해나갈 수 있다. 2007년부터 2009년 사이 월가의 위기는 은행과 예금주, 일자리엔 타격을 주었지만 세계시장의 근간을 흔들지는 않았다. 미국은 18개월 이상 성장을 멈춘 적이 없고 세계 공급시장을 위험에 빠뜨릴 만큼 침체를 겪은 적도 없다. 개인이나 공공의 연구를 위한 예산이 어느 정도 삭감되긴 했지만 이것도 겨우 2년에 지나지 않았다.

미국이 사라지지 않는 한 2011년 그들은 다시 부활할 것이다. 2008년 이후, 이념적·정치적인 이유들로 인해 위기의식은 실제 위기 자체보다 심각하게 우리를 사로잡았다. 미국 안팎에 수없이 존재하는 미국 자본주의의 적대세력들은 이번 경기침체와 함께 포스트 자본주의의 시대가 오길 바랐지만 그렇게 되지 않았다. 엄밀히 따져 이번 위기는 마르크스나 케인스가 예언했던 대공황 같은 것은 아니었을까? 버락 오바마도 2008년 당선되면서 이런 위기감을 넌지시 내비친 적이 있다. 하지만 오바마의 상대자인 미국 공화당은 늘 같은 하나의 슬로건만으로 2010년 선거에서 그에게 참패를 안겨주었다. 대공황은 일어나지 않았고 그래서 자본주의를 손보아야 할 필요성도 더 이상 없어졌다. 오바마의 민주당은 소수당으로 전락했고 미국 자본주의는 돌아와 재도약을 기약하고 있다.

사실 2년 전부터 미국의 기업과 은행들은 거의 투자를 하지 않았다. 그로 인해 미국 내에 쌓여 있는 어마어마한 자금이 새로운 혁신기술에 투자할 기회를 노리고 있다. 이러한 혁신 상품들은 이미 어딘가에서 개발되어 대중적 상품으로 만들어지기만을 기다리고 있을 것이다. 오바마가 쉽게 세금을 올리거나 의료보험 개혁을 추진하지 못하게 된 만큼 투자의 회복도 가능해졌다. 사회정의를 부르짖는 이들에겐 안된 일이지만 기업을 마비시키는 불확실성이 제거된 것이다. 게다가 미국 중앙은행도 한동안은 낮은 금리로 풍부한 달러를 유지하겠다는 뜻을 밝혔다.

몇 가지 성공 가능성이 있는 시도를 감행해 볼 수도 있을 것이다. 혈암석에서 가스를 채취하는 방식으로 미국이 가스를 대량 생산한다면 에너지 가격이 내려갈 수도 있다. 또한 게놈 유전자 연구로 개발된 치료제가 이전의 의약품을 대체하게 될 것이다. 모든 기후에 맞춘 유전자변형식품이 대량으로 유통되고 산업과 접목한 나노 기술은 미국의 새로운 산업으로(나노 기술은 노동비용이 많이 들지 않는다) 부상할 것이다. 새로운 이동통신기기는 전화기에서부터 텔레비전까지 모든 형태의 통신들을 결합할 것이다. 지금도 이 나라에선 많은 제품들과 서비스들이 실험 단계에서 상품화되기만을 기다리고 있다. 제작되고 소비되면서 이 상품들은 곧 세계로 퍼져나가며 세계경제의 견인차 역할을 하는 미국경제의 힘을 다시 확인시켜줄 것이다. 세계시장에 발을 들여놓은 신흥국가들도 미국을 통해 많은 것을 얻게 될 것이다.

미국의 재도약이 세상 모두에게 이익을 주지는 못할 것이다. 미국의 영향권 밖에서 세계시장에 진입하지 못한 나라들(중동이나 아프리카의 국가들)은 소외의 고통을 겪게 될 것이다. 또한 유럽 경제국들 중에서도 비교 우위나 세계적 수준으로 특화된 산업이(독일이나 아시아의 일본, 한국처럼) 없는 나라들은 정체상태에 머물 것이다. 그래도 기업가 정신을 되찾는다면, 그리고 재정정책이나 규제정책이 경제활동을 방해하지 않는다면 이들 나라도 빚더미에서 구제될 수 있을 것이다.

미국의 경기가 회복된다 해도 빈곤이나 실업문제가 쉽게 해결되진 않을 것이다. 왜냐하면 경제위기가 이런 문제를 야기했다기보다는 이전부터 안고 있던 문제를 위기가 더 심화시켰을 뿐이기 때문이다. 혁신에 기반을 둔 성장에서 전문화되지 못한 노동력들의 시장 접근은 제한적일 수밖에 없다. 그래서 기존 노동자들은 단순작업을 담당하는 이주 노동자들과 고학력의 전문 기술자들 사이에 끼어 어려움을 겪게 된다. 따라서 미국의 새로운 도전은 성장보다는 교육에 의한 것이어야 한다. 산업화 재교육이야말로 실업을 해소할 수 있는 가장 빠르고 유일한 방법이며 이는 프랑스도 마찬가지다.

미국이 재도약하면 자기 입지를 찾으려는 정치인들, 미국식 자본주의보다 안정적인 방식으로 세계를 개편하고 싶어 하는 기술관료나 유토피아주의자들은 분명 실망할 것이다. 그래서 2011년은 완벽한 세상을 꿈꾸는 이들에겐 안 좋은 한 해가 되겠지만 더 나은 세계에 만족하는 이들에겐 평온한 한 해가 될 것이다.

크리스마스엔 종교가 없다

크리스마스는 무엇을 기념하기 위한 것일까? 싱가포르에서 베이징, 서울, 파리, 부에노스아이레스에 이르기까지 종교나 기후조건을 막론하고 크리스마스는 세계적인 축제가 되었다. 무슬림들의 경우 크리스마스에 냉담한 반응을 보이기도 하지만 모로코 같은 데선 크리스마스 트리를 쉽게 볼 수 있다.

크리스마스를 픽션과 다신교 문명의 승리, 아니 새로 등장한 세계 문화의 표현으로 보는 건 어떨까? 크리스마스의 시작은 난로에 장작불을 지피고 동짓달 긴 밤을 무사히 보내기를 기원하는 게르만과 스칸디나비아 이교문명의 예식에서 비롯되었다. 기독교가 전파되면서 여기에 탄생이나 새로운 시대 등의 상징들이 더해져 크리스마스로 발전한 것이다. 이쯤 되면 이미 픽션의 세계에 들어온 것이 아닌가? 성경은 문자로 기록되었지만 이를 픽션으로 여기는 사람은 없다.

찰스 디킨스는 훌륭한 소설가이면서 크리스마스를 가족 중심의 문화로 만들어놓은 장본인이기도 하다. 그의 소설 『크리스마스 이야기』가 발표되기 전만 해도 크리스마스가 되면 사람들은 미사를 드리기 위해 추운 바깥으로 나가야 했다. 그런데 디킨스는 이와 전혀 반대의 이야기를 지어내고 묘사했다. 영국 사람들은 이때부터 크리스마스 때 밖으로 나가는 대신 따뜻한 집에서 머물렀고 칠면조 요리가 교회의 말구유 장식을 대신했다. 프랑스에도 여러 가지 가정 풍습을 전해준 영국인들은 그렇게 새로운 주류문화를 만들어냈다. 광고에 선천적인 감각을 지닌 미국인들은 크리스마스를 이미지로 만들어 전달하는 데 성공한다. 토마스 네스트란 사람이 1886년 《하퍼스 매거진(Haper's magazine)》에 우리가 익히 알고 있는 빨강 롱코트에 순록이 끄는 썰매를 탄 산타클로스 이미지를 실었다. 산타클로스가 선물을 나누어 주는 플랑드르 출신의 성 니콜라스(산타클로스)의 이미지로 거듭난 것도 19세기 말이었다. 아마 이 축제를 더 가족적인 것으로 만들기 위한 시도였던 것 같다.

이런 이교도들의 크리스마스는 규범에서 벗어나는 걸 극도로 싫어하는 유대인들에게까지 영향을 주었다. 19세기 독일에 거주하던 유대 가정 아이들은 기독교도인 친구들을 보고 자기들도 선물을 받고 싶다고 부모를 조른다. 이후 독일의 유대교도들도 크리스마스 풍습을 받아들여 점차 신교 예식을 흉내내게 되었다. 이때 유대인들에게도 별로 알려지지 않았던(성경에도 기록돼 있지 않은) '하누카'라는 유대교 축제가 자유주의적인 유대인들에 의해 다시 활성화된다. 빛의 축제라고도 부르는 이 축제 때 켜지는 샹들리에는 크리스마스 트리와 비슷하며 이 기간 동안 아이들에게 선물을 나누어주기도 한다.

크리스마스가 베이징에서도 지켜지고 있듯이, 새로이 생겨나 전통이 되어버린 '하누카' 축제는 유대인의 디아스포라[21] 지역에서 계속 이어져 내려왔다. 원래 하누카는 열성 시오니스트였던 마카베 부족이 헬레니즘 문화에 자발적으로 동화되었던 유대인들을 몰아내고 예루살렘에서 승리를 거둔 것을 기념하는 축제였다. 지금까지의 이야기를 요약해 보면 오늘날의 크리스마스는 기독교인이 예배엔 참석하

---

21) 예루살렘에서 쫓겨난 이후 세계 각지에 흩어져 유대교의 규범과 생활관습을 유지하며 사는 유대인이나 그들의 거주지를 가리키는 말.

지 않고 이름도 모를 게르만의 신들을 경배하는 것과도 같으며 하누카 축제는 파리나 뉴욕의 유대인이 예루살렘을 정복하여 지역 주민들에게 할례를 강요하던 마카베족을 경배하는 것과 같다.

가족을 모이게 하든 가족을 다시 꾸미게 하든, 어쨌든 크리스마스는 가족의 축제임에 틀림없다!

기독교의 신이나 이교도의 신, 또는 우상도 없는 축제가 어떻게 이토록 오래 지켜질 수 있었을까? 드니 디드로의 시대, 그는 교육 덕분에 더 이상 신이나 초월적 존재가 필요 없게 되었다고 고백했다. 볼테르나 루소의 이름에 가려지긴 했지만 드니 디드로는 계몽주의 시대를 밝힌 매우 독창적인 인물이었다. 언론이 정보를 제대로 전하지 못하는 지금, 디드로나 그를 닮은 사람이 우리 가운데 재림한다면 아마 언론에서 떠들어대는 '지구를 존중하자' 는 말이나 '재활용' 장난감 또는 크리스마스 트리처럼 온통 초록색으로 칠해진 잡동사니들에 대해 쉼없이 질문을 퍼부었을 것이다. 크리스마스나 땅의 신 가이아를 숭배하는 환경주의나 근본적으로 이교도 신앙에서 오긴 마찬가지인 것이다.

가이아 여신이 지키는 유일한 세계? 그것을 즐겨야 할까? 아니면 "기쁘다 예수 오셨네!"를 노래해야 할까?

코트디부아르, 어느 쪽 편을 들어야 하나?

코트디부아르에 대해서 아는 것이 별로 없는 필자지만 그박보(Gbagbo)와 와타라(Ouattara) 사이에서 누구를 선택할까 한참을 고민해야 했다. 두 정치가는 자기 나라뿐 아니라 프랑스에도 각각 지지자들을 두고 있다. 이들은 자기 나라에서 각기 다른 민족을 대표한다. 한 나라에 두 개의 민족이 충돌하고 있는 것이다. 언제나 그렇듯이 민주주의 아래서는 민족이나 종교 사이의 화합을 이뤄내기가 쉽지 않다.

코트디부아르 분쟁은 보스니아 내전과도 비슷한 양상을 띤다. 와타라측이 그래도 문제가 덜한 것 같지만 그도 갈라진 파벌을 쉽게 통합할 수 있을 것 같진 않다. 그런데 별 도움도 주지 못할 내가 어느 편에 설지 망설이는 이유는 무엇일까?

어쨌든 오늘에야 나는 명확히 입장을 정리할 수 있게 되었다. 롤랑 뒤마스와 자크 베르즈(Jacque Verges)가 코트디부아르의 수도 아비장으로 향했다는 소식이 들렸기 때문이다. 이름은 밝힐 수 없지만 그박보와 연락이 닿는 어느 외교관에 의해 추진된 여행이라 한다. 이 때문에 나는 와타라에게 더 호감을 갖게 되었다. 왜냐하면 여지껏 뒤마스와 베르즈가 올바른 선택을 한 걸 한 번도 보지 못했으며 그들이 사심 없이 일을 벌이리라곤 생각할 수 없기 때문이다. 두 친구들이 그박

보를 선택한 덕분에 난 와타라 쪽을 지지하는 데 망설일 필요가 없게
되었다.

2011

자본주의는 위기마저 삼켜버린다

앞날을 예측하는 것은 경제학자들의 일이 아니다. 대부분의 경제학자들이 2008년의 금융위기를 예측하지 못했듯이, 다가오는 새해에 몇 퍼센트의 경제성장이 이루어질 거라 예측하는 것도 신중하지 못한 행동이 될 것이다.

경제예측이 어려운 것은 자본주의 시스템이 세계화되었기 때문이다. 한 지역에서 일어나는 사건들은 기상변화처럼 전 세계로 파급된다. 더구나 자본주의는 혁신을 그 기반으로 하기 때문에 위기를 통해서만 앞으로 나아가게 된다. 모든 혁신에는 위험이 따르며 금융분야를 포함해 어떤 혁신도 성공을 장담할 수 없는 것이다. 수학적 모델로 정형화할 수 없는 복잡함 때문에 자주 고장을 일으키지만 그래도 자본주의 시스템이 점차 견고해질 수 있는 것 역시 세계화 때문이다. 시스템의 한쪽에서 사고가 나면 다른 쪽에서 빠르게 보완이 이루어지며 발전하는 것이다. 가령, 미국이 경기침체에 빠져도 중국이나 인도가 빠르게 성장함으로써 전체적인 균형이 회복된다. 이런 면에서 세계화가 이루어진 자본주의는 자동안전장치를 갖춘 셈이다.

최근의 경기침체를 두고 온갖 억측이 난무했다. 그 중 제일 한심한 것은 미국의 폴 크루그먼(Paul Krugman)이나 조셉 스티글리츠 등이 내놓은 재앙의 예언들이다. 언론의 조명 속에서 노벨상 수상자로서의 우월의식에 젖어 있는 그들은 마치 예레미야 선지자처럼 이번이 자본주의의 마지막 위기가 될 것이라 선언한다. 불과 일 년 전 프랑스와 이탈리아 등의 언론에선 이들의 예언들을 두고 〈칼 마르크스의 귀환〉을 들먹이며 이 예언이 실현되는 날을 점치기도 했다. 온건파에 속하는 측들도 마르크스만큼이나 지루하고 구식인 케인스를 들먹이며 '더 이상 예전 상황으로 돌아가긴 힘들 것'이라는 단언인지 희망 사항인지 모를 말들을 입에 담곤 했다. 이 위기를 기회로 삼아 새로운 권력을 꿈꾸는 각국 지도자들도 강력한 법령을 시행하여 시장을 자기 통제 아래 둘 것을 약속했다.

그런데 2011년이 시작된 지금 새로이 바라본 세계의 자본주의는 이전과 달라진 게 하나도 없다. 혁신, 이윤, 교역의 원칙은 그대로 이어지고 있으며 이것들은 여전히 발전과 경제성장의 동력으로 작용하고 있다. 은행들만 예외적으로 몇 가지 새로운 규제들을 받아들이고 있지만 이조차 안전을 강화하기 위한 사소한 조치들일 뿐이다. 이런 규제들이 아니더라도 은행들 스스로도 자신들의 이익을 지키기 위해 신중을 기했을 것이다. 부자들은 더 많은 부를 쌓고 있으며 세계적으로 부자들의 수는 열 배, 스무 배, 계속 늘어나 새로운 '중산층'을 형성하고 있다. 쿠바나 시리아처럼 자본주의화되지 않고 세계화되지도 않은 나라에서만 정권이 경제의 발목을 잡고 있을 뿐이다.

지구촌 자본주의는 과연 국가의 개입 덕분에 재앙에서 벗어날 수 있었을까? 정부들, 특히 G20의 회원국 정부들 덕분인 것은 사실상 맞다. 이들 정부는 1930년대처럼 국경을 폐쇄하지도 않고 1975년 때처럼 하이퍼인플레이션을 부추기지도 않았다. '해가 되는 조치를 하지 않는다'는 것은 의료분야나 경제분야에서 첫 번째 덕목이다. 마찬가지로 중앙은행들이 보여준 대응들에 대해서도 칭찬해줘야 할 것 같다. 1930년대와 달리 중앙은행들은 시장에 유동성을 불어넣어 주었다. 이러한 조치들은 성장을 위한 부양책을 쓰지 않고도 예금자들이 공황상태에 빠지는 걸 막아주었다. 왜냐하면 부양책은 정부나 은행 모두 그 최종 효과를 예측할 수 없는 정책이기 때문이다. 경기부양책은 기업가들이 먼저 자발성을 보이고 투자하는 만큼의 효과를 결코 볼 수 없다. '경제를 해하지 않는 것'은 기업가들의 사기를 꺾지 않고 다른 데로 달아나지 않도록 하는 것을 말한다.

2011년엔 선진국들, 특히 미국과 유럽의 경기회복이 점쳐진다. 하지만 경기회복이 실업문제까지 해소해주기는 어려워 보인다. 안타깝게도 '고용 없는 성장'은 선진국들에서 하나의 트렌드가 되어버린 것 같다. 근본적인 이유는 수가공을 요하는 작업이 저임금의 외국으로 넘어간 반면 복잡한 일을 감당하기엔 아직 숙련되지 않은 노동자 층이 존재하기 때문이다. 이 문제를 해결하려면 임금을 낮추는 것 외엔 당장 다른 방법이 없다. 하지만 이는 사회적으로 납득되기 힘들 것 같다. 강력한 노동법의 규제조항을 완화하고 실업자들에 일률적으로 적용하는 사회보장도 차별화하면 실업문제 해소에 조금은 도움을 줄 것이다. 그렇지만 그 효과엔 여전히 한계가 있으며 결정적으로 어느 정부도 정치적 부담을 떠안으며 이런 모험을 시도하지 않을 것이다. 이제 실업 해결을 위해 남아 있는 유일한 방법은 교육수준을 높이고 노동을 특성화하는 것인데, 지금 바로 시행한다 해도 성과를 내기까지 한 세대는 지나야 할 것이다.

다시 우리는 수많은 중간 직능 단계의 새로운 일자리를 만들어 노동자들을 재산업화하는 걸 심각하게 고민해 보아야 한다. 이런 재산업화의 단초를 미국 등에서 발견할 수 있다. 예를 들어 제너럴 일렉트릭 같은 회사에서는 해외로 이전했던 몇 개 생산 공정을 국내로 재배치하고 있다. 나노 기술 같은 신기술들은 재산업화를 보다 실효성 있게 해준다. 서구 국가들이 재산업화를 시행해야 하는 또 하나 결정적

인 이유는 중국 등 하청 국가들이 생산방식을 카피해 사용하기 때문
이다. 서양 기업들은 자신들의 기술을 카피하여 똑같은 제품을 만들
어내는 중국 기업들(그리고 인도?)에 점점 밀리고 있다. 원산국의 재
산업화는 이른바 리버스 엔지니어링[22]이라 불리는 이런 행위를 당분
간이라도 막아줄 수 있다.

과연 2011년은 재산업화의 원년이 될까?

겨우 다시 숨을 돌리고 작동을 시작한 자본주의가 불안정한 환율과
과도한 국가부채로 인해 다시 위협받게 되는 것은 아닐까? 사실 이럴
때는 뒤집어 생각해볼 필요가 있다. 즉, 경기만 다시 성장세로 돌아서
면 부채 문제는 해소될 수 있다는 것이다. 그렇지 않으면 화폐가치가
떨어지는데, 정부의 의지에 의한 것이 아니라 금융시장, 즉 예금자들
에 의해 그렇게 되는 것이다. 지금 유로화가 그런 상태에 있는데, 유
로화의 가치가 내려가면서 유럽의 수출이 활성화되고 유로화의 과대
평가로 발생했던 문제들이 해소된다. 따라서 우리는 결론지을 수 있
다. 즉, 자본주의에서 유동 환율은 우리가 시행할 수 있는 최선의 화
폐정책이라고.

국가의 부를 만들어주는 것은 경제기관의 정책이 아닌 국민들의 노
동이다. 그리고 이런 노동을 통해 가장 효과적으로 부를 창출할 수 있
는 것이 바로 자본주의 제도다.

---

22) 완성된 제품을 분석하여 기본적인 설계와 적용 기술을 파악한 뒤 그대로 재
현하는 것.

NGO 공화국이 돼버린 아이티

지진이 아이티를 폐허로 만들어버린 지도 벌써 일 년이 흘렀지만 백만 명의 난민들은 여전히 거주할 곳을 찾지 못하고 있다. 잔해 제거 작업은 시작조차 못했고 생수가 없어 매일 콜레라로 사람들이 죽어가고 있다. 3천여 개의 비정부단체들이 아이티에서 활동하고 있는데도 말이다. 이들 재난 전문가들 대부분은 국제적 수준의 임금을 받고 있으며, 17,000여 명의 유엔군과 유엔본부 행정관들도 보수를 받으며 주둔하고 있다. 아이티의 재앙이 어떤 사람들에겐 행운이 되기도 한 것이다.

미국 적십자사는 아이티 원조를 위해 모은 많은 성금을 아이티를 위해 한 푼도 쓰지 않았다고 비난받고 있지만 기금을 낭비하지 않고 '좋은 계획'을 준비하기 위해서였다고 변명하고 있다. 이들 사이비 인도주의 단체들은 국제원조를 위해 일 년에 두 번씩 집회를 가졌던 빌 클린턴이 '결성'한 것이었다.

그런데 오늘 아이티의 미래에 가뭄의 단비 같은 소식이 들려왔다. 한국의 세아상역이라는 한 섬유회사가 2만여 명의 직원을 채용할 수 있는 산업단지를 아이티에 만들겠다고 발표한 것이다. 인구의 80%가 실업상태인 아이티에 절실히 필요한 것은 비정부단체들의 점령지역이 되는 게 아니라 바로 기업들이었다.

진실을 밝히기 위해 우리가 기억해야 할 것이 있다. 1986년 미국과 프랑스가 연합하여 아이티의 독재자 베이비 독 뒤발리에(Baby Doc Duvalier)를 축출하기 전까지만 해도 국내 실업률은 50% 이내였고 지금 400달러까지 내려앉은 일인당 국민소득도 800달러에 이르렀었다. 당시 아이티는 미국에 섬유를 납품하는 주요 수출국이었다. 사실상 아무 잘못도 저지르지 않은 베이비 독의 유일한 죄는 국민들을 피흘리게 했던 독재자 아버지 뒤발리에의 이름을 그대로 따랐다는 것이었다. 뒤발리에 왕조를 축출하고 대통령이 된 '민주주의자' 아리스티드(Aristide)는 아이티를 라틴아메리카와 미국 사이의 마약 중간기지로 만들어 버렸다. 이후 아이티는 자선(비정부단체들과 유엔 그리고 민주주의)과 속죄의 대표적인 샘플이 되었다. 그러므로 한국의 한 기업이 다른 감정이나 꿍꿍이 없이 아이티 국민들에게 구체적인 구제의 해결책을 제시한 건 정말 의미 있는 일이라 할 수 있다.

잠시 동안의 음소거

　망명 중인 중국 민주인사 대표단들을 만난 대통령은 중국의 인권을 위해서 무엇을 도와줄 수 있을지 물었다. 외무부 장관은 아랍 정권들의 부정부패뿐만 아니라 아랍 민중들의 시위를 촉발시킨 정권을 비난했다.

　인권의 나라 프랑스가 이러한 역할을 해줄 것을 우리는 기대했다. 하지만 앞에서 언급한 대통령은 이번 월요일 워싱턴에서 중국의 민주인사들을 맞이하게 될 버락 오바마이며 어제 도하에서 아랍의 정상들 앞에서 용기 있는 발언을 한 외무부 장관은 힐러리 클린턴이다.

　프랑스의 사르코지는 이 문제에 대해 침묵하거나 거의 나서지 않고 있다. 그는 자기 역할을 잊은 채 고작 쌀 한 줌과 밀가루 한 줌을 위해 영혼이라도 팔 기세다. 아니면 비밀리에 외교활동을 펼쳐야 하기에 우리들에게 얘기해주지 않는 것일까? 하지만 유감스럽게도 비밀외교는커녕 외교활동 자체가 없는 것 같다. 안타깝지만 사르코지의 침묵만이 우리가 들어야 하는 이야기의 전부이다.

한 달 백 척의 선박

　지금 내 눈앞엔 세계 굴지의 조선회사인 현대의 울산 작업장이 펼쳐져 있다. 이곳 사람들은 일주일에 45시간씩 일한다. 물론 주말엔 일을 하지 않는다. 이 정도의 작업량에 고도의 기술력이 더해지면서 한국의 조선업은 프랑스 등 다른 나라들과 확연한 격차를 이루어냈다. 노동조합이 강한 힘을 가지고 있는 이 나라지만 이곳 울산 조선소에서는 16년 동안 단 한 번의 노사분규도 없었다. 노사간 합의에 의해 임금은 매년 5%씩 인상되고 있다. 높은 수익과 혁신적인 기술은 이런 임금상승을 상쇄하고도 남는다. 과거 권위적이었던(1960년대 독재와 유교적 전통 때문에) 한국의 모습은 작업장 유니폼으로 그 흔적을 남기고 있다. 사장에서 현장 노동자에 이르기까지 모든 직원들은 썩 어울려 보이지 않는 똑같은 점퍼를 입고 있다. 하지만 많은 한국인들이 이 회사에서 일하고 싶어 한다. 현대중공업은 한국의 대학생들이 가장 입사하고 싶어 하는 기업이기도 하다.

　이 회사의 제일 큰 골칫거리는 모든 걸 카피해 가는 중국이다. 하지만 현대의 혁신능력은 중국에 몇 년을 앞서기에 혁신기술을 개발하지 못하는 중국은 영원히 이인자로 남을 수밖에 없을 것이다. 지금의 현실이 그러하며 현대중공업의 분석팀도 나에게 이 점을 확인시켜주었다. 지금 현대중공업의 제1고객은 프랑스의 토탈(Total)이다.

금융위기에 대한 여러 가지 설명들

2008년 9월 금융위기가 시작된 이후 수백만 명의 미국인들이 직장을 잃었으며 예금한 돈이 휴지조각으로 날아가거나 살던 집이 압류되기도 했다. 이런 혼란의 원인에 대한 많은 문제점과 의혹들이 제기되었지만 국가통제주의 경제학자들의 요점을 따라가 보면 원인은 단 하나 자유주의 시장에 있다. 조셉 스티글리츠의 입장에서 보면 '시장 근본주의자들'이나 '규제완화주의자'들이 이 위기에 책임을 져야 한다. 《뉴욕타임스》의 칼럼니스트이기도 한 폴 크루그먼도 미국이 경기침체에서 벗어나려면 더 많은 공적자금이 투입되어야 한다고 주장한다. 자유주의자들에 대한 카운터펀치다!

하지만 스티글리츠는 추측만을 달할 뿐 주장을 뒷받침할 구체적 숫자나 모델들을 제시하지 못하고 있다. 크루그먼의 주장도 그 논거가 무엇인지 궁금하다. 경제학자이거나 뉴욕타임스의 칼럼니스트라는 사실이 주장의 논거가 될 수 있을까? 공적자금을 옹호하는 그의 주장의 논거는 증명되지 않은 〈케인스의 승수이론〉 개념에 기초한 것이다. 승수이론은 정부가 1달러를 투자하면 경제활동을 통해 1.5달러가 만들어진다는 이론이다. 현실적으로 보기엔 너무 과장된 이 이론에 대한 몇 안 되는 연구 중 하나가 하버드의 경제학자 로버트 바로(Robert Barro)에 의해 이루어졌다. 그가 내린 결론은 정부가 투자한

1달러는 5년이 지나면 그 효과는 1달러 미만이 된다는 것이었다. 승수이론이 현실에서는 감산이론이 되는 것이다.

부족한 근거에도 불구하고 국가통제주의자들의 경제위기에 대한 해석은 대중적으로 제법 인기를 얻었다. 오늘날 그들의 신앙적 바람은 자유시장 신봉자들이 추락하고 '시장근본주의'가 경제위기의 근본적 원인으로 지목되는 것이다. 반면 자유시장의 옹호자들은 이에 대해 다르게 설명한다. 주된 의견들과 달리 세계경제에 큰 역할을 담당했던 자유시장 모델을 뒤집어선 안 되며 위기를 제대로 보아야 한다는 주장이다.

자유주의 경제학의 보루인 시카고 대학 교수 유진 파마(Eugene Fama)는 "대부분의 경제학자들은 기억력이 별로 안 좋은 것 같다"고 말한다. 나쁜 기억은 빨리 잊어버리는 여론이 스스로를 건망증의 희생자로 만든다는 것이다.

경제위기는 기억 저편으로 빨리 사라진다. 가장 최근의 대공황은 1930년대에 있었다. 이 대공황의 원인에 대한 논쟁이 다시 떠오른 것도 최근 2008년의 위기가 닥치고 나서였다. 파마는 제2차 세계대전 이후 5~6차례의 작은 경기후퇴로 미국 경제가 흔들린 적은 있지만 이는 '경제학자들을 포함한 대중들에게 깨우침을 주기에' 너무 짧은 기간이었다고 말한다. 그 동안 경기후퇴의 사례가 드물었기에 이것만을 연구 모델로 삼아 미래를 예측하기엔 부족하다는 것이다. 어쩌면 "경기침체 때마다 다른 이유가 있었는지도 모른다"고 그는 말한다. 혹은 경기침체가 생산성의 사이클의 당연한 결과일 수도 있다. 성장을 자극할 만한 아무런 혁신기술도 개발되지 않으면 경제침체가 나타난다는 것이다.

"3세대를 걸치는 동안 큰 경기침체가 없을 때 사람들은 이를 과거의 역사로 보거거나 앞으로 발생하지 않을 것으로 생각하는 경향이 있다.” 유진 파마의 시카고 대학교 동료 교수인 존 코크란(John Cochrane)의 말이다. 때문에 자유시장측의 경제학자들은 2008년의 세계도 지속적인 성장과 물가 안정을 기록한 1980년대 초의 경제모델의 연장선상에 있을 것이라고 보았다. 존 코크란이 말하는 ‘대완화(Great Moderation)’ 의 시기다. 그도 자유주의 경제학자들이 지나치게 보수주의로 흘렀다는 걸 인정한다.

현재 경제학자들 사이에 경기침체의 원인이 논쟁의 중심에 있기 때문에 그것을 밝히는 일은 매우 중요하다. 자유주의자들의 주장은 경기침체로 인해 금융위기가 발생했을 뿐 그 반대는 아니라는 것이다. 파마에 따르면 경기침체는 2007년부터 시작되었을 가능성이 높다. 소비자들은 이때부터 소비를 줄이기 시작했으며, 돈을 빌린 사람들은 대출금을 상환하는 데 어려움을 겪고 있었고, 집 소유로 특별한 이득을 얻지 못한 집주인들은 재산세 등 집 소유 때문에 내는 세금이 부담스러워졌다. 다시 말해 금융위기의 원흉으로 지목되는 파생금융상품들은 위기의 원인이 아니라 오히려 금융위기의 피해자라는 것이다. “지금 엄청난 비난을 받고 있는 파생금융상품들은 사실 경기침체가 오기 전까지 25년간 주변의 갈채를 받아 왔으며 자본 비용을 낮추는 데도 많은 기여를 했다.”는 게 파마의 주장이다.

유진 파마가 경제위기에서 발견한 것은 무엇일까? “오히려 정부의 과도한 반응에서 많은 것을 배웠으며, 경기침체 자체에선 별로 발견한 게 없다.”는 게 그의 대답이다. 경제활동이 심각한 부진을 겪을 때 정부들은 뭔가 대응책을 내놓아야 한다는 압박에 시달린다. 과거 경제위기들을 통해 그러지 말아야 한다는 걸 알면서도 정부는 자꾸 시장에 개입하게 되고 대중들은 이를 매우 적절한 조치라 여기게 된다. 하지만 공적자금 투입과 각종 규제들은 경제회복을 방해하여 최악의 상황을 불러올 뿐이다. “2007년의 경기침체 때 정부가 자유시장이 스스로 질서를 되찾고 실제 물가를 반영하여 기업들 스스로 회생할 수 있도록 내버려두었다면 경기는 훨씬 빨리 회복될 수 있었다"고 파마는 안타까워한다.

캘리포니아 대학의 제임스 해밀턴(James Hamilton)은 경기침체가 금융재앙을 불러왔다는 생각엔 동의하면서도 무엇보다 경제위기의 근본적 원인은 에너지 가격이었다는 의견을 편다. 해밀턴에 의하면, 미국의 전체 예산 지출 비율에서 에너지 비용에 쓰이는 부분이 1979년 8%이었던 것이 2004년에 이르러 약 5%로 떨어졌다. 그런데 2008년 6월 들어 유가가 1갤런당 4달러까지 오르면서 에너지 비용 비중이 다시 7%로 커졌다. 중국이나 인도 등의 신흥 경제국들에서 대량 수요가 발생하면서 유가도 가파르게 상승한 것이다. 1973년의 에너지 위기에 버금가는 '오일 쇼크'였다. "2007년엔 유가가 갤런당 3달러 정도로 눈에 띄지 않는 수치였지만 2008년 들어 4달러까지 오르면서 결정적으로 주의를 끌게 되었다"고 해밀턴은 말한다. 이렇게 유가의 변화가 개인소비에 큰 비중을 차지하자 주요 경제지표마저 흔들리게된다. 2007년 2/4분기와 2008년 2/4분기 사이 자동차 판매 대수는 23%나 줄어들었고 12만 5천 명의 자동차산업 근로자들이 경기침체의 희생양이 되었다. 높은 유류 가격은 교통과 주거에까지 큰 충격을 준다고 해밀턴은 말한다. 교외에 있는 주택들의 인기가 떨어지면서 점차 가치를 잃어가기 시작했다. 담보대출금을 상환하지 못하는 상황도 실제로는 금융위기가 오기 전인 2007년부터 시작되고 있었다.

해밀턴의 말이 맞는다면 현재 미국 경제는 심각한 경기침체뿐만 아니라 묵은 구조적 문제도 가지고 있다. 합리적인 규칙들을 적용하여 위험을 최소화한다면 금융시스템은 다시 회복될 수 있지만 석유 등 에너지 가격이 다시 상승하면 경제성장이 계속 압박을 받을 거란 얘기다. "신흥 경제대국들은 계속 생겨날 것"이라고 해밀턴은 말한다.

따라서 선진국들은 필연적으로 에너지 가격 상승에 대한 해법을 찾아내야만 한다. 과학적·기술적 혁신이 그 하나의 방법이다. 기술혁신은 석유의 단위당 생산성을 향상시키기 때문이다. 가정연료의 개발, 새로운 가스층 탐사, 새로운 핵 반응장치 등은 미국이 수입에 덜 의존하면서 에너지 가격을 낮출 수 있는 방법이다. 하지만 "유감스럽게도 이런 구조적 문제는 미국 정부의 성장 정책에서 주요 관심사가 아닌 것 같다"고 해밀턴은 말한다.

스탠포드 대학의 존 테일러(John Taylor) 교수는 위기를 완벽하게 피해 가긴 불가능하지만 위기 때마다 반복적으로 되풀이되는 몇 개 정책들을 피해 갈 수는 있다고 말한다. 밀턴 프리드먼과 안나 슈바르츠(Anna Schwartz)의 제자이기도 한 테일러 교수에 따르면 앨런 그린스펀(Alan Greenspan) 시대 방만한 통화정책(1987년부터 2006년까지)도 어느 정도 경기침체에 영향을 주었다. 테일러는 '테일러 준칙'이라는 걸 만들어낸 장본인이기도 한데 테일러 준칙은 경제성장에 충분한 화폐와 채권을 발행하면서도 물가 안정을 유지하도록 중앙은행이 기본 금리를 정할 때 따라야 하는 수학적 연산법칙이다. 미국 중앙은행은 이른바 대완화의 시대에 이 테일러 준칙을 지킴으로써 경제적 효과를 톡톡히 보았다. 그런데 미국 중앙은행은 왜 2001년 약간의 경기침체가 오자 테일러 준칙이 제시한 것보다 금리를 낮게 정하고 경기가 살아나기 시작한 2003년 이후에도 엄청 낮은 금리를 유지했을까? "그린스펀은 대완화 시대보다 더 잘나가길 바랐던 것 같다"고 테일러는 분석한다. "하지만 너무 잘하려다 오히려 일을 그르친 격이 되고 말았다"는 것이다.

사실 이것은 자만이었다. 저금리로 손쉽게 조달된 돈이 신용 거품을 불러일으킨 것이다. 저금리로 저축이 거의 끼지 않은 위험한 담보대출이 허용되었고 느슨한 규제로 인해 그 숫자도 증가했다. 2008년의 부동산 거품붕괴는 결국 담보대출에 지나친 투자를 한 미국의 은행들을 파멸로 이끌었다. 경제위기의 거대한 사다리 구조로 볼 때 결국 민간부문이 책임자로 비쳐질 수밖에 없다고 테일러는 지적한다. "집을 살 만한 돈이 없는 사람들까지 가격에 관계없이 집을 소유하도록 하려는 정부의 욕심이 민간부문의 투기를 부채질한 것이다."

테일러의 분석은 미국과 캐나다의 금융위기를 비교한 결과이다. 잘 알다시피 캐나다의 은행들은 요동치는 금융위기를 미국의 은행들에 비해 잘 헤쳐 나왔다. 그 이유는 캐나다의 담보대출이 미국과 달리 엄격한 보증을(보통 20%의 선금이 필요하다) 요구하기 때문이다. 그럼에도 미국과 캐나다의 주택 소유 비율이 거의 같다는 데 주목할 필요가 있다. 정부가 은행들의 위기를 감수하면서까지 추진했던 주택 장려정책이 실제론 주택소유 비율을 끌어올리지 못했다는 얘기다.

코크란과 테일러 등의 경제학자들은 2008년 이후부터 1년 동안 신용담보를 고갈시키고 경제활동마저 중단시키다시피 했던 공황상태는 거품붕괴에 정부가 직접 개입하려 한 결과였다고 주장한다. "몇몇 은행들은 구제되는 게 맞다"고 코크란은 인정하면서도 "문제는 이러한 구제에 어떤 명확한 모델도 없었다는 데 있다"고 말한다. 베어 스턴스(Bear Stearns)나 와코비아(Wachovia) 같은 은행들은 구제됐고 리먼(Lehman) 같은 다른 은행들은 구제되지 못했다. 이는 정부의 행동을 예상하기 어렵게 만들었다. "정부의 반응을 예상할 수 없으면 아무것도 신뢰할 수 없게 된다"고 코크란은 설명한다. 신용은 동결되었다. "이론적 관점으로 볼 때 신뢰 없이 시장은 존재할 수 없다. 이번에 우리 경제학자들은 실제 경험을 통해 이 이론을 확인할 수 있었다. 불행히도 이 이론은 정확했다." 컬럼비아 대학의 피에르-안드레 치아포리(Pierre-Andre Chiappori) 교수의 말이다.

앞에 언급한 자유주의 경제학자들은 전혀 극단주의자들이 아니다.

혹독한 금융위기를 겪은 후 이들 모두가 새롭고 신중한 규제가 필요하다고 절감하고 있다. "시장 자유주의 이론도 금융분야에 있어선 통제의 필요성을 인정한다"고 치아포리 교수는 말한다. 왜냐하면 경제학은 그 주체를 자신들의 이익을 추구하는 합리적 개인들로 보기 때문이다. 은행가들은 큰 이득을 가져올 가능성만 있다면 어떤 위험을 감수하고도 그 이익을 좇는다. 이러한 이유 때문에 시장주의 경제학자들은 오래 전부터 은행가들이 초래할(예금자들에게 잠재적인 손실을 가져올) 위험에 대한 규제책들을 만들어왔다.

하지만 이러한 규제책들이 큰 도움이 되지 못했다고 치아포리는 말한다. "규제를 만드는 사람도 인간이기 때문에 최근의 동향엔 무지할 수도 있다." 따라서 새로운 금융규제책들은 규제기관들의 직관에만 지나치게 의존하지 않도록 조심해야 한다. 따라서 치아포리는 적용하기 쉬운 간단한 규제들을 만들어낼 것을 주장한다. 미국의 금융기관들이 대부분 실행했던 조건 없는 대출이 용납되지 않도록 자본율과 예금 비율을 늘리는 것이 한 예다. "이렇게 간단한 원칙을 적용하는 데 올림포스 신의 예지력이나 새로운 규제기관 같은 건 필요하지 않다"고 치아포리는 말한다.

프린스턴 대학의 셰인크먼(Scheinkman) 교수는 규제를 가지곤 거품이 형성되는 걸 절대 막을 수 없다고 말한다. 거품도 자본주의 경제의 한 부분이기 때문이다. 자본주의는 혁신을 바탕으로 한다. 투자할 돈이 있는 사람들은 보다 유망한 혁신기술이 있으면 언제든 투자를 위해 뛰어든다. 어떤 혁신은 너무 매력적이어서 엄청난 열기를 불러일으키기도 한다. 17세기 네덜란드의 튤립구근에 대한 투기에서 2000년 인터넷버블 그리고 2008년 파생상품에 이르기까지, "모두가 엄청난 이익을 기대할 때 신중해야 한다고 설득하는 건 아무 소용이 없다"고 셰인크먼 교수는 말한다. 하지만 정부가 거품에 대해 완전히 손을 놓고 있어야 한다는 주장은 아니다. 2008년의 경우처럼 투자의 열기로 화폐자금이 거의 무한정 팽창할 정도의 위험에 이르게 해서는 안 된다. 따라서 최소예탁금 제도와 엄격한 화폐정책이 함께할 때 거품의 크기를 조절하고 붕괴를 막을 수 있다.

자유주의 경제학자들은 금융시장의 투명성이 더 명확히 보장되어야 한다는 데 인식을 같이한다. 이름을 밝히지 말라고 요구한 IMF의 한 경제학자는 파생금융상품의 담보계약에서도 반드시 투명성이 요구된다고 말한다. 2008년 AIG와 리먼의 파산을 초래했던 담보계약은 공식적인 아무 통제도 받지 않고 판매자와 매수자의 직접 거래로만 이루어질 수 있다. 따라서 금융거래를 위한 어음교환소나 좀더 복잡한 금융 통제방법들을 마련하면 회사들이 어떤 거래를 하고 있는지, 파산 위험에 빠져들고 있는 회사들은 없는지 통제가 가능할 것이다.

하지만 IMF 소속의 이 경제학자는 "손실을 가져올지도 모른다고 해서 신흥경제국들에 대한 투자파생상품들마저 다 없애버리면 안 된다"고 경고한다. 그러면서 그는 "금융혁신만이 합리적인 금리를 통한 자본투자를 가능하게 만들어준다"는 사실을 상기시켰다. 프랑스 툴루즈 대학의 장 티롤(Jean Tirol) 교수 역시 2008년 금융위기 당시 금융거래가 투명하지 못했던 사실을 지적한다. 그는 파생상품을 약품에 비교하면서 "이런 파생상품들은 위험분야에의 투자를 통해 가난을 치료해줄 수 있지만 남용하면 생명마저 위협할 수 있다"고 말한다. 그럼에도 한 가지 확실한 사실은 파생상품이 없었다면 지난 세기 말의 세계적 경제성장은 불가능했으리라는 것이다.

이런 복잡한 금융 메커니즘의 수혜자는 가난한 나라들만이 아니었다. 조지타운 대학 맥도너휴 비지니스스쿨 교수로 있는 필립 스웨이글(Philip Swagel)은 "파생상품은 부자 나라의 가난한 이들에게도 값싼 자본을 공급해주었다"고 강조한다.

"금융부문에서의 혁신을 지나치게 억제하면 가난한 사람들이 집이나 차를 살 수 있는 기회는 크게 줄어들 것이다." 따라서 금융규제는 큰 틀에서 위험요소의 억제와 자본의 분배 사이에서 적절한 균형점을 찾아내야 한다.

금융모델 개발의 최고 전문가인 컬럼비아 대학의 라마 콘트(Rama Cont) 교수에 따르면 금융시장에 대한 우리의 전반적인 지식이 불충분하기 때문에 준비되는 새로운 규제정책들 또한 불완전할 수밖에 없다. 능수능란한 금융 브로커들에 의해 단기간에 이루어지는 금융거래들은 마음만 먹으면 규제나 감시의 눈을 피해 갈 수 있다는 것이다. 따라서 어떤 규제를 만들든 금융 시스템에 대한 철저한 연구가 선행되어야 한다고 콘트 교수는 강조한다. "당신이 알지 못하고 제대로 파악하지도 못한 걸 어떻게 규제하겠습니까?" IMF가 이런 프로젝트를 떠맡아야 한다. 왜냐하면 IMF는 유일하게 글로벌한 금융시장 계획을 수립할 충분한 자료들을 갖춘 기관이기 때문이다.

은행가이자 컬럼비아 대학의 교수인 찰스 칼로미리스(Charles Calomiris)에 의하면 금융위기는 무엇보다 기업 통제의 실패에서 비롯되었다. 은행가들은 아무 규제도 받지 않고 위탁받은 돈을 가지고 회사의 내부 방침을 무시하면서까지(같은 은행의 한쪽에선 팔려고 내놓은 주식을 다른 쪽에서 사들인다든지 은행 관리자들끼리 다른 목표를 추구한다든지 하는 식으로) 도박을 감행했다. 그런데도 주주들에겐 이런 행동을 막을 권한이 없다. 더구나 미국 법은 투자단체가 은행 주식을 적대적으로 공개매입한다거나 은행의 자본이 소수 투자자들에 집중되는 걸 금하고 있다. 그래서 미국의 은행들은 외부로부터 거의 통제를 받지 않는 시스템을 가지고 있다. 이러한 환경 때문에 "은행장들에게 너무 많은 권한들이 허락된다"고 칼로미리스 교수는 말한다. 라자드 은행의 고문인 펠릭스 로하틴(Felix Rohatyn)은 금융

사들이 최소 한 명 이상의 유능한 감사관을 승인기구 임원들이 제출한 공식 리스트 가운데서 뽑도록 하는 법이 필요하다고 말한다.

그렇지만 기업을 잘 통제하는 것만이 능사는 아니라는 것이 셰인크먼의 의견이다. "주주들은 최대의 수익을 얻기 위해 은행가들을 압박한다. 하지만 최대 수익이란 곧 최대 위험을 의미하기도 한다."는 게 그의 지적이다. 거품이 터지기 직전까지 대다수 주주들은 은행이 높은 위험부담을 안는 쪽으로 가길 원했다. "거품경제 속에서 상식을 지키는 사람들을 찾아보긴 힘듭니다. 거품에 빠져 있다는 걸 아는 사람도 자신은 붕괴 전까지 빠져나올 수 있다고 자만하기 때문입니다."

어떤 요행심리가(회사가 어려움에 부딪히면 정부가 자신들을 구제해줄 거라는 확신 등) 은행과 브로커로 하여금 위험 속에 뛰어들도록 하는 건 아닐까? 은행들이 무모한 도박을 벌이도록 만드는 요행심리에 대해 인정하면서도 셰인크먼은 "이런 요행심리라도 없으면 거품은 더 큰 위험행동을 낳을 것"이라고 말한다. 미국 전체 은행들의 덩치가 너무 커지는 바람에 "국가가 이들을 포기하기도 힘들어졌다"는 의견(대마불사론)을 가진 그는 은행들의 비대화 자체에 반대하는 입장이다. "우리에게 거대 은행들이 필요하지 않다. 왜냐하면 거대은행들은 '경제사다리 효과'를 불러오지 못하기 때문"이라고 힘주어 말한다.

미래의 위기에 대비하기 위해 자유주의 경제학자들 사이에 어느 정도 합의된 의견에 대해선 하루빨리 대책을 내놓아야 한다. "거품이 자라기 전 정부가 미리 막아줄 거라 믿는 건 헛된 일이지만 적어도 거품이 터졌을 때 누가 피해자가 될지는 미리 생각해 볼 수 있다"고 시카고 대학의 뤼기 징갈르스(Luigi Zingales) 교수는 말한다. 세밀하게 준비된 긴급 구조 계획은 금융기관들이 위기를 극복하게 하며 파산도 막아준다.

"사람들은 시장을 지키는 것과 기업을 지키는 걸 자주 혼동합니다. 하지만 이 둘은 서로 다릅니다." 좌파 민주당이(그들이 월스트리트를 구했다) 시장보다 기업을 지키려 했던 것과 반대로 우파 공화당은 시장을 먼저 지켜주길 징갈르스는 바란다. 더 좋은 기업들이 생겨나기 위해 결국 낡은 기업은 사라져줘야 한다는 슘페터의 원칙, 즉 창조적 파괴의 원칙이 은행에도 적용되어야 한다는 것이다.

대부분의 자유주의 경제학자들이 이번 경제위기를 통해 경제교육이 재검토되어야 한다는 사실에 공감하게 되었다. 경제연구와 교육 프로그램이 너무 전문화된 나머지 전체적인 경제현상에 대한 이해능력이 떨어진다는 것이다. 이번 위기로 "복잡하게 얽힌 현대 경제의 모든 요소들이 올바르게 작동되어야 한다는 걸 알게 되었다. 아주 작은 시스템의 오작동으로도 전체 시스템에 마비가 올 수 있기 때문이다."라고 코크란 교수는 힘주어 말한다.

경제위기와 함께 남겨진 공공부채, 특히 공적자금을 통한 경기부양책으로 떠안게 된 부채를 어떻게 관리할 것인가? 대부분의 자유주의 경제학자들은 장기적으로 미국과 유럽의 부채가 성장에 큰 걸림돌로 작용할 거라 예상한다. 인플레이션으로 전 세계가 가난해지든지 아니면 경제성장으로 국가와 개인의 수익이 동시에 올라가든지 하는 식으로 이 부채 문제는 어쨌든 해결될 것이다. 하지만 코크란의 지적에 따르면, 불행하게도 지금 서방의 정부들은 세금을 인상하고 과도한 규제를 남발하며 기업활동과 성장 모두에 제동을 거는 쪽으로 가고 있다.

1930년대나 1970년대와 마찬가지로 오늘날 경제위기는 잘못된 경제정책들 때문에 더욱 악화되었다. 1930년대에는 전쟁물자를 생산하는 것만으로 뉴딜정책의 부작용을 극복할 수 있었다. 1970년대의 스태그플레이션 이후 마가렛 대처와 로널드 레이건의 용기 있는 리더십이 서방세계를 자유시장과 경제번영으로 이끌었다. 하지만 현 정부들의 위기에 대한 과민반응과 케인스주의적 강요가 경제 재건을 지연시킬 뿐이라는 사실을 이해하기까지 얼마만큼의 시간이 걸릴지 모른다.

해답은 자유주의 경제학자들이 자기들의 경제 분석을 얼마나 잘 납득시키느냐에 달렸다. 하지만 불행하게도 지금 우리 앞에는 복잡한 이론을 대중들이 쉽게 이해할 수 있도록 설명해주는 밀턴 프리드먼 같은 인물이 없다.

카이로와 튀니스에 리파가 다시 온다면

1830년 프랑스 7월혁명 당시, 이집트 북부 타흐타 출신의 젊은 리파는 파리에 머물고 있었다. 카이로의 알아즈하르 사원에서 학위를 받은 이맘 리파는 당시 이집트 왕자들의 파샤였던 메흐메트-알리(Mehemet-Ali)의 지휘 아래 프랑스로 왔다. 이집트 왕자들이 프랑스에서 현대적 학문을 공부한 뒤 함께 돌아가 나라를 위해 봉사할 수 있도록 파견된 학생단의 일원이었다.

왕자들의 공부는 지지부진했지만 리파는 빠르게 프랑스어를 습득해 당시 살롱에서 인기 있는 인사가 되었다. 프랑스에 머문 7년의 기간 동안 그는 방대한 양의 책들을 모았고 고국에 돌아가 이것들을 모두 아랍어로 번역하게 했다. 임무를 마치고 고국으로 돌아온 그는 파샤의 핵심 고문으로 임명되어, 여성들을 위한 학교 설립이나 최초의 아랍어 신문의 발행을 지도했으며 교육과정에 여러 학문들을 도입하도록 했다. 이렇게 리파는 단기간에 이집트를 현대국가로 바꾸었고 당시 그의 조국은 무슬림 세계의 등불이었다.

하지만 리파가 유일하게 파샤의 지지를 얻어내지 못한 정치개혁이 있었는데 바로 헌법을 만드는 것이었다. 리파가 이집트에 헌법체계를 만들려 한 것은 1830년의 7월혁명에서 강한 인상을 받았기 때문이다. 프랑스의 왕 샤를10세는 국민들의 신망을 얻지 못했다. 결국 파리 시민들은 반란을 일으켰고 포격전으로 꽤 많은 희생자가 발생했다. 사흘 뒤 다수의 지지를 받은 루이 필립(Louis-Philippe)이 왕좌에 올랐지만 그의 권력은 새로운 헌법으로 제한을 받았다. 리파는 1830년의 혁명의 여러 사건들과 파리에 대한 인상을 『파리의 황금시대』라는 소책자에 자세히 기술했다. (그는 당시 파리 사람들에 대해서도 언급했는데 그의 눈에 비친 파리지엥들은 조금 야만스럽고 신앙이 없는 사람들로 묘사되고 있다.) 리파는 자기 나라에 가장 필요한 것은 바로 헌법이라 생각했다. 헌법이 내전을 거치지 않고도 폭력을 최소화하면서 체제를 바꿀 수 있는 가장 좋은 방법이라 보았던 것이다. 이집트의 파샤는 프랑스 학문의 모든 것을 받아들일 자세가 되어 있었고, 알아즈하르의 보수적인 성직자들과 리파와의 신학 논쟁에서도 리파의 편을 들곤 했지만(특히 리파는 여성들이 몸을 가려야 한다거나 코란을 읽을 수 없도록 교육을 금지하라는 구절은 경전 어디에서도 찾을 수 없다고 주장했다) 자신의 권력이 헌법으로 제한받는 것만큼은 받아들일 수 없었다. 오늘날 아랍세계의 모습이 완전히 뒤바뀔 수도 있었던 기회였는데, 참으로 안타까울 뿐이다! 오늘날의 깨인 이집트 사람들도 이를 의식하고 있는지 새로 지은 알렉산드리아의 도서관 입구에는 리파의 초상화가 걸려 있다.

그래도 이집트는 리파의 개혁정치 이후 상당히 현대화되었고 1950년대까지만 해도 번영의 미래가 확실히 보장되는 듯했다. 이런 상황은 이라크나 시리아, 레바논도 마찬가지였다. 하지만 아랍세계의 진짜 비극은 이슬람이나 그들의 문화가 아니라 현대사회의 어두운 이데올로기로부터 시작되었다. 1956년 나세르가 이집트의 지도자가 되면서 경제발전은 물거품이 되고 말았다. 나세르는 카이로와 알렉산드리아를 국제적이고 활동적인 부르주아 도시가 아닌 소비에트식 도시로 바꾸어 버렸다. 나머지 아랍국가들도 강제수용이나 국유화 등을 통해 이집트를 뒤따랐으며 그 결과는 우리가 이미 익히 알고 있는 대로다.

원래 폭력과 상관없는 상부상조를 위한 평신도 회의였던 무슬림형 제회는 나세르에 반기를 들었다. 이에 나세르는 많은 무슬림형제회 회원들과 지도자들을 처형하거나 추방했다. 알제리에서도 같은 상황이 벌어졌다. 군사정권은 알제리에 사회주의를 강제했으며(부패 때문에 흐지부지되긴 했지만) 무슬림 정당도 1991년 시의회 선거에서 부정을 저지르는 등 타락의 길을 걸었다. 이슬람주의자들이 아직까지 계속되고 있는 내전을 시작한 것도 당시 프랑수와 미테랑 정권의 전폭적인 지지를 등에 업은 군사독재 정권이 1991년의 선거를 구효화시킨 뒤였다.

방금 요약한 아랍의 간략한 역사는 최근 튀니스와 카이로에서 일어난 봉기의 기원에 대해서도 설명해준다. 이슬람주의자들의 위협에 대응한다는 명분으로 유지되고 있는 서방 민주주의와 아랍 독재의 어색한 동맹관계는 저들 독재자들과 민주주의자들이 만들어낸 합작품이다. 사르코지는 자크 시라크의 주장을 무비판적으로 받아들이며 자신은 '벤 알리(튀니지 대통령)와 턱수염들(이슬람주의자를 말함)' 중 하나를 선택할 수밖에 없다고 주장했다. 그러나 튀니스와 카이로의 봉기 가담자 중 이슬람주의자들은 거의 눈에 띄지 않았다. 우린 이번 혁명에서 '리파의 아이들'(이집트 민주주의자들은 자신들의 역사를 다시 일으키자는 뜻으로 이 표현을 자주 쓴다)이 다수를 차지하고 있으며 특히 교육을 받은 계층이 혁명을 이끌고 있다는 걸 알고 있다.

리파의 말이 옳았다. 아랍인들은 이슬람 율법도 전제주의도 아닌 헌법을 채택하게 될 것이다. 그리고 절충주의의 감언이설에 잘 속아 넘어가는 사람들을 위해 상기시켜주고 싶은 것이 있다. 1979년의 이란혁명은 북아프리카의 수니파들에겐 생소한 이란의 시아파 봉건 사

제 관료집단들에 의해 주도되었다는 사실이다. 이제 '리파의 아이
들' 에겐 이제까지 잘 몰랐던 자신들의 장점을 살려 정치세력과 사회
운동을 결집해내는 일만 남았다.

선이라는 이름의 악마

뉴욕 시장은 센트럴파크처럼 오픈된 공간과 해변, 그리고 타임스 스퀘어 같은 상징적인 공공장소에서의 금연을 검토하고 있다. 지금은 유럽에서도 따라 하고 있는 카페나 식당 등에서의 흡연금지는 이 계몽군주와도 같은 뉴욕 시장의 작품이다. 블룸버그 시장은 콜레스테롤 수치에 영향을 미치는 유해 지방 음식물을 금지하며 뉴욕 식당들의 메뉴 구성에까지 간섭하고 있다. 이렇게 가다간 시민들이 의무적으로 조깅을 해야 하는 사태가 올지도 모르겠다. 물론 그렇게 되면 뉴욕 시민들의 건강이 좋아지긴 하겠지만 말이다.

우리가 아는 바와 같이 미국은 최초의 약물금지법 시행을 비롯해 1920년과 1932년 사이의 알코올금지법 그리고 최근의 흡연금지법에 이르기까지 각종 금지법을 만들어냈다. 하지만 이런 금지의 논리는 매우 애매하다. 과연 정부가 각자의 기호에까지 간섭하는 것이 정당할까? 하지만 이런 식의 문제 제기는 1980년대 흡연반대론자들이 내세운 간접흡연 주장 때부터 본질을 벗어나기 시작했다. 담배를 피울 자유가 담배를 피우지 않을 자유로 인해 제한받게 된 것이다.

흡연금지는 이렇게 비흡연자들의 자유를 보호한다는 법적 명분을 가지게 되었다. 여기서 더 나아가 프랑스처럼 보편적 의료보험이 시행되는 나라에선 흡연자가 비흡연자들의 폐암에 대한 잠재적인 비용까지 책임져야 한다는 논리가 더해진다. 따라서 금연은 다른 사람들의 자유를 위해, 흡연자나 비흡연자들의 건강비용을 위해 합법이 되는 것이다.

하지만 이러한 법적 · 금전적 논리에도 불구하고 우리는 여기서 불순한 의도를 감지할 수 있다. 즉, 알 수 없는 윤리관을 가지고 특정한 행동규범을 강제하려는 시도다. 19세기 미국의 금주령 당시 이를 적극 환영했던 단체는 기독교인들이었다. 이들은 가족을 지켜야 한다는 행동규범을 들고 나왔었다. 마찬가지로 오늘날의 금지들도 법과 경제를 명분으로 들고 나왔지만 그 근본은 바로 도덕주의다.

불행하게도 인간은 불완전한 존재이기 때문에 중독성에 의존하기도 하며 규범을 위반하기도 한다. 또한 이를 억지로 금지할 땐 선의 추구라는 본래의 의도와 다른 결과를 초래하기도 한다. 만일 담배에 지나친 세금을 부과하면 담배 밀수를 부추기고 마피아 조직들의 사업을 도와줄 수도 있다. 마리화나나 습관성 약물을 금지함으로써 그 가격이 뛰고 결국 이를 생산하는 나라들의 반군들을 먹여 살리거나 갱들의 싸움과 매춘, 약물 소비자들의 범죄행동 등을 유발하기도 하는 것이다. 금지와 합법화 간의 손익계산을 따질 때도 전제군주들은 금지로 인한 손실비용에 대해선 애써 외면하려 한다. 프랑스와 마찬가지로 미국의 금지론자들이 금지로 인해 발생할 비용에 대한 논쟁 자체를 거부하는 것은(몇몇 자유주의자들의 모임을 제외하고) 오직 자신들만이 선을 구현할 수 있다는 아집에 빠져 있기 때문이다. 마찬가지로 공원이나 해변에서 흡연금지를 법제화하려는 것은 신을 대리하고 싶어 하는 뉴욕 시장의 정신적 선을 구현하는 것일 뿐 법률상이나 건강상의 논리에 따른 것이 아니다.

우연인지 모르겠지만 대통령으로부터 프랑스를 개혁하라는 임무를 맡은 자크 아탈리(Jacques Attali)는 더욱 가혹한 선을 강제하려 했다. 국가가 담배를 완전히 금지시킬 것을 제안한 것이다. 지구상에서 담배가 없어지지 않는 한 이는 불가능한 일이다. 담배가 코카인만큼 비싸진다 해도 담배는 사라지지 않을 것이다. 차라리 이렇게 금지하려는 이유에 대해 생각해 보는 게 나을 것 같다. 그런데 아무리 생각해도 금지하려는 사람들의 권력의지나 자신에게 선한 것은 다른 사람들에게도 선이라는 영적인 확신 같은 것 외에는 그 정당성을 찾아볼 수가 없다.

심하든 미약하든 중독에 대한 욕망도 인간의 본성 중 하나라 할 수 있다. 인간을 바꾸기 위해 또는 새로운(건전한?) 인간을 만들기 위해 뭔가를 금지하려는 행위 또한 인간의 본성 중 하나인 선지자적(이념적) 우월감에서 나온 것이다.

역사를 돌이켜보자. 1968년 우리 세대는 '금지하는 것을 금지하라'고 외치며 거리로 나섰다. 하지만 이 또한 너무나 이상주의적인 생각이었다. 왜냐하면 아무것도 금지하지 않는 사회도, 금지를 위반하지 않는 사회도 존재하지 않기 때문이다.

아랍혁명이란 무엇인가?

모든 혁명은 마치 어떤 역사적 법칙이라도 따르듯 닮아 있다. 그런 의미에서 '앙시앙 레짐(구체제)'의 몰락에 대한 토크빌의 글을 읽어 보는 것도 좋다. 그는 당시의 일반적인 생각과는 다른 관점에서(특히 사회주의자들의 관점과 다르게 : 그렇다. 이미 그런 것이 존재했다!) 1789년의 프랑스대혁명을 날카롭게 분석하고 그 발발 원인을 세 가지로 요약했다.

1) 국민들의 상황은 개선되어 가고 있었으며 왕정은 보다 자유롭고 느슨해지고 있었다.

2) 교양 있고 세상 물정에 밝으면서, 왕의 권위나 귀족 관료들의 경제적 독점에 대해 비판적인 새로운 계층들이 생겨나고 있었다.

3) 왕권에 대한 이념이 정립되면서 철학자들의 비판을 수용하게 되었고 개혁이 가능해졌다.

지나치게 단순화한 면이 있지만 그렇다고 과장된 얘기도 아니다.

이제 위의 세 가지 원리를 현재 아랍세계에 적용해 보면 분명 맞아떨어지는 게 있을 것이다. 튀니지와 이집트의 독재자들은 다른 독재자들에 비해 덜 억압적인 편이고, 나라의 경제상황도 개선되고 있으며, 대학가의 신흥 지식인들이 설 자리를 잃고 있다…… 이 나라들이 이슬람 국가라는 것은 여기선 아무 상관도 없다. 억지로 이슬람이라는 프리즘을 들이대고 사회를 분석해봐야 이들 사회가 분명 세계화되었다는 사실을 발견할 뿐이다. 카이로와 튀니스에서 일어난 봉기도 더욱 강력한 이슬람 사회를 원해서가 아니라 세계적 추세에 동참할 것을 요구하는 시위였다.

앞의 도식은 지나치게 앞서간 것일까? 때론 종교갈등(바레인)이나 종족문제(리비아) 등이 앞의 세 가지의 요인들보다 결정적이었거나 문제를 복잡하게 만든 경우도 있다. 또한 혁명이 일어났다고 해서 모두 민주화로 귀결되는 것도 아니다. 역사 속에선 오히려 왕정이나 독재로(나폴레옹과 나세르가 그랬다) 흐른 경우도 있다. 미래 변혁의 열쇠는 결국 경제에 달려 있다. 군부가 경제 독점권에서 손을 떼고 민영화를 시행해 일자리 창출과 경제성장의 길을 열어주느냐 아니면 특정 권력이 독점권을 계속 쥐고 성장의 기회를 놓치느냐의 갈림길에 서 있는 것이다. 만약 후자 쪽으로 흘러간다면 미래의 희망을 빼앗긴 룸펜-인텔리겐차(lumpen-intelligentsia)[23]들은 외국으로 떠나가고 그 자리를 극단주의자들이 차지하게 될 것이다.

---

23) 지식층의 실업자를 일컬음.

이집트, 절반의 혁명

　자유경제가 없는 민주주의엔 미래의 희망도 없다. 카이로의 혁명은 다른 모든 혁명들과 마찬가지로 두 가지의 요구에서 시작되었다. 정치적 존엄성과 희망적인 경제가 그것이다. 정치적 존엄성은 군사정권이 민주적 다원성을 받아들이면 이루어질 수 있다. 아직 확실치 않지만 이런 변화의 가능성은 충분하다. 아랍세계도 헌법과 법치, 사법독립, 언론의 자유 같은 것들에 대해 알고 있다. 민주주의를 구성하는 이런 요소들은 1950년대 민족주의와 사회주의의 물결이 근동지방을 휩쓸기 전 그리고 북아프리카 지역에서 탈식민지화의 바람이 불기 전 이미 경험했던 것들이다. 이집트에는 와프트(Wafd)[24]로 대표되는 정당들이 아직 남아 있다. 동유럽에서 1989년의 혁명 이후 전에 있던 정당들이 다시 헤쳐 모였듯이 이들 정당들도 이집트 민중들의 기억 속에서 아직 사라지지 않고 있다. 무바라크와 서방의 지지세력들이 허수아비로 만들어버린 무슬림형제단도 이렇게 살아남은 정당 중의 하나로 볼 수 있다.

　그런데 희망적인 경제를 위해선 정치와는 다른 변화, 즉 경제질서가 필요하다. 경제 문제는 군부 고위층이나 관료들이 장악하고 있는

---

24) 영국 식민지에 대항하기 위해 1918년 결성된 이집트의 민족주의 정당. 군사혁명이 일어나면서 1953년 해산되었다.

눈앞의 물질적 이해관계와 관련되어 있으므로 정치 문제보다 불확실하다. 실제로 나세르의 사회주의 체제로 인해 이집트 생산의 3분의 1은 국유화되었고 다른 3분의 1은 사유화의 방식으로 군 수뇌부가 관리하고 있다. 그러니까 이집트 산업의 3분의 2는 독점화되거나 규정에 의해 보호를 받고 있어 그 소유자와 관리자들에겐 확실한 이익을 보장하는 대신 전체 사회엔 아무 도움도 되지 못하는 구조로 되어 있다. 나머지 3분의 1도 사유산업이라곤 하지만 거의 지하경제이거나 일자리 창출이 어려운 농작물 재배 등이다.

법치가 없으면 모든 발전들이 가로막힌다. 실제 이집트에서 빵가게를 하나 열기 위해 행정적 절차를 밟는 데만도 500일이 넘게 걸린다고 한다. 이집트 국민의 92%가 자신들이 살고 있는 집에 대한 법적 소유권을 갖고 있지 못하고 따라서 은행대출의 길도 사실상 차단되어 있다. 더 구체적으로 말해 자유화와 사유화가 없으면 이집트 경제는 앞으로도 계속 침체 속에 머물 수밖에 없다. 지금 이집트가 더 이상의 확산이 불가능한 수에즈운하 통행료나 관광업, 미국의 원조 등 수입에 의존하고 있다는 사실을 상기해 보자.

이렇게 꽉 막힌 경제를 가지곤 이번 혁명의 불을 붙여준 카이로나 알렉산드리아의 수십만 대학생들에게 미래를 열어주기 힘들다. 이들 룸펜-인텔리겐차들은 일자리 없이 빈둥거리거나 공무원으로 열린 좁은 문을 통과하거나 아니면 이 나라를 떠날 수밖에 없는 암담한 현실에 처해 있다.

이집트의 이런 모습은 아랍 전체의 모습이기도 하다. 아랍세계는 같은 이데올로기를 경험했고 같은 결과물을 얻었다. 그리고 모두 막다른 골목에 몰려 있다. 물론 정권에 의한 억압의 정도라든지 재분배의 정도 등에서 약간의 차이는 있다. 하지만 이집트의 혁명이 새로운 질서의 물꼬를 튼 이상 이러한 정치적 현상유지는 오래 가지 못할 것이다.

그렇다면 아랍세계의 경제적 변화도 가능할까? 오랫동안 우리는 전제군주제가 아랍세계에 맞는 유일한 정부형태라고 말하곤 했다. 하지만 정치형태가 태생적으로 또는 문화적으로 결정되는 것이던가? 이런 질문 앞에서 문화상대주의자들은 침묵할 수밖에 없을 것이다. 하지만 경제문제에 있어선 아직도 이런 고정관념이 통용되고 있다.

어느 지역 어느 문명이든 시장경제라는 체제를 받아들일 수 있음을 지난 30여 년의 역사가 충분히 증명했다. 경제발전은 지역의 문화적 특성이 아니라 법치 여부에 달려 있다. 현실 경제의 원칙들(소유할 권리, 기업을 할 권리, 경쟁 원칙, 안정된 화폐 등)이 적용된 가난한 나라들은 어김없이 연 8%에서 10% 가량의 성장을 이루어냈다. 중국, 브라질, 인도, 터키 등이 그랬다.

이집트도 8%에서 10%의 성장이 가능하다. 실제 성장률은 약 5% 정도다. 취업연령층의 인구가 늘어나고 고학력자들이 많아지는 걸 감안하면 실질적으로 10% 정도의 성장률은 보여야 한다. 앞으로도 계속 10% 아래의 성장률을 보인다면 조만간 제2의 혁명이 일어날지도 모른다. 만약 두 번째로 혁명이 일어난다면 이념적·종교적으로 더 과격해지고 폭력적이 될 가능성이 크다.

이집트가 그렇다면 아랍의 나머지 나라들도 마찬가지일 것이다.

악의 진부함

오늘자 모든 미국 신문의 1면은 캔자스의 웨스턴버러 침례교회에 대해 대법원이 무죄를 선고했다는 기사로 장식됐다. 이 교회는 이라크전에서 사망한 미 해군 매튜 신더(Matthew Synder)의 장례식에서 망자를 비방하고 모욕함으로써 장례식을 방해했다는 이유로 기소됐었다. 이 교회는 매튜의 장례식에서 미군이 동성연애자들의 집합소가 되어버렸다고 비난했다. 3년 전에도 우린 텔레비전을 통해 '하느님 고맙습니다. 이 병사들을 죽게 하셔서!' "호모들이 우리나라를 지옥에 빠뜨리고 있다" 등의 '고상한' 문구를 담은 플래카드를 흔들며 신도들이 고함치는 모습을 볼 수 있었다.

매튜 신더의 아버지는 1차 공판에서 5백만 달러의 손해배상을 판결받았지만 대법원에서는 이 원심을 파기했다. 그것이 남을 증오하는 언행일지라도, 어떤 표현의 자유도 침해받을 수 없다는 미국 수정헌법 제1조에 의거한 것이었다. 법의 원칙에는 어떤 예외도 있을 수 없다. 로버트 판사는 "때론 말도 죄악이 될 수 있지만 헌법은 그 말을 한 사람을 벌함으로써 죄악을 응징하거나 벌하는 걸 허락치 않는다"는 사실을 다시금 상기시켜 주었다. "아무리 나쁜 생각이라도 검열될 수 없다. 왜냐하면 모든 생각은 공론의 주제가 될 수 있으며 국가는 이런 공론에 토대를 두고 있기 때문이다."라고 스테판 브레이어 판사는 덧

붙였다. 대법원 판사 중 가장 보수적인 인물로 평가되는 사무엘 알리
토만이 국가적 가치관을 훼손했다는 죄목으로 이 침례교도들을 벌주
기 원했지만 개인적 입장표명 외의 법적 근거는 제시하지 않았다.

　미국과 다른 법체계를 지닌 프랑스에서는 시대의 흐름에 따라 여러
해석이 내려지곤 했다. 에릭 젬무르는 인종 차별을 부추겼다는 이유
로, 존 갈리아노는 반유대주의를 표방했다는 이유로 유죄를 선고받
았다. 두 나라의 시스템을 비교해보아야 할까? 두 나라의 서로 다른
역사와 문화는 비교 대상이 못 된다. 다만 프랑스 법의 가장 큰 문제
는 별 의미 없는 사건에 너무 많은 의견들이 끼어든다는 것이다. 젬무
르는 아랍인을 좋아하지 않고 갈리아노는 유대인을 싫어한다. 이것
은 그들 개인의 문제이다. 그런데 유감스럽게 프랑스인들은 어쩔 수
없이 그들의 문제에 끼어들어야 한다.

　미국과 프랑스의 중간쯤에 영국 법이 있다. 영국 법에서는 반유대
주의를 허용 범위를 넘어선 증오 행위로 본다. 그렇다면 갈리아노는
규범을 넘어선 반유대주의자였던가? 젬무르에 대해서도 같은 질문을
던질 수 있다. 물론 두 사람이 평균적인 생각을 가지고 있다곤 보지
않는다. 다만 그 평균을 조금 넘어섰을 뿐······

모하메드 부아지지를 추모하며

먼 곳에서 바라보면 경제문제는 지금 벌어지고 있는 아랍혁명에서 큰 문제가 아닌 듯싶다. 하지만 가까이 들여다보면 이 혁명의 핵심이 경제문제라는 걸 알 수 있다.

혁명의 출발점을 되돌아보자. 지난 해 12월 17일 모하메드 부아지지라는 튀니지의 과일행상이 시디 부지드 마을에서 튀니지 경찰의 단속에 걸렸다. 경찰은 그의 과일 수레를 빼앗아갔으며 분노를 이기지 못한 그는 분신자살로 항거했다. 모하메드 부아지지의 죽음에서 자신들의 모습을 본 튀니지 시민들은 분노하며 들고 일어섰다. 모하메드 부아지지는 표현의 자유만큼이나 기업정신이 억눌려 있는 아랍 세계의 지하경제에서 하루하루를 살아가는 수많은 영세상인들의 대변자인 셈이었다.

이집트에서는 조그만 빵집 하나를 열기 위해 500일을 기다려야 한다. 그리고 관료들은 절차마다 도장을 찍어주면서 돈을 요구한다.

이처럼 허울로만 '사유화'가 존재하는 아랍사회에서는 전, 현직 대통령의 측근과 친인척들이 자신들만의 사업왕국을 이루고 있다. 이들이 벌이는 사업은 규제와 세금이라는 방패막이 속에서 경쟁 없이 안정적 수입을 보장받는다. 1960년대 불어닥친 '아랍 사회주의'의 여파로 이집트 전체 경제의 3분의 1은 국유화되었으며 3분의 1은 군부와 '패거리 자본주의' [25)의 차지가 되었다. 나머지 3분의 1도 사유화되었다고는 하지만 대부분 지하경제에 머물러 있다. 지하경제의 비합법 영세상인들은 단속 경찰과 세금을 피해 겨우겨우 생계를 유지한다.

카이로와 튀니스, 알제의 대학들은 매년 수만 명씩의 졸업생들을 배출해낸다. 아랍의 폐쇄적인 경제 속에서 살아남으려면 권력에 빌붙거나 불완전 일자리를 전전하거나 외국으로 떠나는 것 외엔 길이 없다. 결국 아랍의 학위취득자들은 룸펜-인텔리겐차라 불리는 지식인 프롤레타리아 계급을 형성할 수밖에 없다. 이들은 사회가 이슬람화되는 걸 원치 않으며 이스라엘과의 분쟁에도 별 관심이 없다. 튀니지의 과일행상 청년처럼 이들의 꿈은 인간답게 살고 사회적 번영을 누리는 것이다. 자신들의 소망을 세상 사람들에게 알리기 위해 이들은 서투른 영어로 인터넷을 통해 세계와 소통하고 있다.

유럽과 북미 사람들은 아랍인들이 칼리프 체제의 사회를 꿈꾼다고 믿는다. 하지만 지난 50여 년 역사의 뒤안길에 버려진 채 살아왔던 아랍인들이 진정 꿈꾸고 있는 것은 바로 세계화다.

어떻게 하면 지금 세계를 흔들고 있는 아랍혁명을 자유민주주의로 이끌 수 있을까? 군인들은 권력을 포기할 준비가 되어 있지만 경제적 이권에는 여전히 집착을 보일 것이다. 하지만 자유민주주의는 아랍인들에게 오르지 못할 나무가 아니다. 이미 그들은 이를 경험해 봤기 때문이다. 1950년대 이집트의 나세르나 다른 아랍의 지도자들이 기업가들을 몰아내고 당시 세계를 휩쓸던 소비에트 모델을 받아들이기 전까지만 해도 아랍은 상업이 번성한 지역이었다. 이렇게 시장경제를 경험했던 적이 있기에, 1989년 소비에트 붕괴 이후의 중부유럽이

---

25) 영어로 crony capitalism이라 하며 정경유착과 족벌경영 등에 의해 국가경제의 이익을 패거리 세력들끼리 나눠먹는 형태를 비꼬는 말이다.

그랬듯이 아랍사회도 시장경제로 다시 돌아올 것이다.

아랍은 아니지만 같은 이슬람 국가로 약 7%의 성장을 보이고 있는 터키는 이들에게 좋은 모델이 될 것이다. 7%라는 성장률은 교육을 받았건 받지 않았건 그 나라의 젊은이들이 만족한 삶을 살아가기에 알맞은 수치다.

비록 아랍국가들이 공화국 체제를 유지한다 해도 시장경제가 없다면 그 미래를 확신할 수 없다. 이집트의 한 젊은이가 자유롭게 빵집을 열 수 있을 때 우리는 공화국 이집트에 희망을 걸 수 있다. 아랍문명의 등불이라 할 수 있는 이집트에 좋은 일이라면 다른 모든 아랍국가들에게도 좋은 일일 것이다.

후쿠시마 그 이후

가장 안전하다는 평판을 받고 있던 일본의 원자력 발전소들이 사고가 터지고 보니 사실 전혀 그렇지 못했다. 3월 11일 발생한 센다이의 지진이 역대 관측사상 가장 강력했던 건 사실이다. 일본뿐 아니라 다른 어떤 나라의 건축가들도 이 정도 강도의 지진에 대해선 대비하지 못했을 것이다. 일본은 자연 에너지 자원이 거의 없기 때문에 프랑스처럼 오래 전부터 원자력을 써왔다. 일본 내 전력의 40%는 지진의 충격에 잘 견뎌왔던 옛날식 원전(웨스팅하우스-도시바)에서 생산되고 있었다. 2년마다 새로운 원전을 건설하면서, 도쿄전력(Tepco)은 미국과 인도가 원자력 에너지에 관심을 갖게 된 시기를 틈타 단숨에 세계 원전 시장의 강자로 떠오를 수 있었다.

그런데 후쿠시마 사태가 모든 것을 바꿔놓았다. 센다이 시에서 그리 멀지 않은 곳에 있는 후쿠시마의 두 개, 아니 세 개의 원전들은 심각하게 파괴되었다. 유독성 기체가 공기 중으로 유출되었고 원전 근로자들이 피폭당했다. 다행히 아직 건강상의 심각한 위협은 발견되지 않았다. 하지만 체르노빌과 비교할 정도는 아니다. 파괴되지 않은 원전들은 아직까지 가동되고 있다. 하지만 앞으로 상당 기간 동안 새로운 원전은 건설되지 못할 것이다. 일본 안팎의 반핵론자들은 후쿠시마 원전의 위험성을 계속 문제 삼을 것이다. 세계시장에서 이번 지진으로 직접 이득을 볼 사람들은 석탄이나 천연가스, 석유를 생산하는 사람들이다. 하지만 이를 계기로 대체에너지에 대한 연구도 새롭게 도약할 것이다.

막상 일본인들은 놀라울 정도로 침착한 모습을 보이고 있다. 이미 지진은 이 나라에서 숙명이 되어버렸다. 1923년 도쿄 인근에서 발생한 지진 때도 백만 명이 죽고 도쿄는 잿더미에 휩싸였다. 1995년에는 고베에서 지진이 일어나 6천여 명이 희생되었다. 이번 센다이에서도 2천 명에서 만여 명의 사람들이(주민들이 뿔뿔이 흩어져 정확한 희생자 수는 몇 주 후에나 알 수 있을 것 같다) 쓰나미에 휩쓸려 간 것으로 추정된다.

일본의 지진은 이렇게 늘 어마어마한 희생자를 냈다. 하지만 오랜 세월 지진으로 많은 희생자들을 내면서 일본은 자연재해에 대처하는 기술에서 큰 발전을 보여주었다. 고베 지진 이후로 건축 규정이 강화되어 센다이 시 대부분의 건물들도 지진에 견딜 수 있도록 설계되어 있다. 기술적 규범뿐 아니라 심리적으로도 철저한 대비가 있었다. 일본인들은 어릴 때부터 재난이 났을 때 어떻게 행동해야 하는지, 실전 대응에서부터 인명을 대하는 태도에 이르기까지 많은 걸 가르친다. 일본 특유의 문화도 이번 지진에서 보여준 일본인들의 의연한 태도에 한몫을 했다. 센다이는 확실히 포르트프랭스[26]와 달랐다. 재난 이후의 약탈이나 무질서를 센다이에선 찾아볼 수 없었다. 주민들은 경찰이나 군대를 기다리기보다 먼저 발벗고 나서 희생자들을 구하고 무너진 잔해들을 치웠다. 사고 지역 외의 다른 곳에서는 단 몇 시간을 제외하곤 각자 생업을 멈추지 않았다. 지역산업의 중심지는 지진이 일어난 곳에서 남쪽으로 3백 킬로미터 떨어진 곳에 위치해 있는데,

---

26) 일본 지진 몇 달 전 큰 지진이 일어났던 아이티공화국의 수도.

이곳 공장들은 심각한 충격에도 견딜 수 있는 시스템을 갖추고 있었다. 자동차와 부품 수출이 반나절 정도 지체되긴 했지만 일본산 제품들이 들어오는 북미의 주요 항구인 밴쿠버에선 충분히 조절 가능한 시간이었다.

조금 둔화되기는 했지만 계속 성장세를 유지하고 있는 일본 산업은 점점 첨단화되어 가는 제품들 덕분에 지진에도 큰 영향을 받지 않을 것으로 보인다. 또한, 고베 지진 때 그랬듯이 센다이의 재건사업이 추가적인 일본 성장을 유발할 것으로 예측해 본다. 센다이의 재건에 드는 자금은 민간 투자가들이 외국 채권을 팔아 엔화로 다시 거둬들이는 식으로 충당될 것이다. 이렇게 되면 엔화 시세가 오르고 일본의 수출업자들이 고통을 받게 된다. 하지만 일본의 부품들은 가격에 상관없이 다른 나라 제품으로 대체될 수 없는 것들이기 때문에(일본 부품 없이는 세계 어느 곳에서도 휴대폰을 생산할 수 없다) 큰 충격은 없을 것이다. 센다이 재건을 위한 또 다른 재정자원은 공적자금이다. 이미 2년간의 GNP에 달하는 국가부채가 쌓인 상황에서 이는 경제를 심각하게 만들 수 있다. 하지만 이 부채는 일본 예금자들의 예금으로 충당된 것이기 때문에 국가가 세계시장에 돈을 빌릴 일은 없다.

"일본인들은 위기가 닥칠 때 더 큰 에너지를 발휘합니다." 도쿄도 부지사이며 역사가이기도 한 이노세 나오키 씨가 내게 했던 말이다. 센다이와 후쿠시마의 비극은 역설적으로 시들어가던 경제를 다시 일으킬 수 있는 기회가 될 수 있다. 경제학자 사카키바라 에이스케 역시 같은 말을 했다. "우리 일본인들은 재건에 익숙합니다." 1995년의 고베 지진이 일어나고 3년이 지난 뒤 다시 찾은 그곳에서 지진의 흔적은 찾아 볼 수 없었다. 일본인들의 또 다른 특징은 특별한 예배나 강제적 복종은 없어도 특별한 종교적 감성을 지니고 있다는 것이다. 이러한 감성은 젊은이들에게서 먼저 발휘되기 시작했다. 그들은 국가의 덧없음을 늘 염두에 두고 있다. 1923년 도쿄가 파괴되는 것을 보고 지은 가네코 미수주의 시편들과 미치코 왕후에 대한 추억을 담은 와카[27]를 통해 이를 읽을 수 있다. 그런데 이제 덜 쾌락주의적인 대신 훨씬 강한 결속력을 가진 일본이 다시 태어나고 있다. 희생자들을 구조하는 작업에 참여한 젊은 세대들은 재산도 가족도 없는 노인들이 너무나 많다는 사실을 발견했다. 이들 젊은이들은 이제 비디오게임보다 자신을 닮은 인간들에 더 관심을 쏟게 될 것이다.

------

27) 일본 고유의 정형시.

해바라기의 화가

주지앙은 중국에서 유명한 화가다. 추상화인 듯 보이지만 구상화에 가까운 그림을 그린다. 주지앙은 해바라기 여러 개가 함께 있는 그림을 자주 그린다. 그의 세대에게(그는 1955년 생이다) 해바라기는 태양을 쫓아가는 이미지를 가지고 있다. 그 대상이 전에는 마오쩌둥이었지만 이제는 바깥의 세계다. 그의 해바라기들은 홀로 있는 법이 없고 늘 군락을 이루고 있다고 그는 설명한다. 그런데 그의 최근 작품들 속 해바라기들은 적갈색을 띤 다소 시든 모습이다. 이에 대해 그는 "우리 세대가 늙어가고 있기 때문"이라고 말한다.

그는 중국에서 가장 유서 깊은 항저우의 예술학교에서 학장을 맡고 있다. 그런데 이 학교의 학생들은 그가 그리는 해바라기의 의미를 알고 있을까? 아마도 모를 거라고 주지앙은 말한다. 그는 자신의 제자들이 중국에 살면서도 바깥세상에 대해 열린 마음을 갖기를 원한다. 그럼에도 더 중요한 건 그들이 중국인으로서 살아가는 것이다. 이곳 학교에서는 서양 그림으로 여겨지는 유화뿐 아니라 중국의 전통 서예도 가르치고 있다.

주지앙이 가르치는 학생들에게 물으니 유화나 해바라기 그림만큼 서예도 잘 이해 못하겠다고 말한다. 그들의 대답에 중국의 문화부흥이 아직은 멀다고 느껴져 마음이 쓸쓸했다.

중국에서 가장 중요하고 미래를 보장해주는 것은 바로 학교 자체다. 최근 항저우 예술학교는 이 지역 출신의 건축가 왕슈(王澍)가 설계한 도시 외곽의 건물로 이사했다. 왕슈는 자재와 지붕, 출입문, 통행로 등에 중국 전통과 르 코르뷔지에의 모던한 스타일을 멋지게 조화시켰다. 나는 요즘 중국에 지어진 건축물들 중에 이 학교 건물만큼 아름다운 건물을 보지 못했다. 그리고 화가가 속한 지방에서만 건축 일을 하는 게 허락된다는 말을 듣고는 깜짝 놀랐다. 외국의 유명한 건축가들을 불러들여 건물을 짓고 있는 베이징이나 상하이에서 그는 왜 일을 못한다는 걸까? 그것은 부패 때문이며 공무원들이 서양 건축가들을 선호하는 이유도 거기에 있다고 그는 말한다. 외국인과의 커미션 거래가 이루어져야 훨씬 일하기 편하고 '붉은 돈봉투' 속의 내용도 알차진다는 것이다.

중국은 연 10%의 성장률을 기록하면서도 가장 중국적이고 현대적인 새 문화를 거의(아니면 아직) 창조해내지 못하고 있다. 하지만 지금과 다른 정권이 들어선다면 현대적이고 새로운 항저우 예술학교에서 그런 것들이 가능할 것 같다.

페이스북과 회교사원이 공존하는 이집트

이집트의 문학가이자 정치가였던 리파 엘-타흐타위(Rifaa el-Tahtawi)의 전기가 출판된 지 8년이 지난 지금에야 나는 카이로나 알렉산드리아에서 공식적으로 그를 언급할 수 있게 되었다. 지식인이 탄압받던 무라바크 독재시절엔 그를 언급하는 것조차 용납되지 않았다. 나세르 독재정권 때부터 리파에 관한 이야기는 모든 역사책에서 사라졌다. 그가 프랑스에서 공부했고(그것도 1830년에!) 식민지배자의 편이었다는 이유에서였다. 그는 또한 국가권력을 제한하고 헌법체제를 수호하자고 주장했으며(19세기의 메헤메트 알리도 그랬듯이 나세르나 무바라크에게 이는 받아들일 수 없는 것이었다) 이슬람 온건파(이슬람 보수주의의 근거지인 알-아즈하르(Al-Azhar)측 사람들에겐 변절자로 불렸다)를 옹호했다. 그런 리파가 이집트로 귀환했다. 그에 대한 기억과 함께 현존하는 인물로 돌아온 것이다! 전 리비아 대사였던 그의 후손 모하메드 리파(Mohamed Rifaa)가 혁명에 가담했기 때문이다. 이렇게 리파는 타흐리르 광장에 다시 나타났다!

2011년 1월 25일 수도 카이로와 알렉산드리아를 비롯한 여러 도시에서 '그 뭔가'가 일어났다. 이것을 정확히 무어라 불러야 할까?

"우리가 혁명을 이뤄낸 걸까요? 아니면 실패한 건가요?" 강연회가 끝나고 내가 가장 많이 받는 질문이다. 이번 사건을 계기로 정치적 자유와 공정한 사회, 경찰이 폭력을 멈추고 경제가 발전하는 새로운 시대로 나아가길 이집트인들은 바라고 있다. 냉소주의자들이나 시대착오적인 평론가들은(특히 프랑스 대사 같은 인물들) 민중혁명은 일어나지 않았으며 군인들이 실질적인 권력과 부정축재한 재산을 보장받은 '궁정혁명'이 일어났을 뿐이라고 말한다. 여전히 시내 곳곳에선 군대들을 볼 수 있다. 시민들과 대치하던 경찰이 공공건물들에서 철수하면서 무장한 군인들과 그들의 전차들(이스라엘제)이 카이로와 알렉산드리아의 전략지역을 점령한 것이다. 4월 8일 카이로의 시위대들은 하루 빨리 문민정권으로 이양할 것과 구체제의 관료들을 교체하고 부정부패 혐의자들을 재판정에 세울 것을 요구했지만 군대는 이들 공화주의자들을 극심한 폭력으로 진압했다.

하지만 이번 이집트 항쟁은 사회를 다시 예전으로 되돌릴 수 없게끔 만들었다는 점에서 혁명임에 틀림없다. 이집트 국민들은 이번 봉기를 통해 자신들이 독재에 벌벌 떠는 순한 양이 아니며 앞으로도 그러지 않을 것임을 보여주었다. 그들이 피 흘려 쟁취한 표현의 자유를 다시 빼앗길 일은 절대 없을 것이다. 입을 막는 방법은 폭력밖에 없지만 국민들은 이제 쉽게 굴복하지 않을 것이다. 이집트 국민들은 자신들의 지배자뿐 아니라 서방 외교관까지 나서서 덧씌우려 했던 순종의 굴레를 스스로 벗어 던졌다. 이집트의 독재자들은 아랍세계의 다른 독재자들과 마찬가지로 자기 국민들이 전제주의를 선호한다고 믿었다. 프랑스에서도 문화상대주의(문화의 다양성을 존중한다고 포장하지만 사실은 인종차별주의)자들이 나서 전제주의가 아랍인들 정서에 맞는다는 식의 믿음을 전파했다. 팔레스타인 출신 철학자인 에드워드 사이드(Edward Said)가 비판했듯이, 신식민주의의 변형이라고 할 수 있는 '오리엔탈리즘'은 이제 종말을 고했다. 앞으로 아랍에 어떤 정치체제가 나타나더라도 오리엔탈리즘은 다시 부활하지 않을 것이다. 이집트에는 이제 자유의 공기가 흐르고 자존감을 되찾은 이집트인들의 얼굴에서는 행복의 미소가 흐르고 있다. 이것이 바로 아랍 혁명인 것이다.

특히 프랑스를 필두로 한 서방 정부들도 이제 필자를 한없이 부끄럽게 했던 아랍국가들에 대한 실리정책을 포기해야 할 것이다. 그 동안 서방측은 실리정책을 내세워 아랍의 국민들은 제쳐놓고 그들의 군주나 독재자들하고만 소통하려 했다. 이제 프랑스는 혁명이 일어난 곳과 앞으로 혁명이 일어날 아랍국가들이 완전히 새롭게 태어날 수 있도록 정책적 도움을 주어야 할 것이다.

어째서 이런 어처구니없는 일들이 벌어졌을까? '아랍의 봄'의 진원지였던 튀니지와 마찬가지로 이집트의 권력자들도 한치 앞을 내다보지 못했다. 정치적 결탁과 내부 암투가 권력자들의 눈을 멀게 했던 것이다. 여기에 지중해를 사이에 둔 양쪽 진영이 이슬람주의에 대한 강박관념에서 벗어나지 못함으로써, 아랍 민중들이 전제주의만큼이나 이슬람주의에 대해서도 염증을 느끼고 있다는 사실을 깨닫지 못하고 있었다. 아랍에선 미국화까진 아니더라도 서구화된 젊은 세대들이 눈에 보이지 않게 서서히 등장하고 있었다. 무바라크나 서방의 외교관들이 뒤늦게 위력을 확인한 소셜미디어의 등장도 마찬가지 경우라 할 수 있다.

1월 25일 튀니지 혁명에 대한 지지를 표명하기 위해 카이로의 학생들이 페이스북을 통해 타흐리르 광장의 집결을 약속했을 때도 기껏해야 수백명 정도가 모일 거라 예상했었다. 집회는 전에도 몇 번이나 실패했지만 이번엔 튀니지의 성공에 자극받아 결집을 시도한 것이었다. 카이로의 학생들은 먼저 이 '가상의' 이동기기가 지닌 엄청난 동원력에 놀랐고 다음엔 이 운동이 성공에 이를 때까지 보내준 국민들의 열렬한 지지에 놀랐다. 무바라크 정부가 시위자들을 해산시키기 위해 낙타부대를 급파하여 몽둥이를 휘두르는 것 외에 다른 방도를 찾지 못할 때, 이집트에서 충돌하고 있었던 것은 두 세력이 아니라 두 세대였다. 낙타부대로 무장한 폭군들이 소셜미디어로 무장한 너티즌들과 맞서고 있었던 것이다. 이집트인들은 더 이상 이집트인들만이 아니다. 그들은 이 나라의 시민이면서 동시에 이 시대의 시민인 것이다. 낙타에서 내려옴으로써 이집트인들은 '우리'의 시대와 세계에 동참한 것이다.

이번 혁명에서 이슬람 세력은 서방측이 우려하거나 기대했던 역할을 수행하지 못했다. 그렇다고 이슬람이 완전히 소외되었던 것도 아니다. 카이로의 시위대들은 페이스북을 통해 집결했지만 알렉산드리아에서는 무슬림형제단의 소집이나 회교사원에서 이맘들의 설교를 들은 후 시위에 동참했다. 하지만 알렉산드리아에서도 여러 이슬람 분파들의 대립이 목격되었고 이를 통해 이슬람이 얼마나 다양한 모습을 가지는지 확인할 수 있었다. 정권에 적대적인 무슬림형제단은 현 정권의 전복을 주장한 반면 무바라크의 지원을 받는 수피교 사원들에선 침묵을 지켰다. 알렉산드리아의 수피교도들은 이번 혁명이 확실히 대중들의 전폭적 지지를 받고 있음을 확인한 뒤에야 시위에 참여했다.

이제 혁명은 시작되었고 지지를 얻어냈으며 돌이킬 수 없는 길을 가게 되었다. 이제 새로운 사회를 만드는 일만 남았다. 혁명세력들이 바라던 대로 단숨에 공화주의 체제의 사회로 나아가기는 힘들 것이다. 군인들이 아직 완전히 돌아서지 않았기 때문이다. 하지만 이 다음 정권은 국가권력이 제한되고, 정당정치가 보장되고, 사법 독립이 이루어진 진정한 공화국 체제에 가까워질 것이다. 구정권의 핵심세력들을 재판하는 과정에서 부패의 증거들이 속속 드러나고 있다. 경제도 이전보다 훨씬 자유로운 모습을 띨 것이다. 혁명에 참여한 사람들 모두가 시장경제의 효율성을 자각하고 있으며 지난 정권의 상징인 '패거리 자본주의'를 끝내야 한다고 생각하기 때문이다. 국가 독점권과 지하경제는 이제 새로이 등장하는 진짜 기업들에게 자리를 내줄 것이다. 이번에 타흐리르 광장에 모였던 이들 가운데서도 이집트를 가난에서 구해줄 미래의 사업가들이 많이 나타날 것이다. 이제 카이로 시민들은 빵집 주인이 되기 위해 부패 공무원들에게 뇌물을 바쳐가며 2년이나 기다리지 않아도 될 것이다. 개혁엔 분명 시간이 필요하다. 하지만 개혁은 이미 거역할 수 없는 하나의 경향이 될 것이고 경제에서는 하나의 '트렌드'가 될 것이다. 그리고 이 경향과 트렌드는 투자의욕과 함께 희망을 심어줄 것이다.

잡지 《엘 아브람 엡도(El Abram Hebdo)》의 편집장인 히스함 무라드(Hisham Mourad)는 이집트인들이 자유경제에 매우 호의적이라고 말한다. "상업은 아랍의 이슬람 문명에 깊이 뿌리를 내리고 있기 때문"이다. 사회주의에 대해 묻자 그는 "그것은 무신론과 마찬가지로 대부분의 이집트인들에게 받아들여지기 힘들다"고 대답한다.

그러면 이슬람 정권은 어떨까? 사실 이 문제에 대해 이집트인들은 유럽인들만큼 걱정하지 않는다. 이슬람주의자들이 이번 이집트 혁명에서 별 역할을 하지 못했다. 이는 이슬람주의자들의 이집트 사회에서 '밀려나고' 있다는 사실을 말해준다. 무슬림형제단의 운동은 아직도 케케묵은 1920년대 파시스트들의 방식들을 유지하고 있다. 이들 단체의 규약은 당시로선 가장 효율적이고 앞서 간다 여겨지던 이탈리아 파시즘의 것을 그대로 베낀 것이다. 무슬림형제단에도 여러 분파들이 있다. 아직도 사회를 '이슬람화'해야 한다고 주장하는 옛 보수주의자들과 자유주의 경제를 원하는 새로운 세대들이다. 사메흐 알-바르키(Sameh al-Barqui)가 제시한 이슬람형제단의 경제정책 프로그램은 자유주의 경제학의 요람으로 불리는 시카고 대학에서 갓 나온 듯하며 이슬람 내 사회정의 문제까지 고려하고 있다. 앞으로 무슬림형제단이 당을 만들면 이집트 의회에서도 상당한 영향력을 행사하게 될 것이다. 하지만 견고한 공화국 체제에서라면 문제될 게 뭐가 있겠는가? 공적인 활동과 개인적인 종교생활을 구분하는 이집트인들은 기독교인들이 10%나 되는 이집트 사회가 이슬람화되는 걸 희망하지 않는다. 이슬람 정당들이 생겨난다면 터키의 AKP(정의개발당)를 모델로 삼을 만하다. 현 집권당인 AKP는 유럽연합 가입을 강력히 희망하며 터키 경제를 비교적 잘 이끌어가고 있다.

이제는 현실에 가까워진 낙관주의의 시나리오를 펼쳐 보자면, 미래의 이집트공화국은 이집트 국민들에게 자존심과 번영을 약속해줄 것임은 물론 아랍세계의 롤모델이 되어 유럽인들이 이슬람에 대해 품고 있는 근거 없는 공포심에서 벗어나게 해줄 것이다. 페이스북과 회교사원의 결합은 이제 아랍 이슬람 세계의 미래가 될 것이다.

빈 라덴의 두 번째 죽음

빈 라덴은 두 번 죽었다. 그는 5월 1일 파키스탄에서 미국 병사들에게 사살되었지만 그 전인 1월 15일 카이로에서 이미 상징적인 죽음을 맞았다.

타흐리르 광장의 혁명이 우리에게 말해주는 바는 무엇일까? 이집트혁명과 그 직전의 튀니지혁명이 아랍세계와 그 밖의 세상에 외치려 했던 것은, 그들이 오랫동안 추구해 왔던 인간적이고 현대화된 삶이었을 뿐 칼리프의 부활이나 샤리아[28] 율법으로의 회귀가 아니었다. 빈 라덴이 추구했듯이 폭력을 통해서라도 예언자의 시대로 돌아갈 것인가 아니면 평화적인 방법으로 자유민주주의 세계에 편입될 것인가의 갈림길에서 1월 15일 아랍인들은 마침내 결단을 내렸다. 여전히 폭정 속에 신음하고 있는 다른 이슬람 세계의 국민들 또한 자신들에게 자유민주주의를 가져다줄 '역사의 종말'을 열망하고 있다.

무슬림들의 세상을 열어줄 십자군을 잃어버린 빈 라덴은 파키스탄 군대에 전략적 기능을 제공해주면서 그들의 보호 속에 숨어 있었다. 사실상 파키스탄은 나라라기보다 이슬람 신앙으로 뭉친 민족연합에 가깝다. 그들은 파키스탄 국민이기에 앞서 신드인, 펀잡인, 발루체인

---

28) 코란 같은 직접적인 신의 율법이 아니라 코란의 내용이나 마호메트의 언행을 바탕으로 법학자들이 유추해낸 무슬림들의 윤리와 행동규범.

들이며 다음에 무슬림이고 마지막에야 비로소 파키스탄 사람이다. 자신들을 진짜 파키스탄 국민이라 생각하는 사람은 1947년 분리독립 이후 적국이 된 인도와의 전쟁을 유일한 삶의 목적으로 삼는 군인들이나 대부분 편잡인들로 구성된 첩보기관원들뿐이다.

인도가 없었으면 파키스탄이란 나라나 그들의 군대는 존재하지 않았을 것이다. 파키스탄 군부는 핵무기에서 탈레반, 테러리스트들에 이르기까지 가능한 모든 군사력을 끌어 모으려 했다. 빈 라덴은 파키스탄보다 더 많은 무슬림들이 살고 있는 인도에도 언제든 테러공격을 감행할 수 있는 인물이었다. 실제로 인도는 이슬람주의자의 소행으로 보이는 테러의 표적이 되기도 했었다. 이렇게 파키스탄의 전위부대 역할을 떠맡은 빈 라덴은 한때 아프가니스탄에서 미군들을 궁지에 몰아넣기도 했다. 이렇게 빈 라덴은 파키스탄의 첩보기관에 의해 움직이는 시한폭탄이었다. 미국이 인도와 친밀관계를 유지하며 파키스탄을 견제한다는 억측 속에서 파키스탄은 빈 라덴을 조직망으로 가동했다. 이런 가운데 빈 라덴은 몇 개의 핵폭탄을 합친 것과도 같은 위력을 발휘했다.

이제 그 파키스탄 척후병은 붙잡혔지만 파키스탄 군대는 아직 제압되지 않았다. 앞으로도 이런 게임은 계속될 것이다. 아프가니스탄에서와 같은 일이 벌어질지도 모르는 일이다. 우리는 지금까지 전쟁터와 전선과 적들을 착각하고 있었던 게 아닐까? 지금까지 파키스탄 군부의 창조물이자 그들의 느슨한 지원을 받고 있던 탈레반과 싸워왔던 것은 전략적 실수였는지도 모른다. 파키스탄 군부의 투숙객이자 포로였던 빈 라덴이 사라지자 이제 체스판 전체를 볼 수 있게 되었다. 그리고 문득 깨달은 사실은 체스게임이 바로 이 지역에서 처음 생겨났다는 것이다.

IMF와 황소개구리

IMF(국제통화기금) 총재인 도미니크 스트로스 칸이 저지른 몹쓸 짓(성추문 사건)에 대해선 잠시 접어두고 IMF에서 그가 했던 일들을 살펴보기로 하자. 그는 이 기관에 새로운 활력을 불어넣어 주었고 2008년 세계 금융위기 이후엔 매우 중요한 역할을 했다는 평가를 받고 있다. 그에게 개인적인 명성을 가져다준 이러한 '적극성'은 그의 선임 프랑스인 총재였던 미셸 캉드쉬(Michel Camdessus)나 자크 드 라로지에르(Jacques de Larosiere)의 '신중함'과 대비된다.

그의 선임 총재들은 IMF의 기능을 파산의 위협에 처한 나라들에 돈을 빌려주는 데에서 그들 정부에 자문 역할을 해주는 것으로 전환하려 시도했다. 칸 총재 이전의 IMF는 화재가 난 곳의 불을 꺼주는 소방관 역할과 거의 돌려받지 못할 돈을 꾸어주는 역할로부터 손을 떼려 했다. 1980년에서 2008년까지의 통화주의 이론에서 영향을 받은 IMF의 경제학자들은 가난한 나라의 지도자들이 각자 독립된 중앙은행들을 만들어 자국의 재정상황을 미리 예측하고 관리하도록 변화를 유도했다. 1990년대 아프리카를 비롯한 가난한 나라들이 높은 경제성장을 이룬 것은 지구상에서 하이퍼인플레이션을 거의 사라지게 한 이들 경제학자들의 조언 덕분이었다. IMF는 신용 위기에 처한 나라의 정상들(보리스 옐친이나 호스니 무바라크 등)에게 최후수단으로 돈을 빌려주던 역할 대신 자문역할을 해줌으로써 전반적으로 좋은 결과를 얻어냈다. 엄청난 수의 IMF 직원들은(만여 명에 달한다) 실질적 역할을 빼앗겨 실망했을지도 모른다. 하지만 도미니크 칸 총재 이전 IMF 경제학을 이끌었던 케네스 로고프(Kenneth Rogoff)도 이 조직을 움직이기에 300명의 능력 있는 경제학자들이면 충분하다고 말했었다.

하지만 거꾸로 도미니크 스트로스 칸은 IMF를 예전으로 되돌리는 길을 택했다. 개인적으로 그는 IMF를 거대한 국제 관료기구로 만들고 싶어 했다. 누구보다도 정치적이었던 칸은 경제위기 때나 아닐 때나 늘 원대한 그림을 그렸다. 경제위기는 오히려 그에게 큰 행운이었다. 그는 IMF를 세계경제를 통치하는 정부의 위치까지 끌어올리려 했다. 미국과 중국, 독일의 저지로 벽에 부딪혔을 때도 그는 적극적인 로비를 통해 IMF의 재원을 확대해 나갔다. 칸 체제 아래서 IMF는 번영을 누렸다. 누구를 위해서? 기구 자체를 위해서. 하지만 이 기구가 세계 금융위기를 해결하거나 최소한 위기를 완화시키는 데 도움을 줬을까? 도미니크 스트로스 칸은 경제적 어려움에 빠진 모든 나라들에 돈을 빌려주려 했다. 헝가리 같은 조그만 나라들만 빼고 말이다. 정확하게 말하면 헝가리는 G8과 G20에 의해 거절당했다. 헝가리에 대한 지원을 거절한 것은 이들 정부들이 IMF의 자금을 거의 상환하지 않고 있다는 것과 경제에서 똑같은 악습과 파탄이 되풀이되고 있음을 깨달았기 때문이다.

직접 돈을 빌려줄 수 없게 되자, 칸은 각국 정부들과 중앙은행들에게 그리스처럼 재정상태가 엉망인 나라들을 지원하라고 부추긴다. 하지만 IMF에서는 그리스가 최근 몇 년 동안 재정회계를 속여서 발표하고 있다는 걸 알고 있었다. 1980년대에도 IMF는 불량 채무 국가들에 돈을 퍼다 부음으로써 외양만 부풀리곤 했는데 칸 총재는 이런 정책을 다시 부활시키려 했다. 물론 IMF가 돈을 빌려줄 때는 여러 조건들을 내걸었지만 전혀 지켜지지 않았고(한국이나 터키처럼 신뢰할 수 있는 나라들을 제외하고), 지금도 마찬가지지만 이를 강제할 방법도 없었다.

결국 IMF는 칸 자신과 그의 직원들을 위해 운영되었다고밖에 볼 수 없다. 보다 합리적인 세계 금융제도를 확립하기 위해 그가 한 일은 아무것도 없었다. 게다가 칸은 자신들의 의무를 저버린 채 중국정부의 위안화 조작에 아무런 제재도 가하지 않음으로써 세계적 무역 불균형을 초래하고 말았다.

만약 밀턴 프리드먼이 살아 있다면 1980년대 그가 그랬듯이, 1945년 창설된 IMF의 주목적이 1930년대 경쟁적으로 반복되던 평가절하를 막기 위해서였다는 걸 상기시켜 주었을 것이다. 그로부터 거의 1세기가 지난 지금 더 이상 평가절하가 문제되는 일은 없어졌다. 아마 그래서 IMF가 필사적으로 자기 일거리를 찾아 나서고 있는 건지도 모른다. 칸 체제가 무너진 이후에도 IMF가 로고프의 바람대로 300명의 경제학자들로 인원을 축소할 것 같지는 않다. 지금으로선 이 황소 개구리가 더 이상 몸집을 불리지 않기만 바랄 뿐이다.

이슬람과 자본주의, 친구인가 적인가?

카이로 공항에 도착하면 누구든 이집트가 법치국가가 아니라는 걸 깨달을 수 있다. 낯선 나라에 도착한 여행객들은 세관에 여권을 보여주기 위해 줄을 서야 한다. 오랜 시간 기다리고 나서야 여행객들은 헛수고를 했다는 것을 알게 되는데, 세관원이 기다렸던 사람을 공항 끝에 있는 입국비자 판매 창구로 보내버리기 때문이다. 입국비자의 공식 가격은 15달러다. 하지만 20달러짜리 지폐를 내밀었다면 거스름돈은 포기해야 한다. 더구나 영수증을 요구했다간 비자를 얻지 못할지도 모른다. 입국비자를 받은 후에도 다시 줄을 서야 하는데 외국인들만 말없이 질서를 지키며 기다릴 뿐이다. 대부분의 이집트인들은 두 개의 줄을 만들어 특별대우를 받는다. 중요한 인사들이라도 오면 공항 규정에도 없는 경호원의 호위 속에 여유롭게 줄을 통과한다.

이제 겨우 당신은 2011년 1월 20일 혁명 이후 더욱 혼란스러워진 혼돈의 세계에 발을 들여놓았다! 지탄받던 경찰들은 이제 카이로의 거리에서 사라졌다. 하지만 사소한 경험들을 통해서도 우리는 아랍 세계에서 뭔가를 시작하는 게 왜 어려운지 이해할 수 있다. 개인이 법에 앞선다는 것은 자유주의의 원칙을 파괴하는 것이다.

공항에서 겪은 에피소드를 통해 우리는 19세기 초의 상황을 떠올릴 수 있다. 1829년, 이집트의 파샤 메헤메트-알리(Mehemet-Ali)가 프랑

스에 사찰단을 파견했다. 젊은 왕자들을 포함한 사회 지도층으로 구
성된 이 파견단의 임무는 나폴레옹 보나파르트가 몇 년 전 어떻게 그
토록 쉽게 이집트를 함락시킬 수 있었는지에 대해 알아보려는 것이
었다. 1799년 프랑스의 이집트 정복은 아랍세계를 당황시켰다. 그리
고 자신들이 과학적으로나, 경제적으로나, 군사적으로나 한참 뒤처
져 있음을 깨닫는 계기가 되었다. 하지만 프랑스에 온 왕자들은 과학
이나 학문보다는 파리의 밤 문화에 더 흥미를 가졌다. 당시 매우 똑똑
한 젊은 이맘이 왕자들을 수행하고 있었는데 그의 이름은 리파 엘-타
흐타위였다. 리파는 알렉시스 토크빌과 거의 같은 나이로 같은 시대
를 살았으며, 미래를 개척하기 위해, 서방으로의 여행을 택했다는 공
통점이 있다. 토크빌은 민주주의를 배우기 위해, 리파는 학문을 배우
기 위해 여행을 떠났다. 그리고 두 사람 모두 여행을 통해 발견한 사
실들을 세상에 알림으로써 자기 나라에 중요한 업적을 남겼다.

리파의 황금

  카이로에서 아랍어로 출판된 『파리의 황금』의 첫머리 부분에서 리
파는 마르세유에 도착해 한 카페에 들렀던 경험을 자세히 묘사했다.
커피에 대한 열정만큼은 지중해 양쪽의 두 나라가 다르지 않았던 모
양이다! 리파는 자기가 들른 마르세유의 카페가 카이로의 카페와는
무척이나 달랐다고 적고 있다. "마르세유의 카페 종업원이 내가 재촉
하지도 않았는데 주문한 걸 바로 가져오는 걸 보고 깜짝 놀랐다"고
그는 적고 있다. 자기가 시킨 커피를 빠르게 서빙해주는 걸 보고 리파
는 놀란 것이다. 이어 종업원은 그에게 계산서를 가져다주었고 계산
서의 가격은 카페 문 앞에 붙어 있던 가격 그대로였다. "흥정 따위는

없었다”고 리파는 놀라워한다. 그리고 계산원은 정확하게 거스름돈을 돌려주었다.

“마르세유의 카페들처럼 카이로의 카페들도 예측 가능한 규칙들을 따르게 될 날을 나는 그려 본다”고 그는 결론을 맺는다. 처음 프랑스 땅에 발을 딛으면서 리파는 이집트가 왜 현대적인 국가가 되지 못했는지 이해했다. 하지만 2세기가 지난 지금도 이집트에서 신뢰할 수 있는 규칙을 지키는 상점은 스타벅스와 맥도널드뿐이다.

아랍 국가이면서 무슬림 국가인 이집트의 모습을 보면서 이 나라에서 경제가 제대로 기능하지 못하는 원인이 아랍 문명이나 이슬람 종교 때문이라 결론짓는 것이 타당할까? 하지만 리파는 이와 다른 해석을 내린다. 독실한 무슬림이었던 그는 이슬람은 정의를 구현하는 반면 프랑스는 과학을 실현한다고 보았다. 따라서 이집트가 프랑스의 과학과 무슬림의 정의를 조합하여 가난에서 벗어남과 동시에 서양처럼 현대적인 나라가 되어야 한다고 믿었다. 이러한 리파의 야망은 이후 그의 삶을 이끌었다.

7년간의 프랑스 생활을 마치고 이집트로 돌아온 그는 지금으로 치면 국무총리 정도의 지위에 속하는 파샤의 자문관으로 20년 동안 재직한다. 이슬람에 과학을 접목시키기 위해 그는 프랑스에서 출판된 많은 과학서적을 아랍어로 번역하게 한다. 또한 최초의 아랍어 신문을 펴내고 통역학교와 소녀들을 위한 학교도 설립한다. 리파에 의하면 여성을 교육시키는 것은 보다 현대적이고 신앙심 깊은 사회로 나아갈 수 있는 핵심이다. 어린 여자아이들이 교육을 받으면 일도 할 수 있고 코란도 읽을 수 있다는 것이다. 또한 리파는 여성이 얼굴이나 몸을 천으로 둘러싸 가리는 것에 반대하는 입장이었다. 그에 의하면 이런 규범은 ‘코란에도 없는 것들’이다. 이런 입장 때문에 그는 평생 보수적인 무슬림들과 싸워야 했다. 오늘날까지도 이어지고 있는 무슬림들 사이의 논쟁들은 그 전부터 존재했던 근본주의와 온건주의가 종파로 나뉘는 계기가 되었다. 이러한 리파의 개혁들은 이집트와 다른 중동의 모든 나라들에게 현대화의 세기를 열어주었다. 19세기 말, 카이로와 다마스, 이스탄불은 전기와 의료시설, 대학, 독립적 신문들이 존재하는, 유럽 도시와도 같은 면모를 갖추고 있었다.

그런데 이런 '아랍 르네상스'에도 불구하고 그들은 왜 일본처럼 서유럽을 따라잡지 못하게 되었을까?

종교적 이유, 문화적 이유, 식민지 문제, 정치 문제 등 여러 가지를 생각해볼 수 있겠지만 그 중에서도 공공교육의 부실을 가장 큰 이유로 꼽을 수 있다. 이집트의 파샤는 이스탄불 오스만제국의 술탄들처럼 과학, 산업, 군대 등을 받아들일 준비가 되어 있었지만 법치국가만큼은 용납하지 못했다. 법치국가는 절대권력을 제한한다는 의미였다. 따라서 프랑스의 모델을 따라 헌법제도를 적용하자는 리파의 제안을 파샤는 받아들일 수 없었다. 법치국가의 수용에 있어서만큼은 파샤와 리파도 대립할 수밖에 없었고, 어쩌면 이 때문에 카이로 공항에서의 혼란이 아직까지 계속되고 있는지 모른다. 이는 또한 2011년의 혁명 주도세력들이 진짜 헌법을 요구하는 이유일 수도 있다.

기나긴 갈림길

왜 리파는 과학과 발전, 그리고 현대성을 배우기 위해 1829년의 프랑스까지 가야 했을까? 왜 이슬람 세계는 유럽의 기독교 세계보다 이토록 뒤처지게 되었을까? 하지만 12세기까지만 해도 상황은 반대였다. 이슬람 문명은 서구의 문명보다 찬란했다. 경제학자 앙구스 매디슨(Angus Maddison)은 12세기까지만 해도 근동지방 무슬림 제국들의 국민소득이 유럽에 비해 엄청나게 높았다고 말한다. 그러면 두 세계의 경제적 상황이 뒤바뀌는 과정에서 어떤 일이 일어난 것일까?

오늘날 많은 경제학자들은 터키의 역사학자 티무르 쿠란(Timur Kuran)이 말한 두 세계의 운명을 가른 '기나긴 갈림길'이 언제부터 시작됐는지 찾아내려 했다. 이론상으로만 본다면 무슬림들은 경제면에서 훨씬 이점을 가지고 있다. 이슬람은 유일하게 상인 출신이 만들어낸 종교다. 마호메트 ス-신도 사업가였던 여인과 결혼했다. 아랍인들은 전통적으로 상업을 주업으로 했으며 코란도 상업적 성공과 부를 쌓는 일에 끊임없는 찬사를 보내고 있다. 이런 상인들에게 부과되는 유일한 신성 의무는 자카트(Zakat)라 불리는, 수입의 2.5%에 해당하는 세금을 내는 일이며 이 자카트는 공동체를 돕는 일에 쓰도록 되어 있다. 코란에 의하면 개인의 영달을 추구하는 일도 부를 축재하는 일도 모두 성스러운 일이다. 이렇게 사업가 정신을 찬양하는 것은 부를 경멸하는 기독교의 입장과 완전히 대립된다. 예수가 신전에서 상인들을 쫓아냈던 것을 기억해보라! 이슬람 문명은 이렇게 결정적인 이점을 지니고 있었다. 12세기 이탈리아에서 자본주의가 탄생하면서 상황이 역전되기 전까지는 아마 그랬을 것이다.

스탠포드 대학의 경제학과 교수인 애이브너 그레이프(Avner Greif)는 제노바와 카이로에 있는 중세 고문서와 기록들을 기초로 자본주의의 탄생이 어떻게 중동과 서유럽의 경제적 관계를 뒤집었는지 설명한다. 12세기 초, 지중해의 해상 상업권은 두 개의 그룹이 지배하고 있었다. 하나는 제노바의 가문들이었고 또 하나는 원래 바그다드 출신 유대인으로 카이로에 거점을 둔 '마그레빈(Maghrebin)'들이었다. 마그레빈들은 아랍의 전통과 법을 따르고 있었다. 유대교에 아랍문화를 혼합한 이들은 유대교를 종교로 하면서 독일 문화권에 속한 동유럽의 '아쉬케나즈(ashkenaze)'와도 비슷하다고 볼 수 있다. 그레이프 교수는 12세기에 제노바인들이 은행이나 어음, 익명조합 같은 새로운 제도들을 만들어냄으로써 어떻게 마그레빈들을 따라잡게 되었는지 설명한다. 제노바에서 상업은 공동체간이 아닌 개인간의 거래로 발전해 나갔다. 각 개인은 계약서에 서명한 대로 저당을 잡고 출신성분을 건 맹세가 아닌 확실한 담보를 통해 돈을 빌려주었다. 제노바의 큰 기업들은 가족이 아닌 동업조합을 단위로 했다. 개인이나 가족이 아닌 익명조합이 모든 위험을 책임지는 것이다. 반면 마그레브의 상업조직은 가족과 공동체에 뿌리를 두고 있었다. 이런 혈연관계는 태생적으로 깨지기 쉬운 것이며 한번 깨지면 법적으로 다시 복원될 수 없는 것들이었다. 제노바 상인들은 위험이 큰 만큼 많은 이익을 가져다주는 기업들을 만들어내 엄청난 자본을 축적한 반면 마그레빈들은 점차 시장에서 내몰릴 수밖에 없었다.

　그런데 왜 마그레브 상인들은 제노바의 제도들을 적용해 보려는 시도를 하지 않았을까? 그레이프 교수에 따르면 이런 현대적 자본주의 제도들은 아랍의 가치와 상충되기 때문이다. 그리스 로마에 기원을 둔 제노바의 유럽 기독교 사회에서 개인들은 혈연이 아니라 효력있는 계약에 의해 연결되어 있었다. 그래서 그들에겐 결혼마저 하나의 계약관계로 봤다. 하지만 동양은 달랐다. 마그레빈들에게 개인은 공동체를 떠나 존재할 수 없었다. 가족을 떠나선 어떤 계약도 성사될 수 없었던 것이다. 마그레브의 여인들은 아무 권리도 가지지 못했으며 그저 남편이나 가족에 종속된 존재였을 뿐이다. 여성들의 지위만 살펴보아도 서양의 개인주의와 동양의 공동체주의를 충분히 구분할 수 있다고 그레이프 교수는 말한다. 이러한 문화적 차이는 서양에서 법치가 발달한 결정적인 원인으로 해석될 수 있다. 신용제도에서 민주주의에 이르기까지 서양의 제도들은 동양의 가족이나 부족공동체를 대신했으며 개인들간의 합리적 관계는 혈연관계를 대신했다.

그레이프 교수의 이론에 따르면 문화나 사회규범들은 확실히 종교 그 자체보다 우위에 있는 것 같다. 제노바인들은 기독교도들이기에 앞서 그리스 로마 문화의 계승자들이었다. 마그레빈들이 유대공동체 문화와 아랍 이슬람 문화를 함께 가지고 있었음을 볼 때, 경제적 격차를 만든 것은 종교가 아님을 알 수 있다. 즉 종교보다 문화가 더 큰 영향을 미친다는 것이다.

이렇게 그레이프 교수는 아랍과 서양의 '기나긴 갈림길'의 근원에 대한 해답을 제시해보려 했다. 하지만 문화에 대한 해석만 가지곤 모든 걸 충분히 설명할 수 없다. 마그레빈들과 그 뒤를 이은 아랍인들은 당시 더 효율적이라 여겨지던 새로운 자본주의 제도들을 받아들였을 수도 있지 않을까? 이에 대해 티무르 쿠란은 '기나긴 갈림길'에 대한 또 다른 해답을 코란이 아닌 '샤리아'[29]에서 찾을 수 있다고 말한다.

샤리아, 혁신의 걸림돌

아랍인들은 자신들이 가난한 이유를 유럽의 식민지화에서만 찾으려 한다고 티무르 쿠란은 지적한다. 유럽의 식민지배자가 아랍의 발전을 저해한 것은 사실이다. 그 결정적인 예가 19세기 이집트의 섬유산업인데, 영국인들은 이집트의 섬유산업에 보호관세를 부과함으로써 전멸시켜 버렸다. 하지만 그 이전에 아랍인들이 왜 식민지 지배를 받게 되었는지를 먼저 따져봐야 하지 않을까? 티무르 쿠란에 의하면 식민지배는 취약한 아랍경제의 결과일 뿐이지 원인은 아니다. 티무르 쿠란은 아랍이 식민지 지배를 받게 된 진짜 단초는 '기나긴 갈림

---

29) 코란 같은 직접적인 신의 율법이 아니라 코란의 내용이나 마호메트의 언행을 바탕으로 법학자들이 유추해낸 무슬림들의 윤리와 행동규범.

길'에서 이미 시작되었다며 그 원인이 '샤리아'에 있다고 말한다.

본래 이슬람법은 발전에 대해 절대로 적대적이지 않았다. 오히려 이슬람은 사업이나 사회정의에 매우 호의적이었다. 그래서 샤리아에서는 지금까지 존재하는 '와끄프'30)라는 제도를 통해 자선활동을 용이하게 할 수 있도록 유연한 법 규정을 두어 두 가지를 연결시키려 했다. 서양의 자본주의가 등장하기 전에는 여러 이슬람의 제도들이 효과적인 것으로 인식되었다. 상거래를 도와주는 바자(bazar)라든지, 이슬람 전문가들에 의한 중재제도라든지, 자카트(zakat)로 재정지원을 받는 사회보장이라든지, 이슬람교도든 아니든 자신의 개인적 사업이나 경제활동을 보호받을 법적 시스템을 선택할 수 있는 오스만 제국의 항복조항 등이 그런 예들이다.

'샤리아'는 그 자체가 반자유적이기 때문이 아니라(그런 적은 없었다) 서양의 모델이 더 효율적이라는 것이 드러나면서 반생산적인 것이 되었다. 그러니까 '샤리아'는 다른 곳에 발전적 변화가 일어남으로써 결과적으로 그리고 비교적으로 핸디캡이 되어버린 것이다. 티무르 쿠란에 따르면 이러한 핸디캡들 중에서 가장 눈에 띄는 것이 서양의 익명조합과 대비되는 이슬람의 협력공동체다. 샤리아에 따르면 이런 협력공동체는 법률적 실체가 아니다. 공동체의 파트너 중 한 사람만 사망해도 공동체는 사라지는 것이다. 이러한 한시적 조합은 10세기까지만 해도 굉장히 생산적인 제도였지만 12세기에는 그렇지 않았다. 시장의 규모가 확대되고 더 잘 짜여진 새로운 경쟁자들이 나타났기 때문이다.

처음에는 좋은 의도로 시작됐지만 차차 반생산적으로 되어버린 또

---

30) 모스크와 기타 자선을 목적으로 하는 공공시설을 재정적으로 유지하기 위하여 기증된 토지, 가옥 등의 재산을 말한다. 한 번 와끄프에 기증된 재산은 다시 양도할 수 없게 되어 있다.

하나의 이슬람의 제도는 유산상속법이다. 코란은 일부다처제를 허용한다. 그래서 샤리아에서는 남편이 죽으면 재산을 그의 미망인들과 자녀들에게 공평하게 분배하도록 규정하고 있다. 이는 매우 공정한 제도이지만 반대로 부가 분산된다는 단점을 가지고 있다. 샤리아에 기초한 사회적 정의가 서유럽의 법과는 반대로 자본 축적에 불리하게 작용하는 것이다. 반면 유럽을 지배했던 로마법에서는 19세기까지 아버지의 재산을 장남이 상속하도록 되어 있었다.

와끄프 또한 처음에는 매우 훌륭한 제도였지만 점점 반생산적인 것이 되었다. 샤리아에 따르면 자선단체에 기부하는 돈은 모든 세금이 면제된다. 좋은 의도였지만 약삭빠른 무슬림 상인들이 세금을 피하기 위한 수단으로 자선단체를 세우게 되었다. 그러니까 샤리아에 의해 합법화된 세금포탈이 유럽과 같은 번영을 가져다줄 제도적 장치를 가로막은 것이다. 법치국가는 '최소 국가'를 전제로 한다. 하지만 안정적인 세금징수가 불가능한 아랍 왕국들과 오스만제국에서 최소 국가의 실현은 힘든 일이었다. 게다가 와끄프로 한번 기증된 목적물은 영원히 국가의 것으로 유지되었다. 이것이 변화하는 사회로 적응하는 걸 가로막았고 자선단체마저 비효율적인 기관으로 만들었다.

경제문헌들을 보면 빌려준 돈에 대한 이자를 금지하는 샤리아법을 매우 중요하게 다루고 있다. 이 문제는 이슬람과 자본주의 사이의 차이를 말할 때 가장 많이 언급된다. 하지만 실제로 이자 금지법은 그다지 중요하지 않다. 샤리아를 만든 법학자들은 이미 12세기부터 빌려준 돈에 대한 '사례금'을 허락하고 있었지만 서양 사람들은 이자를 금지한 것으로 잘못 이해하고 있다. 지금도 마찬가지다. 이슬람권 은행들은 비이슬람권 은행들과 똑같은 규정을 따르면서 단지 이자를 '사례금'이란 이름으로 다르게 부르고 있을 뿐이다.

'기나긴 갈림길'을 만들어낸 제도들의 중요한 차이를 보여주기 위한 또 하나의 방법이 있다. 중동지역 내 여러 공동체들이 보여준 경제적 행보의 차이점을 비교해보는 것이다. 그런 의미에서 알렉산드리아라는 도시는 좋은 예가 될 것이다. 이 도시의 주민들은 다양한 문화와 종교들의 '표본집단' 들을 형성하고 있었다. 여기서 시민들은 자신들만의 법적 시스템을 선택하여 사업을 시작할 수 있었다. 그 중 자본주의라는 서양의 시스템을 받아들였던 이들(그 중엔 아랍인들도 많았다)은 샤리아법에 묶여 있던 사람들과 달리 엄청난 속도로 부를 축적할 수 있었다.

티무르 쿠란은 이렇게 '기나긴 갈림길' 의 역사적 기원을 명쾌히 밝히고 있다. 하지만 19세기 말부터는 모든 무슬림 사업가들이 서양의 자본주의 시스템을 그대로 따랐다. 오늘날 무슬림 법학자들이 지적했듯이 서양의 자본주의는 '샤리아와 공존 가능한 것' 이었다. 하지만 자본주의에의 재적응 노력에도 이슬람 사람들은 아직까지 서양 사람들보다 훨씬 가난하다. 아랍의 이슬람 사회가 다른 사회에 뒤처지는 다른 이유라도 있다는 말일까? 우린 동아시아에서처럼 아랍 경제의 호랑이가 나타나서 포효하길 기다렸다. 하지만 아직까지 그런 모습을 볼 수 없다.

그렇다면 이슬람 세계 자체에서 그들의 '경제적 무기력' 에 대한 설명을 찾아야 하는데, 여기서 발견되는 것이 바로 '배교' 의 문제다. 샤리아에 따르면 무슬림이 이슬람과 단절한다는 것은 곧 배교자가 되는 것을 의미하며 사형에 처해질 수도 있는 중죄에 해당한다. 그런데 어디까지를 배교라 보아야 하는가? 정부에 의해 임명되는 이맘들과 이른바 사제라 불리는 사람들은 샤리아법을 자유롭게 해석할 수 있는 권한을 가지고 있다. 수니파에는 종교적 이론을 규정하는 최고기관이 따로 존재하지 않는다. 따라서 수니파의 이맘들은 저마다 배교에 대한 나름대로의 해석을 내릴 수 있다. 한데 이렇게 해석된 다양한 규범들이 티무르 쿠란의 해석에 따르면 무슬림들이 혁신을 시도하는 것조차 단념케 만드는 원인이라는 것이다. 이를 증명하기는 쉽지 않지만 적어도 이슬람 사회들이 혁신을 시도하기보단 혁신의 위험성을 먼저 생각한다는 건 맞는 말 같다.

실패한 탈식민지화

오늘날 아랍세계의 경제가 뒤처지게 된 여러 원인에 대한 문화적 · 종교적 가설들에 이어 이제 정치적 · 이념적 원인들에 대해 살펴보려 한다. 코란과 샤리아만 가지고 이슬람 국가들이 왜 뒤처지게 되었는지를 설명하기에 불충분하다. 따라서 이제는 그들의 현대사를 한번 되돌아보아야 할 것 같다.

거의 모든 아랍 국가에서 자본주의의 가장 나쁜 적은 이슬람이 아니라 정권이었다. 현재 아랍의 어떤 나라도 진정한 민주주의 정부를 가지지 못했다. 비아랍권의 이슬람 국가들 중에는 민주주의를 실현한 나라도 있다. 말레이시아나 인도네시아가 그렇다. 아랍세계와 멀리 떨어져 있어 아시아적 가치관의 영향을 받은 이 나라들은 아랍 국가들과는 대조적으로 법치국가에 근접해 있으며 세계자본주의 원칙을 따르고 있다.

이슬람 국가이면서 비아랍권으로 분류되는 또 다른 경우로 터키를 들 수 있는데, 이 나라는 민주화와 경제발전을 동시에 이뤄가고 있다. 아랍을 지배하는 것은 강한 정부들이며 대체적으로 독재일 경우가 많다. 하지만 이슬람이라는 종교에서 이에 대한 원인을 찾는 것은 곤란하다. 이슬람의 교리 어디를 찾아봐도 이를 정당화하는 내용은 없기 때문이다. 이 모두는 1960년대의 탈식민지화 전쟁 과정에서 생겨

난 것이다. 당시의 아랍 국가들은 국민들을 설득하기 위한 수단으로
서구에서 비롯한 민족주의를 이용했다. 그리고 이들 중 상당수가 이
슬람 전통 대신 서구의 사회주의 경제모델을 받아들였다. 더구나 모
든 이슬람 국가들이 유럽의(프랑스, 영국, 네덜란드, 러시아) 식민지
지배를 받으면서 지금은 사라진 반서구, 반자본주의 감정들이 생겨
났다.

식민통치에서 벗어나려는 과정에서 제국주의 국가들과의 충돌은
불가피했다. 이런 현대사 속에서 대부분의 나라에서 독립투쟁을 위
한 군사 권력들이 만들어졌다. 공식적으론 군부가 권력을 쥐지 않았
던 군주제의 모로코나 공화제의 이집트, 알제리에서도 뒤에선 군부
가 정부를 꼭두각시처럼 조종하고 있었다. 이들 '민족주의' 정부는
기업가들의 활동이나 자신들의 권력을 제한하는 법치주의를 용납하
지 않았다. 더구나 이들 아랍 국가들이 독립을 이루어낸 시기는 소련
이 위세를 떨치고 사회주의가 가장 빠른 경제번영의 길로 여겨지던
시대였다. 그래서 아랍의 위정자들은 발전이라는 명분하에 사유재산
권을 박탈하고 부르주아 기업가들을 몰아내며 국가에 모든 권력을
집중하려 했다. 석유, 가스, 인산염, 구리 같은 천연자원이 풍부한 나
라일수록 이런 유혹은 더 컸다. 민족해방과 경제 합리화란 명분 아래
국가의 모든 부가 군부나 고위 관료들의 손에 집중되었고, 식민지 시
절 중동지방에서 발흥하던 소자본가들은 1960년대부터 점차 자취를
감추었다.

패거리 자본주의

소비에트 체제가 붕괴하고 사회주의 경제가 자유주의 경제보다 비

생산적이라는 것이 알려지기 시작한 이후 아랍 정부들은 시장을 재건하기 시작했다. 하지만 그렇다고 자신들의 절대권력을 포기한 건 아니었다. 이런 상황에서 위정자들이 타협점으로 찾아낸 것이 소위 경제학에서 '패거리 자본주의' 라 부르는 경제체제였다. 이 패거리 자본주의는 지금도 중동과 근동지방을 지배하고 있다. 모로코부터 파키스탄에 이르기까지 이런 나라에서 가장 짧은 시간에 쉽게 부를 쌓을 수 있는 길은 관료 엘리트들과 친분을 유지해 독점적 '이득' 을 얻어내는 것이다. 그리고 이렇게 얻어진 이득은 아첨꾼 사업가와 관료가 나눠먹게 된다. 이런 식으로 이득을 얻는 것이 혁신기술을 찾아내는 것보다 훨씬 쉽다. 특히 석유나 가스 같은 막대한 천연의 부가 쌓여 있는 나라에선 이런 식의 나눠먹기가 훨씬 매혹적일 것이다.

하지만 나눠먹기의 이득이 혁신을 대신하고 있는 이런 나라들은 한 편으로 '천연자원의 저주' 에 시달리고 있다. 즉 천연자원 때문에 근로의욕이나 지역경제의 차별화를 이끌어낼 수 없는 것이다. 석유와 천연가스를 생산하는 아랍 국가들의 유일한 차별성은 재분배에 있다. 걸프만의 에미레이트[31]나 사우디왕국은 알제리나 리비아 같은 공화국들(이름뿐인 공화국이지만)에 비해 재분배에 신경을 쓴다. 이 왕국들이 혁명에 맞닥뜨렸을 때 공화국들보다 잘 견딜 수 있는 것도 이런 이유 때문이라 볼 수 있다. 재분배는 국가 수익의 일부분을 나누어 가지는 것이기 때문에 어찌 보면 굉장히 합리적으로 보인다. 하지만 사우디와 쿠웨이트의 국민들은 실질적으로 모두가 '연금생활자' 들이며 이 때문에 기업가 정신을 가지기가 어렵다. 일인당 국민소득이 1만3천 달러에 이르는 사우디아라비아 국민들은 이민자들이 자신들 대신 일을 하게 해도 어렵지 않게 살 수 있다. 하지만 이렇게 하면 그

---

31) 에미레이트는 토호국가 또는 수장국가라는 뜻이며 아랍에미레이트는 걸프만 주변의 일곱 개 토호국들이 합쳐 만든 연합국이다.

들의 생활수준은 절대 나아질 수 없다.

'패거리 자본주의'는 사회 모든 계층에 적용된다. 이집트와 모로 코, 알제리에서는 권력과 밀착하면 대기업가가 될 수 있고 좀더 낮은 계급의 관료들과 밀착하면 중소기업가가 될 수 있다. 이집트는 이런 '패거리 자본주의'의 가장 좋은 모델이다. 이집트의 권력자들은 1990년대 민영화를 단행하면서 국가 독점권을 개인들에게 나누어주는 척했다. 하지만 새로운 민영기업의 주인들은 대부분 대통령 무바라크의 집안 사람들이나 고위관리들이었다. 경제학자 헤르난도 드 소토(Hernado de Soto)가 경제사다리 밑바닥에 있는 사람이 카이로에서 빵집 하나를 내기 위해 걸리는 시간을 계산한 적이 있는데, 거의 2년이라는 시간이 필요하다는 결론이 났다. 절차 때마다 관료들에게 뇌물을 바쳐가며 이렇게 기간을 참고 견뎌야 겨우 빵집 하나를 열 수 있는 것이다. 하지만 빵집을 여는 데 성공한다 해도 이 빵집 주인은 보호비 명목으로 지역 경찰들에게 정기적으로 돈을 바쳐야 한다. 사업체의 규모에 관계없이 이런 관행은 어느 곳에서나 행해지고 있다. 법치주의를 실현하려 했던 리파의 좌절은 더딘 성장과 엄청난 실업률 그리고 보통사람들이 하루벌이를 위해 싸워야 하는 거대한 지하경제의 현장에 아직도 검은 그림자를 던지고 있다.

행정적 제약뿐만이 아니다. 독재정부도 자본주의를 방해하는 현 사회를 만들어낸 주범들이다. 필자는 모로코 기업들과 유럽 기업들의 경영방식을 비교해본 적이 있다. 모로코의 사업가들은 넓은 사무실에 수많은 직원들과 비서, 운전사들을 거느리고 거들먹거리며 회사를 운영한다. 그들에겐 이윤보다 자신의 권력과 이를 표현해줄 수 있는 권위가 중요하다. 모로코의 사업가들에겐 사무실을 궁전처럼 꾸미고 왕 흉내를 내는 게 사업을 하는 이유인 것이다.

터키 행진곡

터키의 현대사를 보면 정부가 자본주의화에 얼마나 큰 영향을 미치는지 확연히 알 수 있다. 19세기 초 이집트의 파샤가 그랬던 것처럼 이스탄불의 술탄도 오스만제국이 많이 뒤처져 있는 걸 뒤늦게 깨닫고 서양 문물을 받아들이려 했다. 하지만 그는 서양의 군사기술만을 원했을 뿐 다른 제도들을 받아들일 생각은 하지 않았다. 터키 경제학자 세브켓 파묵(Sevket Pamuk)은 오스만제국이 가난에 빠진 이유가 술탄이 늘 자신의 궁정에 또 다른 세력이 나타나 자신을 위협하지 않을까만 고민했기 때문이라고 말한다. 서구화된 부르주아 세력의 등장은 술탄이 가장 두려워하는 바였다. "오스만이 뒤처진 이유를 이슬람에서 찾기는 힘듭니다. 이스탄불의 지도자들이 가졌던 권력에 대한 강박관념이야말로 오스만의 경제적 후진성을 설명하는 핵심입니다." 세브켓 파묵의 주장이다.

1923년 오스만제국에서 터키공화국으로 바뀐 뒤에도 변한 건 거의 없었다. 터키공화국을 창립한 무스타파 케말(Mustapha Kemal)은 당시 유행하던 이탈리아의 파시즘(이집트의 이슬람형제단도 1924년 창설하면서 파시스트의 조직을 모방했다)에 빠져 있었다. 그가 내린 판단은 "터키인들에게 기업가 정신이란 존재하지 않는다"는 것이었다. 그래서 케말은 정부가 기업가의 자리를 대신하거나 아니면 정부에서 새로이 기업을 할 인재들을 선발하려 했다. 국가 부르주아의 탄생이었다. 케말의 사망(1938년) 이후에도 터키에서는 그의 이념을 따른 군사독재가 이어졌다. 이 기간 동안 터키 경제는 거의 발전하지 못했고 정치세력과 강한 밀착관계를 유지한 몇몇 기업인들만 엄청난 부를 쌓았다. 세브켓 파묵의 말은 옳았다. 낙후된 터키 경제에 대한 책임은 이슬람이란 종교에 있는 게 아니었다. 세속의 공화국에 의해 오히려 종교는 억압당했을 뿐이다. 케말주의 체제 아래서 공개적으로 무슬림을 표방하는 사람은 정부나 군대, 기업 등에서 요직에 오를 수 없었다.

현대에 이르러 터키에는 공개적으로 무슬림임을 표방하는 지도자들이 나타나 시장을 자유화하고 번영을 누리기 시작했다. 그 첫 단추는 1987년 세계은행 출신의 경제학자 투르구트 오잘(Turgut Ozal)이 끼웠다. 자유주의 경제학자이면서 독실한 이슬람교도이기도 한 오잘은 재정적자와 인플레이션을 적극적으로 해결하려 노력했다. 그리고 그는 마침내 무슬림당인 AKP(정의개발당)가 대선에서 승리하는 길을 열었다. 2002년 AKP가 집권한 후 터키는 엄청난 경제적 변화를 이루어냈다. 국가예산은 균형을 이루었고 물가는 안정을 찾았으며 자유무역이 주를 이루며 국가독점과 '패거리 자본주의'는 엄격하게 제한되었다. 터키의 법치주의는 아직 불완전하지만 유럽연합의 기준에 거의 가까워지고 있다. 터키의 경제성장률은 세계에서 가장 높은 수준인 연평균 8%에 이르는데, 이는 동아시아의 기록과도 별 차이가 나지 않는다. 석유가 생산되지 않음에도 터키의 일인당 평균소득은 사우디아라비아보다도 높다.

터키가 경제성공을 이뤄내도록 만든 숨은 공신으로 아나톨리아 지역의 신세대 기업가들을 들 수 있다. 이들은 독실한 이슬람교도이며 보수주의자들이지만 절대 극단주의자들은 아니다. 일반 터키 국민들이나 군부가 이를 용납하지 않겠지만, 이들 또한 터키가 이슬람 사회가 되는 걸 바라지 않는다. '아나톨리아의 호랑이들'이라 불리는 이들은 언제나 우리를 놀라게 한다. 이들이 어떻게 터키 현대화의 동력이 되었는지는 한마디로 말하기 쉽지 않다. 그들에 대해 설명하라면 지역에 바탕을 둔 가정의 가치와 노동을 소중히 여기는 사람들이라고 대답할 수밖에 없다. 어떤 이들은 오스만제국 때 아시아와 유럽을 잇는 관문이었던 아나톨리아의 지역적 전통을 내세우기도 한다. 터키 세속주의자인 세브켓 파묵 같은 이는 아나톨리아의 낮은 임금수준과 방대한 유럽시장의 접근성을 현실적 요인으로 든다. 참고로 터키는 1980년 국내생산의 3%만을 수출했지만 지금은 25%를 수출에 의존하고 있다. 아나톨리아인들의 괄목할 만한 성공의 이유가 무엇이든 여기서도 종교는 크게 작용하지 않을 뿐더러 더 확실한 것은 부정적 역할도 하지 않았다는 사실이다. 오히려 코란이 전하는 상업이나 기업에 대한 우호적 태도가 오늘날 터키가 높이 사는 자유주의 정신을 드높이는 데 도움을 주었다는 사실을 부인할 수 없다.

그런데 이러한 터키의 경제성장 모델이 아랍의 이웃나라들에게까지 확산될 수 있을까? 이 질문에 대해 대답하기 위해 새로운 장에서 2011년의 봄, 즉 아랍혁명에 대해 이야기해보자.

아랍혁명

아랍인들의 혁명은 2011년 1월의 튀니지와 뒤이어 이집트가 시발점이 되었다. 튀니지 대통령은 망명했고 이집트 대통령은 부패혐의로 고발되었다. 자유선거가 치러졌고 지금까지 금지되었던 이슬람 정당을 포함한 모든 정당들이 선거에 참여할 수 있었으며 곧 새 헌법도 제정될 것이다. 이 혁명이 어떤 방향으로 흐를지 예측하긴 아직 이르다. 그러나 혁명은 아랍 세계를 깊이 변화시켰고 이미 우리는 이를 잘 알고 있다.

아랍의 혁명의 불씨는 전혀 예상하지 못했던 곳에서 번져 나갔다. 수년 전부터 아랍의 지식인들은 민주주의를 요구했지만 독재 권력에 아무런 충격도 주지 못하고 감옥으로 가거나 망명해야 했다. 서방의 정부들 또한 아랍 독재자들을 이슬람 원리주의자들의 정권 찬탈 위협에 대한 방패막이로 이용해왔다.

2010년 12월 경찰에게 과일과 채소를 실은 수레를 빼앗긴 한 젊은이가 분신자살했다. 모하메드 부아지지라는 이름의 이 젊은이는 대학까지 졸업했지만 대부분의 아랍 젊은이들처럼 알맞은 일자리를 찾을 수 없었다. 부아지지는 과일과 채소를 떼어다 팔아 겨우 생계를 유지했다. 그러나 그의 행상은 지방당국에 신고되지 않았기 때문에 공식 허가증이 없었다. 좀더 정확히 말한다면 지방경찰에게 뇌물을 바치지 못했던 것이다. 그런데 그의 죽음은 아랍 민중들을 거리로 뛰쳐나오게 만드는 불씨가 되었다. 많은 아랍인들이 영세상인이었던 그에게서 동질감을 느꼈다. 그의 죽음은 역사적으로 또 한 사람의 순교자를 떠올리게 한다. 1969년 프라하에서 분신자살함으로써 소비에트 제국의 멸망을 재촉하고 혁명의 상징이 되었던 체코슬로바키아의 청년학생 얀 팔라흐(Jan Palach)다. 경제적 욕구불만은 확실히 아랍혁명의 시발점이었다. 이집트의 독재자를 쓰러뜨린 군중들의 주도세력은 외국으로 나가지 않는 한 일자리를 찾을 희망조차 없었던 카이로와 알렉산드리아의 대학생들이었다. 정치적 권리에 대한 요구뿐만 아니라 경제적 자유에 대한 요구도 이번 혁명의 주된 동력이었다.

그런데 왜 아랍의 정부들뿐만 아니라 서방의 정부들도 이번 혁명을 전혀 예상하지 못했을까? 누구도 부아지지나 그의 동료들에게 관심을 기울이지 않았기 때문이다. 이들의 관심은 오직 민주화운동의 지도자들과 이슬람 원리주의자들의 움직임에만 쏠려 있었다. 어떤 이슬람 연구가도 이렇게 민주적이고 대중적이며 비폭력적인 혁명을 예견하지 못했다. 경찰은 항쟁세력들을 결집시키는 데 결정적인 역할을 한 페이스북에 전혀 주목하지 않았다. 페이스북을 통한 시위는 이

전 이집트에서도 이미 시도한 적이 있었지만 군중을 불러 모으는 데 성공하지 못했다. 그러나 2011년 1월 25일 부아지지의 상징적인 죽음에 힘입어 페이스북은 큰 성과를 보였다. 튀니지의 혁명은 부아지지의 죽음과 페이스북의 조합 없이는 불가능한 것이었다.

그럼 이슬람주의자들은 어땠을까? 이슬람주의자들은 혁명을 이끌기는커녕 아무 영향도 주지 못했다. 그들은 혁명의 성공이 확실해진 뒤에야 시위에 합류했다. 민중봉기의 현장에서 이슬람 원리주의의 슬로건이나 플래카드는 찾을 수 없었으며 이스라엘 국기가 불태워지는 장면도 없었다. 이제 선거가 이루어지면 새 헌법이 만들어지고 새 정부들이 들어서며 이슬람 단체들도 정치에 참여할 것이다. 이슬람 단체들은 일단 소수당에 만족하겠지만, 알 카에다보다는 터키의 AKP(정의개발당)의 모델에 가까울 것이다.

세계화의 욕구

아랍혁명이 던지는 메시지는 명백하다. 무슬림이나 비무슬림, 남녀를 가릴 것 없이 아랍인들 누구도 다른 세계로부터 고립되는 걸 원치 않는다. 카이로의 타흐리르 광장에 모인 이집트의 학생들은 영어와 프랑스어로 이슬람화가 아닌 민주화와 세계화를 원한다고 달했다. 이 젊은이들은 알 카에다의 설립자인 엘 바나(El Banna)의 후손들이 아닌 리파 엘-타흐타위의 후계자들이다. 서방측도 이젠 아랍세계에 대해 가졌던 편견들을 바로잡아야 할 것이다. 2011년 '아랍의 봄'은 팔레스타인 출신 프린스턴 대학 교수인 에드워드 사이드(Edward Said)가 말했던 대로 '오리엔탈리즘의 종말'을 가져왔다. 오리엔탈리즘이란 아랍인들을 '타자'로 보는 시각을 말한다. 운명의 아이러니인지 모르지만 서양에서 유일하게 오리엔탈리즘에 반대한 것은 미국의 신보수주의자들이었다. 이들은 이슬람 세계도 민주주의와 자본주의를 통해 충분히 번영을 누릴 수 있다는 입장을 유지했다.

권위적인 앙시앙 레짐(구체제)에서 법치주의로 넘어가는 과도기는 혼란스러울 것이다. 아랍세계의 모든 군부세력들은 자신들의 특권을 쉽게 포기하지 않을 것이다. 그래도 아랍의 거의 모든 정당들이 자유주의에 호의적인 태도를 보이고 있기에 이들의 경제적 미래는 더욱 예측 가능해졌다. 프랑스의 영향이 강하게 남아 있는 모로코나 튀니지에서는 몇몇 사회주의 정당들도 모습을 나타냈다. 하지만 이들 사회주의 정당들도 이름처럼 사회주의적이지 못하다. 진짜 사회주의는 대부분의 아랍 대중들에게도 좋지 않은 인상으로 남아 있다. 왜냐하면 사회주의라는 이름은 1960년대 나세르 치하에서의 끔찍한 경제적 재앙을 떠올리게 만들며 신실한 무슬림들에겐 구소련 체제의 무신론적 이데올로기를 생각나게 하기 때문이다.

아랍세계가 '패거리 자본주의'에서 진정한 자유주의로 하루아침에 변모할 것이라고는 믿지 않는다. 이들은 점차 자유주의로 이행하는 단계를 밟게 될 것이다. 무신론자든 아니든 새로운 정치세력들은 부아지지와 같은 이들이 누구나 기업을 할 수 있고, 카이로에서 빵집을 열기 위해 2년이나 기다릴 필요가 없는 개방된 시장을 원하고 있다. 이제 우리는 카이로의 카페가 마르세유의 카페와 같을 수 없었던 이유가 문화나 종교 때문이 아니었음을 알게 되었다. 무슬림들은 이슬람이라는 종교 때문에 가난해지고 독재에서 벗어나지 못한 게 아니었다. 무슬림들은 그들의 종교가 아닌 그들 역사의 희생양이었을 뿐이다.

소피텔에서의 오해

프랑스에서 도미니크 스트로스 칸은 좌파를 마르크시즘에서 세계화주의로 이행시킬 '현대적 사회주의자' 라는 평가를 받고 있었다. 하지만 그의 위선을 밝혀내는 데는 단 10분으로 충분했다. 그가 뉴욕경찰에 의해 체포되던 때는 그의 파리행 비행기가 출발하기 10분 전이었다. 유감스럽게도 그는 시대와 국가를 기만한 현대적 위선자였을 뿐이다.

세계적 명사는 엽색행각을 벌여도 문제가 되지 않는 시대를 살고 있다고 칸은 믿었던 것일까? 최악의 상황이 일어나도 여종업원은 침묵을 지킬 것이고 심지어 왕의 은총을 입은 것처럼 기뻐하리라 믿었는지도 모른다. 어쨌든 칸과 그를 옹호하는 사람들은 성혁명이나 양성평등과 인간의 존엄성 따위에서 스스로 벗어나 있다고 생각한 모양이다. 하지만 유감스럽게도 미국에서 성범죄는 프랑스에서보다 더 심각한 범죄로 취급된다. 인터넷의 시대에 이런 유의 부적절한 행위는 블로거나 트위터들을 비껴갈 수 없는데도 칸은 정보혁명에 별 관심이 없었던 것 같다. 칸이 체포되고 몇 분 후에 온 세계의 사이트에 그의 스캔들이 퍼져 나갔다. 이제 권력자들이 몇몇 기자들을 매수하거나 입을 닫게 할 수 있는 시대는 지났다. 칸은 이렇게 역사적으로 '뒤떨어진' 인물이었다. 그의 행위가 강제추행이었든 여종업원과의 합의에 의한 것이었든 달라지는 것은 없다. 재판 결과가 그의 개인적인 운명을 결정하겠지만 이 사건의 본질과 그가 정치적으로 생명이 다했다는 점은 변함이 없을 것이다.

게다가 칸은 범행 장소를 잘못 선택했다. 아마 자신이 파리의 한 호텔에 머물고 있다고 착각했을지도 모른다. 하지만 불운하게도 그곳은 뉴욕에 위치한 소피텔이었다. 프랑스에서였다면 그의 범죄에 대해 침묵하거나 어물쩍 넘어가는 게 가능했겠지만 미국에서는 그게 통하지 않는다. 프랑스인들로서는 억측과 소문이 난무한 댓글들이나 의견만으로 뭔가를 판단한다는 게 이해하기 힘든 일일지 모르겠다.

칸의 혐의를 대하는 프랑스인들과 미국인들의 시각차는 두 사회가 얼마나 다른지를 단적으로 보여준다. 피해자가 특히 흑인 여성일 경우 미국에서는 피해자의 형사상 권리와 진술이 용의자에 대한 무죄 추정의 원칙에 앞선다. 사람들은 희생자라 주장하는 사람의 말에 더 귀를 기울이고 정당성을 부여하게 되어 있기 때문에 프랑스인들에겐 이것이 이해되지 않는다. 하지만 미국인들은 혹시 희생자가 무시당하지 않을까 하는 두려움을 늘 가지고 살아간다. 역사적으로 흑인들을 비롯한 약자들을 괴롭혀 왔던 과거를 가지고 있기 때문이다. 그런 의미에서 미국인들은 끊임없이 속죄의식 속에서 살고 있다. 만약 백인 여성이 비슷한 상황에 처했다면 이번처럼 동정 여론이나 사법적 관심을 받지 못했을 것이다. 또 한 가지, 미국 언론들은 자발적으로 힘 있는 자들에 대항해 약자를 펀드는 민주적 저널리즘의 뿌리 깊은 전통을 가지고 있다. 프랑스와는 대조적인 모습이라 할 수 있다. 미국의 기자들은 진정한 의미의 안티권력을 행사하지만 프랑스의 기자들은 스스로를 권력자나 엘리트 지도층으로 여긴다. 칸의 성적·금전적 추문들은 몇 년 전부터 이미 프랑스 기자들 사이에 널리 퍼져 있었지만 같은 부류에 속해 있다는 인식 때문인지 아무도 이를 파헤치려 한 적이 없다.

　너무나 당연시되고 뼛속 깊이 내면화되어 스스로도 알아차리지 못하는 미국과 프랑스의 본질적인 차이가 또 하나 있다. 미국인들이 본능적으로 민주주의자들인 반면 프랑스인들은 아직껏 귀족주의의 습성을 버리지 못하고 있다는 사실이다. 여기서 말하는 민주주의는 제도를 말하는 것이 아니다. 알렉시스 드 토크빌의 적절한 지적처럼 습성에 있어서 그렇다는 것이다. 유감스럽게도 미국의 학교에서는 토크빌에 대해 배우는 반면 프랑스의 교과과정에선 토크빌에 대한 언급을 찾아보기 힘들다. 프랑스에서는 읽지도 않고 토크빌을 인용하기 때문에, 그가 설명하는 '민주주의'가 제도가 아니라 습성과 관련된 것이란 사실을 무시하곤 한다.

　미국은 민주주의가 깊이 뿌리내린 나라이고 각자가 그렇게 되려고 노력하는 나라다. 때문에 경찰과 사법부는 지위고하를 막론하고 너무하다 싶을 만큼 공정성을 유지하려 주의를 기울인다. 도미니크 스트로스 칸은 돈과 권력을 쥔 사실상의 '귀족'이기 때문에 특별히 더 엄정한 대우를 받은 것이다. 평등을 지향하는 사회에서(적어도 판사에게 협상이 들어가고 돈의 액수가 판결을 좌우하기 전까지는!) 특별한 대우란 있을 수 없다는 사실을 경찰과 (선출직의) 검찰은 보여준 것이다. 하지만 프랑스에서는 반대다. 그들이 모두 정직해서인지 아니면 법보다 위에 있어서인지 몰라도 실질적인 귀족 계급들이 구치소까지 가는 경우는 찾아보기 힘들다. 반면 미국에서 재산을 가졌다는 사람들은 권리보다 많은 의무를 짊어져야 한다. 칸은 그가 저질렀다고 (또는 저지르지 않았다고) 여겨지는 범죄보다 권력을 남용했다는 이유로 더 큰 처벌을 받게 될 것이다.

　그렇다면 미국의 경찰과 사법부가 프랑스의 경찰과 사법부보다 더 가혹할까? 필자의 견해로 미국의 경찰과 사법부가 특별히 가혹하진 않지만 같은 범죄에 대해 미국의 처벌이 훨씬 무거운 건 사실이다. 이런 엄중한 처벌 규정은 미국이 다문화 사회이기 때문이라고 볼 수 있다. 다양한 문화권 사람들로 구성된 사회에서 법이나 규정이 엄격하게 적용되지 않으면 서로 조화롭게 살기 힘들다. 나라의 구성원이 다양하고 이민자의 비율이 많을수록(뉴욕에는 특히 다양한 민족들이 있다) 경찰과 사법부는 엄격해진다. 그리고 이런 엄격함은 화합과 질서를 이루는 조건이기도 하다. 1980년대의 뉴욕은 '톨레랑스 제로(Tolerance zero)'라고 불려진 '무관용' 원칙의 첫 번째 실험실이기도 했다.

도미니크 스트로스 칸은 자기 같은 프랑스 귀족에겐 이해할 수 없고 괴상하게 보이는 세상 속으로 '추락' 하고 말았다. 그의 행위의 옳고 그름을 떠나 프랑스에서 그를 지지하는 사람들은 미국 사회가 어떻게 돌아가는지 잘 이해하지 못하는 것 같다. 칸은 규범을 넘어선 예외적인 탄압의 희생자가 아니다. 그가 미국에서 받은 대접은 프랑스와는 근본적으로 다른 문명의 모습을 보여준 하나의 예일 뿐이다.

2011년 5월 31일

원자력발전을 거부한다니!

독일 정부가 일정 기간 안에 원자력 에너지를 포기하겠다고 발표했다. 합리적인 선택이라 볼 수 없다. 전체적으로 볼 때 원자력 발전소가 지열에너지보다 덜 위험하다는 건 이미 확인된 사실이다. 석탄 광산에서 최종 소비자에게 이르기까지 얼마나 큰 위험이 따르며 얼마나 많은 희생들이 있었던가? 장기적으로 볼 때 원자력 발전소는 수익성도 뛰어나다. 그 개념조차 모호한 대체에너지는 현실성이 떨어질 뿐더러 실체조차도 의심스럽다. 풍력에너지에 실제 드는 비용은 아무도 알지 못하며 그 투자나 유지비용도 계산된 적이 없다. 태양에너지도 사정은 마찬가지다. 차라리 우럽과 미국 대륙에 풍부하게 매장되어 있는 셰일가스에 에너지의 미래를 거는 게 나을 것이다. 벡텔(Bechtel) 등 미국의 기업들이 셰일가스의 생산 기술을 가지고 있다. 현재로선 유럽의 셰일가스층을 개발하는 것보다 러시아의 가스프롬(Gazprom)[32]에서 천연가스를 사오는 게 싸지만 앞으로 유럽이 에너지를 자급자족할 수 있다는 위안을 가질 수 있다. 가스 외에도 바이오매스나 태양, 풍력 등등 에너지는 무궁무진하다! 어쩌면 미래엔 독일인들이 프랑스의 EDF(프랑스 국영 전기공사)가 생산하는 전기를 사

---

32) 러시아의 국영 천연가스 회사.

게 될지도 모른다.

원자력 문제에 대한 독일식의 해법은 정치적이기도 하고(녹색당의 선거전략이나 녹색 이데올로기 등) 문화적이기도 하다.

지중해 연안의 유럽이 인본주의적 문화를 가진 반면 독일의 die Kultur(문화)는 die Natur(자연)에 뿌리를 두고 있다. 또한 유럽이 기독교적인 데 반해 독일은 조금은 이교도적인 성향을 지니고 있다. 색슨의 이교문명(크리스마스 트리도 이들의 풍습에서 온 것이다)에서부터 게르만의 낭만주의 그리고 오늘날 수목들에 대한 열정에 이르기까지, 그 일관된 흐름을 따라가다 보면 어떤 독일적 '정신'을 발견할 수 있다. 이런 역사를 통해 이어져온 독일인들의 감성은 자연에 대한 폭력으로 비쳐지는 원자력 에너지에 적대감을 갖기에 충분하다.

여기에 현대사적 이유까지 덧붙인다면, 나치의 모험주의에 대한 반발로 생겨난 독일적 평화주의에서도 그 원인을 발견할 수 있다. 내가 이런 설명을 들은 것은 다니엘 콘-벤디트(Daniel Cohn-Bendit)(대중 앞에서 그는 무척 진솔한 사람이다)를 통해서였다. 그가 원자력에 반대하는 것은 환경이나 자연 또는 문화 때문이 아니다. 대부분의 원자력발전소들이 강력한 국가권력을 상징하는 듯한 철조망과 감시망에 둘러싸여 있는 게 싫다고 그는 말한다. 그리고 보면 일본, 프랑스, 스웨덴, 미국, 중국, 러시아 등 원자력 기술이 발전한 나라들을 보면 대부분 강대국들이다. 콘-벤디트는 시골의 작은 발전소들에 대해선 반대할 생각이 없다고 한다. 하지만 이런 발전소는 세상에 존재하지 않는다. 후쿠시마 사태 이전 일본이 이런 작은 발전소들을 만들 계획을 세운 적은 있다. 또 역설적이게도 콘-벤디트가 비난하는 군사시설에 가까운 원자력 발전소의 감시체제는 환경주의자들의 공격에 대비하려는 이유가 크다.

원자력 발전소는 완전히 세속적인 것이지도 않고 그렇다고 자연의 영원성과도 단절된 것으로 보이기 때문에 원자력은 독일적이지 않으며 독일인들의 감성을 자극하지도 않는다. 필자가 보기에 거의 정신분석에 가까운 원자력 폐기 주장 뒤엔 얼핏 논리적인 것 같지만 사실은 매우 불합리한 배경들이 깔려 있다. 하지만 어쩌랴? 논리가 대중들의 정신을 지배할 수도 없고 그들을 움직일 수도 없는 것을……

특별한 사람

〈중국을 위한 발의〉라는 이름의 저항운동을 주도하였다가 미국으로 정치망명한 양지안리(楊建利)는 필자에게 자신이 7년 동안 중국의 감옥에서 어떻게 살아남았는지를 이야기해 주었다. 2000년부터 2007년까지의 투옥생활 가운데 18개월 동안 그는 누구와의 접촉도 허락되지 않은 채 말하고 읽고 쓰는 것조차 허락되지 않는 완전한 고립의 시간을 보냈다.

중국 독재권력의 인간성 말살에 대항하는 반항의 유전자를 타고난 한 인간이 이런 상황에서 어떻게 살아남을 수 있었을까? 굴라그(Goulag)[33]에서의 솔제니친을 떠올리며 양지안리는 시를 지어 머릿속에 담아두어야겠다고 생각했다. 18개월 동안 완전한 고립의 시간을 지낸 뒤 미국의회의 압력 덕분에 그에 대한 탄압은 비로소 누그러졌다. 정치적 〈참회록〉을 작성한다는 명분으로(이것은 스탈린 이후 공산주의 정권에서 관례가 되었다) 비로소 그는 연필과 종이를 손에 넣었고 머릿속에 담아 두었던(인간의 뇌는 보이지 않는 USB 같다) 백여 편의 시를 옮겨 적을 수 있었다. 간수가 눈감아준 덕분에 그의 시는 홍콩의 한 출판사로 넘겨졌다.

---

33) 옛 소련의 정치 수용소.

뉴욕에서 만난 양지안리는 늘 웃음을 머금은 온화한 얼굴이었지만 한편으론 단호한 인상이었다. 그가 1989년 천안문 광장에서 만났던 투쟁동지 류샤오보도 그런 표정을 가지고 있다. 하지만 류샤오보는 중국을 떠날 것을 거부한 채 아직도 중국의 감옥에 갇혀 있다.

우리는 그에게 귀를 기울이고 공감해야 하지만 그것을 온전히 이해할 수는 없다. 그의 경험은 온전히 말로 모두 전달될 수 없는 것들이기 때문이다. 다만 우리는 중국 공산당이 그와 같이 '하늘이 내린 인재'를 두려워한다는 걸 알 수 있을 뿐이다.

간디, 영원한 영적 지도자

마하트마 간디의 이름이 다시 언론에 오르내리고 있다. 하지만 이번엔 그리 좋은 일 때문이 아니다. 미국인 기자 조셉 렐리벨드(Joseph Lelyveld)가 펴낸 간디의 새로운 평전 『위대한 영혼(Great Soul)』이란 책에서 마하트마(위대한 영혼이라는 뜻의 이 이름은 라빈드라나드 타고르가 붙여주었다)와 리가[34] 출신의 유대인 건축가 헤르만 칼렌바흐(Hermann Kallenbach)와의 미묘한 관계를 밝히고 있기 때문이다. 간디가 젊은 시절을 보낸 남아프리카 공화국에서 두 사람은 만났다. 칼렌바흐는 간디의 가장 친한 친구였다. 아마 단 한 사람의 진정한 친구였을 것이다. 두 사람은 요하네스버그 근처에서 공동으로 톨스토이 농장을 세우기도 했다. 이 자립공동체를 운영하면서 간디는 훗날 조국 인도에서도 자립공동체 마을을 만들겠다고 결심했고 칼렌바흐는 이곳의 경험을 바탕으로 팔레스타인의 키부츠에 참여했다.

조셉 렐리벨드는 평전에서 평화와 사랑의 실천을 모토로 하는 톨스토이주의의 그루터기에서 어떻게 이스라엘의 키부츠와 인도의 스와라지(자치경제) 운동이 탄생했는지에 대해 설명한다. 그런데 이와 함께 그는 간디와 칼렌바흐 사이에 오간, 성적 암시로 가득 찬 편지에

---

34) 라트비아의 수도.

대해서도 폭로하고 있다. 당시 간디는 아내와 헤어져 금욕의 서약을 한 상태였다. 렐리벨드는 자세한 내막은 아무도 알 수 없다고 말했지만, 간디의 고향인 인도의 구자라트 주정부는 인도 국민들이 가지고 있는 간디의 성스러운 이미지를 더럽혔다는 이유로 이 책의 판매를 금지시켰다.

하지만 그의 삶이나 금욕생활보다 흥미로운 것은 간디에게 영감을 준 싱크리티즘(syncretism, 통합주의)이다. 간디뿐 아니라 넬슨 만델라, 마르틴 루터 킹, 바츨라프 하벨, 아웅 산 수 치, 류샤오보 같은 사람들의 명성도 분명 이런 근원적 보편성과 맞닿아 있을 것이다. 간디는 힌두경전뿐 아니라 기독교와 이슬람, 톨스토이의 뉴에이지 운동에서 영감을 얻고 마음의 안식을 구했다. 하지만 이런 통합주의는 결국 그를 죽음으로 이끌었다. 힌두 민족주의자들은 그를 진정한 인도인이 아니라며 비난했고 결국 이슬람에 관대한 태도를 취한다며 그를 비난하던 과격파 힌두 민족주의자에 의해 암살되었다. 이들은 아직도 인도에서 악명을 떨치고 있다.

대중들에게 자세히 알려진 그의 공적인 삶과 렐리벨드 덕분에 밝혀진 개인적 삶보다 더 놀라운 것은 간디가 정치적으로 실패한 인물임에도 그의 영향력은 늘 대단하다는 것이다. 간디는 1930년대 이후엔 인도 독립투쟁에서 정치적 역할을 거의 잃고 독립 이후에도 정치적으로 소외되었다. 다민족 다종교의 통일국가 인도를 만들겠다는 그의 최종 목표는 사실상 실현이 불가능한 것이었다. 서구 자본주의와 소련 사회주의를 대체할 유토피아 공동체인 자치마을을 인도에 건설하겠다는 시도 또한 실패로 끝났다. 간디는 집단적 구원을 추구하는 어떤 세속적 이데올로기에도 동조하지 않았다. 그는 모든 '주의'를 거부했다. 사회주의, 자본주의 심지어 간디주의까지도. 그의 유일한 정치적 프로그램은 자신이 직접 보여주었던 것처럼 정직과 검소, 관용 그리고 가난한 이들에 대한 사랑을 실천하는 것이었다. 1924년 간디의 첫 평전을 썼던 로맹 롤랑(Romain Rolland)이 간디를 '동양의 예수 그리스도'라 부른 것도 놀랄 만한 일이 아니다. 하지만 간디가 자신의 평전을 읽었다면 그는 로맹 롤랑에게 이렇게 얘기했을지도 모른다. "당신은 나를 유명인으로 만들어주었을 뿐 아니라, 간디라 부르는 인간을 '창조'해 주셨군요!"

이토록 독특하고 특이한 인물이 어떻게 세계 모든 사람들로부터 찬사를 받을 수 있었을까? 간디가 창안해낸 '비폭력'과 '진실의 힘'(힌두어로 사티아그라하(satyagraha))이란 정치적 수단이 그를 가장 잘 설명해줄 수 있을 것이다. 간디는 경찰과 군대에 평화적으로 맞서는 무저항 운동과 올바른 일을 위해 죽음을 무릅쓰는 단식투쟁을 발명해냈다. 사티아그라하를 통해서 그는 제국주의가 인도에 저지른 부당한 행위들을 알려 영국 국민들의 여론을 이끌어냈으며 몇 년 뒤엔 남아프리카의 인종분리정책을 종식시키기도 했다. 훗날 마르틴 루터 킹과 넬슨 만델라, 바츨라프 하벨 같은 이들이 사티아그라하의 효과를 다시 확인시켜 주었다.

하지만 이런 효과가 과대평가된 것일 수도 있다. 진실의 힘은 어디까지나 상대가 희생자들의 도덕적 신념에 동조할 때만 그 힘이 발휘된다. 마틴 루터 킹은 기독교인들에게 기독교인이란 무엇인가에 대해 설파했다. 기독교인들의 본질인 도덕적 약점을 건드린 것이다. 아마 간디도 힌두 민족주의자들보다는 죄책감을 느끼는 영국인들이 자신의 말에 더 귀를 기울일 것이라고 계산했을 것이다. 이번에 이집트와 튀니지에서 일어난 혁명에서도 거의 유혈폭력은 찾아볼 수 없었다. 이는 군부가 같은 무슬림 형제들에게 총을 겨누길 거부했기 때문이다. 하지만 간디의 한계는 당시 독일 유대인 공동체 리더들에게 쓴 편지에서, 비폭력 저항만으로도 히틀러를 충분히 무너뜨릴 수 있다고 주장했을 때 이미 드러났다. 시오니스트의 대표단이 간디에게 이스라엘 건립에 대한 지지를 부탁했을 때도 그는 유대인들이 열망하는 국가 건립의 정당성을 아랍인들에게 평화적으로 설득하라고 권고했다.

간디의 유산 가운데 또 하나 논쟁거리가 되는 것은 경제발전에 대한 그의 인식이다. 그가 한 많은 연설들을 들어보면 기술문명을 적대시하는 듯한 언동들을 발견할 수 있다. 간디는 손수 옷을 지어 입었고 제자들에게도 그렇게 하라고 가르쳤다. 그가 꿈꾸는 독립국 인도는 '스와라지'라는 완전한 자치경제를 바탕으로 하고 있었다. 그는 인도인들에게 외국에서 만들어진 옷을 가지고 있다면 모두 불태워버리라고 말했다. 그는 자본주의와 자유무역을 인도인들을 노예로 만들기 위한 제국주의자들의 계략이라고(이는 전혀 옳지 않다) 생각했다. 하지만 간디는 맹장수술을 받아야만 했을 때 영국인 의사를 찾아갔다. 인도 전역을 돌아다닐 때도 소가 끄는 수레가 아니라 증기기관차를 타고 갔다. 그는 활동사진을 통한 언론플레이로 서양의 대중들을 감동시켰던 20세기 최초의 정치 배우였다. 렐리벨드에 따르면 간디는 1930년 유명한 '바다로의 행진'을 벌이며 해변에서 소금 한 주먹을 움켜쥐는 장면 하나로 영국의 소금 독점권을 무너뜨렸다. 하지만 이 책의 저자도 간디가 카메라가 돌아가지 않을 때는 평소보다 훨씬 느린 걸음으로 행진했다는 이야기는 쓰지 않았다. 카메라가 꺼지는 순간 간디는 원래의 느릿느릿한 모습으로 돌아가곤 했다.

그렇다면 간디는 위선자였을까? 사실 현 집권당인 국민회의처럼 자본주의와 경제성장을 열렬히 옹호하는 인도의 우파 민족주의자들 사이에선 그를 비난하는 사람들도 많다. 경제발전에 대한 간디의 시각은 무척 모호했다. 현대로 치자면 '슬로우 푸드주의자'도 열렬한 성장 반대주의자도 아니었다. 렐리웨드(Lelywed)가 인용해 잘 알려

진 문장에서 간디는 자신의 사상을 이렇게 함축해 표현했었다. "세상
에서 가장 가난한 사람과 당신이 언젠가 보았던 가장 연약한 사람의
얼굴을 떠올려 보라. 그런 다음 당신이 하려는 일이 그 사람에게 어떤
유익함을 가져다줄지 생각해 보라." 인도에서 간디를 따르는 사람들
은 언제나 이 말을 실천하려 애쓴다. 그들 중 가장 존경받는 사람이
인도 '녹색혁명'의 아버지라 불리는 M.S.스와미나탄이다. 그는 1970
년대 인도에 개량종 밀을 들여와 밀 생산량을 증대시켰고 덕분에 인
도의 인구까지 증가하도록 만들었다. 미국인 농학자 노먼 볼로그
(Norman Borlaug)와의 협력으로 이끌어낸 스와미나탄의 업적 덕분
에 인도 사람들은 기아를 면했고 오늘날엔 남은 밀과 쌀을 창고에 쌓
아둘 정도가 되었다. 사람들이 유전자변형식품에 대해 물으면 이제
80세가 된 스와미나탄은 이렇게 대답한다. "가장 가난한 인도인들에
게 필요하다면" 그리고 간디가 말했듯이 "여인들에게까지 혜택이 닿
는다면" 그것은 곧 인도를 위해 가장 필요한 일이라고 말이다.

간디주의는 현재 인도 경제의 동력은 되고 있지 못하지만 온 나라
에 재앙처럼 퍼져 있는 부패와 불평등을 완화시켜주는 역할은 했다.
1920년대 간디가 이끌었고 지금은 인도의 집권당이 된 국민회의는
오늘날 효과적인 자본주의 정책을 펴나가고 있다. 하지만 아직 그들
의 통치하에 있는 인도인들의 절반은 비참한 삶을 이어나가고 있다.
이런 이유로 국민회의 의장인 소냐 간디(Sonia Gandhi)(마하트마 간
디와는 아무 관련 없다)는 마하트마라는 이름의 빈곤 퇴치 프로그램
을 벌이고 있다. 이렇게 간디는 인도의 엘리트 지배자들의 마음 속에
양심의 등불이 되고 있다.

간디는 또한 많은 인도의 비정부단체에 영적 뿌리의 역할을 하고
있다. 간디가 인도 국민들의 건강을 심각하게 위협하는 주범 중 하나
로 여겼던 '야외 배변'에 대한 반대운동은 지금도 많은 사람들이 이

어가고 있다.

　가장 유명한 간디의 제자로 마하라슈트라에 모범마을을 세우기도 했던 안나 하자르(Anna Hazare)는 올해 초 부정부패에 반대하는 단식투쟁을 벌였다. 그리고 소냐 간디는 그의 오두막까지 찾아가 부정부패를 막을 최고 자문기구의 설립을 약속하면서 단식 중단을 사정했다. 이렇게 설립된 부정부패 방지 최고회의는 앞으로 장관들과 관료들의 청렴성을 평가하게 될 것이다. 거대한 인도에 작은 등불을 비춰주고 있는 M.S. 스와미나탄과 하자르 같은 인물들은 아직 사라지지 않은 마하트마의 영향력을 증거하고 있다.

스페인의 분노

혁명이 시작되려 할 때 사회적으로는 어떤 기운이 느껴질까?

루이 16세는 아마 1789년 7월 14일자 일기에 "오늘은 아무 일도 없었다……"라고 적고 사냥을 떠났을지도 모른다. 1968년 5월의 '프랑스 학생운동'은 당시 체육부 장관과 다니엘 콘-벤디트가 낭테르 대학 수영장에 남녀가 함께 출입하는 문제를 놓고 언쟁을 벌이면서 시작되었다. 1995년 가을 대중교통 총파업으로 파리가 마비되었을 때 총리였던 알랭 주페(Alain Juppe)는 1968년 5월의 학생운동에 대해 많은 글을 썼던 사회학자 에드가 모린(Edgar Morin)에게 자문을 구했다. "이게 혁명의 시작일까요?"라고 총리가 묻자 사회학자는 "2~3년이 지난 뒤에나 대답할 수 있겠지요"라고 대답했다. 모든 경제학자들과 마찬가지로 사회학자들도 모든 것을 아는 듯하지만 실제론 아무것도 모르거나 한참 후에나 알 수 있을 뿐이다.

이런 이야기를 늘어놓은 이유는 마드리드의 푸에르타 델 솔 광장에서 벌어지고 있는 사건으로 눈을 돌려보기 위해서다. 몇 주 전부터 모이기 시작한 만여 명의 시민들과 인디냐도스(Indignados)[35]들이 스페인의 수도와 대도시들을 마비상태로 몰아넣고 있다. 사회운동인지

---

35) 신자유주의에 반대하는 스페인의 청년 시위대.

혁명인지 아니면 군중심리를 만끽하려는 청춘들의 짧은 추억 만들기인지 모를 이 집회를 예상한 이는 아무도 없었다. 지금까지 본 적이 없고 어디서 왔는지도 모를 군중들의 등장을 사람들은 넋 놓고 지켜볼 뿐이다. 올이 풀린 청바지에 피어싱을 한 젊은이들의 모습으로 이들을 식별할 수 있다. 시위조직을 책임지고 있는 듯한 많은 젊은 여성들도 보였다. 학생들일까? 꼭 그렇지도 않은 것 같았다. 소외되고 낙오된 사람들, 몇 개의 비정규직을 전전하는 사람들이 대부분이다. 시위에 참여한 사람들은 젊은이들만도 아니었다. 퇴직자들, 유모차에 아이를 싣고 나온 젊은 부부들도 하나의 깃발 아래 모여들었다. 그렇다, 그들은 '분노한 사람들!' 이었다. 무엇 때문에, 왜 분노한 걸까? 들어보면 그들의 적은 바로 '사회 시스템' 이다.

그들은 '사회 시스템' 에서 무엇을 바라는 걸까? 명확한 대답을 얻긴 힘들 것 같다. 이들 분노한 사람들에겐 리더도 대변인도 없기 때문이다. 세 시간마다 의무적으로 교대하기 때문에 이들에게서 꾸준하고 일관된 대답을 듣기 힘들다. 이들이 말하는 시스템을 정의하자면, 스페인은 두 개의 거대 정당이 담합하여 정권을 주고받는 형태를 띠고 있다. 현재 정권을 잡고 있는 사회주의 정당과 아마도 다음 정권을 이어받을 우파 국민당이다. 여기에 '거대 은행들' 도 시스템의 한 부분을 이루고 있다. '분노한 사람들' 이 질책하는 것은 이들 거대 은행들의 부추김 때문에 과도한 빚을 떠안게 돼 더 이상 집을 짓거나 자동차를 구입하거나 휴가를 떠날 수 없게 되었다는 것이다. 빚더미에 앉게 된 건 중앙정부나 지방정부들도 마찬가지다. 이들은 돈을 빌려 스페인 전역에 훌륭한 교통망을 건설하고 작은 도시들에까지 무료에 가까운 사회문화 서비스 시설들을 건설했다. 2008년 경제위기로 성장이 멈춘 후 이렇게 쌓인 개인과 국가의 빚은 더 이상 상환이 불가능해졌다. 아니 경제위기가 없었더라도 스페인은 언젠가 또 다른 그리스가 되어 있었을 것이다. 왜냐하면 경제적 창조활동이나 기업가 정신이 아닌 부채 위에 성을 쌓고 있었기 때문이다.

스페인 정당들은 그리스처럼 IMF나 유럽중앙은행의 볼모가 되거나 독일의 처분만 기다리는 입장에 처하는 걸 원치 않았다. 그래서 사회주의자들은 망설임도 타협도 없이 즉각 빚을 상환하는 쪽으로 방향을 정했다. 그러자 모든 공공서비스는 눈에 띄게 축소되었고 공공요금은 인상됐으며 사회보조금도 사라져버렸다. 은행이 더 이상 돈을 빌려주지 않게 되면서 경제적 번영에 대한 환상도 사라졌다. 성장을 통해 빚을 갚는 건 당분간 힘들어졌다. 그러면 그 빚을 지금 누가 갚고 있을까? 바로 젊은이들이다. 그들의 부모 세대는 적어도 집(빚을 갚지 못해 집을 잃은 사람도 있지만)과 자동차를 사고 휴가를 떠날 여유가 있었다. '분노한 사람들'은 대부분 일자리도, 취업에 대한 희망도, 미래에 대한 전망도 없는 사람들이다. 그들의 부모 세대는 1980년대 'movida'³⁶⁾의 기쁨을 맛보았다. 되찾은 자유, 유럽연합 가입, 국가적 자존심, 유럽과 라틴아메리카 사람들의 동경에 찬 시선, 소비사회 그리고 때론 마리화나의 연기까지…… 이것이 1980년대 스페인의 모습이었다.

'분노한 사람들'에게 우파 정당은 '가증스러운 자들'(은행들의 정당이기 때문에!)로 좌파 정당은 '배신자들'로 불린다. 그래서 시스템 자체를 바꿔야 하는 것이다. 푸에르타 델 솔 광장에 모인 이들은 노동자 자치회사를 새로운 유토피아로 제시했다. '분노한 사람들'은 위원회 조직을 만들고 그 밑에 하부조직들을 두고 있다. 전체 총회에 상정된 의견은 투표에 붙여지는 대신 만장일치로 승인 여부를 결정한다. 그리고 동의를 얻지 못한 안건은 다시 하부조직으로 돌려보내진

---

36) 스페인어로 흥청거림, 떠들썩함을 뜻함.

다. 은행문제를 맡은 분과에 참석했던 필자는 은행 국유화를 주장하는 의견이 안건에 올라온 데 대해 별로 놀라지 않았다. 이 의견이 기각되기 위해선 한 사람의 반대로도 충분하기 때문이다. 이 의견에 반대한 사람은 은행 국유화에 오히려 호의적인 쪽이었지만 현실적으로 불가능하기 때문에 반대한다고 했다. 이렇게 반대의견으로 결정이 나면 원래 의견을 낸 사람에게 복사본을 전달하여 보다 창의적이고 새로운 의견을 기다린다. 그 동안 다른 그룹들은 함께 먹을 음식을 준비하고 광장을 청소하는 일을 담당한다. 그리고 이 모든 것들은 부지런한 소녀들의 스프링 노트에 빼곡히 기록된다.

국민당의 승리로 끝난 2011년 5월 22일의 지방선거는 '분노한 사람들'을 동요시켰다. 이들이 투표 거부 운동을 벌였음에도 70%의 유권자들이 투표에 참여했기 때문이다. 평상시와 다름없는 투표 참여율이었다. 사회주의자들은 다음 선거에서도 짐을 쌀 준비를 하고 있다. '분노한 사람들'은 이제 또 다른 바람을 찾아 흩어지고 있다. 그들은 청년실업률이 높고 지난 몇 년 간 잘못된 재정정책으로 빚을 갚아야 할 처지에 놓인 다른 유럽국가에 새로운 거점을 마련하기 위해 이동하고 있다. 하지만 스페인 밖의 유럽에서도 사회갈등은 점점 고전적인 모습을 띠고 있다. 특히 그리스에서는 전통적인 노조운동이 살아나고 좌파들은 폭력적이 되고 있다.

스페인의 사회주의자들은 '분노한 사람들'의 주장을 제멋대로 해석하며 자기편으로 끌어들이려 했지만 '노동자 자치회사'의 유토피아에 견줄 만한 대안을 제시할 수 없었다. 우파는 어떤가? 우파들은 고전적인 분석에만 매달리고 있다. '분노한 사람들'은 스페인 민주주의의 역사 속에 등장했던 무정부주의의 한 유파라느니, 호세 마리아 아즈나르(Jose Maria Aznar)가 내게 말했듯이 스페인 국민들이 이미 투표를 통해 국민당 정권의 복귀를 선택한 이상 민주주의를 부정하는 쪽으로 나아갈 거라느니 하는 식이다.

그런데 한 가지 의문스러운 게 있다. '분노하는 사람들'은 프랑스에서 100만 부 이상 팔리고 스페인에서도 40만 부 이상 판매된 스테판 에셀(Stephane Hessel)의 『분노하라』라는 책 제목에서 이름을 따온 것일까? 마드리드의 '분노한 사람들'을 찾은 에셀은 영웅 대접을 받았지만 아마 그들은 에셀의 책을 읽기 전에 이미 이름을 지은 것 같다. 그러니까 시류와 잃어버린 세대의 심리적 불안을 반영한 이름이라는 것이다. 이들 세대는 분명 유럽에 사는 유럽인이지만 자신들을 유럽인으로 생각하지 않는다. 스페인의 '분노한 사람들'은 오히려 민족주의자들의 성향을 지니고 있다. 그렇다면 혹시 이들은 부의 환상만 심어주고 결국 자신들을 빚더미에 올라앉게 만든 유럽연합의 해체와 유로화의 몰락을 선언하고 있는 건 아닐까? 아니면 '분노한 사람들'은 아무것도 주장하지 않는다는 얘기일까?

우리는 2~3년 후에나 그 해답을 알게 될 것이다. 아니 어쩌면 그 해답은 영원히 알 수 없을지도 모른다.

오슬로의 라벨딱지

라벨딱지는 치즈의 원산지를 확인시켜 주기도 하지만 정신 나간 아이디어의 원산지를 확인시켜 주기도 한다. 노르웨이에서 베링 브레이빅(Behring Breivik)이라는 인물이 백 명에 가까운 노르웨이인들을 학살한 사건을 다루면서 많은 언론들은 브레이빅에게 극우주의자라는 딱지를 붙였다. 겉으론 구분할 수 없는 위험한 미치광이들이 멀쩡히 거리를 활보하고 다닌다는 걸 인정하는 것보다는 그들을 일정한 카테고리 목록에 가둬두는 게 그나마 사람들을 안심시킬 수 있을 것이다.

하지만 왜 하필 극우주의자란 말인가? 브레이빅은 이슬람 혐오주의자라고 스스로 밝혔다. 하지만 무슬림 이민자들을 적대시한다고 해서 모두 우파 또는 극우파로 분류할 수 있을까? 브레이빅은 프리메이슨 단원이기도 한데 프리메이슨은 오히려 좌파에 속하며, 노르웨이에선 현 집권당인 노동당 쪽에 가깝다.

자신의 행위를 정당화하기 위해 브레이빅이 발표한 선언문은 광기 어린 지식인의 전형적인 특징을 보여준다. 그는 자신을 십자군의 후예로 자처했지만(그렇다면 십자군도 극우주의자들이었을까?) 그의 행동은 미국의 테드 카진스키(Ted Kaczynski)라는 미치광이 지식인의 행동을 모방한 것이었다. 유나바머(Unabomber)라는 이름으로 불리기도 했던 카진스키는(앞의 Un은 대학을 의미하며 그는 대학에서 수학을 가르쳤다) 1995년 사람들이 많이 다니는 장소에 16개의 폭발물을 설치했다. 다행히 폭발 전에 발견되었지만 당시 유나바머는 기술과 자본주의 발전을 극도로 혐오하는 극좌파로 분류되었다. 그의 재판 때는 무정부주의 이론가이자 환경주의자인 존 저잔(John Zerzan)이 그를 옹호하기도 했다.

브레이빅에게 붙이는 딱지는 아예 존재하지 않거나 찾기 힘든 그의 범행동기를 유럽에서 흔히 볼 수 있는 극우주의나 외국인 혐오주의와의 유사성에 꿰맞추려는 시도일 뿐이다. 물론 필자도 이런 주의엔 전혀 동의하지 않는다. 하지만 이번 학살극에 극우주의를 끌어들인다고 해서 그들의 활동이 위축될 거라곤 생각하지 않는다. 같은 맥락에서 이번 학살의 원인이 비디오게임 중독 때문이었다 해도 비디오게임이 살인마들이나 사회폭력에 미치는 영향(전혀 없을 것이다)에 대해선 아무 정보도 얻지 못할 것이다. 브레이빅이나 유나바머에게 딱지를 붙이는 건 어쨌든 그들을 이성을 지닌 사회적 존재로 인정하는 것이다. 하지만 이들은 사실 사회 일탈자들이며 따라서 라벨도 가짜일 뿐이다. 그보단 차라리 인간이 천성적으로 결코 선하지 못하다는 걸 인정하는 게 낫다.

노르웨이에서 벌어진 이 비극적 사건에 대한 정치적 해석들을 보며 갑자기 보스니아 내전 때의 경험이 떠올랐다. 당시 프랑스 총리는 나를 사라예보에 파견했다. 평화롭게 잘 살던 주민들이 갑자기 총부리를 들이대고 싸우게 된 원인을 알아보라는 것이었다. 당시 모든 사람들이 이 전쟁을 설명해줄 합리적인 원인을 알고 싶어 했다. 이맘 모즈타르(Moztar)를 만나 얘기를 들을 때까진 나도 이유를 찾을 수 없었다. 그는 긴 시간 동안 이 전쟁의 원인을 곰곰이 생각해본 결과 마침내 그 원인을 찾아냈다고 말했다. 숨죽이고 대답을 기다리던 내게 마침내 그는 다음과 같이 말했다. "지금 일어난 일들은 악마의 짓이 분명합니다. 이것 외에는 설명이 불가능합니다." 이것은 내가 들은 단 하나의 합리적이고 이성적인 대답이었다. 나는 이 대답을 들고 파리로 되돌아갔다.

이것으로 나의 공식적 외교활동은 끝났다. 나는 정말 그렇다고 생각했지만 아무도 필자를 신뢰하지 않았기 때문이다. 그 악마가 지금 노르웨이에서 다시 활개를 치고 있다. 하지만 우리는 좀더 이성적인 설명을 찾아 주변을 두리번거리고 있다.

소련 붕괴 20주년

1991년 8월 19일 소련의 몇몇 군 장성들과 옛 소비에트의 향수에 젖은 KGB 출신 관료들이 크림반도에서 휴가를 보내던 미하일 고르바초프를 찾았다. 소련을 느슨한 국가연합 체제로 전환하기보다는 군사쿠데타를 주도해 연방을 구하라고 그를 설득하기 위해서였다. 고르바초프는 이 시도가 제대로 준비도 안 됐고, 시기가 늦었으며, 군부의 지원에 대해서도 믿을 수 없다고 생각했다. 실제와 다르게 그는 자신이 감옥에 갇혀 창 밖의 하늘을 보며 세월이 어디론가 흘러가주길 기다리는 죄수와 같다고 생각했다. 당시 고르바초프가 갈팡질팡했던 게 아니라 시간이 그를 싣고 어디론가 흘러가고 있었던 것이다.

하지만 모스크바에는 러시아 역사에서 유일하게 보통선거를 치러 대통령에 당선된 보리스 옐친이 있었다. 러시아를 식민지 국가들에 대한 부담으로부터 해방시켜주고 싶어 했던 그는 모스크바 시민과 군대 그리고 쿠데타 정보를 알려준 미국의 지원을 받아 군사정변에 맞설 수 있었다.

하지만 실제로 고르바초프와 KGB, 그리고 소련이 공식적으로 역사의 종말을 고한 건 베를린 장벽이 무너지고 2년 후인 1991년 말이었다. 그리고 이상하게 노벨평화상은 공산주의자 고르바초프에게(유혈을 부르지는 않았지만) 수여되었다. 그리고 옐친은 보드카 상표 속의 얼굴과 혼동되며 점점 잊혀져 갔다.

동유럽국이나 발트해연안국의 자유화와 달리 소련 붕괴는 민중운동이나 시민사회의 저항을 거치지 않았다. 그래서인지 솔제니친이나 사하로프도 먼 옛날의 선지자들처럼 우리 기억 속에만 남아 있다. 모든 혜택은 재빨리 전향하여 자기 몫을 챙긴 공산당 간부들에게 돌아갔고 옐친이 챙기려 했던 국민들의 몫은 더 이상 없었다. 이런 현실이 지금의 러시아로 그대로 이어지고 있다. 진실한 여론이나 자유로운 정당, 독립된 언론이 없는 민주주의 이것이 러시아의 현실이다. 1991년의 그때처럼 프로페셔널들끼리 권력을 나눠 먹으며 국민들의 몫을 갈취하고 있다. 작가, 예술가, 교수로 있는 내 러시아 친구들은 "1991년 이후 러시아인들은 전보다 더 큰 공포 속에서 살고 있다"고 말한다. 여러분은 어떤가? 새벽 5시에 누군가 현관문을 두드린다면 우유 배달부임이 틀림없다고 확신할 수 있는가?

온난화의 종말

앨 고어와 '온난화주의자' 들은 너무 앞서가고 말았다. 재앙에 대한 예언 남발과 잘못으로 밝혀진 북극곰의 멸종, 해수면 상승으로 인한 재앙(수면은 지난 천 년 동안 아주 조금 상승했을 뿐이다) 등등 명백한 과학적 조작들로 논란만 부추겼을 뿐이다. 조사에 의하면 2007년 미국 사람들의 77%가 지구 온난화가 인간에 의한 것이라 믿었지만 지금 그렇게 믿는 사람은 44%밖에 되지 않는다. 물론 과학을 여론조사로 단정할 수는 없다. 그럼에도 과학자들조차 엄밀한 과학성이나 이론 모델 대신 종말론을 들이대고 있는 것이 지금의 현실이다. 설사 온난화가 진행되고 있다 하더라도 그 속도는 매우 더디며 인간이 미치는 영향은 거의 미약하다. 게다가 이를 막기 위해 인간이 계획을 세워 해결할 수 있는 것도 거의 없다. 경제위기 또한 지구 온난화에 대한 막연한 공포 확산에 일조하고 있다. 종말론적 믿음을 통해 사람들은 당장 눈앞에 닥친 실업의 위협으로부터 도피하고 싶어 한다.

환경주의는 배부른 사람들의 사치일 뿐이다. 1945년의 히로시마와 2011년의 후쿠시마까지 일본에서조차 환경주의자들의 목소리가 거의 들리지 않았다는 사실에 주목하기 바란다. 핵보다 가난을 두려워하는 게 바로 일본인들이기 때문이다.

러시아에서 유럽연합을 강연하다

유럽연합의 역사를 돌아보지 않으면 그 과거도 현재도 이해하기 힘들다. 유럽연합은 원래 관료조직체도 거대권력도 아니었으며 '경제 공동체' 또한 부차적인 수단이었다. 이 조직을 구상하고 창설한 사람들이 실천하고자 했던 것은 다름 아닌 평화였다. 이는 유럽연합의 창시자들 모두가 독실한 기독교인들이었다는 사실과도 무관하지 않다. 로베르 슈만(Robert schuman), 콘라드 아데나워(Konrad Adenauer), 알치데 데 가스페리(Alcide De Gasperi)는 어떻게 하면 같은 문명권이면서도 서로 적대시하던 유럽국가들이 영원히 평화롭게 살 수 있을까 고민했다. 그리고 이 평화에의 바람이 기대 이상의 결과를 낳아 유럽연합을 탄생시켰다.

유럽 시민들이나 여기 동참하고 싶어 하는 모든 사람들이 하나의 바람을 가지고 있는 한 평화의 원칙에는 변함이 없을 것이다. 더구나 지금 우리는 유럽인이라는 하나의 소속감과 하나의 정체성을 나누어 갖고 있다. 이제 프랑스와 독일, 스페인의 모든 젊은이들이 자기 나라의 국민이자 동시에 유럽인이라는 자각을 갖게 되었다. 모든 유럽인들은 이중시민권자가 되었지만 과거의 향수에 빠져 사는 사람들이나 정략적 정치인들을 빼곤 아무도 이중시민권 문제로 갈등하지 않는다. 아니, 민족주의라는 낡은 정신에 맹목적으로 사로잡힌 사람들조차 이젠 이웃나라와의 분쟁을 꿈꾸지 못하게 되었다. 막 스무 살이 된 프랑스나 독일 청년들이 두 나라가 오랫동안 전쟁을 벌여왔다는 걸 이해할 수 있을까? 옛 세대의 부모나 선생님들이 과거의 자료들을 보여주며 아무리 이해시키려 해도 그들은 이해 못할 것이다.

이런 면에서(이는 매우 중요한 문제다) 경제는 유럽연합의 정신을 뒷받침해주는 기계장치라 할 수 있다. 유럽연합의 '초대 기관장' 장 모네의 설명처럼 경제와 자유무역은 단단하고 무너지지 않는 연대감을 만들기 위한 재료들이다. 모네는 유럽연합이 제 기능을 발휘하여 성공적으로 궤도에 오를 수 있도록 만들어주었다. 모네 이전의 유럽 외교관들은 이 연합체를 막연한 연대의식 정도로만 파악했기에 한 세기에 걸친 노력에도 별 성과를 거두지 못했다. 유럽연합을 가능케 해준 것은 '협정'이 아닌 '교역'이었다. 유럽 공동화폐도 같은 맥락으로 보아야 한다. 여러 가지 기술적 이유로 유로화폐는 꼭 필요했다. 다른 국제화폐들보다 안전하고 신뢰성 있는 화폐를 만들어냄으로써 금융거래가 편리해지고 낮은 금리로 돈을 빌릴 수 있는 등의 편리함이 있었다. 따라서 유로화는 원칙상이나 이론상 경제성장을 촉진하는 동력이 될 수 있다. 실제로 유로화에 의해 경제가치가 상승함으로써 포르투갈, 스페인, 그리스 등 화폐가치에서 약세를 보였던 나라들이 이득을 보기도 했다.

그런데 2008년 유로화의 위기와 함께 이런 경제적 이점들은 모두 사라졌다. 하지만 유로화 자체가 위협받고 있는 건 아니다. 이유는 두 가지다. 우선 유로화로 인해 프랑스와 독일 같은 나라들 사이에 연대의식이 강화되고 평화가 찾아왔다. 서로가 서로의 주요 고객인 두 나라에게 유로화 시세의 잦은 변동은 별 문제가 되지 않는다. 두 나라가 같은 화폐를 쓰고 있기 때문이다. 유로화가 위협받지 않는 또 다른 이유는 이 화폐가 변덕스럽고 제멋대로인 정부가 아닌 안정된 기관,

즉 유럽중앙은행이 관리하고 있기 때문이다. 따라서 경제위기가 오더라도 유럽 정부들은 중앙은행의 독립성을 문제 삼거나 책임자들을 바꾸어선 안 된다. 왜냐하면 이들만이 가격안정과 화폐의 안전성을 보장해 줄 수 있기 때문이다.

이번 위기는 유로화의 위기가 아니라 몇몇 개별 회원국들의 공공부채 문제일 뿐이다. 이번 위기는 회원국 정부들의 경영능력과 정직성을 아무 의심 없이 믿어버린 데서 시작되었다. 유럽연합 협정서에는 회원국들이 예산 적자의 상한선을 국내총생산의 3% 이내로 하는 등의 여러 기준들을 정하고 있다. 만약 회원국 정부들이 정직했다면 규정들을 지켰을 것이고 이번 위기도 없었을 것이다. 믿음이 재앙을 불러온 것이다. 가장 신뢰할 만하다는 독일조차도 3% 상한선 규칙을 어기곤 했다. 그리스 같은 나라는 조작된 회계장부를(특히 아테네 올림픽에 들어간 막대한 비용을 축소 조작했다) 제출하기도 했다. 하지만 이런 부도덕한 행위에 대한 징계규정조차 마련되어 있지 않다. 자치권도 없는 직원들로 구성된 유럽위원회도 경고장만 보냈을 뿐 규칙을 위반한 나라들이 약속을 지키도록 강제할 방법이 없었다. 정치적 조정권도 법적 강제력도 없는 가운데 그나마 제재를 행사할 수 있는 건 '시장' 시스템이 전부다. 보이지 않는 권력이라 할 수 있는 이 시스템은 도덕을 대신해 예금자들과 연금생활자들 그리고 그들의 돈을 관리하는 금융기관들이 발행하는 일종의 계산서 같은 것이다. 여기서 '시장'은 자신들의 예금이 안전한지 걱정하는 유럽의 투표권자들(많진 않지만 유럽에 돈을 빌려준 비유럽권 시민들까지 포함하여) 역할을 한다. (이 얼마나 공정한가?) 지금의 부채는 본질적으로 한 유럽 국가가 다른 유럽 국가에 빌려준 돈이다. 유럽이 이렇게 상호의존관계에 있기 때문에 유로존은 붕괴될 수가 없다. 유로존의 붕괴로 혜택을 볼 나라는 아무도 없기 때문이다.

장기적으로 볼 때 이번 위기를 통해 우리는 세 가지 큰 교훈을 얻을
수 있다.

첫째, 2008년 미국발 경제위기 때처럼 공공지출을 통한 '부양책'은
아무 효과도 없으며 생산성 저하만 가져올 뿐이라는 것이다. 1930년
대 케인스가 발명한 이 요술램프는 결국 지속적인 일자리도 창출하
지 못했고 빚만 쌓이게 할 뿐이다.

두 번째는 우파, 좌파 할 것 없이 오늘날 모든 유럽 정부들에게 해
당한다. 즉, 부채는 곧 실업을 낳는다는 교훈이다. 엄청난 유로화를
경기부양에 쏟아 부었어도 기업과 일자리는 늘어나지 않았다. 이렇
게 한 번의 위기는 천 번의 경제학 강의보다 많은 것을 가르쳐준다.
하이에크(Hayek)가 말했듯이 사람들은 자신이 저지른 실수를 통해
서 가장 많은 것을 배운다.

마지막이자 세 번째 교훈은 도덕성만 가지고는 유로화를 달러처럼
신뢰할 수 있는 화폐로 만들 수 없다는 것이다. 따라서 유럽 재무성이
나 유럽 조세청 같은 기관을 설치하거나 부실국가들에 대한 자동징
계 메커니즘을 만드는 등 정치제도를 보완하고 유럽중앙은행의 독립
성도 강화해야 한다.

시라크 전 대통령은 유럽연합이 발전하기 위해선 몇 번의 위기를
더 거쳐야 한다고 되풀이해 말했다. 지금 다시 그 위기가 찾아왔다.
유럽연합 체제가 이대로 주저앉느냐 더 공고해지느냐의 갈림길에서
지금까지 그랬듯이 우리의 선택은 언제나 후자 쪽이 될 것이다.

마담 라가르드의 입을 막아라!

도미니크 스트로스 칸이 IMF 경영을 공청회장으로 바꾸어놓기 전까지 그의 선임 총재들은 모든 일처리를 조용히 해왔다. 그들이 즈용한 성격이라서가 아니었다. 높은 지위 때문에 개인을 드러낼 수 없었으며 여러 정부들이 위임한 자리이므로 마음대로 자기 입장을 밝힐 수 없었던 것이다. 잘 알려져 있듯이 미셸 캉드쉬나 자크 드 라로지에르는 IMF 총재 시절 러시아나 다른 부패 국가들에게 자금을 지원해주는 걸 반대했었다. 결국은 자금이 집행됐지만. 하지만 그들의 조용한 일처리는 회원국들이 좋은 정책을 펴고 지속적인 성장을 할 수 있도록 하는 데 아무런 지장도 주지 않았다. 오히려 이런 신중한 정책 덕분에 많은 나라들이 독립 중앙은행들을 설립하여 안정되고 투명한 화폐정책을 펼 수 있었으며 덕분에 아프리카나 남미의 여러 국가들이 악성 인플레이션에서 벗어나 경제성장을 이룰 수 있었다.

하지만 도미니크 스트로스 칸이라는 야심가가 IMF 총재직을 맡은 뒤부터 회원국들의 경제정책은 비과학적이고 중구난방이 되었다. 왜냐하면 그가 회원국의 선거일정에 갖춰 경제정책을 펴도록 만들었기 때문이다. 2008년 금융위기 이후 IMF는 공공지출을 통해 경기부양책을 쓰라고 회원국 정부들을 부추겼다. 하지만 이 부양책은 일자리와 성장 어느 것도 제대로 이끌어내지 못했다. 대신 엄청나게 불어난 부채로 인해 고용과 성장 모두 마비상태에 빠지고 말았다.

라가르드(Lagarde) 여사는 마치 칸이 책상에 두고 간 원고를 들고 와서 읽듯이 회원국들에게 부양책을 강화하라고 촉구하고 있다! 하지만 이미 3년 동안 소위 '케인스주의' 라는 무딘 칼날을 충분히 휘둘러본 회원국들은 이것이 아무 효과도 없다는 걸 알고 있다. 미국 와이오밍에서 열린 잭슨 홀 회의[37]에서 장 클로드 트리셰(Jean Claude Trichet)는 이런 내용으로 조목조목(그러나 아무도 알아차리지 못하도록 세련된 언어를 구사하며) 마담 라가르드를 질책했다. 여러 나라들의 실제 경험을 바탕으로 트리셰가 발견한 것은, 위기를 잘 극복한 나라들은(제일 먼저 독일을 들 수 있다) 몇 년 전부터 생산구조를 개선하고 노동시장을 유연하게 운영해 왔다는 것이었다. 케인스가 아닌 조셉 슘페터의 계승자인 트리셰는 자신의 오스트리아인 스승이 말한 '창조적 파괴' 의 열렬한 지지자이기도 했다. 이미 낡은 것이 되어버린 산업을 폐지해버릴 때만이 혁신기술이 창조되고 노동자들의 직종변경을 통해 그들의 생활도 나아질 수 있다는 것이다.

출구가 없는 시장은 진입도 힘들다. 마찬가지로 공공분야가 확고히 자리 잡은 나라에선 규제해야 할 분야도 많고 새로운 일자리도 만들어지지 않는다. 부채가 과중해지면 벤처기업들이 위험을 무릅쓰고 시장에 뛰어들기가 힘들어진다. 2008년 이후 시장 개척을 위해 아무것도 한 게 없는 프랑스는 제쳐두고 일본의 경우를 한번 들어보자. 사람들이 생각하는 것과 달리 일본에선 직원을 해고하거나 기업이 문을 닫는 것이 거의 불가능하다. 국가는 파산상태에 처한 기업에 끝까지 자금을 지원해주고 이들은 소위 '좀비기업' 이 된다. 이렇게 되면 실업 걱정은 없어지지만 동시에 성장이나 혁신도 사라진다. 이것이

---

37) 매년 각국 중앙은행 총재들과 경제학자들이 모여 경제 현황을 진단한 전망을 내놓는 자리.

지금 일본의 현주소다.

또 하나 참조해야 할 나라가 벨기에다. 성장률 0%의 프랑스와는 달리 벨기에는 지난 1/4분기 0.7%의 성장률을 기록했다. 하지만 벨기에는 15개월 전부터 시급한 현안들만 처리하는 유예정부 체제로 운영되어 왔다. 경제정책을 전혀 펼 수 없는 벨기에가 어떻게 이 정도의 성과를 올릴 수 있었을까? 그들의 오랜 역사, 즉 그들의 생산구조와 경제 마인드 때문이다. 벨기에는 우리에게 '경기부양' 같은 얕은 술수가 아니라 진짜 경제를 가르쳐주고 있다.

유감스럽게도 라가르드는 막 손에 쥔 권력을 트리셰의 조언대로 현실 세계를 연구하는 데 쓰지 않고 오래된 노래를 되풀이하는 데만 쓰고 있다. 더 유감스러운 것은 그녀가 유럽 몇몇 은행들의 투자원금이 부족한 것을 상기시키며 자본재편[38]을 호소하고 있다는 것이다. 그녀는 은행들이 기업도 아니고 주주도 교체할 수 있다고 생각하는 모양이다. 이번 IMF 총재에게 경제학은 더 이상 학문이 아닌 거 같다.

---

38) 기업의 부채인 사채를 주식으로 바꾸는 등 기업의 자본구조를 변경하는 것을 말한다.

9·11

왜 하필 뉴욕이었을까? 하지만 뉴욕은 이슬람 정치의 정신적 입안자인 사이드 쿠틉에 의해 테러의 타깃 도시로 이미 예정돼 있었다. 1947년 유학하기 위해 뉴욕에 도착한 이집트 출신의 이 젊은 이슬람 원리주의 창설자는 이 도시를 보며 말할 수 없는 분노를 느꼈다. 훗날 이슬람 원리주의의 복음서가 된 쿠틉의 『코란의 그늘 아래서』와 『이슬람 사회정의』를 읽어보면 뉴욕은 기독교의 적그리스도처럼 이슬람의 적으로 묘사되어 있다. 특히 그는 뉴욕에서 그도 분명 희생자였을 인종차별과 여성들의 방종을 목격했다. 맨해튼 거리에서 맨팔뚝과 맨다리를 드러낸 여인들에게서 그는 악마의 재림을 보았다.

쿠틉이 가말 압델 나세르 정권에 의해 교도소에서 처형당한 뒤 오사마 빈 라덴을 포함한 그의 제자들도 뉴욕을 향한 변태성욕에 집착했다. 그들이 타깃으로 삼았던 목표물은 매우 상징적이었다. 쌍둥이 빌딩을 파괴한 것은 분명 아메리카의 성기에 대한 공격행위였을 것이다. 성욕과 환상은 언제나 이슬람 근본주의자들의 행동과 불가분의 관계에 있다. 2001년 9월 11일의 테러는 분명 제의적 성격을 지녔다. 빈 라덴이 미국을 정복하기 위해 이런 짓을 저지르진 않았을 것이다. 하지만 쿠틉이 영감을 준 희생의 제의를 넘어 9·11은 전략적 행동이기도 했다. 빈 라덴의 전략 속에서 그 진짜 목표는 뉴욕이 아닌 메카였다.

빈 라덴은 스스로 이슬람의 사도를 자처하며 마호메트의 혈통을 이어받은 정통 칼리프를 현세에 부활시키려 했다. 이 목적을 이루기 위해 그는 마호메트가 그랬듯 메카를 정복해야만 했다.

목적을 달성하기 위해선 먼저 사우디아리비아를 자신의 통제 아래 두어야 했다. 미국이 더 이상 사우디아라비아 정부를 사주하지만 않으면 가능한 일이었다. 빈 라덴이 디국의 조종을 받고 있다고 믿는 이집트 독재정권도 마찬가지였다. 따라서 뉴욕을 테러로 타격한다면 미국이 아랍 동맹국들에 대한 지원에서 한발 물러설 거라 기대했다. 아랍 민중들이 서방의 지원을 등에 업은 폭군들에게서 벗어난다면 그들이 자신들의 깃발 아래 뭉치게 되리라 본 것이다. 이렇게 9 · 11은 우발적인 테러가 아니었다. 테러를 저지른 세력의 머리 속에서 9 · 11은 악에 맞서는 상징적 전쟁이자 권력을 차지하기 위한 현실적 전략이었다. 이슬람 운동이 모두 그렇듯 여기엔 제의적 · 정치적인 요소들이 한꺼번에 뒤섞여 있었다.

하지만 빈 라덴은 미국의 대응을 오판했다. 조지 W. 부시는 이런 제2의 진주만공격을 묵과하지 않았고 군사행동을 마다하지 않았다. 미국은 타협을 싫어하는 호전적인 국가다. 전쟁보다 정치적 해결을 선호하는 유럽 사람들은 10년이 지난 지금까지 이를 이해하지 못하고 있다.

또한 빈 라덴은 스스로의 착각에 속았다. 소수의 광신도들이나 수하들 외에는 예언자의 시대로 돌아가 빈 라덴에게 복종하길 원하는 아랍인들은 없었다. 세계인들은 아랍인들을 의심했지만 아랍 민중들은 이런 편견을 뒤집었다. 지금 벌어지고 있는 아랍의 민주화혁명은 이슬람 근본주의를 위한 혁명이 아니라 인간의 보편적인 권리를 요구하는 혁명이다. 빈 라덴과 그 추종세력들은 9 · 11의 전투에선 이겼을지 몰라도 전쟁에선 패했다. 결국 9·11은 한 이슬람이 다른 이슬람을 상대로 한 전쟁이었다. 그들이 타격하려 했던 것은 서구세계가 아니라 서구화되어가는 세계였다.

경제위기에 초연한 폴란드

폴란드 브로츠와프(Wroclaw)에서 유럽문화 포럼이 열렸다. 유럽연합 각국에서 온 예술가와 지식인들이 3일 동안 토론과 공연을 펼쳤다. 파리에서 바르샤바를 거쳐 브로츠와프까지 오는 동안 단 한 번도 신분증 검사를 받지 않았다. 1990년 '철의 장막'을 뛰어넘을 때를 떠올리며 나는 무척이나 행복했다. 1945년 이전까지만 해도 브로츠와프는 브레슬라우(Breslau)라는 이름을 가진 독일 영토였다. 이곳 건축물들은 이런 역사를 그대로 간직하고 있다. 하지만 독일 패전 이후 이 도시는 폴란드의 영토가 되었고 독일도 더 이상 반환 요구를 하지 않았다. 이렇게 유럽은 역사가 만들어낸 적대감으로부터 벗어나고 있다.

폴란드 공화국의 대통령은 자신이 감옥에 있을 때 내가 쓴 『자유주의적 해법』을 읽었다고 말했다. 이 책은 1984년 프랑스에서 출간되어 같은 해 '지하출판'을 통해 폴란드어로 번역되었다. 이 책을 폴란드어로 번역한 사람이 바로 지금의 국무총리인 도날드 투스크(Donald Tusk)다. 이 이야기가 진짜인지 꾸며낸 이야기인지는 모르겠지만, 나와 장 프랑수와 르벨(Jean Francois Revel)이 우리들도 모르는 사이에 당시 유럽 공산국가에서 꽤 영향을 미쳤나 보다.

폴란드가 유럽연합에 포함될 당시만 해도 아무도 폴란드의 미래를 믿지 않았다. "무기력한 공산주의 체제에 익숙해진 폴란드인들에게 기업가 정신을 기대하긴 힘들다"는 등의 뒷말만 무성했다. 하지만 지난 20년 동안 폴란드의 일인당 국민소득은 세 배로 뛰었으며 경제위기에도 끄떡없이 성장을 계속하고 있다. 다른 나라와의 경제적 차이를 따라잡기 위해 열심히 뛰기도 했지만 정부가 경기부양을 위한 예산집행을 피하고 철저히 자유주의 원칙에 따르며 튼튼한 국가를 만들었기 때문이다.

브로츠와프에 모인 모든 참가자들은 영어를 공용어로 사용한다. 한 세대가 지나는 동안 프랑스어는 폴란드에서 거의 잊혀지고 말았다. 안타까운 일이지만 충분히 그럴 만하다.

"폴란드는 영원할 것입니다." 공화주의자인 샤를 플로케(Charles Floquet)가 1860년 바르샤바의 독립투사들에 대한 지원을 거부한 나폴레옹 3세에게 한 말이다. (나의 폴란드인 할아버지도 폴란드의 독립항쟁 시기에 러시아 군사들에게 두 팔을 다쳤다.) 그의 말은 옳았다.

"폴란드는 영원할 것이다"를 이제는 "폴란드여, 고맙다"로 바꿔 말해야 할 것 같다. 그들이 유럽연합에 힘을 북돋아주고 있으므로!

아름다운 헬레나

그리스란 나라는 유럽 열강들의 발명품이다. 이것이 그리스인들조차 자신들의 정통성을 의심하는 이유다. 1830년 이루어졌던 그리스의 탄생의 비밀을 살펴보면 의심스러운 태생에 집착하는 국가나 당연히 내야 할 세금을 내지 않으려 하는 그리스 납세자들의 태도가 무엇 때문인지 알 수 있다. 이 나라가 직면한 파산의 위협을 잘 살펴보면 그것이 재정적 어려움보다는 그들의 근대사에서 온 것임을 알 수 있다. 작가이자 위대한 거짓말쟁이기도 했던 샤토브리앙이나 바이런 등 낭만적 몽상가들로부터 이 모든 것들은 시작되었다. 이들은 서구 시민사회의 근원이 그리스에서 나왔다는 믿음을 전파했다. 지금 우리가 치르고 있는 대가들도 하나의 착각에서 비롯되었다. 그것은 아리스토텔레스나 페리클레스 같은 이들이 아직도 그리스인들과 함께 살고 있으리라는 착각이다. 하지만 그리스인들이 내세우는 비잔틴제국과의 혈통관계조차 사실은 의심스럽다. 그나마 마크 트웨인은 현실주의자였다. 1865년 아테네를 방문했던 그는 판테온 신전의 허물어진 기둥 사이에서 풀을 뜯는 양 떼밖엔 발견한 게 없다고 말했다. 진실을 말하자면 지금의 그리스인들은 옛 오스만제국 땅에 살던 기독교를 신봉했던 부족의 후손일 뿐이다. 하지만 돈키호테가 못생긴 시골 처녀에게서 귀부인 둘시네아를 보았듯 유럽인들은 그리스에게서 헬레나의 모습을 그려보곤 한다. 이제 와서 이런 착각을 이용하는 그리스인들을 나무랄 수만도 없는 일이다. 19세기를 거치는 내내 그리스는 영국과 프랑스 그리고 독일로부터 재정지원을 받았다. 특히 독일은 1833년 독일 왕자를 왕으로 옹립하기 위해 재정을 지원했고 실제 알렉산더 대왕의 먼 방계후손인 오토1세가 이들 오스만 부족을 통치했다.

이렇게 신생국 그리스는 헬레니즘 신화의 영업소가 되어 유럽 국가들로부터 재정을 끌어들였다. 경제면에서 유럽연합에 가입할 조건을 갖추지 못했음에도 샤토브리앙의 애독자였던 발레리 지스카르 데스탱 대통령 덕분에 그리스는 1981년 유럽연합에 편입될 수 있었다. "그리스는 유럽 시민사회의 요람이자 유럽을 탄생케 한 장본인으로 모든 유럽은 그리스에 빚을 지고 있다"고 샤토브리앙은 말했었다. 빚을 갚지 않은 게 그리스가 아니라, 유럽이 오히려 그리스에게 빚을 지고 있다는 얘기다. 대부분의 그리스 국민들이 이런 숭고한 생각을 공유하고 있는 것 같다. 자신들은 그렇게 생각 안 해도 채권자들이 그렇게 생각해주니 고마울 뿐이다. 상대가 역사적 부채를 갚지 않았는데 당장의 빚을 갚을 필요가 어디 있겠는가?

2001년 자격을 갖추지 못한 그리스가 유로존에 편입된 이면에도 이런 집단최면이 작용했다. 그리고 이제 와서 사람들은 그리스 정부가 지금까지 국가재정 상태를 속여 왔다고 비난하고 있다. 하지만 이것도 맞는 얘기가 아니다. 2001년 당시 유럽연합 의장단은 이미 그리스가 제출한 자료가 허위란 걸 알고 있었으며 사석에서 이를 언급하기까지 했다. 하지만 그리스가 상징적으로 중요한 나라였고 역사적 부채 문제도 걸려 있었기에 모르는 척 넘어갈 수밖에 없었다.

아테네가 2004년 올림픽 개최국 후보로 나섰을 때도 그랬다. 국제 올림픽위원회는 그리스가 올림픽을 개최할 능력이 없으며 거기서 떠안게 될 부채를 갚을 능력도 없다는 걸 알고 있었다. 하지만 올림픽의 기원지가 바로 아테네라는 사실 앞에 아무도 반대 의견을 제기할 수 없었다.

이런 이유들 때문에 그리스는 진심으로 빚을 갚아야 한다는 필요성을 못 느끼고 있는 것이다. 그리스 국민들 또한 자기 세금으로 국가가 진 빚을 갚아야 한다는 사실을 인정하지 않는다. 지금의 그리스는 더 이상 독일 왕족이 다스리는 국가도 아니며 군사정권도(1973년 이후 끝났다) 아니다. 그렇다고 이 공화국을 온전한 법치국가로도 볼 수 없다. 위정자들 사이에 만연한 부패와 관료들의 무능으로 봐서도 그렇고 (모두 언급을 피하지만) 영국과 미국의 군사개입으로 끝난 1949년의 내전에 그리스인들이 아직 승복을 못하고 있다는 점에서도 그렇다. 더구나 그리스에는 아직도 그리스어만 쓸 것을 강요당하며 법적인 보호를 받지 못하는 수백만의 알바니아나 터키계 등 소수민족 국민들이 있다! 국가 재정에 아무 도움이 안 되는 '역외시장(offshore market)'에 의존하는 경제만큼이나 그리스를 법치국가로 인정할 시민사회의 저변은 취약하다.

그리스 정부가 지킬 수도 없고(갑자기 세금을 늘릴 수 없으므로) 지킬 생각도 없는(민영화는 결국 정부의 영향력과 인기를 빼앗아가기에) 약속을 남발하며 자신들의 신화에 의존해 유럽인들에게 손을 벌리려 하는 데는 이런 역사적·문화적 배경이 있다. 하지만 그리스가 돌파구를 찾긴 쉽지 않을 것 같다. 왜냐하면 이제 유럽은 '오이디푸스 콤플렉스'를 앓고 있기 때문이다. 만약 그리스가 유럽인들의 아버지이자 어머니라면 이번에야말로 신화를 죽이고 평범한 국가로 되돌아가 유럽 나라들과의 부채관계를 깨끗이 청산해야 할 것이다.

제네바, 유토피아의 발상지

필자는 철학학회 때문에 지금 제네바에 와 있다. 오늘날 철학학회는 진부한 얘기를 복잡한 언어로 표현하는 기술의 경연장이 된 것 같다. 이곳에 오니 모두가 합심하여 자유주의를 성토하는 분위기지만, 별로 놀라운 일도 아니다. 이들은 변형된 세계화주의자, 마르크스주의자, 환경주의자, 트로츠키주의자들을 중도주의자로 보는 대신 자유주의자를 과격주의로 몰아붙인다. 이들에게 자유주의는 거대자본과 투기자본을 대변하는 가짜 이데올로기일 뿐이다. 하지만 그렇게 말하려면 민주주의의 토대를 만들고 시장경제를 활성화하여 대중들을 가난으로부터 벗어나게 한 장본인이 바로 자유주의자들이란 사실에 대해 먼저 설명해야 하지 않을까? 물론 이런 사실이나 현실들은 이 철학자들의 관심사항이 아니다. 그러고 보니 그들이 모여 있는 이곳 제네바가 바로 그들이 주장하는 유토피아의 발상지였다. 칼빈(Calvin)의 유토피아가 그랬고 장-자크 루소의 유토피아가 그랬다.

내 생각으로 사람들이 자유주의에 대해 적대감을 보이는 것은 자유주의가 인간을 선하지도 악하지도 않으며, 때론 선악의 양면성을 다 가진 존재로 보기 때문인 것 같다. 자유주의자들은 이미 3세기 전부터 사회가 '인간성이라는 구부러진 나무'(칸트)로 만들어지기 때문에 어떻게 하면 사회가 올바르게 기능할지에 대해 고민해 왔다. 그리고 그 해답은 바로 민주주의와 시장경제였다.

　이에 반해 유토피아주의자들은 인간이 본래부터 선하다고 본다. 인간이 지금은 타락에 물들어 있지만 어떤 조건이나 강제적 힘만 갖추면 다시 선함을 회복할 수 있다는 것이다. 하지만 소위 이런 도덕과 그 도덕으로 다시 태어났다고 주장하는 인간들에 의해 얼마나 많은 죄악이 행해졌던가? 그런데 이곳엔 자유주의자들이 소수여서인지 그들은 용서받을 수 없는 자 취급을 받고 있다.

　여기 제네바에 와서 새삼 확인한 사실은(프랑스에서도 논쟁이나 토론을 할 때 되풀이되는 일이지만) 반자유주의자들은 절대 반대되는 의견에 귀를 기울이지 않으며 자신과 다른 어떤 세계관에도 관심을 두지 않는다는 것이다. 그들과는 진정한 대화가 불가능하다. 이것은 유토피아주의자들의 공통된 특징이다. 자유주의자들이 '상대편'도 나름대로는 옳은 면이 있다고 인정하는 것과 대조적이다. 무신론을 바탕으로 하는 자유주의자들과 완벽한 사회를 갈망하는 신학자들 사이의 토론이란 거의 불가능하다. 녹색주의자들과 탈세계화주의자들의 곁을 긁어보면 그 안에서 로베스피에르(Robespierre)와 사보나롤라(Savonarola)의 모습을 발견하게 될 것이다. 이들로부터 우리를 지켜줄 수 있는 것은 오직 민주주의 제도뿐이다.

오리엔탈리즘의 종말

모든 혁명은 시나리오 같아서 아주 사소한 사건이 커다란 역사의 물꼬를 터주곤 한다. 프랑스혁명에서 작은 사건에 불과했던 바스티유 점령이 4년 뒤 왕정을 무너뜨리고 공화국의 탄생이라는 엄청난 결말을 가져온 것처럼 말이다. 비슷한 일이 오늘날 아랍세계에서 벌어지고 있다. 근동 최대의 권력자인 호스니 무바라크의 퇴진을 불러온 일련의 사태들의 시작은 튀니스 근교에 사는 한 채소 노점상의 죽음에서 비롯되었다. 2010년 모하메드 부아지지의 분신은 1969년 동유럽의 민주화혁명을 알렸던 체코 학생 얀 팔라흐의 분신처럼 혁명의 도화선이 됐다.

아랍 민중들이 이 실업자 청년에게서 자신들의 모습을 발견하지 않았다면 그의 죽음은 혁명으로 이어지지 않았을 것이다. 경찰은 자릿세를 내지 않는다는 이유로 이 노점상 청년의 생계수단인 손수레를 압수했다. 지난 이삼십 년 동안 지식인, 변호사, 노동조합 그리고 이슬람주의자들이 부패나 독재에 맞선다는 명목으로 아랍 민중들을 선동했다. 하지만 그들이 자신의 모습을 발견한 것은 졸업증명서가 괜찮은 직장을 보장해주고 부패나 권력과의 연결고리가 그럴 듯한 인생을 보장해줄 거라 믿었던 젊은 노점상으로부터였다.

여기에 혁명을 알리고 급속히 확산시키는 데는 페이스북이라는 소설미디어가 필요했다. 그러나 페이스북만으론 충분치 않았다. 이미 2년 전부터 학생 시위대들은 매주 금요일마다 카이로의 타흐리르 광장에 모여 산발적으로 민주화 구호를 외쳤지만 모두 불발로 끝났다. 그러나 부아지지가 죽음으로 민중들에게 직접 '외침'으로써 모든 것은 바뀌었다. 바스티유가 그랬듯이 이렇게 아랍혁명은 느닷없이 세상에 찾아왔다.

여기서 이 청년의 개인적 삶에 대해선 논하지 않겠다. 그의 삶이 바로 아랍인들 모두의 처지와 희망을 말해주기 때문이다. 그의 개인사는 아랍사회의 자화상이며 그들이 벗어던지고 싶어 하는 현실이기도 하다. 이것은 무슬림 사회의 문제가 아닌 아랍사회의 문제다. 모로코에서 시리아까지…… 혁명의 지형도는 모든 아랍문명권을 관통하여 비아랍 이슬람권 앞에서 발걸음을 멈췄다. 터키는 이란, 파키스탄, 인도네시아 등과 함께 여기에 포함되지 않았다. 이번 혁명은 가장 아랍적인 것이었지만 여기서 이슬람주의 운동은 빠져 있었다! 리비아, 예멘, 시리아로 이어진 이번 소요에서 소외되었던 이슬람주의자들은 뒤늦게야 그들의 교조적이고 고답적인 주장들과는 어울리지 않는 민주적 · 경제적 요구들에 동참할 수 있었다.

지금 벌어지고 있는 것은 '아랍의' 혁명임에 틀림없다. 왜냐하면 식민지배의 결과로 그어진 국경 너머에 아랍인들의 공동 운명이 있기 때문이다. 그것은 종교를 뛰어넘어 문화적이고 역사적인 것이다. 아랍인들의 사고는 아직 영광스러웠던 옛 '황금시대'의 향수에 머물고 있다. 그것은 이미 오래 전인 12세기 무렵의 일이다. 하지만 아랍 지도자들은 미래를 준비하기보다 과거의 향수를 부추기는 데 집착했다. 미래의 투자보다는 과거의 추억에 머무르는 경향은 아랍권 외의 다른 아시아 이슬람 국가에선 찾아보기 힘들다. 따라서 코란에 있는 교리를 가지고는 오랫동안 아랍사회를 억눌러 왔던 가난을 설명할 길이 없다. 같은 종교를 가졌어도 터키나 말레이시아, 인도네시아 같은 나라들은 지금 세계화와 경제발전의 선두 그룹을 달리고 있기 때문이다.

아랍의 혁명가들은 자신들을 좋았던 과거에 묶어놓는 '황금시대'의 신화를 거부하고 있다. 그들은 현대화된 세계의 주변부에만 머무는 것에 환멸을 느끼고 이제 발전과 과학의 대열에 합류하려 한다. 이제 카이로의 젊은이들은 샤리아 율법이 아닌 페이스북을 통해 세상과 소통하고 있는 것이다.

아랍세계를 묶어주는 또 하나의 특징은 유럽의 식민지 지배를 받았다는 사실이다. 아랍이 식민지 지배를 받다가 해방된 역사는 현대로 이어진 독재정치의 기원이기도 하다. 아랍의 지배층들과 군부는 국민들은 제쳐둔 채 과거 식민지배자들과 가까이하며 그들과 손을 잡았다. 반세기에 걸쳐 아랍세계에 이어진 독재는 바로 과거 식민지배자들과의 결탁이 낳은 원죄였던 것이다. 서방세계는 전제정치가 아랍 문화에 가장 어울리는 통치형태라는 핑계로 사담 후세인을 포함하여 독재자들을 지원해 왔다. 이런 사실은 이미 자크 시라크 전 대통령도 공개적으로 인정한 바 있다. 아랍 독재권력과 서구의 결탁의 결정판이 바로 무바라크 정권이다. 중동의 평화와 이슬람주의자들의 위협에 대비한다는 명분으로 서로의 이해관계를 맞춘 것이다.

식민지 해방의 역사를 완성한 아랍의 혁명가들에 의해 이런 마피아식 거래는 종식되었다. 이와 함께 팔레스타인의 역사가 에드워드 W. 사이드가 말했던 '오리엔탈리즘'도 마침내 종말을 고하게 되었다. 사이드에 따르면 아랍세계를 '타자'로 규정하는 이런 이데올로기는 유럽적 허구의 산물일 뿐이며 이를 통해 수동적이고, 선정적이며, 음험하고, 복종적인 아랍이라는 이미지가 탄생했다. 소설이나 조형예술, 영화 등에서 찾아낸 이런 자취들 속엔 서구적 사고가 배어 있으며 이것이 19세기의 식민지배와 20세기의 독재정치를 뒷받침해주었다고 사이드는 말한다. 오리엔탈리즘 이데올로기를 따르면 유전이 발견되었을 경우를 빼면 아랍은 가난할 수밖에 없다. 하지만 이제 아랍의 혁명가들은 자신들이 더 이상 오리엔트가 아니라고 선언한다. 문명론을 빙자한 가짜 운명론과 독재 그리고 가난에 그들은 이제 넌더리를 내고 있는 것이다!

그런데 각 나라의 지역적 특성을 무시한 채 지금의 아랍혁명을 일반화하는 건 무리가 아닐까? 이번 혁명에서 가장 눈에 띄는 건 왕정 국가들보다는 공화정 국가들이 더 크게 요동치고 있다는 것이다. 말할 것도 없이 왕정 국가들(특시 모로코, 사우디아라비아 등)은 전통이나 종교적 권위 등에서 보다 큰 정통성을 가진다. 부의 분배 면에서도 이 나라들이 공화국들보다 앞서가고 있다. 풍부한 석유자원을 보유한 사우디 왕족들은 국민들에게 무상으로 주거와 교육, 의료 등을 제공하지만 이집트 정부는 빵과 기름과 콩밖엔 나눠주지 못한다. 유럽의 외교관들이 생각하는 것과 반대로 사우디 정권과 이집트 정권의 안정성에서의 차이를 설명해주는 건 바로 부의 재분배 문제다. 오리엔탈리즘 이데올로기에 사로잡힌 그들은 이제야 자신들이 눈뜬장님이었음을 깨닫게 되었을 것이다. 유럽과 북미 정부들은 아무런 대응책이나 열정 없이 언젠가 아랍에 민주주의가 찾아오리라 기대하고만 있었다.

그렇다면 앞으로 아랍의 미래는 예측 가능한 방향으로 흘러갈까? 혁명의 물길은 아주 느리게, 예측할 수 없는 곳으로 흘러들어가곤 한다. 그래서 때로는 자유민주주의 대신 보나파르트주의(프랑스혁명)나 호메이니즘(이란혁명)으로 방향을 선회하기도 한다. 그럼에도 지금 아랍은 표현의 자유를 시작으로 하여 자신들의 권리를 확실히 쟁취해내고 있다. 모로코와 이집트, 튀니지가 다시 침묵과 복종 속으로 돌아가게 될 것이라곤 아무도 생각하지 않을 것이다. 혁명과 인터넷의 동맹은 그만큼 확고해 보인다. 독자적 매체와 정치세력의 출현도 확실해졌다. 알제리의 독재자만이 탄압과 분배를 무기로 아직 세력을 굳게 유지하고 있다. 표현의 자유만 보장된다면 그 길은 험난할지라도 자유민주주의의 구축은 가능해진다. 법치와 소수자 존중, 정권교체, 사법독립은 아랍 문화와 어울리지 않는 것들이 아니다. 이미 1920년에서 1950년 사이에 그들은 이를 경험했다. 다만 유산계급들과 옛 식민지배자들의 타협으로 오랫동안 유예되어 왔을 뿐이다.

감히 예언하건대 앞으로 혁명의 길은 경제성장에 좌우될 것이다. 부아지지와 함께 아랍 민중들이 고민한 것은 적당한 일자리를 찾을 수 있느냐 마느냐의 문제였다. 둔화 추세에 있는 아랍권의 인구증가율과 아직 진행되고 있는 도시화 속도를 볼 때 5% 이상의 경제성장은 이루어내야 한다. 이런 목표는 미래의 정부들이 과거의 제약들을 철폐하고 자국민들과 외국 투자가들에게 기업 설립의 자유를 보장해줄 때 가능하다. 아랍세계에서 개인이 부자가 되는 가장 빠른 길은 기술이나 투자가 아닌 권력자 친인척들과의 밀착관계였다. 이집트에서는 군인과 그들의 휘하들이 모든 이권들을 독점해 왔으며, 모로코나 시리아에서는 정권이 자기 측근들에게 가장 기름진 땅과 배타적인 수입 허가권을 나누어주고, 사우디아라비아에선 절대자의 측근인 빈 라덴이 노동시장을 장악하고 있었다. 지금껏 아랍의 경제는 한마디로 '깡패와 패거리들의 자본주의'였으며 부아지지처럼 힘없는 민중들은 광범위하게 형성된 지하경제 주변을 맴돌아야 했다. 상업과 이윤추구를 장려하던 아랍문명에서 기업가 정신이 억압되고 있었다는 건 아이러니가 아닐 수 없다. 이슬람교는 유일하게 상인들에 의해 세워진 종교가 아니던가?

'아랍의 봄'이 시작된 이래 혁명세력들과 반혁명세력들은 민주주의, 복수정당제, 정의 같은 정치적 논쟁을 통해 맞서고 있다. 하지만 마지막에 혁명의 운명을 결정짓는 것은 개인이 주체가 되는 시장의 형성 여부가 될 것이다. 만약 '패거리 자본주의'가 지속되며 경제성장을 가로막는다면 실망한 국민들의 대안으로 이슬람 근본주의가 다시 세력을 펼치게 될 수도 있다. 중소기업들이 유럽과 가까운 관계를 유지하며 소아시아의 용으로 떠오른 이웃 터키를 모델로 삼아도 좋을 것이다. 반대로 아랍-이슬람 문화로부터 이번 혁명의 근원을 찾으려 하면 그 어떤 해결책도 발견하지 못할 것이다.

아프리카의 영웅들

그 동안 아시아에만 너무 관심을 기울인 나머지 아프리카도 아시아처럼 변화하고 있다는 사실을 잊고 있었다. 3억 5천만 명의 아프리카인들이 단순한 생계유지 수준을 넘어선 소득을 올리면서(세계은행의 자료에 따르면) 명실공히 아프리카의 중산계급을 형성하고 있다. 수적으로나 개인의 열정 또는 상품 구매력에서 이들은 인도나 중국과 거의 비슷한 수준에 이르렀다. 사하라 이남의 아프리카가 산업화, 도시화되고 현대 경제 용어로 '신흥국'으로 부상하게 된 것은 원자재 수출 때문이기도 하지만 공장과 교역 덕분이기도 하다. 특히 이동통신 시장에서 아프리카에도 거대자본과 슈퍼부자들이 출현하고 있다. 수단 출신의 모 이브라힘(Mo Ibrahim)은 아프리카에서 최고 부자로 꼽힌다. 그는 자신의 이름을 딴 상을 만들어 아프리카 국가의 대통령이 나라를 잘 이끌고 자발적으로 물러날 때 상을 수상하도록 했다. 은퇴하는 대통령에게 주어지는 이 상과 상금이 2011년에 카보 베르데(Cape Verde)39) 대통령에게 주어졌다. 이들 아프리카의 슈퍼부자들은 가끔 불협화음을 내기도 하지만 지금의 세계화 시대에 국가통합의 구심점 역할을 하고 있다.

---

39) 북대서양 아프리카의 여러 개의 섬으로 이루어진 나라. 포르투갈 식민지였다가 1975년 독립했다.

때맞춰(이것은 우연이 아니다) 아프리카에 대한 서방의 시선도 변하고 있다. 아프리카 민족의 다양성을 무시하고 식민지배자의 관점으로 일반화되었던 아프리카가 이젠 다양한 개성을 지닌 아프리카로 변모하기 시작했다. 아프리카에 대해 새로운 시각을 반영하듯, 지금 뉴욕 메트로폴리탄 미술관에서는 〈아프리카의 영웅들〉이라는 제목의 전시회가 열리고 있다. 우리는 아프리카의 문화, 역사, 우상숭배, 일상 등에 관한 잡동사니들을 모두 뒤섞어 아프리카 예술이란 용어로 총칭해 왔다. 그리고 오랫동안 이 예술에 '원시' 란 이름을 붙여왔다. 우리 마음대로 예술적으로 보이는 것엔 '예술' 이란 이름을 붙이고 우리 이해를 벗어난 것에는 '원시' 란 이름을 붙여왔던 것이다.

자크 시라크가 처음에 '원시 미술관' 으로 구상했던 파리의 케-브랑리(Quai-Branly) 미술관도 민속학자들의 반발로 그냥 '미술관' 이 되어 '원시' 라는 말을 지울 수 있었지만 이름에 거리명 케-브랑리를 집어넣음으로써 예술이란 단어도 포기해야 했다. '수집한 것을 모아 두는 곳' 을 표현할 다른 단어는 찾지 못했나 보다. '케-브랑리에 있는 원시 미술품들' 이라는 이름 속에는 이렇게 우리 무의식에 뿌리박힌 식민주의 잔영이 있었다.

메트로폴리탄 미술관은 나무로 만든 조각, 청동으로 만든 조각, 구운 흙으로 만든 조각, 돌로 만든 조각상들만을 전시하며 한 단계 업그레이드된 모습을 보여주었다. 이 조각상들은 남자, 여자, 그리고 신들의 모습, 다시 말해 세상에 유일한 존재들을 표현했다. 가면, 투창, 의자나 여러 가지 종교적·일상적 도구 등 초기 애호가들을 사로잡았던 아프리카 예술이 갑자기 '개성화된 예술' 로 다가오기 시작한 것이다. 아프리카 예술은 옛날이나 지금이나 다양한 얼굴들을 보여주는 예술이다.

나이지리아 요루바 지방에 있는 이페(Ife)라는 마을에서 가져온, 흙을 구워 만든 홈이 파인 조각상은 12세기 것으로 추정되는데, 헬레니즘 조각상들이나 간다라의 불상들만큼이나 섬세하고 아름답게 표현되었다. 이 전시회에서는 통나무를 파서 만든 받침대도 볼 수 있다. 수집가들에게 인기 있는 이 작품은 지금은 카메룬에 속한 바밀레케족의 것으로, 전시품의 받침대로도 쓰이면서 서양 예술에서 보듯 인간의 모습을 한 신을 형상화하고 있다.

이것들은 더 이상 아프리카적인 것만은 아니며, 이 아프리카의 작품들은 부족의 집단적 광란을 주술적으로 표현한 것이 아니다. 몇몇 작품들에선 명백히 개인의 작품임을 표시하는 작가의 서명도 볼 수 있다. 예전엔 유럽에서도 성당 건물들을 보며 그것을 만든 건축가가 따로 있다고 생각하지 않았다. 하지만 집단적 믿음이 갑자기 퇴색하면서 지금은 샤르트르 성당이나 콩크의 성당에도 건축가가 있다는 걸 생각하게 되었다. 예술가가 없으면 예술도 존재하지 않는다. 아프리카의 예술에도 같은 법칙이 적용될 수 있다. 서양의 관람자들이 지금까지 이들 작품에서 작가를 찾는 데 관심을 두지 않았을 뿐이다.

이렇게 하나의 미술관 전시는, 마치 아프리카인들이 스스로 가난의 속박을 벗어버리듯 그들의 얼굴과 정체성을 찾아주기도 한다. 물론 모든 아프리카인들이 가난에서 벗어날 수 있었던 것은 아니다. 아직도 많은 아프리카인들은 식민지배자들이 마음대로 그어놓은 국경 때문에 싸우고 있다. 하지만 서로 다른 얼굴들로 뒤섞인 이 나라들도 서로를 있는 그대로 받아들이는 데 점점 익숙해지고 있다. 우리가 발전이라고 부르는 것은 그가 속한 문화에 관계없이 개인의 권리를 인정하는 것이고 예측 가능한 국가를 만들어내는 것이다. 탄자니아에서 말리, 우간다, 잠비아, 가나에 이르기까지 많은 나라들이 이 두 가지의 조건들을 갖추기 시작했다. 이것이 갖춰지면 경제발전은 자연스럽게 뒤따르게 되어 있다.

이 특별한 얼굴들의 전시회를 보면서 필자는 전시 제목의 단어가 자꾸 거슬렸다. 왜 하필 아프리카의 '영웅들'이었을까? 아프리카의 '평범한 사람들'이라고 했으면 무리도 없고 더 현실적이었을 텐데 말이다.

그래, 그냥 '현실적인 아프리카인들'이라고 부르도록 하자.

후쿠시마가 변화시킨 일본

각설하고, 내가 쓰고 있는 글에는 내 개인적 감상이 많이 들어가 있음을 고백한다. 지난 50년 동안 나는 일본을 좋아했고 큰 관심을 가져왔다. 이런 열정은 영화예술가 구로자와 아키라에서부터 시작되었다. 이 거장이 만든 〈라쇼몽〉을 보고 이것이 바로 영화구나라고 느끼게 되었고 한참 후에야 나는 그를 만나는 영광을 누릴 수 있었다. 〈라쇼몽〉은 파리의 젊은 학생이었던 내게 (성공적이진 않았지만) 일본어를 배우고 일본 문화에 큰 관심을 가지도록 만들었다.

이후 나의 이런 열정이 헛되지 않았음을 마음 속 스승이었던 레비-스트로스에게서 확인할 수 있었다. 그에게 있어서 일본 사람들은 소위 '모더니티'라 부르는 유럽의 기술과 과학과 자신들의 전통을 가장 조화롭게 완벽하게 종합해낸 이들이었다. 레비-스트로스의 이런 판단은 이후 30~40년 동안 정확하게 맞아떨어졌다. 이렇게 일본은 아시아의 신흥대국 한국이나 중국 같은 나라들이 본받고 도달하고 싶어 하는(그들은 인정하지 않을지 모르지만) 현대적 국가의 모델이 되었다.

일본에 대한 이런 긍정적인 시선은, 절대 맹목적 찬양이나 이국취향에서 비롯된 것이 아니었음에도 최근에 와서 시들해지거나 아예 부정되기 시작했다. 중국에 대한 기원도 근거도 알 수 없는 호기심과 함께 서구인들은 이제 일본을 한물간 나라 또는 쇠퇴해가는 나라로 여기고 있다. 유럽이나 미국, 언론인, 외교관, 기업가들 할 것 없이 모두가 이성을 잃고 이젠 기본적인 셈법마저 망각해 버린 것 같다. 일본의 일인당 국민소득만 봐도 중국에 비해 열 배 가까이 된다. 다시 말해 일본의 개인소득이 1% 증가하는 것은 중국의 개인소득이 10% 증가하는 것과 같다는 말이다. 비교가 불가능한 두 나라를 이리저리 비교하면서 차별하려는 게 아니라, 일본은 지금도 문화경제면의 생산성이나 기술력에서(매년 작성되는 경제보고서들만 봐도 알 수 있다) 그리고 군사력에 이르기까지 아시아를 넘어(일본은 동양권이지만 동시에 서구권으로 볼 수 있기 때문에) 세계 최강국의 위치를 차지하고 있다.

일본에서 일어나는 모든 일을 경제적·인구통계적 쇠퇴나 사회병리 현상에 대입해 평하는 일이 이제 일반화되었다. 1990년에서 2000년까지의 일본을 사람들은 '잃어버린 10년'이라 불렀지만 이제 잃어버린 20년과 잃어버릴 30년을 넘어 역사 속으로의 퇴장까지 얘기되고 있다. 그리고 마침내—자연(쓰나미)과 과학(후쿠시마 원전), 경제가(세계 경기침체에 이은 일본의 경기침체)가 어우러져 만들어낸—2011년 3월의 비극과 더불어 서구인들은 하늘이 일본에 내렸던 소명을 거두어간 것으로 보고 있다.

하지만 속단은 금물이다. 어쩌면 3월 11일은 일본의 새로운 시작을 알리는 신호일 수도 있다!

일본 역사에는 비극적 사건이 오히려 새로운 도약의 시작이 된 경우가 많다. 1853년 '구로후네(黑船)'[40]의 출현은 일본 근대화의 시작

---

40) 에도 시대 말기에 일본 근해에 출돌한 서양 배를 일컬었던 이름. 특히 1853년에 일본 앞바다에 등장한 매슈 페리가 이끈 미국 해군 함대를 가리키기도 하며 이로 인해 일본은 강제로 개항하며 서구 문물을 받아들이게 되었다.

을 알렸고, 히로시마 원폭 투하는 일본의 민주화를 낳았으며, 1973년의 석유파동은 산업혁신과 함께 일본을 일약 세계 경제대국으로 만들었다. 마찬가지로 2011년 3월 11일이 새로운 일본의 탄생 원년이 될지는 아무도 모를 일이다. 아니, 우리가 이제껏 분석하려고 했던 것과는 다른 모습의 일본이 이미 그 모습을 드러내고 있었는지도 모른다. 비극이 일어나기 직전인 2011년 1월 사흘 동안의 일본 체류와 수십 차례의 회의, 2011년 4월 사고의 검은 연기가 아직 걷히기 전과 2011년 8월 부활의 청사진을 그리고 있는 일본 방문을 통하여 나는 이를 확인할 수 있었다.

2011년 일본을 몇 차례 방문하며 나는 지난 1967년 이후의 수없는 방문 때와 다른 분위기를 전혀 느끼지 못했다. 내가 만난 일본과 일본 사람들은 여느 때와 마찬가지로 친절하게 내가 가야 할 길을 안내해 줄 뿐이었다.

변치 않는 일본의 심성

3월 11일의 대지진과 해일 이후 세계인들(일본인 자신들을 포함해)이 놀란 것은 일본인들이 서구적 근대사회의 모습을 하고 있으면서도 여전히 '일본인'으로 머물고 있다는 것이었다. 국민들이 보여준 한결같은 침착성과 질서, 협동심은 보는 사람들 모두를 감동시켰다. 이런 냉철한 민족성은 과거의 잃어버린 문명에 향수를 가졌던 시사 평론가를 무색케 했다. 후지와라 마사히코는 밀리언셀러가 된 자기 책을 통해, 서구화로 인해 공동체의식이나 연대감 등 일본인들이 가졌던 소위 '부시도(무사도)' 정신이 무너졌다고 한탄한 바 있다. 하지만 일본인들은 2011년 3월 11일의 사건을 계기로 사라졌다 믿었던 공동체의식과 침착성 그리고 협동심을 다시 보여주었다. 후쿠시마 도심에서는 퇴직 노동자들이 방사능의 위험을 무릅쓰고 피해복구에 뛰어들었다. 학생들은 거리를 불문하고 달려와 희생자와 난민들을 돕는 데 힘썼다. 개인주의에 물들어 자폐성향까지 보인다고 해서 '오타쿠'라 불리던 일본 젊은이들은 누가 시키지도 않았는데 공동체의식을 발휘했다.

이제 우리는 자문해보아야 할 것 같다. 일본의 젊은 세대에서 단절된 것으로 보였던 협동의 문화가 어떻게 이어져 왔는가 하는 걸 말이다. 교과서나 학교 교육 등으론 설명될 수 없을 것이다. 후지와라 등의 민족주의자들이 주장하는 일본인만의 특별한 DNA 등으로도 설명은 불가능하다. 문화는 DNA로 전수될 수 없기 때문이다. 개인적인 생각으론 사람들이 미처 생각하지 못하는 데서 단서를 찾을 수 있을 것 같다. 이를테면 다니구치의 만화, 특히 『아버지의 일기』 같은 작품에서 말이다. 이 만화는 도쿄에 살며 뿌리를 내린 주인공이 불행한 사고로 죽은 아버지의 장례식에 참석하기 위해 오랜만에 고향으로 돌아와 과거를 회상하는 내용으로 되어 있다. 이 작품에서 '가족관계' 또는 '가풍'은 한마디로 일본적 가치라 부르는 것들을 영구히 전승하는 토대가 되고 있다. 이런 일본적 가치는 RIETI(일본경제산업연구소)의 연구로 수치화되기도 했다.

2011년 5월 일본 젊은이들이 가장 가치 있다고 생각한 것을 조사한 결과 첫째가 가족이고 다음이 공동체였다. 이런 가치는 국민의 정서 속에 영구히 보존되다가 3월 11일 재난을 계기로 폭발적으로 드러난 것이다. 같은 조사에서는 20세에서 39세까지의 젊은이들 중 58%가 "3월 11일의 사건 이후 인생관이 바뀌었다"고 응답했다.

새로운 영웅들

3월 11일, 뜻하지 않은 곳에서 일본인들은 잠재적인 힘을 발휘했다. 그들이 보여준 행동은 모범적이었고 영웅적이기까지 했다. 일왕과 왕비 또한 애도의 분위기 속에서 위엄을 잃지 않는 모범적인 모습을 보여주었다. 내가 듣기로 일본 사람들은 천황제도에 매우 민감한 반응을 보이며 찬성하거나 반대하는 쪽으로 의견이 뚜렷이 갈린다고 한다. 하지만 평상시 대중들과는 거리가 먼 왕 부부가 국가의 재난을 맞아 자신들의 역할을 되찾았다. 일왕 부부는 가장 역사적인 순간 나라를 대표하는 임무를 떠맡았다. 일본인들은 그들에게서 아무도 이런 역할을 기대하지 않았다. 하지만 일왕 부부는 사람들의 이목엔 신경 쓰지 않고 아무도 알아주지 않을 자신들의 오랜 책무를 훌륭히 수행했다.

이번 드라마를 통해 떠오른 또 다른 스타들이 있다. 바로 일본 자위대다. 이전까지 일본 군대는 국민들에게 별다른 위엄을 보여주지 못했고 이미지도 좋지 않았다. 군사전문가들도 일본의 군사력이 노쇠화하고 있는 점을 자주 비판했다. 일본군은 구소련의 붕괴 이후 예상되는 침공 위협국이 중국으로 바뀌었는데도 옛 소련에 맞서기 위해 전선에 배치했던 홋카이도의 병력을 일본열도 남쪽으로 이동하지 않고 계속 유지해왔다. 하지만 노후화됐다는 평가를 받던 일본 자위대는 쓰나미를 감지한 지 24시간 이내에 작전지역에 10만 명을 집결시킬 수 있었다. 덧붙여 일본 자위대는 능숙한 구조작업과 군인들의 규율 잡힌 모습, 희생정신과 겸손한 태도, 난민들과 함께 고통을 나누는 모습을 보여주었다. 이번 사고를 계기로 일본군과 미국 해병(항공모함 로널드 레이건 호가 동아시아 해안 전역을 지키고 있다)의 완벽한 공조체제도 확인할 수 있었다. 게이오 대학 법학과의 아가와 나오유키 교수에 의하면 중국대륙의 군사 전략가들은 일본의 군사력에 빠르게 대응하기 위해 일본군의 병력 이동을 예의주시하고 있다. 복구 지원을 위해 중국정부가 파견한 자원봉사자들 가운데도 이런 업무를 수행하는 첩보원이 있었을 것이다. 이런 정세 속에 이번 사고는 아시아의 세력관계에 근본적인 변화를 가져옴은 물론 향후 몇 년 동안 국가 간 이해관계의 대립이나 영토분쟁 등을 진정시켜주는 효과도 가져다줄 것이다.

군대뿐만 아니라 경찰, 소방관 등 제복을 입은 다른 일본인들도 철저한 준비성과 신속한 작업능력을 보여주었다. 저마다 유니폼을 갖춰 입고 무리지어 다니는 공무원과 작업반원들에게선 제복에 대한 자부심마저 느낄 수 있었다. 중앙정부가 우왕좌왕할 때도 지방의 책임자급 공무원들이나 시장, 지사들은 상부의 지시를 기다리지 않고 주도적으로 나서 일을 결정하고 처리했다. 이들 지방관료들은 지역주민들이 보통선거로 직접 뽑은 사람들이다. 이렇게 선거는 개인으로 하여금 소속된 공동체에 대한 책임감을 갖게 해준다. 정당의 이해에 좌우되는 중앙정부와는 다른 모습이다. 국민들은 능률을 추구하는 지방 관료들과 정당이나 정파간의 정치게임을 추구하는 중앙 관료들이 얼마나 다른 행동을 보여주는지 확인할 수 있었다. 여기서 우린 일본 헌법 개정의 필요성을 발견할 수 있다. 아니면 적어도 권력관계의 재편이나 정치적 결정의 지방분권화를 논의해볼 필요가 있다.

제복도 없고 선거로 위임받은 권한도 없으며 일본인들 사이에서 신뢰도 잃고 있는 일본의 기업가들도 후쿠시마가 초래한 경제위기에 슬기롭게 대처했다. 쓰나미가 몰려오고 도호쿠 참사로 후쿠시마 발전소가 정지되면서 몇 주 동안은 일본의 산업시스템이 마비될 것이라 예상했었다. 알다시피 중앙기업과 하청공장들은 거미줄처럼 복잡한 관계로 얽혀 있다. 3월 11일 이후 도호쿠의 작은 공장의 생산이 멈춤으로써 디트로이트의 자동차 생산이 중지되고 일본에서만 생산되는 작은 부품 하나로 인해 타이완에서 컴퓨터를 생산할 수 없다는 사실에 세계가 깜짝 놀랐다. 일본의 기술력과 전문성, 부품 생산에서의 독보적 지위가 온 세상에 알려졌고 이들 공장이 가동을 멈춤으로써 그 폐해도 함께 드러났다. 6월까지만 해도 일본 산업의 전망은 암울했다. 하지만 2011년 7월이 되자 생산력은 재앙 전의 수준으로 회복되었다.

일본 기업들은 신속하게 생산을 재개했다. 그리고 일부 공장은 일본의 다른 지역이나 외국으로 재빨리 이전했다. 두 개의 원자로가 예기치 못하게 작동 정지됨으로써 가용 에너지의 15%나 되는 양을 줄여야 하는 상황에서 유연한 대처능력을 보여준 것이다.

거대산업에서 개인에 이르기까지 모두가 상황에 잘 적응했다. 8월 일본의 전력 소비량은 전년 대비 15% 이하로 떨어졌다. 이런 경이로운 소비량의 감소는 중앙정부의 결정이 아닌 국민들의 자발적인 참여로 이루어졌다. 2011년 여름에는 재킷을 벗고 냉방을 끄는 캠페인을 벌이기도 했다. 물론 일본이 앞으로도 계속 에너지 소비량을 15% 이하로 유지하긴 힘들다. 낭비를 자제하는 일은 계속되어야 하지만 이번 에너지 절약은 야간작업 등 예외적인 조치를 통해 가능했었다. 하지만 이런 조치를 지속시키긴 어렵다. 결국 일본이 전력생산을 이전 수준으로 회복하지 못하면 산업생산량이 급격히 감소하며 시장을 다른 나라에게 빼앗기고 말 것이다. 게다가 전력 소비의 제한은 노년층의 건강에도 영향을 미친다. 2011년 높아진 사망률만 보아도 알 수 있다. 냉난방은 사치품이 아니라 노약자들의 수명과도 관계가 있는 것이다. 자발적으로 이루어진 에너지 절약의 성과는 칭찬할 만하지만 그렇다고 일본을 자연상태로 되돌리자는 목가적인 결론을 이끌어 낼 순 없는 것이다.

과학의 굴욕

　3월 11일까지 일본인들은 기술대국을 자처해왔다. 그들에게 과학은 모든 사회문제를 해결해주는 마지막 보루였다. 하지만 3월 11일 이후 이런 진보주의에의 믿음은 희미해지거나 커다란 상처를 입었다. 이렇게 여론이 돌아선 데는 Tepco(도쿄전력)의 책임이 컸다. Tepco뿐만이 아니라 이번 후쿠시마 원전 사고를 통해 일본에 만연한 결탁과 부정부패 그리고 거짓의 네트워크가 만천하에 드러났다. 이 사고를 통해 일본 전체가 동경대 출신의 기술자 마피아들 손에서 움직이고 있었음을 알게 되었다. 이들은 지난 50년 동안 원전 건설을 좌지우지하고 있었다. 게이오 대학의 소나 야스노리 교수는 이들을 '뉴클레어 빌리지' 라고 불렀다. 그 안에서 멤버들은 원전 가동이나 시늉뿐인 안전 감시, 히로시마 원폭 이후 원전에 대한 공포를 가지고 있는 국민들에 대한 홍보 등의 역할을 나누어 가졌다. 그리고 다른 '빌지지' 멤버들은 무보수로 일하는 지역의회 담당 의원들에게 뇌물을 주거나 정치권과 언론에 합법적으로 원전의 필요성을 설득하는 일을 맡았다. 그래서인지 사고가 난 뒤에도 지역 언론들은 자기 지역의 원전에 대해 비판적인 기사를 쓰는 걸 주저했다.

　일본뿐 아니라 어느 곳에서도 마찬가지지만 사실 원전의 경제적 가치를 이해득실로 따지긴 힘들다. 왜냐하면 이에 필요한 공공투자나 몇 세기에 동안 재처리되지 못하는 잔해, 사고의 위험 등은 포함시킬 곳이 없기 때문이다. 어느 나라든 원전을 설치하는 것은 정치적 선택 사항이었고 더 나은 대책이 없음을 내세워 국민을 설득해왔다. 더구나 원폭의 역사를 갖고 있는 일본에서 '뉴클레어 빌리지' 들에겐 거의 자기최면에 가까운 설득작업이 필요했다. 주목할 만한 사실은 후쿠시마 원전사고 이후에도 '빌리지'나 정부의 책임자 누구도 원전의 결함에 대해 인정하려 하지 않았다는 것이다. 멤버 자신들의 안위를 위해 이 모든 것은 예기치 못한 사고여야만 했다. 오메이 게니치가 일찍이 언급한 바 있는 '집단적 거짓'이 원전 사고 6개월 이후에는 진실로 드러났다.

해일을 막기 위한 방파제는 예측할 수 있는 쓰나미의 높이보다 낮게 만들어졌다. 이례적인 크기의 쓰나미 앞에서 후쿠시마 원전 1호기는 무너질 수밖에 없었다. 이런 크기의 쓰나미는 드물며 따라서 사고도 예측할 수 없었다는 해명은 변명밖에 안 된다. 왜냐하면 원칙적으로 원전사고에 대한 대비는 예측 가능한 최악의 경우에 맞춰져야 하기 때문이다. 따라서 '뉴클레어 빌리지', 특히 Tepco와 원전 감시기관은 간과할 수 없는 위험을 고의로 무시한 데 대해 책임을 지고 처벌을 받아야 한다.

'뉴클레어 빌리지'들의 행동은 관련종사자 모두를 혼란에 몰아넣었다. 뿐만 아니라 서로간의 신뢰가 필수적인 과학계 전체와 과학발전이라는 가치에까지 불신을 심어주었다. 당장의 흩어진 민심과 학계에 쏟아질 비판보다 더 큰 문제는 과학적 진보라는 이념에 균열이 생기고 더 이상 국민적 합의를 이끌어내는 것이 힘들어지리라는 사실이다. 핵에너지 없는 일본을 꿈꾸는(전 수상인 간 나오토를 비롯하여) 이들도 생겨나기 시작했다. 하지만 저비용의 안전한 대체에너지를 개발하지 않는 한 이런 계획은 현실성 없는 꿈일 뿐이다. 일본의 비핵화 외에도 과학에 덜 의존적이고 '자연의 순환과 조화를 이루는' 일본을 꿈꾸는 사람들도 있다. 도쿄 대학의 철학과 교수인 고바야시 야스오 같은 이들이 현실성은 없지만 깊이 생각해볼 수는 있는 이런 생각을 가지고 있다. 이런 시적인 주장이 우리의 마음을 감동시킬 수는 있다. 하지만 '자연과의 조화'를 노래하는 사람일지라도 과학이 우리에게 가져다준 안락함과 수명연장의 꿈을 쉽게 포기할 수 있을까? 결국 우리는 후쿠시마 이후에도 모든 것은 이전과 같으리라는 결론에 다다를 수밖에 없다.

분노 없는 일본

일본이 아닌 다른 곳이었다면 후쿠시마와 같은 원전사고는 대중들의 폭동을 불러일으켰을 것이다. 시위가 줄을 잇고 Tepco 사무실은 파괴되고 '뉴클레어 빌리지'의 임원들은 대중들로부터 공격을 받고 법정에 세워졌을 것이다. 하지만 일본에서 이런 일은 벌어지지 않았다. 분노는 있었지만 그것은 조용한 분노였다.

이 나라의 현대사를 모르는 사람들이라면 일본인들을 저항할 줄 모르는 민족이라 생각할 것이다. 하지만 이는 잘못된 생각이다. 1960년대엔 수은중독에 맞서, 1980년대에는 나리타 공항 확장에 반대하며 일본인들은 격렬한 시위를 벌였다. 여기에 노동조합과 친공산주의자들의 시위행렬이 있었고 냉전시대엔 평화주의와 반미주의 운동이 있었으며, 미일동맹에 대한 격렬한 반대시위도 있었다. 또한 일본의 길거리에서보다 서방언론들로부터 더 큰 호응을 얻었던 반핵운동도 빼놓을 수 없다. 반핵운동의 전진기지인 이곳에서 세상 사람들은 수많은 군중이 인터넷을 통해 모여들 거라 기대했을 것이다. 하지만 그런 일은 일어나지 않았다. 이유는 간단하다. 일본의 반핵운동이 원전에 대해 진심으로 걱정하는 사람들보다는 극좌파들의 전유물이 되어왔기 때문이다.

후쿠시마를 계기로 핵에너지 또는 핵 위주의 에너지 정책에 반대

입장을 가지게 된 사람들조차 역사의 유물이 되어버린 이들 투쟁가들과는 이념을 공유하고 싶어 하지 않는다. 정치적 성향이 강했던 고전적 반핵운동은 후쿠시마 이후 오히려 고립되는 모습이다.

후쿠시마 이후의 신 반핵주의자들은 말과 글을 통해 특히 인터넷상에서 '뉴클레어 빌리지' 집단들의 책임을 묻는 한편 새로운 에너지 정책을 촉구하고 있다. 그들은 열정이 부족한 게 아니라 단지 소리치지 않을 뿐이며 쓰나미 희생자들과 앞으로 발생할 방사능 희생자들을 애도하며 '일본인다운' 신중함과 품위를 보여주고 있을 뿐이다. '뉴클레어 빌리지'에 대한 분노는 가라앉지 않고 있지만 대체에너지 문제, 책임자 처벌 문제, 슬픔에 빠진 희생자 가족들을 위로하는 문제 등을 먼저 해결하기 위해 일본인들은 집단적이고 과격한 표현을 자제하고 있다.

실종된 정부

3월 11일 이전에도 일본인들은 정부에게 별 기대를 갖고 있지 않았다. 일부 국민들은 2009년 자민당(PLD)에서 중도좌파인 민주당(PDJ)으로 정권이 교체되면서 잠시 희망을 가지기도 했다. 하지만 정권이 바뀌어도 정치인들과 정치관습은 변함없는 무기력과 정치 불안 그리고 리더십의 부재를 보여주었다. 일본에서는 정권교체가 허구에 불과하다. 왜냐하면 두 거대 정당은 이념적으로만 구분될 뿐 사실은 자웅동체의 한 몸이기 때문이다. 모든 정치세력은 파당을 지어 대립하지만 결국은 동업자 관계일 뿐이다. 3월 11일의 비상시국이 닥치면서 재난 구호나 향후의 청사진 제시 등을 위해 자민당과 민주당은 대연정을 꾀할 수밖에 없었다.

하지만 전과 달라진 건 전혀 없었다. 파당주의에 빠진 정치인들의 권력게임은 재난 이후에도 예전처럼 계속되고 있다. 이런 정치 행태는 앞에서 왕실이나 군대, 지방 공무원들이 보여주었던 행동들과는 극명한 대조를 보인다. 더 나쁜 것은 사고 당시 간 나오토 수상이 핵의 미래와 도호쿠 재건에 대해 잘못된 쪽으로 여론을 끌고 갔다는 것이다. 놀랍게도 수상은 스스로 "핵에너지 없는 일본을 꿈꾸고 있다"고 밝혔다. 하지만 그는 어떤 발전소를 지을 것인지도 밝히지 않았을 뿐더러 이런 '꿈'이 산업에 미칠 영향(일부 산업의 이웃 나라로의 이전)도 고려하지 않고 종국에 가서는 핵에너지를 무엇으로 대체할지도 밝히지 않았다. 무엇보다도 유감스러운 건 중국이나 한국 등 주변 신흥강국들이 핵에너지 확산을 꾀하며 생산성과 안전성에서 일본의 원전 산업을 추월하려 하는데도 일본의 고위 책임자들은 아무 대응책도 없이 무책임으로 일관하고 있다는 것이다. 간 수상은 차라리 더 현대적이고 안전하며 잘 통제되는 원전을 개발하겠다는 '꿈'을 펼쳤어야 한다.

폐허가 된 도호쿠 지역을 이전 상태로 되돌리겠다고 선언한 것은 국민 감정상 피할 수 없는 일이었을 것이다. 다른 방법이 없었을 테니 말이다. 하지만 RIETI(일본경제산업연구소)가 편찬한 경제보고서를 보면 일본 총생산량의 20분의 1을 차지하는 도호쿠는 일본에서 가장 생산성이 낮은 곳으로 조사되고 있다. 도호쿠엔 혁신적 산업이 드물며 투자 또한 생산성이 낮은 부문에 집중되어 있다. 산업생산성을 높이려면 어느 정도 집중화가 필요한데 도호쿠의 산업은 여기저기로 분산되어 있다. 반면 교토나 후쿠오카에서 보듯 일본의 지역산업은 대부분 클러스터화되어 있다. 보고서는 도호쿠의 생산성이 낮은 다른 이유로 일본의 첨단산업을 따라가지 못하는 낮은 교육수준을 들고 있다. 농업, 어업 등 전통경제에 의존하며 노년층이 인구의 주를 이루다 보니 산업 전반에서 국가보조에 의존할 수밖에 없다. 이상으로 볼 때 도호쿠는 이전의 상태로 복구하기보다는 미래를 위해 보다 사회비용 부담이 적고 발전적인 지역으로 키우는 게 옳다. 보고서도 사회지출이 큰 전통적인 경제활동을 보조하는 것보다는 차라리 나이 많은 농민과 어민들에게 보상금을 주는 게 낫다고 충고하고 있다. 하지만 가뜩이나 궁지에 몰린 정치인들이 이런 파격적인 제안을 하려면 큰 용기가 필요하다.

아, 옛날이여!

3월 11일 이후 '아, 옛날이여!'를 노래하는 일본의 지식인, 철학자, 평론가들이 많아졌다. 도쿄재단을 이끌고 있는 가토 히데키나 고바야시 야스오 같은 이들은 3월 11일이 전후시대의 종말을 고한 상징적 사건이었다고 말한다. 이들에게 히로시마에서 후쿠시마까지의 핵에너지 시대는 '양식 없는 지식', '건설을 위한 파괴'의 시대였다. 일본은 이제 '성장의 시대에서 행복의 시대로' 넘어가야 한다는 것이 가토의 주장이다. 두 논자들은 일본이 앞으로 모더니티를 포기하지 않으면서도 소박하고 자연 친화적인 시대로 나아갈 것이라고 예상한다. 이들이 말하는 과학의 시대와 조화의 시대의 메타포 속엔 에도 시대(1600~1868)에 대한 동경이 들어 있다.

도쿄 부지사이며 에세이스트이기도 한 이노세 나오키는 서양에 문물을 개방하기 전의 에도 시대가 가장 문명화되고 창의적이며 행복한 시대였다고 말한다. 후지와라에 따르면 에도 시대는 잃어버린 낙원이었다. 지금보다 수명도 짧고 평등하지도 못했을 이 시대가 정말 행복했을지는 따로 논해봐야 할 것 같다. 다만 그들과의 대담 곳곳에서 이런 향수를 느낄 수 있었다. 하지만 이노세의 이런 향수가 정치적 해결책을 줄 수 있을까? 그녀가 정말 에도 시대를 그리워한다면 지금의 일본도 그 때처럼 적대적인 열강들에 둘러싸여 미국 페리 제독의 별장 대신 중국인들의 별장이 세워지는 또 다른 '흑선(黑船)'의 시대임을 인정해야 할 것이다. 이 질문에 대해 이노세는 후쿠시마 이후 일본은 삶의 질에 있어 에도 시대를 모방한 새로운 국가모델을 만들어야 하지만 한편으론 외부의 위협에도 대처해야 한다고 말한다. 고바야시 야스오도 '지금과 다른 보다 창의적인' 일본을 만들어야 한다고 신중히 말한다.

바뀐 건 없다

게이오 대학 경제학과의 가지 사호코 여사는 앞의 대담자들과 반대로 3월 11일을 계기로 일본의 묵은 숙제들이 드러난 것뿐이라고 말한다. 사람들이 새로운 일본을 꿈꾸는 것은 경제 침체와 인구 노령화, 뒤떨어진 교육제도 등의 문제를 회피하려는 핑계에 불과하다고 그녀는 생각한다.

일본의 경제가 정체해 있고 그럼에도 여기서 벗어나기 위한 어떤 결정도 내리지 못하는 이유에 대해서는 가지 사호코를 비롯해 게이오 대학에 몸담고 있는 세이케 아츠시 교수 등 많은 경제학자들이 의견을 같이한다. 가지 사호코는 덧붙여, 3월 11일의 쓰나미는 자연재해로 빚어진 참사였지만 사실상 일본은 지난 20년 동안 '조용한 쓰나미'에 휩쓸려가고 있었다고 말한다. 이 쓰나미란 바로 아무도 걱정해주지 않았던 일본의 경제후퇴였다. 그 주된 원인은 기업의 자금줄을 막는 공공부채에 있다. 은행이 위험 없는 국가에만 돈을 빌려줌으로써 혁신 기업들이 창업에 필요한 자금을 빌릴 수 없게 만든 것이다. 빌 게이츠, 스티브 잡스 같은 인물들이 일본에 있었어도 은행들은 돈을 빌려주지 않았을 것이다. RIETI 부소장인 모리가와 마사유키는 일본에선 기업이 시장에 진입하기 힘들 뿐더러 나가는 것도 힘들다고 말한다. 해고는 거의 금지되어 있으며 어려움에 빠진 기업은 '좀비회사'가 되어 은행과 국가의 지원에 의존하게 된다. 모리가와는 대기업들이 아직도 1980년대식 경영 방식을 고수하고 있다고 탄식한다. 근속연수에 따라 자동으로 진급하고 종신고용이 보장되며 세계 최저의 기업주 연봉은 월급쟁이들의 기본급과 별 차이가 없다. 일본의 군대식 조직문화는 경제가 미국과 유럽을 따라잡을 때는 효과적인 것으로 비쳐졌다. 하지만 이런 시스템은 혁신만이 국가의 부와 운명을 결정하는 오늘날은 힘을 발휘할 수 없다. 겉모습만 본다면 일본의 경제는 별로 변한 게 없으며 실업률도 평범한 수준으로 거의 위기감을 느낄 수 없다. 문을 닫는 기업도 거의 없기 때문에 쉽게 일자리를 구할 수 있고 수입도 안정적이다. 하지만 그 동안 투자자본 수익률은 절반으로 떨어졌고 다른 나라와의 경쟁우위에서 점점 밀려나고 있다.

이 모델이 지속된다면 일본의 미래는 암울해질 것이다. 이대로 3~5년이 지나면 기업의 투자자본수익률은 마이너스가 되고 국가재정을 뒷받침하는 데만 매달리는 은행들은 더 이상 경제를 살려줄 수 없다. 더 심각한 건 것은 공공부채의 시한폭탄이 일본 경제를 압박하고 있는 것이다. 일본의 공공부채는 연 국민생산의 두 배에 이르러 세계 최고를 기록했다. 일본의 가계나 은행들은 95%라는 낮은 상환률로 국채에 응모한다. 일본 사람들은 지금 당장은 부채에 부담감을 갖지 않는다. 어차피 다음 세대로 넘어갈 것이기 때문이다. 하지만 이를 어떻게 갚을지에 대해선 대안이 없다. 지금처럼 간다면 일본인들의 수입 또한 점점 줄어들 것이기 때문이다. 후쿠시마가 애국심을 자극하며 지금 일본인들은 국채 응모에 나서고 있다. 하지만 이것이 언제까지나 가능할까? 어떤 사태가 또 발생해 예금자들을 패닉 상태에 몰아넣을지 알 수 없는 일이다. 그렇게 되면 터무니없는 수익률에 실망한 예금주들은 국채를 팔고 어쩌면 중국 채권으로 몰려들 수도 있다.

파산한 국가는 더 이상 공무원들에게 월급을 줄 수 없고 퇴직 연금도 지급할 수 없으며 좀비기업들을 보조할 수도 없다. 비슷한 사태에 직면한 그리스는 유럽 국가들의 동정이라도 받겠지만 일본이 파산하면 도와줄 곳이 없다. 이렇게 되면 일본은 대량 실업에 직면하고 소득이 급감하고 특히 연금생활자들이 타격을 입을 것이다.

그러면 정부는 왜 아무 조치도 취하지 않고 있는가? 재정위기의 책임을 다음다음 정부에 슬쩍 떠맡기려는 속셈일까? 일본 수상의 정책 임기가 짧다는 점도 수동적인 정책들의 한 원인이다. 전임 총리였던 고이즈미 준이치로가 자유주의적 개혁정책을(민영화와 규제완화 등) 펴다가 인기를 잃었던 것도 후임자가 과감한 정책을 피하게 만든 원인이 되었다. 꼭 필요한 개혁은 인기를 떨어뜨리게 마련이다. 고용을 중진하기 위해 해고를 자유롭게 하고, 유복한 계층의 사회보장을 축소하고, 어려움에 빠진 기업이나 지역에 지원금을 보조하는 일을 자제하는 등 인기 없는 정책을 펴야 하기 때문이다. 정치인들이 선호하는 것은 공공지출을 줄이는 대신 능력도 없으면서 도호쿠 재건에 돈을 쏟아 붓는 일이다. 가지 사호코는 재정위기가 아직은 국민들의 피부에 와 닿을 정도로 심각하지 않다고 말한다. 그렇다면 언제쯤 사람들은 이 '조용한 쓰나미'를 실감하게 될까? '아마 2014년이 될 것'이라고 그녀는 말한다. 미래의 '3월 11일'이 예정대로 다가온다면 그것은 더 이상 '자연의' 재앙이 아니라 인간의 실수가 빚어낸 재앙이 될 것이다.

아래로부터의 개혁

일본은 조직력에서 큰 장점을 지니고 있는 나라다. 보이지 않는 쓰나미(부채)와 보이는 쓰나미(3월 11일)를 넘어서기 위해 이제 지난 20년 동안 실종되었던 정치적 리더십이 꼭 필요하다. 하지만 양대 정당 간에 그리고 기득권과 순수 개혁세력 간에 늘 평행상태가 유지되는 상황에서 어떻게 리더십이 발휘될 수 있을까? 국립정책연구대학원 학장인 시라이시 다카시 씨는 현재의 정치구조로는 민주적 절차에 따라 적법하고 지속적인 정책을 펴나갈 수 있는 지도자가 나타나기 힘들다고 말한다. 그러면 헌법을 바꿔서라도 한국처럼 국민이 직접 선출하는 5년 임기 대통령제로 가야 할까? 사실 직접선거에 의한 선출은 일본인들에게 낯선 제도가 아니다. 현재 시장이나 지사를 이렇게 뽑고 있기 때문이다. 시라이시 다카시에 따르면 일본의 천황제는 국민이 직접 수상을 뽑아 왕과 동급의 지도자로 인정하는 것을 금하고 있다고 한다. 지금으로선 형식상 피해갈 수 없는 규정이다.

그렇다면 중앙정부가 아닌 다른 곳에서 해법을 찾아야 한다. 정치제도는 마비상태에 빠지고 형식상의 이유로 이를 바꿀 수도 없다면 사회조직을 통해 장애물을 우회해 가야 한다. 이미 일본의 지방 행정부는 중앙정부로부터 자치권을 행사하고 있다. 시라이시 다카시 같은 정치학자들은 중앙정부가 개혁을 수행하지 못하면 급격한 분권화가 이루어져 지사나 시장들이 직접 재정적 권한을 행사하게 된다고 말한다. 앞에서 우리는 원자력 에너지의 미래를 위해 '재검토' 대상이었던 원전의 재가동이 지역 행정부의 책임자들 선에서 결정되었다는 걸 확인한 바 있다. 산업분야에서 지역 책임자들이 주도적으로 새로운 클러스터를 만들어내는 모습도 보았다. 교토와 후쿠오카의 클러스터 사업도 중앙정부가 아니라 시장과 지사가 주도해 완성해냈다. 기업들 또한 무기력한 정부에 기대지 않고 스스로 우회전략을 찾아 나서고 있다. 아쉽게도 지금 일본에선 무능한 정부 때문에 대기업들이 세계에서 가장 무거운 세금과 경직된 고용법, 에너지 부족(일본의 산업용 전기는 세계에서 가장 비싸다)을 피해 고국을 떠나고 있다. 3월 11일 이후 일본은 새로운 시대를 맞이하기 위한 자발적인 의지로 충만해 있다. 더 이상 3월 11일 이전까지 집단 무기력에 빠져 있던 일본의 모습이 아니다.

새로운 흑선(黑船)들

이노세 나오키는 일본의 과거를 도전(자연이든 역사적 시련이든)에 대한 반작용의 역사로 풀이한다. '흑선'에 대한 반작용으로 메이지는 문물을 개방했으며 이로써 식민지화를 면할 수 있었다. 1945년 패전에 대한 반작용으로 일본은 아시아의 모범적인 민주국가가 되었다. 1973년 석유파동에 대한 반작용으로 노동력과 에너지를 효율적으로 관리하며 일본은 전자부품 산업의 세계 최강국으로 부상했다. 이런 이론이 맞는다면 현재 일본을 압박하고 있는 또다른 '흑선'들도 같은 결과를 가져다줄 것이다. 3월 11일의 원전사고가 나기 전 이노세는 내게 부채로 인한 재정폭탄에 대해 이야기했다. 언론인 푸나바시 요이치는 중국을 지적하며 그들이 경제뿐만 아니라 방위전략에서도 위협이 될 거라고 말했다. 3월 11일 이후 가지 사호코는 인구와 경제의 쇠퇴라는 조용한 쓰나미에 대해 경고하기도 했다. 일본경제연구센터 원장인 고지마 아키라도 이런 도전과 반작용 이론을 역설한다. 그는 지속적인 기술발달을 통해 새로운 에너지자원을 개발해

야 한다며 이런 기술개발에 일본이 유리한 위치를 점하고 있음을 강
조한다. 나아가 고지마 아키라는 인구 노령화에서 쇠퇴의 징후보다
는 새로운 기회를 보아야 한다고 말한다. 그는 일본의 기업들이 지불
능력이 있는 고령층을 위한 새로운 서비스와 라이프스타일을 창조해
낼 것이며 이것은 일본뿐만 아니라 세계의 보편적인 경향으로 자리
잡을 것이라 예상한다.

　이렇게 3월 11일 이후의 일본이 주는 전체적인 인상은 낙담이나 위
축과는 거리가 멀다. 아픔은 일본의 젊은이와 시민사회 그리고 경제
계에 집단적 각성을 불러일으켰다. 1853년이나 1945년의 '흑선' 과
달리 2011년의 그것은 일본에게 다른 사회의 모방이 아니라 새로운
사회를 창조해내라고 요구하고 있다. 그들은 새로운 에너지로 움직
이는 또 하나의 에도 시대를 만들어낼 것이다. 후쿠시마 세대는 그것
을 열망하며 우리 또한 그들의 능력을 믿는다.

스티브 잡스 혹은 비합리적인 낙관론

주식 가치로 볼 때 세계 제1의 기업인 애플의 창립자 스티브 잡스가 세상을 떠난 뒤 그는 끊임없이 토마스 에디슨과 비교되었다. 두 사람은 모두 미국 밖의 나라에선 흔히 찾아볼 수 없는 자본주의의 상징적인 존재라는 공통점이 있다. 발명가들은 세계 어느 나라에나 있다. 에디슨이 전구를, 스티브 잡스가 PC나 태블릿을 발명하지 않았어도 아마 다른 누군가 발명했을 것이다. 발명가들은 세상과 동떨어진 천재가 아니다. 수많은 경쟁자들보다 먼저 시간을 조금 앞당긴 사람들일 뿐이다. 에디슨이 '발견한' 것들은 모두 프랑스에서도 거의 동시에 발명되었다. 영화도 그 중 하나다. 하지만 미국 기업가들의 특별한 재주는 자신들이 발명한 것을 빠르게 대중들의 생활 속으로 전파한다는 데 있다. 프랑스의 기업가들이 특별한 것(사치품이나 무기 등)을 찾아내 소수의 상류층들에게 전파하지만, 미국 기업가들은 보다 많은 대중을 겨냥한 제품들을 누구나 손에 넣을 수 있는 가격에 내놓는다.

19세기 초 미국에는 미국사회의 민주주의적 특성에 꼭 맞는 '표준화'라는 게 등장했다. 에디슨, 포드, 잡스, 빌 게이츠 등은 발명가들이기도 했지만 물건을 싸게 만들어내는 'cheapener(이 용어를 단지 가격을 낮추어 파는 사람이라 해석하면 곤란하다)'이기도 했다. 유럽이나 중국에 스티브 잡스가 존재하지 못했던 이유에 대한 답을 우리는 미국식 자본주의와 민주주의의 특성에서 찾을 수 있다.

이 밖에도 다른 나라와 비교되지 않는 미국만의 경제적 특수성들이 몇 가지 있다. 예를 들면 세계 각지에서 인재들이 몰려든다는 것, 젊은 벤처 기업가들에게 많은 기회가 주어진다는 것, 기업의 문을 닫거나 창업하는 것이 자유롭도록 유연한 노동시장을 가졌다는 것 등이다. 스티브 잡스도 언제나 성공만 했던 건 아니다. 미국에서는 실패를 인생의 한 과정이라고 보기 때문에 실패했다는 건 별 문제가 되지 않는다. 아마 죄인도 구원받을 수 있다는 미국의 종교적 윤리관과도 많은 관계가 있는 것 같다.

다니엘 카너먼(Daniel Kahneman)은 미국 기업들을 특징짓는 여러 설명들(문화, 시장, 재정, 재능의 집합소 등)에 고전경제학에서는 이야기되지 않는 또 하나의 설명을 덧붙인다. 스티브 잡스가 떠오르기 위해선 수많은 다른 사람들의 좌절이 있었을 거라고 그는 말한다. 모두가 기업가를 선망하는 미국 사회이기에 실제 기업가로 성공하는 사람보다는 시도로 그치는 사람들이 훨씬 많다. 카너먼에 따르면 미국의 새로운 기업 중 5년 이상 생존하는 경우는 35%에 그친다고 한다. 하지만 대부분의 예비기업가들은 이런 통계가 자신과는 무관하다고 여긴다. 평균적으로 창업자들 중 60%는 자신의 사업이 성공적이라 여긴다. 실제 성공할 가능성의 두 배가 넘는 수치다. 더 놀라운 것은 창업자들의 80%가 자기 전문분야에서 절대 실패할 리 없다고 생각한다는 것이다.

카너먼이 '기업가의 망상(entrepreneurial delusion)' 이라 부른 이 근거 없는 낙관론은 미국 자본주의의 심리적 동력이기도 하다. 결국은 많은 개인들에게 실망감을 안겨주겠지만, 어떤 기업이 성공하고 어떤 기업이 실패할 건지 예측 불가능한 상태에서 이런 '망상' 이 시장경제에 활력을 불어넣어 주는 것이다. 이렇게 통계적 현실을 두시하고 너도나도 창업에 뛰어드는 것은 경제성장에 있어선 매우 중요한 포인트가 된다.

경제서적을 많이 읽었건 그렇지 않건, 경제학의 아버지 아담 스미스 이후의 경제학자들이 사람들로 하여금 안전을 추구하기보단 뭔가 시도하도록 유도하는 방법을 고민해 왔다는 사실을 알고 있을 것이다. 아담 스미스에 의하면 자기중심주의(또는 자기애)는 인간을 움직이는 심리적 힘이다. 빵집 주인은 다른 사람에 대한 사랑 때문이 아니라 자기 자신을 사랑하기 때문에 되도록 맛있는 빵을 만들어 비싸게 팔려 한다는 것이다. 개인보다는 국가를 더 믿었던 존 메이너드 케인스도 무엇이 기업가들이 사업을 벌이도록 부추기는지에 대해 고민했다. 그는 은유적으로 이를 '동물적 본능'이라 표현했다. 말하자면 행동하려는 거부할 수 없는 충동이 인간에게 있다는 것이다. 이런 이기주의와 충동주의에 이어 카너먼이 실험으로 수량화할 수 있는 새로운 가설로 내놓은 것이 바로 앞에 설명한 비합리적 낙관론이다.

스티브 잡스도 유독 미국인들에게 특징적으로 나타나는 기업가적 망상을 틀림없이 겪었을 것이다. 하지만 스티브 잡스가 나타나 우리의 일상적 노동을 통신하고 즐기는 새로운 모습으로 바꾸기까지, 이름조차 알려지지 않은 많은 사람들이 수없는 시도와 실패를 반복했을 것이다.

중국, 프랑스, 명예

중국의 문명이 가오싱젠, 아이웨이웨이, 류샤 같은 선구적 아티스트들 덕에 다시 태어난 건 무척 다행한 일이다. 하지만 중국 정부가 짓밟고 프랑스 정부가 외면했던 이들 창작자들이 중국의 커다란 명예라는 사실을 사람들은 잘 모르는 것 같다. 노벨문학상을 수상한 가오싱젠은 『영혼의 산』이라는 작품을 통해 그토록 그리워하던 조국에 머무는 것이 금지되어 지금도 파리에서 망명생활을 하고 있다. 아이웨이웨이는 중국 보안국에 납치되어 두 달 동안 독방 감옥에 투옥되었다가 풀려났지만 여전히 베이징 당국의 감시 속에 침묵을 강요당하고 있다. 화가이자 사진작가로 중국 예술계의 상징적 인물인 류샤는 2011년 1월 이후 '실종' 상태다. 사람들은 그녀가 멀리 떨어진 어딘가에 억류되어 있을 거라 추측하고 있다. 한 사람의 작가나 조각가, 사진작가들이 거대한 중국의 '안전'에 그토록 위협이 되는지 잘 모르겠지만, '중국의 안전을 위협한다'는 것이 이 예술가들을 고발한 이유였다.

예술가는 민중들에게서 그들의 이야기와 아픔을 끄집어내고 여기서 예술적 영감을 길어내 표현하는 사람들이다. 이들은 현실주의자도 사회주의자도 아닌 그냥 예술가들이다. 하지만 독재정권을 위해 모든 예술은 파괴되어야 했다. 붉은 태양 아래 새로운 것은 없는 것이다. 류샤의 사연은 더 기구하다. 베이징 정부는 그녀가 2010년 노벨 평화상 수상자인 류샤오보의 아내라는 이유만으로 죄를 뒤집어씌웠다. 류샤에겐 아이웨이웨이처럼 '세금 포탈' 혐의도 없으며 정치색을 드러내거나 민주주의를 요구하는 발언이나 글을 발표한 적도 없다. 그녀의 잘못은 중국 헌법에도 명시된 국민탄원권을 행사하고 중국의 민주화 일정에 대한 토론을 요구한 인물과 결혼한 것밖에 없다.

류샤는 결혼했다는 이유만으로 죄인이 되었고, 그 때문에 자기 작품들을 중국에서 전시할 수 없었다(그녀의 사진작품들은 인터넷에만 겨우 게재되어 있다). 그런데 10월 19일부터 프랑스 불로뉴 빌랑쿠르 미술관에서 그녀의 작품들을 관람할 수 있게 되었다. 그녀의 첫 번째 해외전시다. 이제 우리는 중국에서 빼내온, 그녀의 유명하거나 알려지지 않은 추상적이고 상징적인 사진 원본들을 만날 수 있다.

이 전시회를 통해 프랑스 문화부 장관이 직접 중국 문화의 부활에 경의를 표하고 투옥된 중국 예술가들에 대한 지지를 표명하길 우리는 기대했다. 그의 참석만으로도 장관 자신과 프랑스, 나아가 새로워진 중국의 명예를 드높일 수 있기 때문이다. 하지만 피에르 크리스토프 바게 시장의 초청에도 불구하고 프레데릭 미테랑 문화부 장관은 전시에 참석하지 않을 것 같다. '일정이 바쁘다'는 공식적인 핑계 뒤에는 중국 정부의 감정을 상하게 만들지 않을까 하는 우려가 숨어 있는 것 같다. 프랑스 문화부 장관이 파리 정부나 베이징 정부 어느 쪽도 강요한 적 없는 요구 대신 양심을 따른다고 해서 중국 지도부가 프랑스 원자력의 구매를 철회하기라도 할까? 이런 면에서 니콜라 사르코지 대통령은 프레데릭 미테랑보다는 용기 있는 편이다. 2011년 4월 새로 지은 베이징 주재 프랑스 대사관을 개관할 때 그는 프랑스와 중국의 돈독한 관계를 강조하며 중국인들의 곁에서 민주주의의 가치를 지켜 나가겠다고 말한 적이 있다. 이후 2011년 8월 엘리제궁에 모인 대사들 앞에서는 프랑스가 앞으로 인간적 가치를 새로이 다져나갈 것이라고 선언하기도 했다.

조카 미테랑과 그를 닮은 다른 고위 관리들은 아직도 '문화적 다양성'이라는 명분으로 동양의 독재자들을 찬양하던 시라크 시대를 살고 있는 걸까? 그렇다고 우리의 문화부 장관을 미테랑주의자로 볼 수는 없다. 그의 삼촌 프랑수아 미테랑은 1989년 6월 4일 중국 천안문 광장에서 수많은 학생들이 학살당한 뒤 현장에서 살아남은 사람들을 샹젤리제로 초청해 프랑스혁명 200주년 행진에 참가하도록 한 적도 있다. 이후 그는 베이징과의 무기 거래를 중단함으로써 중국과의 관계를 경색시키기도 했으며 그때의 무기 거래 중단은 지금까지 이어지고 있다. 이 두 사람의 미테랑을 혼동해선 안 된다. 진짜와 가짜, 예술가들을 존중하는 미테랑과 예술가들이 투옥되어도 아무 반응도 하지 않는 미테랑을 구분해야 한다.

지금의 역사가 끝나고 마지막까지 중국의 것으로 남는 것은 가오싱젠과 아이웨이웨이, 류샤의 작품들일 것이다. 지금 어디 있는지도 모르지만 류샤는 아마도 행복해하고 있을 것이다. 프랑스에서 자기 작품들이 널리 소개되어 인정받고 있는 것을 그녀도 알고 있을 테니 말이다. 중국의 공장에서 세계 시장에 쏟아내는 개성 없는 물건들보다 그녀의 사진들이 중국이 부활하는 모습을 생생히 보여준다. 류샤가 바로 중국의 명예다. 이 점을 이해하지 못하는 사람은 명예에 대해서도, 중국에 대해서도 이해하지 못하는 것이다.

프랑스인들은 분노하지 않는다

세계화된 자본주의의 '무절제함'을 반대하는 시위가 올 봄 마드리드에서부터 시작되었다. 이 시위는 스페인의 다른 대도시로 퍼져나가 아테네, 미국으로까지 이어졌다. 미국에서 일어나 호응을 얻은 '월가를 점령하라'는 시위는 시카고와 보스턴으로까지 확산됐고 런던으로까지 번져나갔다.

그들의 주장에 회의적인 쪽에선 '분노한 사람들'이 여전히 소스일 뿐이라고 말하는 반면 각종 언론매체들은 여기에 과도할 정도의 관심을 보여주고 있다. 이들 시위대의 요구는 그리 분명하지 않다. 대체적으로 자본주의를 반대하고 일자리를 요구하는 것이지만 명확한 목표나 지침은 없다. 이 집단의 구성원들을 보면 노동자나 시민들이 참여하는 혁명의 성격보다는 1960년대 미국의 'Sex, Drugs and Rock and Roll'을 떠올리게 한다. '분노한 사람들'은 겨울이 되면 흩어질 것 같지만 그렇지 않을 가능성도 있다. 처음 시작되는 모든 사회운동이 그렇듯 어떻게 전개될지는 아무도 예측할 수 없다.

스페인이나 미국만큼 분노할 만한 상황이 충분한데도 이상하게 프랑스는 이 운동에 전혀 영향을 받지 않고 있다. 프랑스의 실업과 불평등 문제는 두 나라 못지않다. 다가올 대통령 선거에서도 후보자들에게 충분한 압박으로 작용할 것이다. 파리에 집중되어 있는 대학들은 시위대를 광장에 끌어 모을 충분한 여건이 된다. '바리케이드'의 전통도 프랑스에서 시작되었고 1968년 5월 혁명도 프랑스에서 일어나지 않았던가?

'분노하지 않는' 프랑스인들의 소극적인 태도에 대해서는 설명이 필요할 것 같다. 이제 프랑스에서 '혁명정신'은 정당을 통해서도 충분히 표출될 수 있다. 미국과 스페인 그리고 대부분의 서방 민주주의 국가에선 사회 '시스템'에 반대하는 세력들이 길거리에서밖에 자기 의사를 표명할 수 없다. 하지만 프랑스에선 이들 '저항세력'들이 사회주의 정당, 공산주의 정당, 트로츠키주의 정당, 국민전선(극우 정당) 등에 흡수된다. 프랑스의 조제 보베(Jose Bove)[41]도 유럽의회에 입성할 수 있었듯이, '분노한 프랑스 사람들'은 누구나 명망가가 될 수 있다.

극우, 극좌 같은 과격 정당들(이들 양극 진영은 반세계화와 반자본주의라는 한 점으로 수렴한다)이 많은 것도 프랑스적인 특징이다. 이런 특징은 구시대적이고, 불편하고, 비현실적으로 보이지만 사회구조의 적대세력들을 안으로 통합시킨다는 점에서 의외의 효과도 가져다준다. 프랑스의 '분노한 사람들'은 증권거래소 앞 광장에 모이지 않는다. 왜냐하면 그들은 언제든 후보로 선거에 출마할 수 있기 때문이다.

---

41) 프랑스의 반세계화 농민 운동가.

너무 평범한 후보들

　프랑수와 올랑드(Francois Hollande)는 자신이 프랑스 제5공화국 최초의 '평범한' 대통령이 되길 원한다고 말했다. 스페인에서는 우파진영 리더들 중 다소 카리스마가 부족하다고 평가받는 마리아노 라호이(Mariano Rajoy)가 정부를 이끌게 될 것 같다. 미국의 미트 롬니(Mitt Romney)도 '매력덩어리' 버락 오바마를 대신할 절호의 기회를 갖게 되었다. 사람들은 롬니가 얼마나 따분한 인물인지 아직 잘 모르는 것 같다.

　이러한 일련의 현상은 정치가 더 이상 강력하고 엄청난 인물을 끌어들이지 못하기 때문이기도 하며 위기의 시대에 국민들이 보다 안전한 국가경영 쪽을 원하기 때문이기도 하다. 마르크스주의 교본과는 반대로 경제위기는 혁명이 아니라 오히려 보수화 쪽으로 흐름을 유도하고 있다. 민주주의는 보통사람에 의한 지배의 형태가 되어가고 사람들은 이에 별 불만이 없다. 위대한 사람은 거대한 재앙을 낳을 수 있지만 소심한 사람은 작은 실수밖엔 저지르지 못할 테니까.

메르켈 총리, 칸 황금종려상을 수상하다

G20은 세계 단일정부가 아니다. 최근 칸에서 열린 G20 정상회의는 이 사실을 다시 한 번 확인시켜 주었다. 올해 의장국으로 회의를 주재한 니콜라 사르코지 대통령이 꿈꿨던 세계질서 변화는 수포로 돌아갔다. 원자재 가격 규제와 금융거래에 대한 세금부과 등 그가 제시한 안들이 유로존 붕괴의 위험이란 급박한 상황에 밀려났기 때문이다. 토의 내용과 최종 발표 내용을 보면 G20 회의는 화상통화로도 충분히 가능한 정도의 일반적인 토의 수준이었다. 하지만 이들 '정상들'을 통해 우리는 세계정세와 경제정세에 대한 그들의 생각을 읽을 수 있다.

G20 회의를 통해 우리는 모든 나라들이 서로의 의존관계를 잘 이해하고 있다는 걸 알 수 있다. 누구도 국경을 앞세워 보호무역을 주장하거나 경제의 세계화를 대체할 다른 대안을 제시하지 않는다. 이번 칸 회의에서 '탈세계화 움직임'은 볼 수 없었으며 '월가 점령 시위'도 일어나지 않았다. 2008년의 경제위기는 아직 끝나지 않았지만 1930년대의 위기나 1973년의 오일쇼크 때와는 달리 경제를 바라보는 일치된 시각에는 변함이 없었다. 하지만 그 안에서도 공공정책을 통한 경기부양을 지지하는 측과 엄정한 예산 관리를 주장하는 측의 논쟁은 있었다.

이러한 대립 속에서 케인스주의를 대표하는 버락 오바마는 앙겔라 메르켈과 한국 등 엄정한 균형예산 지지자 측에 완전 압도당했다. 일자리 창출을 위한 경기부양을 주장한 오바마는 자기 나라에서처럼 칸에서도 외톨이가 되어야 했다. G20 회의에서 공공지출로 발전을 이룰 수 있다고 믿는 이는 아무도 없었다. 2009년엔 오바마 지지파였던 니콜라 사르코지도 이번엔 메르켈 총리 편으로 돌아섰다.

이번에 새로운 경제모델로 떠오른 것은 독일식 실험이었다. 독일식 모델을 정리해 보면 다음과 같이 요약할 수 있는데, 즉 정부가 경기에 너무 민감하게 반응하지 말고 기업들에게 재정적·사회적·행정적 장기 전망만 제시해주면 된다는 것이다. 한국의 위기경영에서 확인할 수 있었듯이, 이런 실험을 위해서는 노동시장을 유연하게 하여 기업가들이 변화하는 세계시장에 적응하도록 만들어주어야 한다. 메르켈이 칸에서 사르코지를 압도할 수 있었던 것도 독일이 집권당에 상관없이 장기적이고 안정적이며 예측 가능한 정책들을 펼쳐왔기 때문이다. 사실 정권에 좌우되지 않고 기업들에게 안정성을 보장해주는 나라는 거의 찾아보기 힘들다. 정권이 바뀔 일 없는 중국을 제외하고!

독일의 모델에서 우리는 5명으로 구성된 경제학자들이 경제동향을 수상에게 소상히 보고하는 이른바 '경제 5현'이라는 경제전문위원회를 눈여겨볼 필요가 있다. 이 독립 기구를 통해 독일은 여론청취 수준에 머물던 경제 논의를 전문지식 수준으로 끌어올릴 수 있었다.

칸에서 열린 G20 회의의 세 번째이자 가장 중요한 기여는 유로화를 되살린 것이다. 프랑스와 독일이 개입하여 유로화의 안정을 유지하고 독립기구인 유럽중앙은행이 이를 관리함으로써 그리스 사태 등으로 붕괴 위험에 처해 있던 유로화에 대한 안심을 심어줄 수 있었다. 미국 등 유로존 붕괴를 은근히 바라던 세력들 사이에 널리 퍼져 있던

재앙 시나리오는 이제 거의 실현 가능성이 없어졌다. 신흥국가들이
유로화를 살리기 위해 나설 이유는 없다. 하지만 유로화가 안정되면
그들의 투자는 유로존으로 밀물처럼 몰릴 것이고 반대의 경우엔 썰
물처럼 빠져나갈 것이다.

이번에 G20 회의에서 유일하게 합의된 결정은 IMF의 역할을 증대
시키자는 것이었다. 무의미하고 실효성 없는 결정이다. 과거 IMF는
뜨뜻미지근한 태도로 일관하며 경기를 회복시키는 데 아무 도움도
주지 못했다. 경기침체에서 빠져나오려면 IMF보다 차라리 '독일식
학교'를 운영하는 게 더 나을 것이다. G20 참가국들은 아마 독일식
모델을 마음 깊이 새겨 놓았을 것이다. 국가원수들이나 정부가 자기
비판을 하진 않았지만 조용히 이 모델에 동참하기로 마음먹었을 것
이다. 일정에는 나타나지 않지만 이상이 이번 G20이 보여준 성과물
들이다.

육체의 나라 미국

이번 주 미국의 영웅 두 사람이 똑같이 성추문에 휩싸이며 위신에 먹칠을 했다. 84세의 조 패터노(Joe Paterno)는 미국에서 가장 인기 있는 펜실베이니아 대학 미식축구 팀 감독으로, 그의 코치 중 하나가 탈의실에서 미성년자 선수에게 한 범죄를 눈감아줬다는 이유로 사임해야 했다. 또 한 사람은 사업가 출신의 복음주의 목사인 허먼 케인(Herman Cain)이다. 흑인 보수주의자인 그는 이번 공화당 대통령 예비선거 후보로 나서 예상 밖의 호응을 얻고 있었지만 이번에 성추행 혐의로 기소될 처지에 놓였다. 실제 성추행이라기보다는 언어폭력으로 보이고 그를 고소한 여자의 이름도 밝혀지지 않아 아직 사실 여부를 알 수 없다. 케인의 부인에도 불구하고 좌파 언론들이 쏟아내는 의혹 기사로 인해 현재 그의 선거 캠프도 큰 차질을 빚고 있다.

스포츠계와 정치계를 대표하는 두 사람의 스캔들을 떠나서, 미국의 텔레비전을 보면 성 관련 사건들이나, 남녀노소 시청자들의 성적 흥분이나 원기를 자극하는 정보들이 거의 매일 빠지지 않고 등장한다. 황금시간대에 내보내는 상업광고들 대부분은 회춘이나 영생을 약속하는 신비의 약들을 선전하고 있다. 텔레비전 리얼리티 쇼들도 성이나 육체에 관련되지 않으면 완벽한 육체에 부수적으로 경제적 조건까지 겸비한 짝을 찾는 내용들이 대부분이다.

우리는 미국의 의약산업에 암 치료제의 개발을 기대하지만 미국이 세상에 내놓는 것은 비아그라나 비슷한 유의 약품들이 대부분이다. 리얼리티 쇼에 나오는 미국인들에게 가장 큰 오락거리를 물어보면 빠지지 않는 대답이 스포츠다. 미국의 비만 문제가 국가 전염병 수준인 것을 생각하면 이런 대답은 의아하기까지 하다. 소화불량에 걸린 사람이 위장에 불이 나도록 매운 소스의 음식을 먹고 뒤이어 그 위장의 불을 끄기 위해 소화제를 삼키는 광고를 보면, 이런 아이러니를 이해할 수 있다. 이 광고의 핵심은 육체를 위해 아무것도 아끼지 말라는 것이다.

미국에서 육체는 드러내기 위한 것이다. 미국인들의 이런 모습은 패션에서, 야외활동을 즐기는 모습에서 그리고 자연에 열광하는 모습에서 찾아볼 수 있다. 1962년 필자가 맨 처음 미국을 방문했을 때 공공건물의 화장실에 아예 문이 없거나 있더라도 잘 닫히지 않아 당황한 기억이 있다. 그 뒤로 문이 달린 화장실들이 생겨났지만 그나마 너무 작아 완전히 몸을 가릴 수 없을 정도였다.

육체에 대한 열광을 보며 필자는 90%가 스스로 신앙인이라 생각하는 미국인들이 사실은 비종교적 삶을 살고 있다고 느꼈다. 그들이 믿는 모든 종교는 발을 구르며 노래하고 소리치며 신과 자신에 대한 사랑을 열광적으로 표현하는 예식을 가진다. 여러 이름으로 불리지만 미국인들은 단 하나의 '미국교(작가 헤럴드 블룸의 표현)'를 믿는데, 그 특징은 영혼보다 육체를 더 중요시한다는 것이다. 더 정확히 말하면 강렬한 육체가 영혼과 지속적인 긴장관계를 유지하고 있는 것이다. 이렇게 미국인들은 신과의 관계에서 양 극단을 보여준다.

미국인은 죄를 짓고 또 뉘우치기를 반복한다. 술에 취하고 신을 멀리하다간 어느덧 다시 예수와 부처와 야훼를 찾는다. 미국인들의 절반은 자신이 '새 생명을 얻었음'을 고백한다. 죄를 지은 후 그들은 다시 개인적으로 신을 만나 바른 길로 인도된다. 청교도와 이교문명의 타협이라 할 수 있다. 빌 클린턴은 재임시절 악마의 충동에 이끌려 아내를 속이고 부정을 행했지만 바로 복음주의 목사를 찾아가 마치 정형외과 의사가 뼈를 맞추듯 영혼을 일으켜 세웠다.

이런 '미국교'의 장점은 이승(필요하면 약물을 통해서라도)과 저승 양쪽 모두에 천국을 마련해준다는 것이다. 공개적이거나 개인적인 고백성사가 바로 영혼의 비아그라이기 때문이다.

'미국교'는 밖으로 전파되긴 했지만(아프리카엔 복음주의가, 아시아엔 몰몬교) 그 세력은 미미하다. 아무래도 미국교를 실천하려면 공동체나 지역적인 교류가 필요하기 때문일 것이다. 미키 마우스는 전 세계적으로 통할지 몰라도 잘못을 저지르고 개인적으로 예수를 찾아가 만나는 방식은 미국에서만 통할 수 있을 것이다.

유럽연합을 위한 기구를 만들자

2008년 이후 경기침체를 더 심각하게 만든 것은 경제위기에 대한 비이성적이고 과도한 반응이었다. 그리스와 이탈리아에서 동시에 정치권의 사퇴가 이어진 것은 유럽의 경제와 민주주의를 심각하게 위협할 수도 있는 현상이다. 이제라도 정신을 차리고 이성적이고 적용 가능한 해법을 내놓아야 한다. 과도한 반응이나 사퇴가 아닌 상식이 필요한 것이다.

1930년대나 1974년의 위기 때와 비교해보면 2008년의 미국발 금융 위기는 규모는 커도 치명적일 정도는 아니었다. 그럼에도 이번 경기 침체가 오래 간 것은 2008년부터 미국정부가 시행했던 과잉치료 때문이었다. 미국이 공공지출을 통한 경기부양책을 시작하자 유럽 국가들은 깊이 생각도 안 해보고 그대로 따라했다. 케인스주의의 결정판이라 할 수 있는 이 경기부양책 덕분에 최악의 상황은 피할 수 있었는지 모르겠다. 정부들이 납세자들이 낸 세금을 퍼붓지 않았더라면 침체가 더 깊어졌을지 누가 알겠는가! 하지만 이론적으로 효과를 증명할 수 없는 경기부양을 위해 남부유럽과 미국 정부가 쏟아부은 돈의 액수가 이미 한계를 넘어섰다는 사실은 우리 눈으로도 확인할 수 있다.

재정적자가 경기부양 때문에만 일어난 건 아니다. 지난 몇 년간 민주주의 체제의 효율성에 의구심마저 갖게 만든 방만한 국가경영이 더해져 일어난 것이다. 민주주의는 항상 빚을 떠안을 운명에 처해 있다. 그것은 경제를 살리기 위해서 진 빚이 아니라 선거에서 표를 사기 위해 진 빚이다. 선거공약의 남발과 필요하지도 않은 공공의 일자리를 만들어내느라 누가 집권하느냐에 상관없이 국가부채는 갈수록 커져가는 것이다. 그리고 선거가 닥칠 때마다 이런 뻥튀기 경쟁은 심해진다. 미국인들이 부러워하는 유럽의 온갖 사회혜택들은 인구증가와 경제적 성장이 활발하던 시기에 제도화됐다. 더 부유해지고 인구수도 많아질 다음 세대가 비용을 책임질 거라는 생각에 정치인들의 공약은 점점 과감해졌다. 그러나 인구와 경제흐름은 예상과 반대로 흘렀다. 아무리 셈해 봐도 부채는 갚기 힘들고 여기에 이자율도 높아지면서 빚은 더 불어난다.

이러한 상황 속에서 이탈리아와 그리스에서는 당 지도부가 사퇴하고 그 자리에 기술관료(테크노크라트)들을 복귀시키는 해법을 택했다. 그리 멀지 않은 과거에 독재와 권위정치의 역사를 경험했던(이탈리아는 파시즘을 그리스는 군부독재를) 두 나라에게 이러한 선택은 걱정스럽다. 권위주의 체제로의 회귀에 대한 이론상 위험성은 차치하고라도 기술관료들에게 의지한다고 해서 별다른 해결책이 나올 수 없기 때문이다. 전문 관료들이라고 국가부채를 단번에 없어지게 하는 묘책을 만들어낼 수 있을까? 기껏 공공지출을 줄임으로써 개인투자를 활성화하고 인구감소와 자금사정에 맞춰 사회보장을 조정하는, 민주정부도 충분히 할 수 있는 방법을 쓸 것이다.

이론상 기술관료 체제의 유일한 장점은 선거로 당선되지 않기 때문에 인기에 연연하지 않는다는 것이다. 이런 이상한 논리에 의하면 모든 형태의 민주주의는 가치를 잃어버린다. 원칙적으로 봐도 민주정부가 기술관료들보다 모두의 복리를 위한 제도를 설명하고 실행하는 데 더 적합하지 않을까?

예를 들어 민주정부가 아니라 기술관료들이 정년 나이 조정 같은 정책을 밀어붙인다고 그리스나 이탈리아의 거리가 잠잠해질까? 힘을 가지지 못한 관료주의 체제라면 엄청난 저항에 부딪힐 게 분명하다. 겉만 화려한 경제적 성공으로 유럽의 사업가들 사이에 인기를 얻고 있는 '중국식 모델'은 진정한 관료주의도 철인독재도 아닌, 군대와 경찰의 폭력에 의존하는 기술관료 체제라 할 수 있다.

유럽이 가야 할 바른 길은 과거의 권위주의로 복귀하는 게 아니라 민주적 운영방식에 몇 가지 변화를 주어 효율성을 살리는 것이다. 선거에서 이기거나 정권을 연장하기 위해 돈을 풀려는 유혹으로부터 정치권을 보호해주는 장치 같은 것이 필요하다는 것이다. 이런 유혹으로부터 면역력을 기르기 위해선 유럽연합에 두루 통용되는 법적 규제조치가 필요하다. 이를테면 법으로 국가재정에 비례해 공공지출을 제한하는 상한선을 정하는 것이다. 국가재정에 따른 상한선은 1970년 밀턴 프리드먼이 균형예산 유지를 위해 미국에 제안한 개선책이나 최근 프랑스의 니콜라 사르코지 대통령이 '황금률'이란 이름으로 제시한 비례적용과는 구분된다. 이런 개선안들은 예산의 균형을 맞추기 위해 세금만 올리면 되기 때문에 일관성을 지니지 못한다. 공적자금의 사용에 대한 상한선의 적용만이 경제와 민주주의를 구원할 수 있을 것이다. 40%에서 52%까지 유럽연합 국가들의 출발점은 모두 다르겠지만 첫해에 공공지출을 동결하는 것을 시작으로 하나의 상한선을 정하면 점차 그 수준으로 수렴해 갈 것이다. 물론 이런 조치가 의회의 자유와 국가 주권을 훼손한다며 반대하는 사람도 많을 것이다. 유로화의 창설로 각 정부들이 화폐를 마음대로 찍어내지 못하게 됐을 때도 반대의 목소리가 많았다. 하지만 유로화가 최빈층과 노년층에게 세금처럼 부과되는 인플레이션이란 전염병에서 유럽을 구해 주었던 걸 떠올려 보자. 유로화는 자국 화폐를 쓰던 때보다 훨씬 낮은 이율 덕분에 엄청난 공공투자와 민간투자의 증대를 가져올 수 있었다. 하지만 2008년부터 이런 상황이 뒤집어지기 시작했다. 유로화 때문이 아니라 유럽의 나라들이 유럽 조약에 명시된 예산 규제를 위반했기 때문이다.

유로존을 위한 하나의 재정부처를 만들어야 한다는 목소리가 독일을 중심으로 나오고 있다. 하지만 아직까지 이른 감이 있다. 각국의 국민 여론이 아직 이를 받아들일 준비가 안 됐다는 점에서 이런 연방주의적 제안은 실현되기 힘들다. 그보다는 모두가 수긍할 만한 해결책을 찾아야 한다. 논의를 통해 각국의 주권을 침해하지 않으면서도 함께 운영할 법규들을 만들고 이들을 잘 준수하게끔 범유럽 사법기관도 만들어야 한다. 유럽 모든 나라들의 공공회계의 투명성을 보장하고 공공지출을 제한할 수 있는 법안을 마련하고 이를 위반했을 때 (대부분은 위반이 아닌 포기겠지만) 강한 제재를 가할 수 있는 '유럽 경제재판소'를 설치한다면 민주주의나 국가 주권도 해치지 않으면서 여론의 동의를 이끌어낼 수 있을 것이다.

이번 위기를 지나면서 유로화와 유럽연합은 더 견고해질 것이다. 이런 간단한 제안들은 '민주주의 체제냐 관료주의 체제냐', '유럽연합의 쇠퇴냐 연방체제로의 직행이냐' 식의 선택적 딜레마를 피해 갈 수 있게 한다. 출범 초기부터 연합의 독창적 특징이었던 '제도적 상상력'을 거쳐 이제 경제위기는 종말로 향해 갈 것이다.

추수감사절

1621년 미국의 매사추세츠에 도착한 이민자들은 자신들이 처음 수확한 것을 신에게 바쳤다.

유럽의 종교전쟁을 피해 영적 자유를 얻고 풍요가 넘치는 '신세계'에 올 수 있게 된 것을 신께 감사드리기(Thanksgiving) 위해서였다. 이 식사와 기도의 자리에는 이들 소작인들에게 옥수수 농사를 짓는 법과 칠면조를 사냥하는 법을 가르쳐준 인디언들도 손님으로 초대됐다. 이것이 오늘날 모든 미국인들이 칠면조와 옥수수, 온갖 향신료 그리고 위스키나 포트와인이나 럼주 등을 상다리가 부러지도록 차려 먹게 된 기원이었다. 오래 전부터 이 예식은 세속화되었다. 파리에 오래 거주했던 미국의 풍자작가 아트 버크월드(Art Buchwald)는 어느 시평(時評)에서 'Thanksgiving'을 불어로 'Action de grace(신에 대한 감사의 표시)'라고 번역하면 이 날의 진수성찬을 이해하기 힘들다며 이 날을 'Merci donnant(주심을 감사함)'이라 이름 붙이기도 했다. 이 시평은 60년 동안 《헤럴드 트리뷴(Herald Tribune)》에 연재되던 것이었다.

추수감사절은 명실공히 가족과 친지들이 함께 모여 즐기는 미국의 국가적 명절(영국계 캐나다인들도 마찬가지)이다. 이 날은 경제활동이 중단된다. 종교와 문화, 민족의 차이도 중요하지 않다. 이 날만은 자신이 미국인이라는 행복감과 그들 나라의 '특별주의' 를 만끽하는 날이다. 정도의 차이만 있을 뿐 모든 나라 사람들이 자신들이 우월하다 믿지만 미국인들은 한술 더 떠 자신들을 '특별하다' 고 믿는다. 특히나 공적인 자리에서 이런 '특별함' 에 의구심을 나타냈다간 엄청난 비난에 시달리게 된다. 오바마 대통령도 미국인들의 이런 '특별주의' 에 우려를 표했다가 극우진영의 공격에 시달려야 했다. 이를 의심한다는 것은 온전한 미국인이 아니라는 것이다.

이 날의 메인 식사가 점심과 저녁의 중간쯤 오후 늦은 시간에야 이루어지는 건 아마 칠면조 요리를 준비하는 데만 6시간에서 8시간이 걸리기 때문이다. 하지만 하이라이트는 칠면조 요리만이 아니다. 식사를 기다리면서 그들은 미국인이 아니면 경기 규칙조차 이해하기 힘든 그들만의 '특별한' 국가 스포츠, 미식축구를 TV 중계로 관전한다. 축구와 칠면조 타임이 지나고 자정이 되면 추수감사절의 세 번째 하이라이트(또는 3쿼터)가 시작된다. '검은 금요일' 이다. 대부분의 상점들 특히 대형 매장들은 이날 자정을 기해 연중 최저가 세일 판매의 문을 연다. 밤 11시가 되면 이미 엄청난 인파들이 매장 앞에 빽빽이 몰려든다. 그리고 문이 열리는 순간 상품 코너로 뛰어들어 평소엔 잘 사지도 않을 상품들을 무더기로 카트에 담는다. 세일의 광란을 피해가기 힘든 고가 매장들은 금요일 아침 6시가 되어야 슬쩍 문을 연다. 그리고 돌아오는 월요일엔 '사이버먼데이' 가 기다리고 있다. 이 날은 인터넷을 통해 엄청나게 싼 가격에 물건들을 살 수 있다.

원래 종교예식으로 시작되었지만 이제 세속적이 되어버린 이 축제는 스포츠 팀에 열광하고 엄청난 구매력을 보여주는 미국인들만의 날이 되었다. 물론 검소하게 보낼 수도 있고 조용히 무시하며 지나갈 수도 있다. 하지만 이 날을 즐기는 척이라도 하는 것이 미국에선 피할 수 없는 사회적 의무가 되어버렸다.

인디언들과 첫 식사를 함께 했던 모습에서도 볼 수 있듯이 추수감사절의 최고 미덕은 모든 차별을 거부한다는 것이다. 이 날 하루 미국은 특별히 여러 인종들이 함께하는 관용과 평등의 나라가 된다. 이 날은 휴전의 날이라 할 수 있다. 왜냐하면 이 날을 제외하고 미국인들은 늘 미국인인지 아닌지를 따지며 살기 때문이다.

이런 국적 증명은 포용하고 배척하고, 받아들이고 쫓아내는 과정을 반복하면서 이뤄온 미국의 역사만큼이나 오래된 관습이다. 알렉시스 드 토크빌(Alexis de Tocqueville)보다도 먼저 미국이란 신흥국가에 대해 최초로 언급했던 이는 세인트 존 드 크레브쾨르(St. John de Crevecoeur)라는 노르망디 출신 이민자였다. 그는 1782년 『어느 미국인 농부의 편지』라는 책에서 '미국인' 이라 불리는 새로운 인구의 구성에 대한 놀라움을 표현했다. 미국이라는 신천지에서 그는 독일인이 영국인과 결혼하고 스웨덴인이 아일랜드인과 결혼하는 신기한 모습을 보았던 것이다. 하지만 크레브쾨르가 한 미국 사회에 대한 많은 언급들(그는 최초의 미국인 작가라 할 수 있다) 가운데 흑인이나 인디언들은 언급조차 없었으며 이탈리아인과 유대인, 중국인, 파키스탄인들이 그 뒤를 이을 것이라곤 상상도 못했다.

미국이 뒷문을 다시 걸어 잠글 때마다 누가 미국인이고 아닌지에 대한 질문은 되풀이된다. 이런 질문은 현 선거캠프 한가운데서도 이어지고 있다. 미국에 살며 미국에서 일을 하고 미국에 세금을 내고 미국에서 자녀들(자녀들은 대부분 미국에서 태어났기 때문에 미국인들이다)을 교육시키는 1,100만(추정치)의 불법체류자들을 허용하는 문제를 두고 공화당 후보들 사이에서도 의견이 양분된다. 불법 이민의 합법화라는 거대한 흐름은 기업들의 값싼 노동력 수요에 민감한 로널드 레이건 같은 우파 정부의 지향점과 일치한다. 반대로 노동조합들에 발목이 잡혀 있는 좌파 정부들은 임금이 낮아질 것을 우려하여 합법화를 망설인다.

하지만 국적취득 논쟁이 제기되고 어떻게 결론이 나는가의 향방에 대해 경제적 측면만으론 설명이 곤란하다. 여기엔 이상주의와 법치주의라는 상반된 요인이 작용한다. 로널드 레이건도 딸기 수확을 위해 멕시코인들이 절실히 필요했던 캘리포니아의 기업들만 염두에 두고 정책을 정할 수는 없었을 것이다. 그는 미국의 '특별함'을 믿었고 모든 사람들이 아메리칸 드림을 꿈꿀 권리가 있다고 진심으로 믿었다. 좌파든 우파든 불법체류자들을 사면하는 일에 반대하는 것은 미국 사회를 지탱하는 법치의 이념이 퇴색될까 두려워하기 때문이다. 추수감사절을 제외하면 법만이 유일하게 출신이 다양한 국민들을 연결해줄 수 있는 사회적 끈이기 때문이다. 이러한 대원칙 아래에서라면 이 사회에 퍼져 있는 불법이민자들에 대한 적개심 또한 유럽에서처럼 일상 속에서 녹아버릴 것이다. 이민자들은 사회복지에 재정적으로 별 보탬을 주지 못하기에 그 수가 많아지면 사회서비스나 병원, 학교 재정 등에 적잖은 부담이 된다. 하지만 부정적인 평판에도 불구하고 현재 미국은 그것이 필요한 사람들을 무료로 보살펴주고 교육하는 복지국가 시스템을 갖추고 있다.

실업과 국가부채의 시대에 이들 '특별한' 사회는 점점 유럽을 닮아가고 있다. 그럼에도 한 가지 구별되는 것은 미국에선 피부색, 출신, 종교가 다르다고 누구도 대놓고 이민을 반대하지 못한다는 것이다. 색깔은 이제 미국인의 정체성이 되지 못한다. 아니 이제 정체성 같은 건 없다. 대신 미국인이 되려면 출신, 종교에 상관없이 일 년에 한 번 칠면조와 위스키를 배 터지게 먹고 마시면 된다. 이렇게 함으로써 그는 진짜 '특별한' 미국인이 될 수 있다.

2011년, 포퓰리즘의 해

2011년은 포퓰리즘이 대거 귀환한 해였다. 그런데 포퓰리즘의 의미는 모호해서 모욕적인 표현이 되기도 하고 일종의 증명서가 되기도 한다. 그래서 이 단어를 사용할 때는 신중함이 필요하다. 이 단어는 눈에 거슬리거나 실체를 알 수 없는 정적을 공격할 때 많이 사용한다. 미국의 진보적 좌파가 티파티(Tea Party)[42]들을 포퓰리스트라 규정하는 것은 그들의 실체나 그들이 주장하는 바에 대해 제대로 알고 싶어 하지 않기 때문이다.

그런데 포퓰리즘이 언제부터 이렇게 부정적이고 경멸적인 표현이 되었을까? 경멸적인 뜻의 포퓰리즘은 민주주의를 부정하고 논리적 일관성이 없음을 뜻한다. 즉 원초적 감정을 가감 없이 표출하거나 이런 본능을 정치적으로 이용하는 것을 말한다. 또 포퓰리즘은 민주주의 원칙을 존중하지 않고 합법적인 제도들을 무시하는 행위들을 가리킨다. 포퓰리스트들이 제시하는 해결책은 모순되고 실현 불가능하다. 1920~30년대로 되돌아가 보면, 포퓰리즘은 민중주의 운동이라 여겨지고 그렇게 평가받았던 파시즘과 혼동되며 이런 뜻을 암시하기도 한다.

---

42) 미국 보수주의 유권자 단체.

미국의 '티파티' 뿐만 아니라 프랑스, 네덜란드, 덴마크, 오스트리아 등에서도 볼 수 있는, 이민에 적대적인 극우정당들을 포퓰리스트로 분류하는 것은 이런 역사적 측면을 가지고 있다. 하지만 포퓰리즘이라는 표현을 남용하게 되면 각각의 운동이 지닌 역사적 · 사회적 · 경제적 · 종교적 배경들이 지니는 개별적 특성들을 왜곡하게 된다.

덧붙여, 정치적 표현이나 경멸을 나타내기 위해 포퓰리즘이란 말을 쓰느니 차라리 우파 운동에 직접 반대하는 게 더 나을 것 같다. 1920년대의 파시즘은 본래 좌파에서 성겨난 것이었다. 무솔리니나 프랑스와 벨기에의 대다수 파시즘 지도자들은 사회주의 진영으로부터 나왔다. 이렇게 보면 사회나 정치적 대립을 극복하겠다는 명분으로 민주주의를 부정하는 유럽의 공산주의자들이야말로 진짜 포퓰리스트들이 아닐까? 1930년대 유럽의 사회주의자들과 공산주의자들의 연합을 '인민전선' 이란 이름으로 불렀다. 그렇다면 '인민', '민중' 이란 말은 긍정적이고 포퓰리스트는 부정적인 뜻일까? 여기서 우리는 판단과 분석을 혼동하고 있다. 정확히 말하면 분석보다는 판단 쪽에 서 있는 것이다.

포퓰리즘을 우파적인 것이라 분류하다 보면 최근 미국에서 벌어지고 있는 '월가 점령 시위' 의 성격을 제대로 이해할 수 없게 된다. 미국의 많은 평론가들도 이들 시위대들이 '티파티' 와 좌우 대극점에 서 있다 생각한다. 하지만 이런 시각으로 보면 '티파티' 는 제도권 내에서 법률에 준거하여 제도권 안에서의 세력 싸움을 통해 공화당의 주장을 관철시키려 하기 때문에 오히려 포퓰리즘의 반대쪽에 있다고 해야 할 것이다. 이에 비해 월가 시위대들은 제도권 밖에서 제도에 반대하며 민주주의의 제도의 진정성에 대해서도 의구심을 가지는 쪽이다. 50%의 공화당 지지 미국인을 대표하려는 '티파티' 들보다 99% 미국인들을 대변한다는 시위대들이 더 포퓰리스트적이 아닐까? 시위대

가 주장하는 99%의 진정한 국민들과 1%의 재력가 엘리트들의 대립
은 이미 사회학자 소스타인 베블런(Thorstein Veblen)도 자기 저서에
서 지적한 바 있었다. 베블런의 명저『유한 계급론(The Theory of the
Leisure Class)』(1899년)에서 저자는 기생적인 엘리트들의 '과시적 소
비'에 대해 비난했다. 하지만 내가 보기에 베블런의 이론은 한 세기
전보다 지금의 미국을 더 잘 묘사하고 있는 듯하다. 1899년의 1%들은
산업을 일으켰지만 2011년의 1%들은 금융파생상품밖에 만들어내지
못했기 때문이다.

그것이 민주주의를 위한 것이었건 아니었건 간에 2011년 한 해 동
안 현 제도에 대해 반기를 들고 지구촌 곳곳에서 일어났던 항쟁들에
도 포퓰리즘이냐 아니냐의 물음을 적용해볼 수 있다. 끝없이 저항시
위를 벌이고 있는 칠레의 대학생들은 민주주의 제도가 자기들 같은
젊은층들뿐 아니라 수력댐 건설로 위협받고 있는 파타고니아의 자연
을 대변하지 못한다고 생각한다. 한국의 정치는 소셜미디어를 이용
하여 기존 정당들을 비꼬고, 선거판의 '철새' 후보들을 비난하며 정
치적 힘을 행사하려는 젊은이들로 들끓고 있다. 이스라엘의 중산층
들이 물가고에 항의하며 제도권 밖에서 벌인 시위는 이스라엘 지도
자들을 당황케 했다. 그렇다면 이런 운동들은 포퓰리즘일까? 2011년
가을, 뉴델리 의회를 포위하고 인도의 부정부패에 항의한 시위가 포
퓰리즘이 아니라면 어느 범주로 분류해야 할까? 우리는 아랍에서 민
주주의를 요구하는 혁명을 보았지만 그 혁명의 지침이 처음부터 민
주주의 요구는 아니었다. 튀니지의 '재스민 혁명'은 젊은 학위 취득
자들이 일자리를 갈구해 일어난 민중봉기였다. 이집트 혁명의 경우
도 발단은 마찬가지였다. 이후 민주주의가 그들의 경제적 요구와 시
민으로서의 존엄과 종교적 위엄을 지켜줄 수 있다는 희망을 갖게 되
면서 점차 민주혁명으로 진행되었던 것이다. 아랍의 어느 나라냐에

따라 또는 선거 결과에 따라 아랍국가들의 혁명은 진보냐 반동이냐가 갈라질 것이며 또한 민중혁명이냐, 포퓰리즘 혁명이냐가 갈라질 것이다. 튀니지와 모로코, 이집트의 모든 선거에서 이슬람주의 정당들이 승리하자(이변이라 할 수도 없다) 패배한 좌파는 그들을 곧바로 포퓰리스트로 몰아붙였다. 이 경우에도 실망이 분석을 앞선 것이다.

포퓰리즘이 자주 언급되는 것은 비슷한 시기에 일어났다는 점 외에도 이들 소요사태들에 어떤 공통된 특징들이 존재한다는 것이다. 경제 결정론에 무게를 두는 이들도 있을 것이다. 즉 경기침체가 대중들의 불만을 폭발시켰다는 분석이다. 이에 대한 가장 비근한 예로는 카이로의 젊은 고학력자들과 미국의 소상공인들을 들 수 있다. 애리조나와 프랑스, 벨기에, 네덜란드 등에서 이민자 수용에 반대하는 민중적 혹은 포퓰리스즘적 운동들이 성공한 이유를 가장 잘 설명해줄 수 있는 것은 바로 경기침체다. 거부감만 보이지 않는다면 이런 경제결정론의 해석에도 설득력이 있다. 미국과 유럽에서 포퓰리즘은 우파와 긴밀히 연결되어 이민에 반대하는 현상으로 이어지며 경기가 안 좋을 때 반이민정서는 한결 심해진다. 이런 이민 배척 현상은 또한 영원한 사회적 숙제인 '국가 정체성'의 문제에서 생겨나기도 한다. 1920년대 유럽에서 우린 이미 이런 심리적 현상을 경험한 바 있다. 이렇게 '타자'에 대한 공포는 어느 나라에서든 존재한다. 지금 아랍세계에서도 문화적·종교적 소수자들을 희생양으로 삼으려는 포퓰리즘 현상이 나타나고 있다.

주된 원인이 경제든 정체성이든, 오늘날 일어나고 있는 포퓰리즘 현상은 대중 동원이나 의견표출 방법에서 공통의 기술을 보여주고 있다. 바로 인터넷망을 이용한 소셜네트워크다. 페이스북, 트위터, 유튜브, 웨이보(중국의 마이크로 블로그 서비스)는 모두 미디어(대체)일 뿐이지만, 1960년대 캐나다의 사회학자 마셜 맥루언(Marshall

McLuhan)이 표현한 대로 '미디어는 곧 메시지' 인 것이다. 리더도 일 정도 없이 모여 민주주의와 자본주의의 대안을 찾아나서는 이런 운동이 바로 우리 시대 포퓰리즘의 주제인 것 같다. 어디로 가는지 모르지만 우린 모두 함께 어디론가 가고 있다. 대중의 자발성에 대해선 스테판 에셀이 그의 유명한 저서 『분노하라!』에서 큰 지지를 보내고 있으며 이 글은 마드리드와 런던 그리고 뉴욕에서 일어난 저항운동에도 하나의 기준점이 되었다.

때로는 기술이 세상을 바꾸기도 한다. 구텐베르크가 당시로선 상상할 수 없었던 인쇄술을 발명함으로써 성경이 전파되었고 결국 프로테스탄트 혁명의 성공으로까지 이어졌다. 라디오가 없었다면 히틀러는 자기 국민들에게 그토록 강한 인상을 심어주지 못했을 것이다. 마찬가지로 인터넷과 소셜네트워크는 원래의 커뮤니케이션과 상거래, 오락의 기능을 넘어 정치게임의 규칙으로까지 진화하고 있다. '포퓰리스트' 들은 이런 소셜네트워크를 자신들의 목적대로 선점하고 이용하려 더 발빠르게 움직일 것이다. 그렇다면 이제 정당들과 깨어 있는 엘리트들이 이런 미디어를 장착한 포퓰리스트들의 충격에 어떻게 대응해야 할까? 그것이 바로 지금부터 발명해야 할 것들이다.

프랑스-독일 통합을 위하여

유로존의 위기가 대두되면서 정치지도자들 사이에 조율되고 있는 조치들엔 아이디어가 느껴지지 않는다. 하지만 지금으로선, 유로화를 금이나 달러처럼 신뢰할 만한 화폐로 만들어 미국과 함께 유럽을 최강의 경제대국으로 키우겠다는 거창한 포부만이 시장을 진정시킬 수 있는 유일한 길이다. 이러한 포부는 유럽인으로서 바람직하고 또 도달 가능한 것이다. 또한 현재 우리 앞에 닥친 유럽연합 붕괴의 위협 앞에서 시급하기도 하다. 이럴 때일수록 우리의 현실에 길을 제시해줄 수 있는 역사적 선례들을 찾아볼 필요가 있다.

1940년 프랑스 군대가 나치들에 무릎을 꿇기 전 윈스턴 처칠은 영국과 프랑스 양국의 통합을 프랑스 정부에 제의했다. 이때 프랑스인들이 좀더 대담했더라면 아돌프 히틀러가 잇따라 유럽을 삼켜버리는 사태는 일어나지 않았을 것이다. 반대로 1963년엔 샤를 드 골과 콘라드 아데나워가 프랑스-독일의 진정한 화해와 협력을 확인하고 지금까지 유지되고 있는 협정을 성사시켰다. 이 협정의 배경엔 당시 스트라스부르 성당에서 200여 킬로미터밖에 떨어지지 않은 곳에 주둔한 소련의 위협이 있었다.

지금 유로화 주위를 감싸고 있는 위협들을 스탈린이나 히틀러의 군대와 비교해 보는 건 어떨까? 시대만 바뀌었을 뿐 상황은 비슷하다.

군대에 의한 침공 위협이 경제적 위협(잘못된 국가경영으로 인한 물질적 피폐와 존재적 절망)으로 바뀌었을 뿐이다.

니콜라 사르코지와 앙겔라 메르켈이 역사에 순응하는 대신 스스로의 손으로 역사를 써내려가기로 결심했다고 상상해 보자(이론적 상상이지 엉뚱한 망상은 아니다). 이제 재정을 손질하거나, 현행 규정에 명시된 대로 예산원칙을 강화해야 한다며 이미 여기에 동의한 다른 나라들을 압박할 필요가 없다. 대신 프랑스와 독일이 하나의 예산, 하나의 세제, 하나의 노동권, 하나의 예산안 승인권을 가지고 통합하는 역사에 남을 극적인 상황이 이루어진다고 상상해 보는 것이다. 정치적으로나 기술적으로 불가능한 것도 아니다. 외국인에 대한 혐오는 이제 두 나라에서 퇴조하고 있으며 경제는 상호 보완관계로 이미 상당 부분 통합되어 있다. 독일은 공작기계와 화학공업에 집중하고 있으며 프랑스는 에너지와 교통, 무기, 사치품 등에 치중하고 있다. 두 나라의 정당은 연합하여 쉽게 현안을 통과시킬 수 있을 만큼 충분히 닮아 있다. 프랑스와 독일이 단일경제 체제를 이루어 경영능력을 보여준다면 강력한 경제대국이 되어 유로화의 미래에 대한 모든 회의와 불안을 불식시켜 줄 것이다. 이런 대반전이 이루어진다면 다른 유럽 국가들이 니콜라스 사르코지와 앙겔라 메르켈이 구상한 비준개정안을 통과시키기 위해 지금처럼 몇 개월을 망설이지 않아도 될 것이다. 이번 협정이 비준된다 하더라도 앞으로 유로화가 몇 차례나 더 요동치고 몇 개의 나라가 파산할지 모를 일이다.

반대로 프랑스-독일의 통합이 이루어진다면 아직 유로존에 가입하지 않은 영국을 포함해 모든 유럽 나라들이 여기 동참할 수밖에 없을 것이다. 특히 영국은 프랑스-독일 통합국이라는 신생 경제-통화 대국 앞에서 다른 선택의 여지가 없을 것이다.

프랑스-독일 통합을 위해선 현 협정조항을 고치고 더 나은 유럽 정부를 구상해야 한다. 좋은 협정은 두 개의 제안으로 간단하게 요약된 것이면 충분하다. 그 하나는 모든 나라에 동일한 예산 기준이 아니라 일단 각 나라의 경제규모에 따라 공공지출 예산의 상한선을 두고 3~5년 안에 그 한도를 맞추지 못한 나라에 제재를 가할 수 있는 법적 장치를 마련하는 것이다. 각 나라들이 세금을 더 거두어 예산을 균등하게 맞추게 되면 결국 생산 투자를 감소시키는 결과만 초래할 뿐이기 때문이다. 두 번째 안은 프랑크푸르트의 중앙은행처럼 독립된 유럽 경제 사법기구를 만드는 것이다. 이를 통해 공통의 규칙을 부과하고, 공공회계의 투명성을 보장하며, 공적자금의 상한선 등을 위반하면 곧바로 제재를 가해야 한다.

로베르 슈만, 콘라드 아데나워, 폴 앙리 스파크, 장 모네, 샤를 드골, 알치데 데 가스페리 등 유럽연합의 길을 열었던 이들의 이름은 유럽 판테온에 이름이 새겨질 것이다. 이와 함께 프랑스-독일 통합국은 현재 유럽을 짓누르는 세 가지 위협들에서 벗어나기 위한 기본 전제들을 가슴에 새겨두어야 할 것이다. 그것은 유로화를 신뢰할 수 있는 영구적 화폐로 만들어야 하며, 경제성장을 계속하기 위해 공적자금의 상한선을 마련해야 하며, 경제성장을 통해서 이 위기를 벗어나야 한다는 것이다.

경제는 궁극적으로 평등이 아닌 발전을 목적으로 한다. 유럽의 성장이 둔화된 것은 신용이 불확실하고 국가부채로 시장의 토양이 말라버렸기 때문이다. 앞에 제시한 역사적 대반전의 드라마를 통해서라면 유럽연합의 정신을 쇠퇴시키는, 유로화의 위기, 부채, 경기침체라는 세 가지 악을 한꺼번에 제거할 수 있다. 위대한 역사는 매일매일 씌어지는 게 아니라 갑자기 다가오는 것이다.

2012년, 가스에너지를 꿈꾸며

2012년을 한바탕의 꿈으로 시작해 보련다.

2007년에 엘 고어와 함께 지구 온난화에 대한 관심을 집중시켜 노벨평화상을 수상했던 라젠드라 파차우리(Rajendra Pachauri)가 최근 2년 동안 지구의 평균 온도가 낮아졌다고 발표한다. 사실 지구 온난화 예측은 신뢰가 가지 않는 기준에 따른 것이었고 그 예측 모델도 완전치 못했다. 엄정한 과학자인 파차우리는 지구 온난화 추세를 부정하지 않으면서 그것이 보다 오랜 시간에 걸쳐 진행될 것이라고 본다. 그는 이산화탄소 등 산업화 가스와 기후의 관련성에 대해 밝히려면 더 면밀한 조사가 필요함을 인정한다.

이 문제에 대한 복잡한 논쟁은 접어두고, 여러 나라 정부들이 자기 영토에 매장된 셰일가스 개발을 즉각 서두르기로 한다. 재선에 간신히 성공한 니콜라 사르코지는 프랑스의 중앙고원지대에 매장된 엄청난 자원 개발을 토탈(Total)[43]에 의뢰한다. 미국 애리조나의 바위들을 부수는 기술을 가지고 있으며 전부터 이 사업을 준비하고 있던 토탈은 10만 개 일자리 창출을 선언한다. 프랑스는 에너지 자급 국가를 넘어 초과 보유국이 되어 알제리나 러시아로부터 들여오던 석유의 수

---

43) 프랑스의 다국적 석유회사.

입을 중단한다. 폴란드에서는 도날드 투스크 총리가 프랑스와 비슷한 결정을 내린다. 그럼으로써 프랑스와 폴란드는 유럽에서 셰일가스를 가장 많이 보유한 국가가 된다. 이제 유럽은 에너지 자급자족이 가능해져 러시아로부터 석유를 수입하지 않아도 된다.

미국의 버락 오바마는 뉴욕 북부에서 개발되고 있는 셰일가스의 개발을 재촉하며 재당선을 노린다. 오바마는 이 가스 개발로 50만 개의 일자리 창출이 가능하고 5년 안에 미국은 완전한 에너지 독립국이 될 것이라 발표한다.

프랑스, 폴란드, 미국 세 나라 정부의 발표로 가스와 석유의 국제가격은 절반으로 낮아진다. 석유와 가스 때문에 버텨왔던 정권들은 위기에 처한다. 가장 먼저 알제리가 무너진다. 군부 출신의 독재자는 거리시위에 대응 한번 못 해보고 자기 별장이 있는 코트다쥐르 해안으로 줄행랑친다. 알제리도 모로코와 튀니지, 이집트, 터키에서처럼 민주-무슬림 정당이 권력을 잡는다. 이들 정당은 사회적으로는 보수주의지만 국가경제 재건을 위해 중소기업들을 키우고 그들에 우호적인 정책을 편다. 예전의 식민지배자였던 프랑스와 이탈리아는 다시 알제리에 투자하고 해외로 떠났던 사람들과 그의 자녀들도 고국으로 돌아온다.

프로호로프(Prokhorov)[44]가 대통령에 당선된 러시아는 천연가스 가격 하락으로 공무원 임금과 퇴직연금 재정이 바닥났음을 선언한다. 프로호로프가 이에 대한 책임을 지고 대통령직에서 물러나겠다고 발표한 기회를 타서 체첸, 블라디보스토크를 시작으로 러시아 연방을 구성하던 공화국들이 줄줄이 독립을 선언한다. 셰일가스를 가장 풍부하게 가진 블라디보스토크 공화국은 일본, 한국과의 경제-군

---

44) 러시아 기업인이자 프로 농구팀 뉴저지 네츠의 구단주.

사 동맹을 맺는다.

베네수엘라와 이란은 새로운 에너지 정세로 소요가 일어난다. 차베스 대통령은 관저에서 사망하고 새로 민주주의 정권이 들어선다. 베네수엘라의 새 민주정권은 브라질, 콜롬비아와의 자유무역협정을 체결한다.

이란에서는 위대한 아야톨라(시아파 이슬람 지도자)가 나타나 아마디네자드를 권좌에서 몰아낸다. 하지만 석유와 가스 지분을 빼앗긴 그는 더 이상 자신의 혁명 친위대들을 이끌 수 없게 되고, 자유선거가 이루어지면서 핵개발의 철회를 주장하는 사회주의 정당이 집권한다.

아직 이 모두가 꿈이긴 하지만, 에너지 자립과 유가 하락, 셰일가스 개발과 수출로 인한 지역 고용창출 등이 이루어지면 미국과 유럽의 경제 상황은 완전히 달라질 것이다. 생산원가도 평균 10% 이상 낮아질 것이고 새로운 에너지 개발의 효과로 많은 기술혁신들이 일어날 것이다. 경제성장 속도가 반등하면서 미국, 일본, 유럽 등 나라들의 재정적자가 빠른 회복을 보일 수 있다. 정말 이렇게만 된다면 서방세계는 새로운 발전 구상을 가지고 서로 화합할 수 있게 될 것이다.

이라크 전쟁에서 누가 패배하지 않았는가?

지금 나는 미국에 머물면서 인터넷을 통해 프랑스의 언론들이 미군의 이라크 완전 철수에 대해 어떻게 평가하는지 경청하고 있다. 미군은 인근 쿠웨이트에 계속 주둔하며 언제든지 복귀가 가능하기 때문에 이번 철수는 계산된 것이라고 할 수 있다. 미국의 언론들이 9년 동안 계속되어온 전쟁의 손익계산을 따지고 있는 데 반해 프랑스의 언론들은 한결같은 목소리로 "전쟁에 참가하지 말았어야 했다(프랑스가 벌인 일이 아니기 때문에). 오바마의 이번 철수 계획은 잘한 일이고 조지 W. 부시가 일으킨 전쟁은 실수 또는 패착으로 기록될 것이다"라는 의견을 내고 있다.

가까이 있으나 멀리 있으나, 언제나 똑같은 소리로 합창하는 프랑스 언론들의 능력에 필자는 감탄하곤 한다. 주제나 매체를 가리지 않고 프랑스 언론인들의 생각은 어쩌면 저렇게 똑같을 수 있을까?

언론들이 이렇게 똑같은 생각을 하는 까닭은 단조로운 세계관을 가지고 있기 때문이다. 자본주의는 항상 위기이고, 미국은 항상 옳지 못하고, 무슬림들은 모두 이슬람주의자들이고, 독일인들은 반성 중이고, 기후는 더워지고 있으며, 조니 할리데이(Jonny Hallyday)[45]는 항

---

45) 프랑스의 국민 가수.

상 최고다 등등……

미국의 언론들이 프랑스의 언론들보다 우월하진 않을 것이다. 하지만 미국의 언론들은 적어도 내부에서도 각자의 논조를 지니고 서로의 입장 차이를 보여준다(보수의 대변인을 자처하지만 뭐라 분류가 어려운 《Fox News》 같은 매체를 제외하면).

지금까지 세상에 알려진 정보를 가지고(사실 이 전쟁에 민간적 · 군사적 비밀 같은 건 없다) 나름대로 이 전쟁의 손익계산을 따져보면 관점에 따라 차이가 있거나, 따지는 것 자체가 불가능하다는 결론에 이른다. 왜냐하면 이번 군사개입의(미국뿐 아니라 영국, 폴란드, 스페인 등등 많은 나라들이 개입했다) 결과는 앞으로 10년은 지나 봐야 알게 될 것이기 때문이다. 이라크의 정세가 안정 상태를 유지할지, 이웃 나라들과 또는 국내의 여러 계층들이 민주적인 관계를 유지하며 공존할 수 있을지는 가 봐야 아는 것이다. 만약 최종적으로 그런 결과가 나온다면 역사는 이라크 전쟁을 정의로웠다 판단할 것이다. 또한 이웃 아랍 국가들이나 이란이 어떻게 되느냐에 따라 사담 후세인의 몰락을 이집트, 리비아, 튀니지, 모로코, 예맨 등에서 잇따라 일어난 민주혁명의 시발점으로 평가하게 될 수도 있다. 그렇게 되면 폴 월포위츠, 리차드 펄, 딕 체니 등 네오콘들의 주장처럼 2002년의 이라크전은 가공할 파괴무기에 의한 침략전쟁이 아니라 이라크를 민주적이고 친서방적이며 이스라엘에 우호적인 정권으로 '재편'하기 위한 전쟁이었다는 논리가 설득력을 얻을 것이다. 하지만 지금 확신할 수 있는 건 아무것도 없으며 확신해서도 안 된다.

당장 전쟁의 손익계산을 따지는 건 어렵지만 대략적인 명암은 파악할 수 있을 것 같다. 콘돌리자 라이스는 "세상은 사담 후세인이 사라진 후 더 나아졌다"고 자기 회고록에 썼다. 누군가는 사담 후세인을 응징해야 했다. 25년 지배기간 동안 사담 후세인은 이란 국경지대에

서 전쟁을 벌임으로써 수백만 명을 죽게 만들었고(1980년에서 1982
년 사이 20만의 이라크인과 백만의 이란인이 죽었다)[46] 쿠르드인들
에게 화학무기를 살포했고(1988년 20만 명의 쿠르드인들이 희생되었
다) 시아파 교도들을 굶주림에 몰아넣으며 핍박했다. 사담 후세인이
독재정권을 더 지탱했다 해도 결코 현명한 지도자가 되지는 못했을
것이다. 아니 자기 야심을 위해 더 굶은 피를 불렀을 것이다. 이런 면
에서 지난 9년의 전쟁 동안 대부분은 동족들에 의해 희생된 십만 명
의 이라크인들과 미국이 개입하지 않았으면 생겨났을 희생자의 수를
따져보는 건 쉬운 문제가 아니다. 이런 산술계산은 관념상으로만 가
능할 뿐이지만 또한 많은 것들을 생각할 수 있게 해주기도 한다. 최근
리비아에 대한 나토군 공습도 같은 식으로 따져볼 수 있다. 카다피 정
권이 나토군 공습으로 무너지지 않았다면 얼마나 많은 생명이 구조
되었을까를 역으로 따져볼 수도 있는 것이다. 이렇게, 이라크인들이
9년 전에 처했던 상황과 지금 처한 상황의 차이를 따져보면 손익도
따져볼 수 있게 된다. 지금 수니파의 누군가는 좋았던 시절을 그리워
할 것이고, 시아파의 누군가는 더 인간다운 삶을 살고 있을 것이며,
쿠르드족 사람은 더 자유롭고, 기독교인들은 더 안심하며 살아가고
있을 것이다.

그러면 이라크 전쟁에서 발생한 약 5천 명의 미군의 죽음은 어떻게
평가해야 할까? 전쟁의 치열함이나 9년이란 기간, 험난한 지형, 준비
부족 등을 고려하면 이런 수치는 사실 많다 할 수 없는 정도다. 데이
비드 페트레이어스 장군이 이라크의 바스라 지역을 점령하면서 '이
상한 나라에 온 이방인'의 느낌을 받았다고 말했듯이 이 전쟁에 사전
준비가 부족했던 것도 사실이다. 하지만 미군의 준비 부족은, 프랑스

---

46) 1980년 일어난 이란-이라크 전쟁을 말함. 이 전쟁은 이라크의 선제공격으로
   시작되었다.

언론이 되풀이해 비판하듯 이라크의 이슬람 문화나 현지 언어에 대
한 무지를 말하는 게 아니다. 사실 미군은 세계 거의 모든 문화를 포
괄할 수 있을 만큼 다양한 문화권 출신 용병들로 구성되어 있다. 문제
는 미국으로선 소련 붕괴 이후 처음 치른 전쟁이었기 때문에 전략적
실수가 있었다는 점이다. 이라크전의 승장인 페트레이어스(그는 승
리했다고 믿고 있다)는 자신의 군대가 공격용 헬기부터 시작해 소련
전차부대를 부수는 데는 탁월했지만 시가전이나 매설 폭발물 제거
등에선 그렇지 못했다고 고백했다. 이 전쟁에서 미군은 21세기에 일
어날 뜻하지 않은 전쟁에 어떻게 대처해야 하는지에 대한 교훈을 얻
었을 것이다. 다음 전쟁은 제2차 세계대전보다는 이라크 전쟁에 가까
울 것이다. 무슨 뜻이냐 하면 현대전에서는 승자와 패자의 구분이 옛
날처럼 분명하지 않으리라는 것이다. 이는 지난 9년간의 전쟁에 관해
필자와 나눈 대화에서 퍼트레이어스가 남긴 말이기도 하다. 현대전
은 고지 위에 깃발을 꽂고 만세를 부르는 것과 다른 복합전의 양상을
띤다. 현대전에서 승리했다는 것은 '거의 지지 않았다' 는 말과 같다.
미군은 분명 이라크 전에서 패배하진 않았다. 하지만 그들이 이 전쟁
에서 승리했는지에 대해선 아직 아무도 단언할 수 없다.

중국이 흔들린다

"5년 내에 공산주의 정권은 사라질 겁니다." 마이클 앤티(Michael Anti)는 아무런 망설임 없이 말한다. 중국 공산독재의 종말의 카운트 다운은 아마 2011년 7월 23일이 그 기점이 될 것이다. 이날 저녁 베이 징에서 상하이로 가던 특급열차가 원저우에서 탈선하여 40명의 사상 자와 수백 명의 부상자를 냈다. 중국 정부는 사건을 축소하려 했다. 인터넷에 올라온 사건에 대한 모든 제보들이 검열당했고 사건을 증 언하려던 이들은 자기가 올린 글과 사진이 화면에서 사라지는 모습 을 보아야 했다. 하지만 당국의 검열은 아무 소용도 없었다. 웨이보 (Weibo) 덕분에 재앙이 일어난 지 얼마 안 돼 중국 전체가 사건의 전 말을 알게 되었다. 웨이보는 중국어로 마이크로 블로그란 뜻이며 표 의문자 특성상 '목도리'란 글자와도 발음이 같다.

휴대전화와 마이크로 블로그(140자 이상을 쓸 수 없다)를 사용하는 사람들은 3억의 중국인들도 망으로 연결할 수 있다. 처음 중국 버전 의 트위터가 생겼던 2010년만 해도 그 수는 6천만 명밖에 되지 않았 다. 중국 정부는 인터넷처럼 쉽게 웨이보(사진과 글을 실시간으로 올 리며 통신할 수 있다)를 검열할 수 없었다. 마이클 앤티에 의하면 원 저우 열차사고가 나자 중국정부는 처음엔 사건 자체를 부인했고 이 후엔 그 심각성을 축소시키며 곧바로 열차 서비스가 재개될 것이라고 발표했다. 그러나 모두의 정신 속에 진실은 살아 있었다. 두 시간 후 공산당국은 사건 현장에 병력을 보냈고 신화통신이 중국산 열차에 결함이 있었음을 인정하면서 열차운행은 중단되었다. 운행은 얼마 후 재개되었지만 운행 속도는 전보다 느려졌다.

"당은 정보전쟁과 정신검열 전쟁에서 패배한 겁니다." 마이클 앤티 (이것은 필명이고 본명은 자오징이다)는 말한다. 당 기관이긴 하지만 어쨌든 중국사회과학원의 연구에 따르면 40세 이하 중국인들 중 80% 가 웨이보를 중국과 세계 현실을 접할 수 있는 유일한 정보원으로 생각하고 있다. 물론 웨이보에도 유명 스타들의 가십이나 거짓정보, 루머들이 많이 올라온다. 하지만 거기에선 분명 진실한 사건들도 많이 발견할 수 있다. 이 새로운 미디어를 통제하기 불가능해지자 정부는 어설프게 경쟁상대를 만들어내기로 한다. 중앙당국과 지방관청들은 '악성루머들을 정화한다' 는 속보이는 이유를 대며 자체적으로 마이크로 블로그를 만들어냈다.

마이클 앤티의 마이크로 블로그엔 매일 수천 명의 독자들이 접속한다. 이제 갓 마흔인 그는 '신중국' 을 표방하는 교육받은 국제화시대 인물이다. 그의 학력이나 가족관계만 본다면 당 조직에 줄을 대서 부와 명성을 거머쥔 소위 '벼락출세자' 그룹에 들어갈 수도 있었다. 그러나 중국 공산당은 30년 전부터 중국의 사회정치 기반이던 중산층들의 신뢰마저 잃어가고 있다. 더 이상 아무도 입당하려고도 당을 지지하려고도 하지 않는 것이다. 당의 거짓말은 참을 수 없는 수준에 이르고 속박 없이는 통치가 불가능해진 것이다. "세상은 변하고 있습니다." 마이클 앤티는 말한다. "중국인들은 많은 정보를 얻고 있습니다. 경제는 허덕이는데도 당은 오랜 습성과 낡은 규율, 폭력, 거짓에 갇혀 소수 의견에 귀를 기울이지 않고 변화하는 경제정세에 적응을 못하고 있습니다." 이런 경직성이 그들의 타고난 본성이라면 그들은 더 이상 진화하지 못하고 경직성으로 인해 도태되고 말 것이다. 그리고 다음에 무엇이 그들을 대신할지는 아무도 알 수 없다.

"우리의 모란혁명은 아랍혁명과도 닮았다"고 중국의 자유주의 철학자 류주닌은 말한다. "더 이상은 안 된다는 걸 모두 알고 있습니다. 그런데 우리는 그 흐름을 제대로 이어가지 못했습니다. 당이 연결조직을 파괴하고 민주인사들을 침묵하게 했기 때문입니다." 웨이보를 통한 혁명도 페이스북 혁명처럼 본부도 리더도 조직도 없다는 특징을 가지고 있다. "새로운 세대가 탄생했습니다. 인터넷과 웨이보를 통해 스스로 정보를 얻고 교훈을 얻는 세대입니다." 추웨이핑 교수가 내게 한 말이다. 그는 2010년 노벨평화상을 받은 류샤오보가 만든 민주주의 헌장에 서명했다는 이유로 당국으로부터 심한 감시를 받고 있다. 하지만 새로 태어난 세대들은 독재에 정면으로 맞서 민주성명을 발표하던 과거 웨이징성이나 류샤오보 등과 다르다. 이들 웨이보 세대는 당과 군대가 월등한 힘을 가진 것을 알기에 실패할 것이 뻔한 폭력과 충돌은 피하려 한다. 대신 그들은 새로운 세상을 만들어냈다. 리더도 없고(그들은 지도자를 믿지 않는다) 상황에 따라 행동지침도 바뀌는 새로운 저항의 방식이다. 하지만 이런 아나키적 성향 너머엔 원칙들도 존재한다고 류주닌과 마이클 앤티는 지적한다. 웨이보의 네티즌들은 책임과 자치권을 가진 지방 권력으로 분권화된 중국을 원하고 있다. 그리고 선거에 의해 지방정부의 대표자들을 뽑고 싶어 한다. 그들은 또 소수자들(불교신자, 위구르인, 대만인 그 밖의 소수민족들)의 권리가 존중되는 연방제 중국을 원한다. 교육 받은 중국 젊은이들이 불교와 가톨릭, 개신교에 큰 관심을 가지면서 자유롭고 다채로운 중국을 희망하기 시작한 것이다. 그래서 중국 공산당에겐 악마와 같은 존재인 달라이 라마가 웨이보에서는 우상이 되고 있다.

하지만 과연 '진실의 힘'(마하트마 간디의 신념인 사티아그라하

(Satyagraha))만으로 중국 공산당을 무너뜨릴 수 있을까? 인도는 진실만으로도 영국 식민 지배자들을 몰아냈다. 그것이 가능했던 건 영국 식민지배자들이 마음 깊이 간디의 이런 가치들에 공감했기 때문이다. 이런 면에선 고르바초프도 마찬가지였다. 안드레이 사하로프와 알렉산드르 솔제니친을 통해 그는 서양적 가치들을 나누어 가지고 있었다. 반면 소련의 노멘클라투라(nomenklatura)[47]들에겐 이런 양심이 없었기에 몰락을 재촉할 수밖에 없었다. 고르바초프가 리투아니아의 독립운동 시위대들에게 총을 겨누지 말 것을 명령하던 날 소련은 사형을 선고받은 거나 다름없었다. 폭력 없는 공산주의는 사라질 수밖에 없기 때문이다. 우리는 현재 중국 공산당 간부들의 마음 상태를 읽어볼 필요가 있다. 반체제 인사들에 따르면 중국 지도자들은 자녀들을 미국으로 보내 공부시키거나 그곳에 체류하게 한다. 그 이유는? 베이징에선 'Just in Case' 즉 만약을 대비하기 위해서라 얘기한다. 자신들조차 앞으로 '어떻게 될지 모른다'는 것이다. 이렇게 중국 공산당 간부들 개개인들도 중국의 미래를 안심하지 못하고 있다. 고르바초프는 만일을 대비해 캘리포니아에 집을 사두지 않았지만 중국의 노멘클라투라는 지금 그렇게 하고 있다.

　그들이 정보 통제력을 잃는다고 해도 웨이보만으론 중국 정치경제의 모든 권력을 손아귀에 쥔 6천만의 강력한 공산당 마피아 집단을 전복시키기 힘들 것이다. 반대세력을 포함해 모든 중국인들의 존경을 받고 있는 85세의 경제학자 마오유시에 따르면, 이들 세력을 진짜 위협하는 것은 중국 경제의 추락이다. 이것은 현실이 될 수도 있다. 세계적 경기침체로 인한 수요량의 감소로 인해 중국의 성장세는 둔화되고 있다. 연 10%의 성장률이 8%로 떨어지면서 가난한 고향을 떠

---

47) 스탈린의 집권 이후 · 이전의 권력층이었던 직업적 혁명가 집단을 대신하여 체제를 유지한 특권적 지배계층.

나 도시로 몰려드는 인력들을 더 이상 소화해낼 수 없게 됐다. 도시 공장의 임금은 매우 낮지만, 적어도 굶주림과 병은 피할 수 있기 때문에 사람들은 농촌을 떠나 도시로 몰려들고 있다.

경제성장률을 다시 끌어올리기 위해 중국 공산당은 역설적이게도 케인스 학파의 '공구세트'에 의지하고 있다. 은행 이자율을 낮추고 공공사업으로 경기를 부양하겠다는 것이다. 경제의 법칙은 어디나 똑같이 적용되며 중국도 예외가 될 수 없다. 꼭 필요하지 않은 도로와 공항을 건설하는 일이 일시적으로 실업을 해소해줄 수는 있겠지만 고정적인 일자리와 생산적인 투자는 이끌어내지 못한다. 더 나쁜 소식은 낮은 은행이자로 인해 부동산투기가 심화되면서 중국 도시 곳곳에 빈 사무실과 빈 집들이 늘어나고 있다는 것이다. 중국의 부동산 가격은 3년 연속 하락하고 있는데 이런 추세는 예금자들을 파산으로 이끌 수도 있다. 국가화폐의 태환이 불가능하기 때문에 마땅히 다른 투자처를 찾을 수 없는 중국 중산층들에게 부동산은 사실상 저금통의 역할을 했다. 이런 부동산 붕괴는 건설 부지를 파는 것이 주요 재정수입원인(당 간부들 개인에겐 재산을 불리는 수단이기도 한) 중국 지방정부의 파산으로 이어질 수 있다. 주로 부동산 투기에 돈을 빌려주었던 지방은행들은 지금 잠재적인 파산상태에 있다. 중국 은행의 시스템상 부동산 가치가 40% 떨어져도 살아남을 수 있다고 중국 정부는 큰소리치고 있다. 하지만 마오유시에 따르면 중국은 이미 위험수치에 근접해 있다. "중국 중산층들은 두 세대 전부터 이미 자유를 포기했습니다. 하지만 경제력까지 포기해야 한다면 당을 절대 용서하지 않을 겁니다!" 마오유시는 말한다.

부동산은 붕괴하고 모아둔 돈은 사라진다. 그러면 줄어드는 해외 수요 대신 내수시장이 뒤를 잇지 않을까? 하지만 중국이 노래하는 내수시장의 신화는 신기루일 뿐이다. 중국의 내수시장은 지금 시점에서 매우 빈약한 수준이다. 왜냐하면 중국의 일인당 국민소득이 4천 달러(세계 100위 수준)밖에 되지 않기 때문이다. 베이징의 억만장자들이 있긴 하지만 이들은 내수보다는 해외에서 명품과 외국산 제품들을 사들인다. 이렇게 되면 마지막 출구는 혁신밖에 없다. 하지만 중국에 일본과 한국처럼 혁신분야에 뛰어들 기반이 갖춰져 있을까? 아직 그런 징후는 볼 수 없다. 자동차, 에너지, 바이오테크닉, 통신 등 첨단산업 분야에서 관례가 되어버린 해적행위가 국가적 기술혁신을 가로막으면서 중국 기업들을 영원한 2인자(적어도 참신한 기술들을 개발할 줄 아는 일본과 한국에서는 이렇게 생각한다)로 만들고 있다. 류주닌은 아직 혁신을 이루어낼 만한 지식조건들이 쌓이지 않았다고 말한다. 덧붙여 그는 중국의 사회과학은 아주 형편없는 수준으로 세계정세에 대한 이해가 어려운 상태라고 말한다. 질이 아닌 양으로 서양의 부러움을 사고 있는 중국의 기술학교들도 북미나 유럽의 학교에서 공부를 계속하기 위한 예비단계에 수준이다. 따라서 당장 획기적인 기술의 혁신은 기대할 수 없는 형편이다.

그렇다면 이제라도 중국의 대부분을 차지하며 공해와 고비용만 양산하는 대규모 산업단지를 해체하고 일본처럼 소규모 혁신기업들을 키우는 모델로 전환해야 하지 않을까? 그리고 이제부터 농업발전과 식품가공이나 의료산업에도 관심을 가져야 하지 않을까? 최후의 몰락을 피하려면 이런 준비들이 반드시 필요하다. 중국인민대학의 공공 행정학과 학생들과의 문답에서 나는 이제 덩샤오핑의 고양이[48]를 그만 놓아주는 게 어떠냐고 말했었다. 1979년 덩은 쥐를 잘 잡기만 한다면 고양이의 색깔은 중요하지 않다며 새로운 시대를 열었다. 마오주의 시대가 막을 내리면서 '부유할 권리'가 선포된 것이다. 이에 기

------

48) 덩샤오핑의 '흑묘백묘론'을 말하는 것. "검은고양이든 흰고양이든 쥐만 잘 잡으면 그만이다"라는 덩샤오핑의 실용주의 철학을 잘 나타내는 말이다.

업가들은 용기를 얻고 공산당의 협력을 약속받았다. 그리고 이제 고양이는 자기 할 일을 다 했다. 고양이는 수억 중국인들을 가난에서 구했으며 세계지도에서 중국을 새롭게 자리매김하도록 했으며 '붉은' 억만장자 계급과 함께 서구의 가치를 공유한 중산층들을 만들어냈다. 또한 고양이는 서양에 옷과 장난감, 컴퓨터 등을 싼 가격에 공급해 주었다. 물론 그 과정에서 서양인들의 일자리가 일부 사라지는 일이 생기기도 했다. 하지만 덩샤오핑의 고양이도 이제 지쳤다. 고양이는 더 이상 쥐를 잡지 않고 창의적인 생각을 하지 못한다. 게다가 중국 인구의 절반이나 되는 극빈층을 생산성에 도움이 안 된다는 이유로 방치하고 있다. 고양이도 은퇴할 권리가 있다. 내 말에 학생들은 박수를 보냈고 고양이를 무엇으로 대체해야 좋은지 물었다. 화폐의 환전이 가능하고 지적소유권이 존중되며 정치적 인기보다는 경제적 효율성에 따라 신망을 얻게 되는 자유경제 체제가 그 답이 될 것이다.

어디든 그렇지만 여기서도 우리의 세계관에 동조하지 못하는 그룹의 목소리에도 귀를 기울일 필요가 있다. 전통 유학자인 자오팅양은 웨이보나 경제적 불확실성에서 필자나 마이클 앤티, 추웨이핑, 류주닌과는 반대되는 결론을 얻어냈다. 그에게 있어 중국적 가치는 서양의 가치와는 근본적으로 구분되며 중국에서는 서양적 사고에서와 같은 민주적이고 자유주의적 정부가 나올 수 없다고 본다. 억지로 이를 주입하는 건 무모하고 비생산적일 수도 있다. 자오팅양은 재정적자 같이 기술적으로 간단한 문제조차 해결하지 못하는 유럽과 미국식 민주주의에 왜 동조해야 하느냐고 되묻는다. 모두가 해결방법을 알고 있지만 민주주의가 그것을 가로막고 있다는 것이다. 따라서 계몽적인 테크노크라트 체제가 더 바람직하며 당이 어떤 의미에서 전통적인 계몽군주 역할을 해야 한다는 것이다. 필자는 자오팅양에게 그렇다면 어느 시대의 중국 왕조가 정말 깨어 있는 계몽시대였느냐고 물었다. 그는 "2500년 전, 삼황제 시대"라고 대답한다. 너무 오래 전이란 걸 인정하면서도 그는 서양엔 완벽한 정부의 모델이 없지만 중국 역사는 완벽한 정부가 가능함을 보여주고 있다고 말한다. 자오팅양은 웨이보에 매순간 국민들이 자신들의 희망을 사진처럼 찍어 올리기 때문에 더 이상 민주주의는 필요 없어졌다고 말한다. 이제 기술 관료들도 국민들이 원하는 걸 매순간 확인할 수 있다는 것이다. 중국 철학에서(자오는 노자의 무정부주의 철학은 언급 않고 유교만을 중국 전통철학으로 얘기했다)는 효율성이 자유보다 중요하고 자유는 그 자체로서 존재하는 것이 아니라 다른 사람과의 관계 속에 있다는 것이다. 이런 논리대로라면 가장 좋은 정부는 개인의 자유가 아닌 공동체의 구체적 이익을 보장해주는 정부이다. 웨이보 덕분에 그 어느 때보다 가장 바람직한 정부의 실현이 가능해졌다. 자오는 중국의 내일은 유교와 마이크로 블로그의 결합으로 귀결될 거라 주장한다.

사람들에 의하면 중국에서 자오팅양의 영향력은 점점 커지고 있다. 과연 그의 힘으로 붉은 노멘클라투라들을 구해낼 수 있을까? 의심스럽지만 어쨌든 중국은 걱정보다는 놀라움이 앞서는 나라다. 친공산당 성향의 《차이나 위클리(China Weekly)》 기자가 나에게 첫 방문 이후 지금까지 중국이 얼마나 변화했는지 물었을 때도 나는 "어떤 중국을 말하느냐"고 되물었다. 1967년 첫 방문 이후 도착할 때마다 필자는 매번 완전히 새로운 중국을 발견했다. 폭정, 가난, 부패 등 결함이 많은 나라임에도 다시 만날 때마다 중국은 더 바람직한 모습을 보여주었다. 1세기 전부터 중국은 언제나 새로운 혁명을 통해 전진해 왔다. 중국을 방문해 온 지 40년 만에 처음으로 나는, 다음번 차례는 민주주의 혁명이 아닐까 하는 조심스런 기대를 해본다.

균형 잡힌 마음

나의 두 근거지인 파리와 뉴욕 중 어느 한 곳에서만 살라고 한다면 선뜻 선택하기 어려울 것이다.

알렉시스 토크빌은 1831년 봄 뉴욕에 도착하던 날 그의 어머니에게 편지를 썼다. 여기서 토크빌은 자신이 1835년 발표할 『미국의 민주주의』라는 책의 단초가 될 미국의 모습을 묘사하고 있다. 신세계를 처음 접했지만 그는 자료들을 통해 이미 이곳에 대해 충분히 알고 있었다. 하지만 편지에서 그는 이곳을 이해하려면 무엇보다 '비교하지 말아야 한다'고 적고 있다. 그의 직감은 정확했고 이런 직감은 지금까지도 유효하다. 이 도시에서 저 도시로, 이 나라에서 다른 나라로 옮겨가면서 우리는 끊임없이 비교하고 판단하려 한다. 하지만 이로 인해 우린 아무것도 이해하지 못하게 되는 것이다.

비교하고, 판단하려 하지 않는 것. 프랑스나 미국 중 어느 쪽이 더 좋다고 말하지 않는 것만큼이나 많은 노력이 필요한 게 있다. 같은 표현으로 쓰는 것 같지만 사실은 쓰임새가 전혀 다른 말을 구분하는 것이다. 예를 들어 미국의 '민주주의(Democracy)'는 프랑스의 '민주주의(Démocratie)'와 같을까? 미국의 '헌법(Constitution)'과 프랑스의 '헌법(Constitution)'의 스펠링이 같다고 해서 뜻도 같을까? 미국의 '자유주의(liberalism)'가 프랑스어 '자유주의(libéralisme)'로 번역되는 게 과연 맞을까? 물론 답은 '아니오'다. 이것은 폴스 프렌드(false friend)[49]다. 이런 폴스 프렌드의 예는 너무나 많다.

또 다른 예를 들어 설명하자면, 미국의 헌법은 신성불가침이며 수정이란 게 거의 불가능한 문구들로 이루어져 있다. 외우지는 못하더라도 대부분의 미국인들은 그 내용을 알고 있으며 이를 가슴에 새기고 있다. 미국인들의 정치적 행위들은 '건국 이념'에 기초하며 헌법을 다룰 때도 원전을 훼손하지 않고 '신전 관리인들'의 엄정한 감시 아래 논의한다. 여기서 '신전 관리인들'이란 바로 대법원이다. 종신직인 9명의 대법관들은 마치 신학자들처럼 2세기 전 건국의 아버지들이 쓰려 했던 것과 의도했던 것을 파악하려 최대한 노력한다. 그래서 시민들 개개인에게 의료보험에 가입하도록 강요하는 것이 헌법과 그 정신에 부합하는지, 혹 헌법이 보장하는 개인의 자유를 침해하고 무질서를 조장하는 건 아닌지 엄정히 따져 묻는다. 국민들에 의해 뽑힌 대통령이나 국회의원들의 결정에도 불구하고 연방 대법원은 헌법이 제시하는 바에 따라 시민들의 총기 소유권을 인정했다. 마찬가지로 정치나 사법 권력은 설사 극단주의적이라 해도 어떤 형태든 종교의 자유를 침해할 수 없다. 국가가 개인의 신앙생활에 간섭할 수 없도록 헌법이 보장하고 있기 때문이다. 국가는 끊임없이 새로운 종교와 종파가 만들어지는 것에 대해 간섭할 수 없다. 비록 그것이 해석에 의한 것일지라도 미국에서 헌법은 다수에 의해 최근에 채택된 법률보다 우위에 있다. 프랑스에서 헌법은 '종이쪼가리'에 불과하다는 사실을 떠올리면 비교하는 것 자체가 무의미하다. 프랑스에서 이름조차 기억할 수 없는 건국의 아버지들이 만든 원칙은 쉽게 무시당하며 현재의 정치적 다수들이 마음대로 사회를 새로 기획한다.

---

49) 두 언어 사이에 형태는 비슷해 보이지만 뜻은 다른 단어.

미국에서 쓰는 민주주의(democracy)란 말도 헷갈리기 쉬운 용어다. 민주주의를 언급하면서 토크빌은 민주주의의 의미를 '조건의 평등'에 두었다. 하지만 프랑스의 독자들은 이를 정반대로 해석한다. 프랑스의 민주주의(démocratie)는 제도적인 메카노[50]에 지나지 않는다. 지방과 전국구와 유럽 단위로 선거를 하고 다수를 차지한 쪽이 판돈을 휩쓸고, 반대 세력은 반대하지 않느니만 못하게 목만 아프다. 이따금 승리한 다수가 되든 말든 자기 당이나 지역, 개인, 이익집단에 유리하도록 경기규칙을 고치려 한다. 프랑스의 민주주의는 집단의 요구를 잘 담아낼 수 있지만 이 때문에 가끔 혁명을 통한 개혁이나 시민들의 분노로 이어지기도 한다.

반대로 미국의 민주주의(democracy)는 제도보다는 생활을 담고 있다. 미국인들은 제도가 어떻든 간에 민주적 방식으로 행동한다. 미국, 특히 출신지나 모국, 사회적 지위 등이 다양한 뉴욕에서 '민주적'이 되려면 타인을 동등하게 존중해주어야 한다. 타인이 인종이나 종교, 수입 면에서 당신과 전혀 다르더라도 마찬가지다. 뉴요커들의 생활방식은 파리지앵들의 생활방식과 같은 점이 거의 없다. 파리의 택시 운전수가 장관과 말을 트고 그의 이름을 마구 부른다고 상상해 보라. 프랑스에선 생각할 수도 없는 일이지만 적어도 외관상으론 모든 사회관계가 동등한 미국에선 늘 있는 일이다. 하지만 이러한 '외관'과 '관례'는 한 사회를 구성한다. 뉴욕은 민주적이고 파리는 귀족적이다. 뉴욕에 도착한 프랑스의 '높은 분'이라면 알지도 못하는 사람이 자기 이름을 부르고 말을 놓는 것에 쉽게 적응하기 힘들 것이다. 당시 귀족이었던 토크빌도 이런 환경에 적응하는 게 힘들었다고 고백하고 있다. 그는 이를 '하향 평등화'라 표현했다. 프랑스에서 평등은 선언

---

50) 금속제품으로 만든 조립식 완구의 상표명.

적 규범일 뿐이며 현실적으론 적용되지 않는다. 반면 미국에서 평등주의는 매순간 지켜야 할 의무와도 같다. 말 놓는 것을 좋아하지 않는 사람이라면 뉴욕을 피하라고 권하고 싶다. 하지만 편한 만남을 좋아하고 자신과 닮지 않은 다른 사람들과 쉽게 친해지는 걸 좋아하는 사람들에게 뉴욕은 꼭 들러야 할 곳이다. 영어를 잘할 필요는 없다. 대부분 다른 곳 출신인 그곳 사람들도 어차피 서로 알아들을 수 없는 말을 하기 때문이다.

자유주의(liberalism)도 프랑스의 자유주의(libéralisme)와 혼동되는 폴스 프렌드의 하나다. 프랑스에서 자유주의자들이란 개인의 선택 문제나 경제활동에 국가가 지나치게 개입을 하는 것을 반대하는 사람들이다. 하지만 미국의 자유주의자들은 이와 반대로 연방국가가 자본주의적 무절제를 제한하고 사회적 불평등을 해소해주기 바란다. 그래서 가끔 미국에서는 프랑스어의 자유주의적(libéral)이란 말을 보수주의(conservative)라고 해석하기도 한다. 반면 미국의 자유주의자(liberal)들은 프랑스에서는 사회민주주의자로 해석된다. 둘 다 잘못된 해석이다! 프랑스의 자유주의자들은 대체로 비종교적이라는 점에서 도덕적인 보수주의자와 다르다. 미국의 보수주의자들은 대부분 유대-기독교적 도덕을 신봉한다. 미국에서는 좌파로 분류되는 미국의 자유주의자들은 프랑스의 상황에서 볼 때는 중도파에 해당한다. 유럽식 의미의 좌파는 미국에서는 찾아볼 수 없다. 사회주의도 대학가에서나 그 흔적을 겨우 찾아볼 수 있을 뿐이다. 그러므로 프랑스의 자유주의와 미국의 자유주의는 비교할 필요도, 혼동할 필요도 없으며 번역할 때도 조심해야 한다. 각각의 단어들은 고유한 상황 속에서 이해되어야 하는 것이다. 프랑스에서는 국가공제세액이 국가수입의 약 54%에 이르며 미국에선 30% 정도가 된다. 프랑스의 자유주의자들은 국가를 덜 원하지만 미국의 자유주의자들은 더 원한다. 프랑스와 미국에서 국가와 시민사회의 경계가 다르기 때문이다. 나의 경제학 스승인 밀턴 프리드먼은 스스로를 자유의지론자(libertarian)라 불렀는데 엉뚱하게도 무정부주의적 자본주의자(anarcho-capitaliste)로 잘못 번역되기도 했다. 맥도날드는 범세계적이지만 이렇게 미국적 이데올로기는 미국만의 특징을 지니고 있다.

비슷한 점이 정말 하나도 없어 비교할 수조차 없는 분야가 바로 저널리즘이다. 미국에서 신문은 진정한 네 번째 권력이다. 칼 번스타인(Carl Bernstein)과 밥 우드워드(Bob Woodward)는 1973년 리처드 닉슨을 물러나게 했고 빌 클린턴도 1998년 하마터면 물러날 뻔했다. 프랑스의 기자는 그런 일을 꿈꿀 수 없을 뿐더러 대통령은커녕 도의원도 물러나게 할 수 없다. 프랑스의 저널리즘은 독립된 권력이 아니라 현 권력에 밀착되어 있다. 프랑스의 언론사들은 거의 모두 직접적이거나 지원금을 통해 국가의 통제를 받으며 심지어 친정부 기업의 통제를 받기도 한다. 프랑스 언론들의 정치경제적 독립은 객관적으로 불가능해 보인다. 일간지의 경우 편집국과 광고주 사이의 긴밀한 관계 때문에 독립성은 더 약해진다.

미국 언론은 기자와 광고주들 사이의 모든 접촉이 금지되어 있다. 미국의 기자는 자기가 소속된 언론에서 지불하는 경우가 아니면 절대 점심식사나 만찬 또는 여행에 초대받을 수 없게 되어 있다. 이런 시스템이었으면 프랑스 기자들은 아마 굶어죽을지도 모른다. 프랑스 언론들은 아무렇지도 않게 여론과 정보를 혼동하거나 정보를 여론에 종속된 것으로 여기곤 한다. 프랑스의 독자들은 이런 기사를 원하지만 미국의 독자들은 이것에 분노한다.

현실 속에서 '시평기자(chroniqueur)' 만큼이나 미국과 프랑스가 판이하게 다른 직업도 찾기 힘들 것 같다. 필자가 시평 형식으로 필자의 의견을 써내려간 책을 뉴욕과 파리에서 동시에 출간한다고 치자.

파리에서 책의 원고는 저자가 다시 한 번 읽어보지 않더라도 편집자
가 저자에게 의논 한번 하지 않고도 책으로 인쇄되어 나올 수 있다.
이와 달리 뉴욕에서는 같은 책(물론 영어로 된)을 두고도 에디터
(editor―이 단어도 폴스 프렌드이고, 프랑스어로 번역될 수 없는 직
업이나 표현의 하나다)와 저자가 마주앉아 사실에 맞는지 필자의 의
견이 명확한지 단어 하나하나까지 따져본 뒤에야 책으로 출간된다.
　파리에는 생각의 자유가 있는 것이고 뉴욕에는 청교도적 세심함이
있다고나 할까? 하지만 이조차 비교할 수 없는 것들이다!

북한의 눈물

1953년 스탈린이 사망했을 때 나는 러시아인들이 붉은광장에서 우는 모습을 보았다. 그 당시 우리가 유일하게 해외 정보나 뉴스를 얻을 수 있었던 것은 '명화'가 시작되기 전 영화 스크린을 통해 보여주던 '레작튜알리테 파테(Les Actualites Pathe)'[51]였다. 당시 파리 교외 공산주의적 정서를 가진 마을에서 살면서 역시 좌파였던 우리 가족은 그 '과시적' 슬픔에 대해 한순간도 의심하지 않았다. 1976년 마오쩌둥이 사망했을 때 파리 동쪽의 포르트 생 앙투안(Porte Saint Antoine)이 검은 휘장으로 뒤덮이고 죽은 주석의 거대한 초상화로 도배되었던 기억도 생생하다. 물론 천안문 광장에서는 중국인들이 흐느껴 울고 있었다.

1938년 히틀러가 죽었을 때를 한 번 상상해보자. 아마도 독일인들도 울었을 테고 마오쩌둥이 죽었을 때처럼 일부 프랑스인들도 그를 위해 눈물을 흘렸을 것이다. 최근에 텔레비전을 통해 본 히스테릭한 울음(오열하고 가슴을 치며, 김정일의 관이 지나가자 '아버지'를 절절히 외치는 모습들)이 전혀 생소한 모습은 아니다. 그러한 모습은 모든 문화권을 막론하고 독재권력 아래서는 언제든 나올 수 있는 장

---

51) 영화사 파테에서 영화 시작 전 제공하던 뉴스.

면이다. 1970년 카이로에서 거행된 나세르의 장례식 광경도 이와 비슷했다.

그런데, 현장에 가보지도 않은 기자들과 평론가들이 프랑스 텔레비전에 나와 설명하길, 이러한 북한의 '눈물'은 한국의 유교 전통에 의한 것이라고 말한다. 그런 식으로 해석되어 미안하기 그지없는 '공자'는 남한에서도 존경받고 있지만, 남한에서는 자신의 진짜 아버지인 경우에나 죽은 이에 대한 애도를 그것도 점잖게 표현하지 결코 북한이 자칭 '국가의 아버지'에 대해 한 것처럼 표현하는 일은 없다. 북한의 현장에 있던 몇몇 사람들은 맨 앞줄에 있던 사람들만 카메라 앞에서 오열했다고 증언한다.

캄보디아에서 망명한 뒤 한때 북한에 거주했던 노로돔 시아누크(Norodom Sihanouk)가 필자에게 했던 얘기가 떠오른다.

"당신이 앞으로 평양에서 보게 되는 건 하나도 곧이곧대로 믿으면 안 돼요. 북한 사람들은 '연출'의 고수들입니다."

필자는 북한 현장에서도 이 충고를 늘 마음에 새기고 있었다. 시아누크도 그랬지만 김정일은 '영화감독'이었고 북한은 주요한 '만화영화' 제작국이다. 그러니까 북한의 국가적 슬픔은 연출된 것이다. 그러면 어떻게 그토록 많은 사람들이 이 '역할놀이'에 동참할 수 있었을까? 같은 질문을 예전 소련에 대해서 던진 적이 있다. 문화적 특징일까?(러시아인들의 고유 정서 같은), 아니면 이데올로기적인 특성일까?('호모 소비에티쿠스'라 부르는), 아니면 단지 인민들의 심리를 짓누르는 공포 때문일까? 그런데 폭정이 불러온 공포감은 공포스런 체제가 막을 내리면 곧 사라진다. 더 이상 무서울 게 없어진 러시아인들은 그들의 지도자들이 죽었든 살았든 더 이상 그들을 위해 울지 않는다. '위대한 지도자 동지'의 죽음에 눈물을 흘리는 북한 사람들은 사실 슬프지 않다. 그들은 두렵기 때문에 우는 것이다.

그런데 스탈린이나 마오의 죽음에 슬퍼하는 프랑스인들은 어떻게
설명해야 할까? 필자로서도 합리적인 설명이 불가능할 것 같다.

2012

백악관의 슘페터

　오스트리아 출신의 경제학자로 1932년부터 미국에 망명하여 하버드 대학 교수를 역임한 슘페터는 그의 전기 작가와 제자들에게는 아주 매력적인 사람으로 기억에 남아 있다. 무엇보다 그의 업적을 한마디로 나타낼 수 있는 단어는 바로 '창조적 파괴' 다. 그는 자본주의 체제하에서의 발전이란 '옛것' 들로 하여금 끊임없이 '새로운 것' 에 자리를 내주도록 하는 것이라고 설명했다.

　칼 마르크스나 케인스와 달리 슘페터는 '위기란 경제적 발전과 떨어질 수 없는 관계에 있다' 고 주장했다. 그는 자기 저서에서 위기 덕분에, 그리고 위기가 있음으로써 혁신이 나타난다고 말하고 있다. 이 이론을 증명하려면 1974년~1980년의 경제위기 때 정보혁명이 탄생했고, 특히 그 와중에 애플과 마이크로소프트가 생겨났다는 사실만 상기해도 충분할 것이다.

　슘페터에 따르면 국가의 개입이 아니라, 오직 혁신만이 경제성장을 다시 불러올 수 있다. 혁신의 역할과 창조적 파괴의 순기능에 대한 그의 이론들과 반대되는 브레즈네프 통치하의 소련 경제나 마오쩌둥 시대의 중국 경제에 대한 기억이 필자에겐 너무나 생생하다. 이들 사회주의 국가에서는 공장들이 문을 닫는 일이 없었다. 이들 나라의 복잡한 산업생산은 옛 기술들에 최신의 혁신들이 겹겹이 보태어진 밀

피유(1,000장의 나뭇잎이란 뜻의 페이스트리)와도 같았다. 1980년대에는 옛 건물 하나를 부수는 것은 그 건물을 기획한 사람이 자리에서 물러나 더 이상 막강한 힘을 발휘할 수 없게 되었다는 걸 의미한다는 얘기가 있었다.

이런 '산업의 고고학'만 보더라도 사회주의 멸망의 이유를 설명하기에 충분할 것이다. 기획자들은 새로운 것을 기획할 수 있을 뿐 기존의 활동을 제거하지 못한다. 왜냐하면 그들은 혁신의 사이클을 예측할 수 없기 때문이다. 파괴는 없고 언제나 새로 만들고 세우는 일만 되풀이된다면 결국 균형은 깨지고 모두가 무너지게 될 것이다. 이런 법칙은 '산업 정책'이라는 미명의 사회주의에 민주주의의 감미료만 더한 행태에도 똑같이 적용된다.

모두가 알다시피 완전고용이나 보장임금, 정확하게 말해 생존에 필요한 만큼의 삶을 보장해주었던 사회주의 경제에 남은 것은 오직 정체뿐이었다. 슘페터의 설명에 의하면 서구 자본주의는 이와 정반대의 원칙을 기준으로 한다. 특히 자본주의가 가장 활발하게 돌아가고 있는 미국의 경우 낡은 것을 파괴하고 다시 세우는데 그리 오랜 시간이 걸리지 않는다. 마을 전체의 산업이 파산을 맞아 공장 황무지가 끝없이 펼쳐지기도 하지만, 기업가들과 노동자들은 마치 그들의 선조 개척자들이 그랬듯이 새로운 곳으로 산업을 일으키기 위해 다시 길을 떠난다.

창조적 파괴는 전체적인 고용과 부를 늘리는 데 있어서는 발전적이고 창조적이다. 하지만 이 '전체적'이라는 말 속엔 그 과정 중에 일부 개인의 인생을 파멸시킬 수도 있다는 치명적인 위험이 도사리고 있다. 예를 들면 칼레와 두부르를 오가는 페리호는 이제 더 이상 필요 없어졌고 이곳의 해상 운송업은 파산 상태에 이르렀다. 하지만 혹시 이곳을 지나게 된다면 선박 조합원들에게 슘페터의 덕목을 설명해줄 필요는 있을 것이다!

민주주의에서 슘페터 원리로 인해 발생하는 필연적인 결과 앞에서 낡은 생산방식을 파괴하도록 강제하고 동시에 그 과정에서 타격을 받은 사람들을 개인적으로 도와주는 것이 바로 정부의 역할이다.

슘페터식의 자본주의에서 정부의 역할은 사람을 돕는 것이지 기업을 돕는 것이 아니다. 시장경제를 지지하는 것과 어려움에 빠진 기업을 구조하는 것은 전혀 다른 문제이기 때문이다.

그런데 미국에서 이러한 슘페터의 원칙이 예상치 못한 곳에 등장했다. 공화당 대통령 후보가 거의 확실시되며 어쩌면 차기 대통령이 될지도 모르는 미트 롬니의 선거운동 캠프에서였다. 사람들은 롬니 후보가 몰몬교도라는 것이 걸림돌이 될 것이라고 예상한다. 하지만 몰몬교는 엄청나게 다양한 형태의 기독교 교파가 공존하는 미국 문화 속에서 하나의 기독교 분파로 인정받고 있다. 롬니 후보는 미국인들이 실업 문제에 시달리고 있는 지금, 자신의 기업가로서의 경험을 내세워 선거 유세에 임해야 할 것이다. 그런데, 그는 매우 특이한 기업가였다는 게 밝혀지고 있다. 그가 기업 총수를 맡았던 베인 캐피탈이라는 회사는 개인 투자회사로 어려움에 빠진 회사를 사들인 뒤 재정비하여 다시 파는 사업을 했다. 그런데 롬니보다도 더 보수적인 공화당의 상대 후보들이 베인 캐피탈이 사들여 창조적 파괴를 행하는 과정에서 실업자가 된 노동자들의 사연을 담은 다큐 필름을 텔레비전에 내보내고 있다. 그것이 정당하든 아니면 왜곡되었든 이런 식의 비난용 선전에 대해 해명을 하는 일은 참으로 쉽지 않다. 파괴된 것은 눈에 훤히 보이지만 그것을 재건하는 것은 눈에 보이지 않기 때문이다. 미트 롬니는 자신이 베인 캐피탈의 회장으로 있으면서 만 개의 일자리를 창출했다고 주장한다. 그 일자리들은 다 어디에 있을까? 롬니도 어떤 과정을 거쳐 자신이 파괴했던 회사에 투자되었던 수익성 없는 자본이 보다 수익성 있는 창조적인 분야에 어떻게 재투자되었는지에 대해선 알지 못한다. 이러한 보이는 것과 보여지지 않는 것의 불균형에 대해서는 1830년대에 프랑스의 경제학자 프레데릭 바스티아도 지적한 적이 있다. 밀턴 프리드먼도 비슷한 얘기를 했는데, 문 닫은 공장은 텔레비전에 비쳐지지만 새로 생겨난 기업이나 공장들은 보여지지 않는다는 것이다.

미트 롬니의 얘기로 다시 돌아오자. 그가 매사추세츠 주지사로 재임할 당시 그는 자기 주를 위해 미국에서 가장 완벽한 의료보험 제도를 만들어냈었다. 매사추세츠의 극렬 보수주의자들은 이런 그의 정책을 두고두고 비난하지만 이런 제도는 슘페터의 이론을 사회적 연대감으로 보완해야 한다는 원칙에 맞는다고 볼 수 있다. 이는 또한 자신의 역할에 맞는 최소한의 정치적·인간적 요구일 것이다. 따라서 미트 롬니 후보는 유권자들이 슘페터의 이론을 받아들일 수 있도록 자신의 특별한 '교육자적' 재능을 보여주어야 한다. 여기에 그의 당선 여부가 달려 있다. 그가 오바마를 꺾기 위해 일전을 벌일 표밭으로 선택한 것이 바로 부동층이기 때문이다. 하지만 단순하게 슘페터의 이론을 그대로 다시 읽어 내려가는 것은 패배를 가져올 뿐이다. 슘페터는 자본주의가 효율적이기는 하지만 인기가 없는 제도라고 생각했고 인기가 없기 때문에 사회주의에 밀려 사라질 것이라 예측했다. 슘페터는 특히 자본주의를 주장하는 부르주아 지식인들이 자본주의 원칙을 지켜나가지 못할 거라 생각했다. 또한 그는 자본주의 기업의 계승자들의 능력을 의심했고 결국 지식인들이 자본주의를 파괴할 거라 내다보았다. 결과적으로 1940년대에 슘페터가 상상했던 방식으로 사라진 것은 사회주의였지만, 케인스주의란 이름으로, 환경주의와 탈세계화라는 이름으로 창조적 파괴의 원칙에 대한 저항은 계속되고 있다.

　슘페터주의 경제를 가장 근접하게 실행하고 있는 미국에서 가장 슘페터주의적인 후보가 승리를 거둘 수 있을까? 만약 롬니가 패배한다면 미국 경제는 유럽화의 길로 접어들게 될 것이다. 버락 오바마가 하고 있는 주장과 실제 그가 실행한 국가산업정책, 사회보장제도 등을 보면 알 수 있다. 만약 유럽식 사회주의를 숭상하는 오바마가 미국의 '특별함'을 믿는 롬니에게 승리를 거둔다면 미국은 느린 성장과 만성적인 실업에 시달리며 유럽처럼 함께 쇠퇴의 길에 접어들 것이다.

중국인, 다시 노벨상을 받다

건축의 노벨상이라 불리우는 프리츠커 상의 영예가 중국인 왕슈 (王澍)에게 돌아갔다. 내 블로그의 독자들은 필자가 2011년 봄쯤 광 저우에서 돌아와서 그에 대한 글을 썼던 걸 기억할지 모르겠다. 당시 나는 당국의 무분별한 개발 정책에 의해 도시에 아무 특징도 없는 흉 측한 고층빌딩이 들어서고 6차선의 고속도로들에 의해 지역이 나뉘 며 중국이 황폐화되어가고 있는 상황에서 그가 광저우에 세운 예술 대학교와 닝보 박물관이 현대 중국에 세워진 건축물 중 가장 아름다 운 것이라고 말한 바 있다.

왕슈는 중국의 전통과 맞닿아 있으면서도 토속적이지 않고 현대적 감각과도 잘 어우러지는 새로운 스타일의 건축을 창조해냈다. 중국 의 현대화가 성공적으로 이루어졌다면 아마 그 모습은 왕슈가 자기 고향에 지어놓은 건축의 모습과 닮아 있었을 것이다. 중국의 전통이 파괴되는 데 대한 저항의 표시로 왕슈는 옛 건물의 벽돌이나 기와 등 을 사용하여 닝보 박물관을 건축했다. 필자가 그에게 왜 베이징과 같 은 대도시에는 건축을 하지 않느냐고 묻자 그는 베이징의 오페라 하 우스(폴 앤드류(Paul Andreu) 작)나 국영 방송국(렘 쿨하스(Reem Koolhaas) 작), 올림픽 스타디움(헤르조그(Herzog), 드 뫼롱(de Meuron) 작) 같은 큰 규모의 건축물을 지을 외국의 유명 건축가들을

불러오는 것이 중국 건축가들에게 맡기는 것보다 지방 간부들에게
큰 돈벌이가 되기 때문이라고 설명했다. 왕슈 같은 이는 지방 간부들
에게 바칠 '붉은 봉투'를 마련하는 게 어렵지만 외국의 거대 건축 회
사들은 당 간부들로 구성된 중개자들에게 상당한 액수의 돈을 찔러
줄 수 있다는 것이다.

　중국인에게 수여되는 권위 있는 상에 대해 중국의 정부는 예전에
매우 격렬한 반응을 보인 바 있다. 가오싱젠이 『영혼의 산』이라는 작
품으로 노벨문학상을 받게 되었을 때 당국은 작가가 프랑스로 망명
했기 때문에 중국인이 아닌 프랑스인이라고 발표한 바 있다. 가오싱
젠을 언급할 때마다 중국의 공식 민트는 여전히 이런 맥락에서 벗어
나지 않는다. 아마 그의 작품을 읽어보지 않았을 당 간부들 중에는
『영혼의 산』이 프랑스어로 번역되어 나온 작품이니 프랑스 것이 아
니냐고 말하는 사람도 있다. 하지만 중국의 이야기를 중국어로 쓴 가
오싱젠보다 더 중국적일 수 있을까? 또 다른 노벨평화상 수상자인 류
샤오보에 대해서도 이야기해 보자. 필자가 그를 '중국의 영예'라고
부른 것은 그가 독재정치에 대해 평화적으로 저항했으며 중국 헌법
에도 명시되어 있는 민주주의로의 전환을 공산당과 논의하려 했기
때문이다.

　하지만 안타깝게도 류사오보는 국가안전을 위협했다는 죄목으로
11년 형을 선고 받았다. 이에 대한 중국 외교부의 공식 발표는 해괴한
것이었다. "류사오보는 감옥에 있기 때문에 죄인"이라는 것이다. 류
샤오보의 아내이자 중국 문화의 '르네상스'를 이끌고 있는 사진작가
류샤(劉霞)는 재판도 없이 베이징의 아파트에 가택 연금되어 외부 세
계와 소통이 단절된 상태다. 하지만 왕슈만큼은 더 유명해지고 당당
한 지위도 되찾게 될 것이다. 이번 상으로 그는 베이징에서 자리를 잡
을 수 있을 것이다. 마음은 혼란스러울 수 있겠지만 틀림없이 그는 자

기 고향 밖에서도 재능을 펼칠 수 있을 것이다. '붉은 봉투'가 없더라도 말이다. 왕슈, 류샤, 류샤오보, 가오싱젠과 같은 인물들과 베이징의 자유주의자들이 힘을 합친다면 진정으로 '문명화' 된 새로운 중국의 출현을 기대해볼 수도 있다.

유로화는 아직 건재하다

재난용품 장사는 가장 위험이 없는 장사라고 한다.

유로화와 유로존이 사라질 것이라고 예견하는 사람들은 이것들이 아직까지 사라지지 않고 있음에도 여전히 곧 사라질 것이라고 되풀이해 말한다. 유로화의 위기가 사라진 뒤에도 그들은 유로화가 사라질 것이라고 습관처럼 말할 것이다. 재난, 특히 경제적 재난을 확실하게 예견하는 일은 불가능하다. 그렇다면 여기서 유로화가 실제로 위협받고 있는지에 대해서 반문해 볼 필요가 있다.

우선, 통화의 가치는 그 통화를 사용하는 사람이 아니라 그것을 관리하는 사람에 의해 좌우된다. 유로화의 경우 프랑크푸르트의 유럽중앙은행이 관리하고 있다. 잘 알다시피 유럽중앙은행은 지난 14년 동안 엄격한 관리와 통화의 안정을 유지하라는 자신의 사명을 잘 지켜왔다. 2008년 세계 금융위기가 닥치기 전까지만 해도 유럽중앙은행은 늘 논쟁의 대상이었지만 지금은 아무도 문제삼지 않고 있다. 2005년의 프랑스 대통령 선거 때는 좌파와 우파의 후보들이 작당이라도 한 듯이 유럽중앙은행과 유로화를 공격했지만 이번 선거 때는 양측 후보 누구도 중앙은행의 독립성에 이의를 제기하지 않았다.

두 번째는 금융 관계자나 시장 모두가 유로화에 대해 지속적인 신뢰를 보내고 있다는 것이다. '재앙의 예고' 에도 불구하고 시장의 유

로화 가치는 다른 외국 통화에 비교하여 그리 큰 변화가 없다. 유로화
는 처음 생겼을 때부터 언제나 유로화 이전의 도이치 마르크보다 더
안정적이었다.

월스트리트는 유로화에 대해 염려하는 척하지만 실제론 뒤에서 유
로화를 사들이고 있다. 스페인이나 이탈리아처럼 부채가 많은 유럽
국가들도 높은 금리이긴 하지만 계속 국채를 발행하고 있다.

프랑크푸르트 중앙은행이 독립성을 유지함으로써 몇몇 유럽 국가
들의 많은 부채에도 불구하고 공동통화는 위협받지 않고 있는 것이
다. 게다가 매일 3억 3천만 명의 유럽인들이 유로화를 사용하고 있다
는 점에서 '붕괴'의 위험은 완화될 수 있다. 과격파 정당을 지지하는
일부를 제외하면 유로존 탈퇴를 원하는 유럽인들은 극히 드물며 오
히려 폴란드처럼 유로존에 가입하길 희망하는 국민들이 훨씬 많다.

유로존 전체를 볼 때는 지중해 연안 시끄러운 나라들의 재정난을
구제해줄 충분한 자금을 가지고 있다. 진짜 논쟁은 유로존의 존속 문
제가 아니다. 문제는 통제를 요구할 수는 있지만 공식적으로 강제할
권한은 가지고 있지 않은 유럽연합이 어떻게 부채를 나눠 가질 것인
가다. 결국 북부 유럽의 납세자들이 남부 유럽인들이 공동 노력에 참
여한다는 조건으로 큰 부담을 지지 않고 대신 지불하게 될 것을 예측
해 본다.

결국 유럽인들은 유로화와 유럽연합을 위해 대가를 지불하게 될 것
이다. 북미에서는 잘 이해하지 못하는, 유로화에 대한 모든 방어수단
은 그 자체가 유럽연합을 위한 계획이며 유로화는 이를 가동시키기
위한 기술적 도구일 뿐이다. 유럽연합은 모든 유럽의 지도자들에게
유익한 단 하나의 정치적 프로젝트다. 유로화를 포기하는 것은 제2차
세계대전 이후 가장 훌륭한 업적을 물거품으로 만드는 것과 같다. 유
럽인들은 현재 유로존의 '기능마비'가 결국 강한 권한을 지닌 유럽

공동의 재정관리 기관을 탄생시키는 원동력이 되리라 기대한다. 이
번 위기를 통해 그것이 절대적으로 필요함이 증명되었다. 강제력을
지닌 이런 공동 기관은 유로화를 달러에 버금가는 교환가치와 보유
가치를 지닌 화폐로 만들어줄 것이다. 미국의 많은 경제학자들이 유
로화와의 화폐경쟁에 대한 두려움을 감추며 과학을 가장한 거짓 논
리로 유로화의 ‘퇴출’ 을 기도하는 것도 이런 이유다. 이들 미국 경제
학자들은 유로화를 위해 걱정하는 척하지만 실제론 미 달러화의 우
위와 월스트리트의 패권을 지키려 노심초사하고 있는 것이다.

2012년 6월 7일

10년을 생각하라

위기 때 상식은 사라진다. 국민들은 스스로 대처 능력을 지녔다고 생각하는 정부 지도자들이 신속하고 효과적인 결정을 내려 줄 것이라 기대하지만 이런 기대는 늘 어긋나고 만다. 민주사회에서 경제는 기업가들이 이끄는 대로 자기의 길을 가지만 정치는 선거의 요구에 따를 수밖에 없다. 정치와 경제 사이의 이런 '단절' 이 경제학사에서 처음 등장한 것은 1803년 프랑스 황제 나폴레옹과 유럽 최초로 경제 교육 지침을 확립한 장-바티스트 세(Jean-Baptiste Say) 간의 유명한 논쟁에서였다. 황제는 세에게 그의 『정치 경제학 개론』(1807년 무렵 스페인에서 출간)의 내용을 기업가나 자유무역보다는 국가의 주도적 역할이나 보호주의의 이점을 부각시키는 쪽으로 수정할 것을 요구했다. 세는 반발했고 이때부터 정치와 경제의 '단절' 이 시작되었다.

결국 그의 저서는 출판금지되었고 세는 더 이상 경제를 가르칠 수 없게 되었다. 하지만 천하의 나폴레옹도 현실을 바꿀 수는 없었다. 세가 최초로 개념을 만들어낸 '기업가(entrepreneur)' 들은 더 이상 황제에게 복종하지 않았다. 장-바티스트 세의 설명에 의하면 기업가들은 자신들의 이익을 위해 움직이는 존재였다. 그리고 세는 이익이 있는 곳에 투자하고, 혁신을 통해 수익을 가져다주며, 일자리를 창출하는 기업가들을 탁월한 사람들이라고 칭찬했다.

반면 세는 정부와 관료들을 허영심에 의해 움직이는 존재들로 보았다. 모든 관료들은 허영심 때문에 자신의 부하들의 숫자를 늘린다. 정부 조직 안에서 그들의 권력은 부하들의 숫자로 가늠되기 때문이다. 따라서 세는 국가는 반드시 '법치'에 의해 다스려져야 하며 그렇지 않을 경우 백해무익한 것이 된다고 강조한다. 시장과 국가 간의 경계가 모호해지면 기업가들은 불안감으로 인해 소극적인 전략을 세울 수밖에 없고 경제는 후퇴한다는 것이다. 이는 현재 유럽의 경제위기 상황과도 들어맞는다. 현 위기의 책임이 전적으로 정부들에게 있다는 것이다. 유럽연합이나 유로화 자체는 경기 침체와 아무 상관이 없다. 따라서 유로화를 평가절하한다든지 이전의 국가화폐로 돌아가는 일은 수출 비용의 증가와 부채 상환 비용의 증가만을 초래할 뿐이다. 지금은 더 이상 경쟁적인 평가절하로 위기를 벗어날 수 있는 시대가 아니다. 국가의 경제적 번영은 생산비용이 아니라 세계시장 속에서 제품의 질과 독창성에 달려 있기 때문이다. 따라서 오늘날 유럽의 기업에게 요구되고 유럽의 각국 정부들이 힘을 모아 이루어내야 하는 것은 바로 지속적이고 예측 가능한 경제 전망이다.

존 메이너드 케인스가 남긴 유명한 말 중 가장 어이없는 것은 "장기적으로 볼 때, 우리 모두는 죽는다."라는 말이다. 경제에서만큼은 '장기적'인 것만이 성장을 보장해 준다. 적어도 5년에서 10년 앞을 내다볼 수 있을 때 투자는 가능해지는 것이다. 유럽연합도 마찬가지다. 공공부채 증가 대책에 대한 구체적인 약속과 안정적인 은행 그리고 미래 사회나 환경에 대한 공동 규범들이 세워질 때 연합은 공고해질 것이다. 다행히도 유럽연합엔 프랑크푸르트 유럽중앙은행이라는 물가안정을 보장해주는 강제 조절기관이 있다. 더불어 지금은 명확한 기준을 정해 공공회계의 투명성과 균형재정을(균형재정은 금융시장을 안정시키기 위해 반드시 필요하다) 지키도록 강제할 수 있는 또 다른 권위기구가 필요하다. 이러한 기구들이 생기면 경제상황에 따라 달라지는 기준들이나 경기부양책 또는 유럽 다른 나라에의 지원 요청 등이 아니라 유럽중앙은행이나 유럽재판소처럼 지속적이고 안정적인 규율을 통해 합법적으로 제 기능을 수행할 수 있을 것이다.

그렇다면 어떻게 각국 정부와 여론을 설득하여, 경제성장을 이어가고 실업을 줄이는 방법이 생산수단이나 공공재정의 조작이 아닌 기관의 기능 강화와 권한 확대에 있다는 사실을 널리 알릴 수 있을까? 확실한 근거를 바탕으로 설득하면 된다. 현재 최고의 번영을 누리고 있는 나라들은 모두 강한 기관과 간소한 정부를 가지고 있다. 독일과 북유럽 국가들을 예로 들 수 있다. 더불어 경제 지식을 대중들에게 널리 확산시키는 것도 중요하다. 장-바티스트 세도 경제발전은 경제학 지식의 보급에 달려 있다고 했다. 경제학을 이해하게 된 국민들은 스스로 국가주의와 선동정치에 저항할 수 있기 때문이다. 경제학을 널리 보급하기 위해서는 언론인들과 교육자들의 역할이 중요하다. 지금의 절박한 경제위기에 대한 해결책으로 1803년의 상황을 들춰보는 것도 현명한 방법이 아닐까? 물론 그렇다. 경제에는 변하지 않는 현실이 담겨 있기 때문이다.

두 개의 유럽

유럽연합은 결성될 때부터 끊임없이 위기를 겪으면서 더욱 강고한 연대를 구축해 왔다. 유럽 밖의 사람들뿐만 아니라 유럽 내 '유럽연합' 반대자들조차 놀랄 정도로, 돌발적인 사건들은 무사히 극복되었고 이제 한 걸음씩 유럽 통합의 길로 나아가고 있다.

이런 위기들이 유럽을 해체의 길로 이끌었을 수 있음에도 매번 다시 유럽의 통합으로 나아가는 이유는 무엇일까? 두 가지 이유를 들 수 있다. 먼저 유럽의 평화가 유지되고 있다는 점이다. 유럽연합은 원래 유럽 평화를 위해 만들어졌으며 유럽 평화의 성취는 유럽 국가들의 마음 깊숙이 새겨져 이전 상태로 돌아가려는 유혹을 물리쳐 주었다.

두 번째 이유는, 상대적으로 불균형한 국가들이 섞여 있지만 어쨌든 여전히 유럽이 '번영'을 누리고 있다는 점이다. 따라서 유럽의 통합으로 회귀하려는 반작용은 이미 성취된 '번영'을 지켜내려는 노력의 하나로 볼 수 있다.

그런데 현재의 위기가 거의 규칙이 되어버린 이런 유럽연합의 '역사'를 비켜나게 할 만큼 심각한 것일까? 지금의 위기들이 예전보다 더 힘들고 어려운 것은 사실이다. 지난 해 6월 29일 유럽의 지도자들이 모여 모든 유로 회원국들이 'ESM(유럽 안정화 기구)'을 통해 자국 예산안에 대한 감독을 받고, 대신 위기에 처한 각국의 은행들은 필요에 따라 유럽 기금으로부터 구제를 받을 수 있게 하자는 합의를 이끌어냈다.

하지만 안타깝게도 독일의 재무장관이자 미래의 유로그룹(유로존 재무장관회의) 의장이기도 한 볼프강 쇼이블레(Wolfgang Schauble)는 이 협의가 적어도 올해 안에는 적용되지 못할 것이라고 선언했다. 이번 협의사항의 발효를 잔뜩 기대했던 스페인의 은행들은 항시적인 제도의 혜택 대신 당장 필요한 지원밖에 받을 수 없게 됐다. 무엇이 쇼이블레의 심기를 건드렸을까? 그는 정통을 고수하는 경제학자로 핀란드, 덴마크, 에스토니아와 같은 북유럽 국가의 정부들로부터 지지를 얻고 있다. 쇼이블레와 그의 동료들이 걱정하는 것은 그들이 제시한 재정 규칙이 원칙대로 준수되지 않는 일이다. 그들의 걱정과 우려는 충분히 이해하고 남는다. 원칙이 지켜지는가를 떠나 여기엔 정당성의 문제도 발생한다. 일부 유럽 국가에서 흥청망청 낭비한 돈을, 제대로 규칙을 지킨 다른 납세자들이 떠안는다는 얘기이기 때문이다. 주로 독일에 집중되어 있는 이들 납세자들은 지금 폭발 직전에 있으며 심지어는 유럽 남쪽 나라들과의 유대를 끊기 위해 소송마저 불사할 기세다. 북부 유럽인들의 남부 유럽에 대한 불신(이러한 불신은 지난 2년 동안 약속을 거의 지키지 않았던 그리스를 봐도 충분히 이해할 수 있다)은 과거 구교(가톨릭과 그리스정교)에 대항하는 종교개혁으로 인해 유럽이 로만과 색슨 두 개의 문화권으로 갈라졌던 일을 생각나게 한다. 수 세기가 지난 지금에도 이러한 분리 정서가 다시 등장한다는 것은 참으로 씁쓸한 일이다.

남유럽은 교회에서 행정, 기업, 교육 분야에 이르기까지 권위적이고 독재적이었던 로마와 비잔틴의 전통을 이어받았다. 종교로서의 가톨릭은 남부 유럽에서 점점 약화되는 추세에 있지만 사람들의 습성과 행동에는 여전히 이런 유산이 남아 있다. 남부 유럽의 정부들 또한 과거 교황들이 지녔던 절대권력의 습성을 여전히 가지고 있다. 현재 독일의 경제가 보여주는 특성을 보아도 그들의 과거와 어느 정도 연관되어 있음을 알 수 있다. 작은 정부와 끊임없이 생겨나는 중소기업들, 세계 시장에서의 경쟁력 등 독일 경제의 특징은 과거 독일 지역의 국가들이 작게 쪼개져 난립해온 데서 찾아볼 수 있다. 반대로 프랑스는 로만 가톨릭의 특성인 막대한 유지비용이 드는 거대국가의 특성을 이어받았다. 따라서 기업들도 모두 대규모로 그 수가 많지 않으며 궁중의 사치품이나 군주가 선호하는 무기 등 부유 상인들과 귀족 계급의 유착관계에 의존해 산업을 발전시켜 왔다.

결국 현대 경제는 긴 역사를 되돌아보지 않으면 제대로 이해하기 힘들다. 단기간의 경제정책만으로는 실제적인 효율성을 성취해낼 수 없다. 우리는 독일과 북부 유럽 국가들이 걱정하는 바를 충분히 이해할 수 있다. 그렇다고 북유럽의 재정원칙이나 노동윤리를 결코 이행할 수 없는 곳으로 남유럽을 버려둘 수는 없지 않은가? 이런 능력을 키우는 일은 오랜 시간을 요하고 결코 쉽지 않은 일이다. 또한 아직은 준비된 게 없지만 남부 유럽을 개선시키기 위한 매뉴얼 또한 절실히 필요하다. 스페인, 프랑스, 그리스 등의 국민들에게 명확하게 설명해주지 못하기 때문에 '지나쳐 보이는' 긴축 요구가 이들에겐 처벌 내지는 주권 침해로까지 비쳐지는 것이다. 더불어 남부 유럽 국가들에게 나타나는 '반경제' 정서에도 불구하고 이곳에도 세계시장에서 엄청난 성공을 거둔 많은 기업들이 있다는 것을 북유럽인들에게 설명해주어야 한다. 가톨릭 문화를 가진 나라의 자유주의 부르주아들은 국가와 교회에 끊임없이 맞서왔다. 북유럽과 남유럽 간의 구분은 지리적이라기보다는 기업가와 관료들 간의 이해에서 벌어지는 의견의 차이라고 볼 수 있다.

　그렇다면 역사를 다시 가르침으로써 유럽인들이 공동재정에 대한
의식을 공유할 수 있을까? 독일인들에게 스페인은 날씨만 좋은 나라
가 아니라 건실한 기업가들에 의해 잘 관리되고 있는 나라이기도 하
다는 것을 알려주는 게 쇼이블레 씨와 그 동료들의 마음을 누그러뜨
리는 방법일 수 있겠다.

폴란드인들과 유대인들의 화해 무드

유대인들의 디아스포라와 폴란드에 얽힌 악연에 대해선 모두 알고 있을 것이다. 폴란드인들이 가지고 있는 유대인 배척 이미지는 아직도 유럽인들의 무의식과 여론들 사이에 단단히 뿌리내리고 있다. 명예롭게 자신들의 과오를 인정하고 수많은 반성의 글과 기념물들을 만들어낸 독일인들보다 폴란드인들이 유대인들에 대해 더 많은 죄책감을 가져야 한다고 사람들은 생각한다. 하지만 폴란드는 전혀 그렇게 생각하지 않는 것 같다. 대부분의 폴란드인들이 자신들은 홀로코스트의 공범이 아니라 나치의 희생양이었을 뿐이라고 생각하고 있기 때문이다.

그런데 이러한 인식들이 서서히 변하고 있다. 중세부터 최근의 집단학살에 이르기까지, 폴란드 문화에서 유대인들이 끼친 영향을 보여주는 유대 역사박물관(핀란드의 건축가 라이너 말라매키(Rainer Mahlamaki)가 설계)이 개장을 앞두고 있는 것이다. 이를 처음 기획한 이는 당시 수용소에서 살아남아 지식인으론 드물게 조국을 떠나지 않았던 마리안 튀르스키(Marianh Turski)란 사람이다. 그는 폴란드에서 가장 영향력 있는 주간지 《폴리티카(Polityka)》의 창간자이기도 하다. 비록 관광의 형태이긴 하지만 이 박물관으로 인해 유대인들은 다시 폴란드를 찾아 자기 선조들의 흔적을 되돌아볼 수 있을 것이다.

폴란드인과 유대인의 관계를 돌아볼 수 있는 또 하나의 의미 있고
인상적인 행사가 있다. 이번 주 파웰 슈피와크(Pawel Spiewak)[52]가
바르샤바의 게토에 관련된 충격적인 기록문서들을 전시한다. 이 전
시에서는 엠마누엘 링겔블룸(Emanuel Ringelblum)이 수집한, 1943년
수용소에 끌려가기 전까지 게토 내 유대인들의 생활상에 대한 생생
한 기록들을 만나볼 수 있다. 또한 우리는 이 기록을 통해 1943년 1월
18일 유럽 최초로 나치에 반대하는 항쟁이 일어났던 것을 확인할 수
있다. 이 기록물들은 땅에 묻힌 철제 금고나 우유통 속에 보관되어 있
다가 전후 살아남은 몇 안 되는 생존자들에 의해 다시 발견되었다. 더
불어 우리는 그 동안 바르샤바의 땅 속에 묻혀 있던 게토 지역을 둘렀
던 담장의 잔해들도 찾아볼 수 있다.

폴란드인들은 그 때의 유대인들이 자신들과 똑같은 폴란드인이었
다는 사실을 기억하고 있다. 이제는 유대인들도 자신들이 한때는 폴
란드인이었다는 사실을 기억할 일이 남았다. 하면 이제 이 모든 역사
적 사건의 죄를 누구에게 물어야 할까? 이 슬픔의 역사를 모두 겪고
살아남았던 내 아버지라면 홀로코스트는 사람이 아닌 악마의 짓이었
다고 말씀하셨을 것이다. 이에 관련된 모든 인간들이 희생자였다는
말이다. 그때를 지켜본 모든 사람들은 이를 알고 있을 것이다. 운 좋
게도 이 사건 이후에 태어난 나는 이를 보지 못했다. 모든 걸 지켜보
았던 아버지도 모두가 악마의 짓이었다고 믿고 있는데 아무것도 보
지 못한 내가 감히 그 누구의 잘못을 묻고 판단할 수 있겠는가?

---

52) 바르샤바에 있는 유대 역사연구소.

웨스트포인트의 사관생도들

미국이라는 나라가 생겨나면서부터 웨스트포인트의 사관생도들은 미국 군대의 엘리트층을 형성했다. 나는 미래의 미국을 위해, 혹은 미국 너머의 국경을 위해 싸우게 될 젊은이들을 만나보고 싶었다. 이들 사관생도들은 또래의 대학생들에 비해 훨씬 진지하고 잘 훈육되어 있었으며 학구적이었다. 그들의 지적 수준은 매우 높았으며 특히 자신의 주장을 펼치는 능력이 인상적이었다. 생도들은 내가 강연하는 내용을 진지하게 받아 적었고 훌륭한 질문들도 많이 했다. 이번에는 중국에 대해 강연을 했다. 그런데 특이한 것은 이들이 미국 사회를 대표하는 전형적인 젊은이들이 아니라는 점이었다. 이들 대부분이 남부 출신이었고 종교를 믿고 있었다. 그들에겐 성경과 조국이 자연스레 융합되어 있는 듯 보였다. 마찬가지로 이들은 미국의 수호와 '자유세계'의 수호를 동일한 것으로 받아들이고 있었다. 나는 그들에게 주적을 누구라고 생각하는지 물어 보았다. 이슬람이나 이란 등을 언급할 줄 알았지만 이들 세대에게 중동 지역은 과거의 전투지역이거나 전투가 거의 완료된 곳 또는 부차적인 지역일 뿐이었다. 그들에게 미국을 위협하는 유일한 나라는 바로 중국이었다. 필자가 중국에 대한 강연을 위해 초대된 것도 바로 이런 이유에서였다. 미국이라는 나라의 혁신 능력이나 가공할 화력에 비한다면 중국은 군사적으로나 정치적으로 아직 '소국' 에 불과하다. 하지만 이제 스무 살 남짓의 사관생도들은 보다 먼 곳을 보고 있었다. 사관학교의 교수들이 생도들을 위해 강연회를 마련한 것도 이 때문이었다. 웨스트포인트의 콜로넬 메세(Colonel Meese) 교수(반 테러 전쟁의 권위자)는 중국의 도발적인 행동들에서 세계 지배의 야심을 발견할 수 있다고 말한다. 메세 교수는 중국이 아프리카(수단)와 라틴아메리카(아르헨티나)에 투자하는 것이 단순히 원자재를 확보하기 위한 것이 아니라 민주주의 사회에서는 받아들이기 힘든 그들의 정치제도에 대한 미래의 동맹 관계를 형성하기 위한 시도라고 본다. 바둑판처럼 지구를 축소한 그림판에서 미국과 중국은 각기 상대를 포위하고 선을 치는 데 골몰하고 있다. 미국은 중국 주변에 인도와 베트남, 일본, 필리핀, 한국에 걸친 '방역선' 을 만들어 놓고 있다. 중국은 이 방역선 밖에 말뚝을 박으며 망을 피해가고 있다. 과연 둘 중 누가 망상병 환자일까? 중국 간부들의 의견이나 통계자료들만 보아도 중국이 세계 중간 정도의 강대국이 되려면 향후 30년간의 안정과 지속적인 성장이 필요하다. 하지만 중국이 앞으로 어떤 길로 나아갈지는 그들이 지도자를 뽑는 방식이나 그 지도자들의 진짜 속마음을 읽는 것만큼이나 헤아리기 힘들다. 중국이라는 나라 자체가 적이 될 수는 없지만 중국 공산당과 중국 군대는 적이 될 수 있다. 콜로넬 메세의 말대로 미국은 중국에 대해 전쟁을 준비하는 게 아니라 중국의 힘이 커지는 걸 '제어' 하려 하고 있다. 웨스트포인트의 생도들이 미래에 장교 계급장을 달게 되었을 때 그들은 중국 앞에서 절대 물러서지 않을 것이며 미국의 호전적 전통을 계속 이어나갈 것이다. 미국인들에게 언제나 전쟁은 협상의 여지가 없는 선택의 문제였다. 웨스트포인트의 시선에서 바라볼 때 전쟁은 세계의 문제를 관리할 수 있는 가장 적합하고 효과적인 수단인 것이다.

아시아에선 상거래가 풍습의 차이를
완화시키지 못했다

역사 속에서 사람들은 핵심을 놓치고 사건을 엉뚱한 방향으로 이끌어 가곤 한다. 예를 들어 우리는 동북아시아의 중국, 일본, 대만, 베트남, 한국 등을 순전히 경제적 관점에서 바라볼 수도 있다. 이 국가들의 놀라운 경제적 성공 속에서 세계 경제성장의 원동력이 무엇인지 반문해볼 수 있는 것이다. 하지만 가까이 다가가 보면 이들이 관심을 가지는 이야기는 경제적 성공보다 이념이나 민족주의, 민족감정 같은 케케묵은 것들이다. 그리고 이런 이야기들의 대부분은 무시해도 좋을 만큼 사소한 것들이 대부분이다. 그러나 제1차 세계대전도 결국 발칸반도에서 일어난 사소한 사건에서 비롯되었음을 상기하자. 따라서 우리는 이름조차 알지 못했던 센카쿠나 독도, 서사군도(또는 남사군도) 같은 섬들이 어쩌면 아시아 국가들을 군사적 충돌상태로 몰아넣을 수 있음에 주목해야 한다. 이는 우리가 널리 알고 있는 이론에 어긋난다. 그런 이론 중 하나가 "상업은 풍습의 차이를 완화시킨다"는 몽테스키외의 생각이다. 서로의 교역을 통하면 적대적인 분쟁을 막을 수 있다! 이것이야말로 장 모네가 주창했던 유럽연합의 기본 이념이 아니던가? 국가 간의 상업적 교류를 통한 강한 결속력이 바탕이 되어 유럽에서의 전쟁은 종식될 수 있었다. 아시아에도 이런 결속력

은 분명 존재한다. 이제 한 제품이 어느 나라에서 만들어졌는지 구분
하는 것은 불가능하다. 각국의 특화된 분야에 따라 제품과 원료들이
중국과 일본, 일본과 한국, 한국과 베트남, 필리핀의 공장들을 오가며
만들어지기 때문이다.

그런데 최근 한국 정부가 일본과의 군사적 공조를 거부하는 사태가
발생했다. 두 나라 사이에 놓인 독도(일본 이름은 다케시마)라는 무
인도에 대해 일본이 한국의 영유권을 인정하지 않는다는 이유 때문
이다. 양국 정부는 과거의 협약들을 근거로 이 섬에 대한 권리를 양보
하지 않고 있다. 게다가 두 나라는 영유권 분쟁에 대한 제3국의 중재
도 거부하고 있다. 한국에서 독도는 일본 제국주의에 대한 저항의 상
징이 되었다. 남한에 언제나 적대적인 북한마저 독도의 영유권에 대
해서만은 의견을 함께하고 있다. 혹자는 일본의 제국주의가 1945년
에 이미 사라진 게 아니냐고 반문할지 모르겠다. 이에 대해 한국의 지
도자들은 일본이 핵무기를 개발하려는 것이 아직 제국주의적 망상을
버리지 않고 있다는 증거라고 반박한다. 사실 핵 개발 의지를 밝히고
있는 것은 일본 정부가 아니라 일본의 극우파 민족주의자들이다. 어
쨌든 남한의 현 우파 정부도 핵 개발을 염두에 두지 않을 수 없게 되
었다. 주변 나라인 중국, 북한, 일본 등이 모두 강력한 핵무기를 보유
하고 있거나 개발 능력을 가진 상태에서 독도는 자칫 동북아의 사라
예보가 될 수도 있기 때문이다.

유감스럽게도 이런 분쟁은 다른 섬들에서도 되풀이되고 있다. 센
카쿠 섬(중국 이름 댜오위다오)이 그런 경우다. 일본 열도 남단에 있
는 센카쿠 섬의 위치는 애매해서 중국, 대만, 일본이 서로 영유권을
주장하며 대립하고 있다. 중국의 전함은 끊임없이 이곳 주변을 시위
하듯 맴돌며 조업하는 일본 어선들을 위협한다. 분쟁의 합당한 이유
를 설명하기 위해 이 섬의 보이지 않는 경제적 가치에 대해 말하는 사

람들도 있다. 이 섬이 어업활동의 분계선 역할을 한다거나 이 지역에 가스나 석유가 매장되어 있다는 등의 설명이다. 하지만 중국해와 태평양 지역엔 아직 개발되지 않은 매장 자원이 이곳저곳에 엄청나다는 점에서 이것은 설득력이 없다. 이 나라들의 싸움이 단지 경제적인 이유에서라면 다른 지역에서 어업활동을 하거나 자기 나라의 대륙에 묻혀 있는 가스층을 개발하는 게 훨씬 빠를 것이다.

사실 이들의 대립은 상징적인 것이며 케케묵은 민족감정에서 비롯된 것이다. 이는 또한 명분 싸움을 중요시하는 아시아인들의 특성에서 나온 것이기도 하다. 2010년 중국 선박들이 일본의 트롤선을 자극했을 때 일본은 이에 대한 대응을 하지 않아 기 싸움에서 밀리고 말았다. 이에 중국인들이 이곳을 자신들의 제국 영토로 간주하는 태도를 보이자 그 해 일본은 센카쿠를 국유화하겠다며(이 섬은 일본인 개인의 땅으로 되어 있다) 맞불을 놓았다.

이곳에서 더 남쪽으로 내려가면 더욱 위험한 분쟁지역이 있다. 남사군도(스프래틀리 군도)는 중국, 베트남, 필리핀, 대만, 말레이시아가 서로 나서 영유권을 주장하는 곳이다. 이곳 또한 가스가 묻혀 있다는 풍문이 있어 분쟁에 명분을 더하고 있다. 하지만 자원의 매장 여부는 확인되지 않았으며 실제 싸움의 원인은 민족감정으로 보아야 한다. 남사군도 또한 센카쿠처럼 중국의 패권주의를 실험하는 장이 되고 있으며 이에 다른 나라들은 반 중국 동맹을 맺으려 하고 있다. 그런데 미국 정부가 이들 동맹에 끼어들려 함으로써 중국 정부를 자극하고 있다. 미국이 이 지역에 자신들의 그림자를 드리우려 하는 이유는 이곳에 주둔하고 있는 미국 제7함대의 안전을 위해서다. 이 함대가 없다면 여러 문제들이 복잡하게 얽힌 아시아의 경제 교류는 불가능해지고 오랫동안 얽힌 원한관계들이 언제 분쟁으로 터져 나올지 모른다. 만약 이곳 태평양의 뜨거운 냄비가 끓어오른다면 자칫 긴주주의 국가들 간의 군사 분쟁으로까지 이어질 수 있다.

하지만 한국이나 일본 같은 민주주의 국가들에선 이런 골치 아픈 문제를 협상으로 풀기가 힘들어진다. 더 나쁜 건 한국이 이 문제에서 같은 민주국가인 일본이 아니라 북한과 중국 등 독재국가들과 손을 잡고 있다는 점이다. 마찬가지로 남사군도 문제에서는 이론상 중국과 같은 공산주의 국가인 베트남이 민주국가인 필리핀, 대만, 말레이시아와 손잡고 반 중국 동맹을 형성했다. 현재의 어려운 경제상황은 이런 명분상의 분쟁을 더 악화시킬 수도 있다. 지금 아시아의 경제는 침체해 있으며 각 나라의 정권들은 무력하거나(일본), 과도기에(한국, 중국) 있거나 정통성을 찾고(베트남, 중국) 있다. 따라서 각 정부들은 공격적인 민족주의로 위기의 탈출구를 삼을 수도 있다. 이렇게 사소할 수도 있는 문제를 크게 부각시켜 국민들의 감정을 부추긴다면 우려할 만한 사태가 벌어질 수도 있다.

아시아에서 경제는 더 이상 민족감정이나 민주주의의 문제를 해결해주지 못한다. 이제 우리가 보편타당하다 믿었던 이론을 다시 한 번 검토해 보아야 할 때가 온 것 같다.

아시아의 시대는 멀었다

미국의 경제는 좀처럼 다시 도약할 기미를 보이지 않고 있다. 우럽 북부의 경제회복은 늦어지고 있으며 남유럽 경제는 아예 후퇴하고 있다. 이제 아시아에서 세계경제의 회복을 이끌 동력을 기대할 수밖에 없다. 하지만 지금은 중국뿐 아니라 한국, 타이완 경제마저 가쁜 숨을 몰아쉬고 있다. 일본 경제는 다시 일어설 것이 확실하지만 그래도 지난 2~3년만 못하다. 따라서 많은 언론매체들이 예언했던 것과는 달리 아시아 경제가 서구를 대체하는 일은 일어나지 않을 것 같다. 그동안 자주 언급되었던 아시아와 서구 경제체제의 '단절'은 없었다. 동양의 경제를 이끈 것은 서구였으며 그 반대가 아니었다. BRIC[53]이란 단어를 누가 만들어내고 이들이 세계의 미래를 책임지리라 예견했던 게 누구였는지 모르지만, 슬로건 하나가 경제성장을 이루어주진 못한다. 그렇다면 아시아 신흥 경제국들이 이뤄낸 명백한 성공과 그 한계에 대해선 뭐라 설명해야 할까?

개발 경제학자들은 국가가 부를 이루어낼 수 있는 필요조건을 법치와 제도로부터 찾으려 했다. 하지만 아시아는 이 이론이 잘 통하지 않

---

53) 브라질(Brazil), 러시아(Russia), 인도(India), 중국(China)의 영문 첫 글자를 딴 명칭. 2000년대 들어와 새롭게 고도성장을 기록하고 있는 대표적인 신흥경제국을 이른다.

음을 보여주었다. 중국은 자본주의 제도를 가지고 있지 않으며 한국
은 정부와 독점적 기업(현대, 삼성 같은 재벌들) 간의 유착관계를 통
해 경제를 발전시켰다. 따라서 이곳 세계를 설명하려면 법이나 제도
보다는 문화 같은 조금은 시대에 뒤떨어진 것들에 기대야 할 것 같다.
아시아의 기업들을 방문해 보면 엄격한 근무체제와 노동윤리가 그들
의 생산성을 보장하는 요인임을 알 수 있다. 이런 문화적 특성은 그들
의 전통 이념인 유교적 윤리관과도 깊은 관계가 있다. 오늘날 민주주
의가 발달하고 개인주의적 성향이 보편화되었음에도 아직까지 동북
아시아 사람들의 집단적 행동을 지배하는 것은 유교적 가치관이다.
이런 유교문화에서 비롯된 조직적인 노동은 이곳의 기업들이 왜 선
박이나 자동차, 가전, 컴퓨터 등 품질 좋은 제품들의 대량생산에 주력
하며 모방 상품들을 재생산하거나 조립하는 데 특별한 재능을 발휘
하는지(이것이 설명의 전부가 될 수는 없지만) 알 수 있게 해준다.

대부분은 서구에서 고안된 제품들이지만 대량 재생산과 조립은 이
들 후발(중국) 또는 선발(대만, 한국) 경제대국들의 산업적 토대가 되
고 있다.

높은 생산성에 큰 영향을 미치는 이런 유교문화는 그러나 내수시장
의 발달과 혁신에 있어서는 오히려 저해요소가 되는 것 같다. 이 지역
의 자가소비가 늘어나면 세계 경제의 회복에도 좋은 영향을 줄 수 있
다. 하지만 가난을 당연시하는 태도나, 사회구제 제도의 미비로 인한
절약의 생활화, 서양처럼 사치를 통해 자신을 과시하기보다는 다수
집단 속에서 몸을 숨기려는 속성 등 이곳의 문화는 늘 경제성장에 제
약 요인으로 작용하곤 했다. '혁신'은 아시아의 유교문명권에서 그
리 환영받지 못하는 덕목이다. 동북아에서도 주변에 속하며 조금 다
른 문화적 특성을 가진 일본만이 미국이나 유럽연합 국가들보다 많
은 세계 특허를 보유하고 있다. 한국은 아시아의 경제대국들 중에서

도 주목할 만한 나라에 속하지만 기존 발명품들에 대한 실용신안특
허54)에서만 강점을 보일 뿐 세계적인 성과는 많지 않다. 중국으로 말
하자면 자신들의 기술적 후진성을 눈가림하기 위해 국내용 특허들만
대량으로 양산해내고 규모에서만 세계적인 대학들을 계속 설립하고
있지만 아직 이렇다 할 참신함은 보여주지 못하고 있다. 눈속임이 진
정한 혁신을 대신할 수 없으며 지식의 자유 없이는 창조성도 발휘될
수 없음을 몸소 증명하고 있는 셈이다.

결론적으로 말하면 동북아는 아직까지 하청생산 지역에 머물러 있
다. 중국은 특히 그렇다. 서양 경제가 몸살을 앓으면 이곳 또한 곧바
로 몸살을 앓고, 미국과 유럽의 주문이 없으면 이곳 경제는 숨을 쉬지
못한다. 혁신과 대중소비라는 두 기의 동력 없이는 경제성장도 없다.
단순화시켜 말하면, 그 어떤 나라의 한시적 경제 처방보다 스티브 잡
스 한 사람이 세계경제를 더 성장시킬 수 있다. 하지만 이곳 동북아의
지리, 정치, 문화적 상황은 아직 스티브 잡스 같은 인물들을 배출해내
기엔 역부족이다. 유감스럽지만 아시아뿐만 아니라 유럽 국가들까지
합쳐도 미국을 넘어설 수 있는 나라는 아직 나타나지 않았다. 이런 이
유로 북아메리카가 성장을 주도하지 않으면 세계경제는 계속 침체의
늪에서 허우적댈 수밖에 없을 것이다.

---

54) 이미 발명되어 있는 제품을 더 쓰기 편리하게 개량한 것에 대해 그 권리를
   인정한 것.